品牌塑造与管理

主　编　唐先德

副主编　刘　星　李　勇　黄　晶　王福红

西南财经大学出版社
Southwestern University of Finance & Economics Press
中国·成都

图书在版编目(CIP)数据

品牌塑造与管理/唐先德主编;刘星等副主编.—成都:西南财经大学出版社,2024.1
ISBN 978-7-5504-5824-6

Ⅰ.①品…　Ⅱ.①唐…②刘…　Ⅲ.①品牌—企业管理　Ⅳ.①F272.3

中国国家版本馆 CIP 数据核字(2023)第 120507 号

品牌塑造与管理

PINPAI SUZAO YU GUANLI

主　编　唐先德
副主编　刘　星　李　勇　黄　晶　王福红

策划编辑:邓克虎
责任编辑:张　博
责任校对:肖　翀
封面设计:张姗姗
责任印制:朱曼丽

出版发行	西南财经大学出版社(四川省成都市光华村街 55 号)
网　　址	http://cbs. swufe. edu. cn
电子邮件	bookcj@ swufe. edu. cn
邮政编码	610074
电　　话	028-87353785
照　　排	四川胜翔数码印务设计有限公司
印　　刷	郫县犀浦印刷厂
成品尺寸	185mm×260mm
印　　张	26. 625
字　　数	622 千字
版　　次	2024 年 1 月第 1 版
印　　次	2024 年 1 月第 1 次印刷
印　　数	1— 2000 册
书　　号	ISBN 978-7-5504-5824-6
定　　价	66. 00 元

编 委 会

主　编：唐先德

副主编：李　勇　刘　星　黄　晶　王福鸿

参编人员（排名不分先后）

王友忠　惠树伟　旷　乐　贾学梅　李丽君

邓昌友　黄朝勇　刘小燕　张洪均　柘　旭

唐德武　徐永涛　周洪波　胡高维　王清富

刘晓玲　朱诗琪　唐馨岚　彭嘉玲　李卿媛

参编单位（排名不分先后）

中国质量协会

四川省品牌建设促进会

西南财经大学天府学院

上海建桥学院

贵州商学院

中标恒瑞国际认证有限公司

成都集和品牌设计有限公司

成都可观品牌营销策划有限公司

杭州质诚信息技术服务有限公司

京金万丰（北京）酒业有限公司

成都市郫都区中西医结合医院

四川宫匠企业管理咨询有限公司

成都川匠庭筑装饰工程有限公司

重庆德昊装饰工程有限公司

武汉奕瑞顺汽车销售服务有限公司

内容简介

本书是在我国提质量、树品牌的新时代背景下，由一批具有“品牌强国”使命感、责任感和紧迫感的高校教授和品牌行业的实战专家，在广泛参考国际、国内有关品牌方面的书籍和文献的基础上，整合经济学、管理学、营销学等相关学科的知识，借鉴质量管理体系和卓越绩效模式等先进的理念、模式和方法后，精心编著而成的。本书提出了品牌塑造与管理需要“全生命周期的战略规划和系统协同”的理念，以及品牌塑造与管理需要“全员、全面、全系统、全过程”的一以贯之的落地执行。本书的品牌质量塑造、品牌研究、品牌创新升级、品牌新视野（如元宇宙、chat GPT、AI+）等章节是本教材的创新点之一。

本书分为六篇，共17章（见图1），力求结构清晰、观点新颖、知识全面、理论紧扣实际、图文并茂、阐述简明扼要，是一部集品牌塑造与管理全过程的概念、理论与方法于一体的、全面的、实用的“品牌塑造与管理大全”。

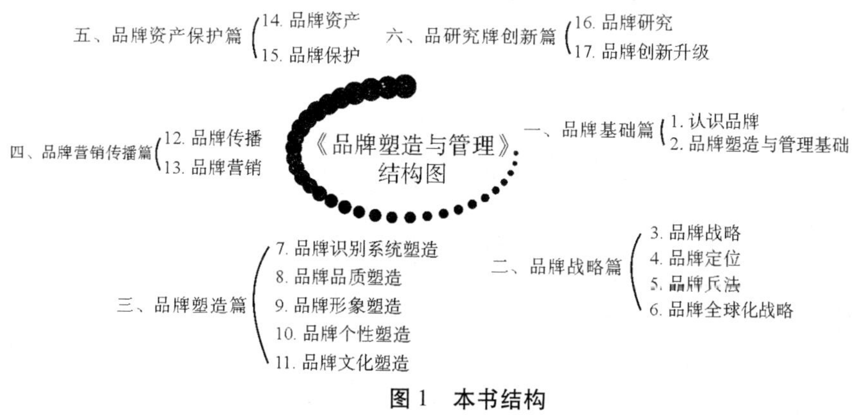

图1 本书结构

本书既可作为高等院校工商管理、经济管理大类专业的学科基础课教材，也可作为市场营销、品牌管理、质量管理等专业的专业课教材；既可作为“注册品牌塑造师”“质量（品牌）首席执行官”职业能力水平鉴定培训教材，也可作为企业经营管理者、相关培训机构、品牌管理从业人员的工作手册和参考书。

▶▶ 序言

品牌是经济社会发展的产物。一个国家或地区在从贫穷到富裕的发展历程中，必然会经过数量、质量、品牌三个阶段。世界经济的竞争，最终是品牌的竞争。一个国家的世界知名品牌越多，其经济竞争优势就越明显。

改革开放以来，我国经济持续高速增长，快速从数量阶段迈入了质量、品牌阶段。我国高度重视“质量”“品牌”工作，先后颁发了一系列关于“提质量”“树品牌”的政策文件，推动供需结构升级。品牌创建、品牌消费已成为当下非常普遍的经济现象和社会现象。

品牌建设涉及品牌规划、品牌设计、品牌传播、品牌保护，以及技术创新、质量保障等众多内容。如何系统、科学、高效地开展品牌建设，是众多企业共同面临的难题。在我国高等教育中，目前还没有“品牌建设”专业，品牌专业人才严重不足，也鲜有书籍能较为系统地介绍品牌建设的完整过程和内容。在这样的背景下，本书作者根据自身长期从事质量、品牌教学科研经验，聚集了全国十多位从事质量和品牌教学、科研以及实战工作的知名专家，参考了国内外众多品牌著作和研究文献，精心编著本书。本书可作为首席品牌官、首席质量官的培训教材，也可作为质量管理、市场营销等专业的必修课教材，或作为工商管理、经济管理及工程管理类专业的公共课、专业基础课、选修课教材，还可作为各类机构开展品牌培训的教材，以及品牌管理从业人员的工作手册和参考书。

在本书的编写过程中，四川省品牌建设促进会组织相关专家深入到国际国内知名企业实地调查研究，为理论与实践相结合提供了重要支撑。相信本书相关理念、方法的推广和运用，将为我国培养出更多、更优秀的品牌建设专业人才，将赋能我国自主品牌建设，将对我国“品牌强国战略”产生重大而深远的影响。

四川省品牌建设促进会会长：[签名]

2023 年 10 月于成都

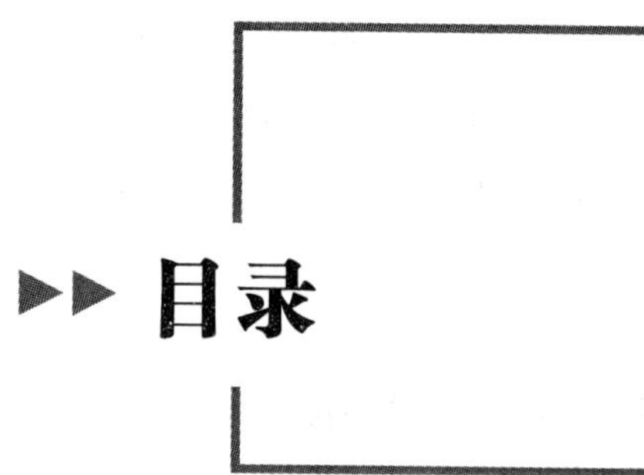

目录

第一篇　品牌基础篇

第二篇　品牌战略篇

第三篇　品牌塑造篇

第五篇　品牌资产保护篇

第六篇　品牌研究创新篇

第一篇
品牌基础篇

第一卷

[illegible]

第一章 认识品牌

【学习目标】

· 了解品牌的概念、起源以及发展史。
· 理解品牌对顾客、组织和国家的作用。
· 理解品牌的本质特征及内涵。
· 理解品牌塑造的成功法则。

【导入案例】津门西餐起士林的品牌塑造

1901年9月17日，德国人阿尔伯特·起士林（Albert Kiessling）开办的起士林西餐厅在法租界中街（今解放北路与哈尔滨道交口附近）正式营业，自此西餐正式走进天津人的视野。起士林餐厅以其极具特色的德、俄、英、法、意五国风味西式大菜、西点、面包、糖果、饼干、咖啡、冷食等七大系列近千种产品牢牢占据津门西餐领头羊的位置。

回望起士林餐厅走过的120多年，起士林的西餐担负着在中国传播西方饮食文化的职责，起士林的故事也一直是老一辈津门人津津乐道的传奇篇章，因此起士林西餐在津门数代人中积累了较高的知名度。如今的起士林餐厅二至四楼分别主营俄式、德式、法式西餐，为了吸引和迎合年轻人的市场需求，特别推出了适应年轻人消费习惯的定制产品。一方面将二楼俄式西餐的价格从原来的200元/人下调至100元/人；另一方面开发了多款适合现在年轻顾客需求的套餐产品，以此吸引年轻顾客群体。这一举措使起士林的客流量增加了四成。

起士林在品牌塑造方面具有以下四个特点：①产品及服务市场定位呈现阶梯式，以此提升品牌市场占有率和知名度；②通过其特有的人才培养方案和薪酬管理制度，培养人才，留住人才，以此稳固“起士林”产品的经典口味；③经过120余年的沉淀，起士林早已扎根津门餐饮界，因此可以在深挖文化底蕴的同时充分利用品牌效应，推动起士林的规模化集约经营之路；④起士林不仅是津门餐饮名牌，同时也是中国著名的西餐品牌，因此，起士林未来的发展规划更应借连锁餐饮东风向全国化迈进，逐步成为全国西餐业巨头之一。

资料来源：根据《品牌塑造与创新：天津老字号的现代转型》改编。

讨论思考：为什么起士林西餐可以在众多西餐品牌中脱颖而出？

第一节 品牌的发展历史

劳拉·布希（Laura Busche）在其著作《精益品牌》中指出："品牌是消费者在想起时能回忆起的独特故事。"这一故事可以向消费者呈现了产品的特征、特性、质量及服务等信息。品牌以及品牌故事往往来源于众多的符号及视觉信息①。当消费者接触到品牌故事后就会因此被吸引，直至记住它、选择它。从古至今，无数品牌因其引人入胜的故事而获得消费者的认可，无论是那一颗永流传的钻石，或是象征爱情的潘多拉，抑或是被捧在手心的优乐美，总之随着互联网的发展，越来越多的消费者因受其独特故事的影响而做出选择。

一、品牌概述

（一）品牌的起源

荷兰学者里克·莱兹伯斯（Rik Riezebos）研究发现，"品牌"（Brand）一词来源于中世纪（公元 476—1492 年）的古挪威，演变自古挪威语中的"Brandr"，其中文意思是"燃烧"②，原意是指产品及事物的来源、生产者及所有者，后演变为在财产（如牛、羊、马等）打上烙印，以便区分③。众多研究者通过对中世纪商品的研究发现，一般在瓷器、银器等商品上存在工匠名、行会名和城市名 3 个标注④，其分别对应如今的品牌、品质以及原产地标识⑤。

此外，还有一种在业界比较推崇的说法，"品牌"一词来源于 19 世纪早期的威士忌产品，当时的威士忌生产商为了便于区分其生产来源，往往会在威士忌酒桶的外包装上标记区别性标识，以此避免混淆⑥。

由此可知，"品牌"的雏形与"商标"（Trademark）密不可分。美国广告专家约翰·菲利普·琼斯（John Philip Jones）就曾提出"品牌来源于商标"⑦。"商标"自出现之日起，就一直承担着向商标所有者提供法律保护的职责。对于"品牌"而言，一百多年的发展历程使其不仅具备"商标"的法律保护意义，且涵盖更加宽广的意义，如品质、原产地、价值等。我们所熟知的品牌包括：德国的双立人、西门子，美国的苹果，

---

① BUSCHE L. Lean branding: creating dynamic brands to generate conversion [M]. New York: O'Reilly Media, Inc., 2014.

② 莱兹伯斯. 品牌管理 [M]. 北京：机械工业出版社，2006.

③ 朱延智. 品牌管理 [M]. 台北：台湾五南图书出版股份有限公司，2014.

④ 莱兹伯斯. 品牌管理 [M]. 北京：机械工业出版社，2006.

⑤ 周志民，等. 品牌管理 [M]. 2 版. 天津：南开大学出版社，2015.

⑥ 莱兹伯斯. 品牌管理 [M]. 北京：机械工业出版社，2006.

⑦ JONES J P. What's in a brand: building brand equity through advertising [M]. New York: Tata McGraw-Hill Education, 1998.

中国的华为，日本的索尼、松下等。

（二）品牌的概念

在“品牌”发展的历史长河中，众多学者、行业协会和组织对其进行过定义。笔者通过研究选取了几个广为接受的品牌版本予以说明。

1. 美国市场营销协会（American Marketing Association，简称AMA）提出：“品牌”可以是名字、术语、标识、符号、设计等单一或复合的组成，其存在的目的是区别组织（一个或一群销售者）与竞争者的产品和服务。

2. 现代营销之父菲利普·科特勒（Philip Kotler）在其著作《营销管理》中指出：“品牌”意味着一个名字、名词、符号、象征或设计及其总和。企业期望通过“品牌”的存在，使消费者明确识别其产品、服务及所属企业，不与竞品及其生产组织产生混淆①。

3. 林恩·阿普绍（Lynn B. Upshaw）提出：品牌是一个可展示的标记（含名称、标识等），以便于某种产品和服务区别其他产品和服务②。

4. 美国的奥美集团（Ogilvy & Mather）将“品牌”定义为：消费者与产品间的关系，并提出“品牌”的最终拥有者应为消费者，品牌是消费者经验的总和。

5. 联合利华公司的董事长迈克尔·佩里（Michael Perry）认为：“品牌”是消费者对产品和服务感知的体现，代表消费者因这一感知而产生的信任、关联性及意义的总和。

由此可见，品牌是属性、品质、名称、包装、价格、历史、口碑、广告等有形和无形要素的集合，同时受消费者感知及其自身的经验所影响③。

菲利普·柯特勒（Philip Kotler）在其品牌理论中提出，对消费者而言，“品牌”至少要表达六层含义（见图1-1），即属性、利益、价值观、文化、个性和使用者。属性，指产品自身的特性；利益，特指给消费者带来的利益（包括物质层面和精神层面）；价值观，所体现的价值观往往来自品牌拥有者；文化，品牌所附加或象征的文化；个性，特指通过品牌传达出的拟人一般的与众不同的个性；使用者，“品牌”往往是由购买这一品牌产品或服务的群体所体现的。这一理论再一次向世人证明，“品牌”是一个复杂的符号，是一个涵盖有形和无形因素的集合，因此，若简单地将“品牌”进行理解，其市场表现就会因缺少活力而失去竞争力。

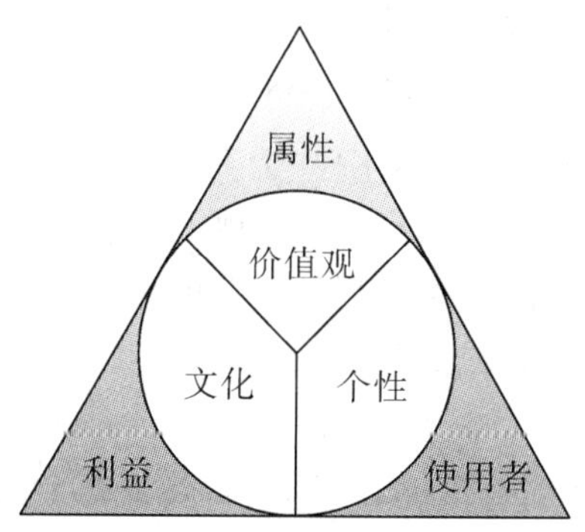

图1-1 品牌的六层含义

① PHILIP K. Marketing management [M]. New Jersey: Prentice Hall, 1999.

② UPSHAW L B. Building brand identity: A strategy for success in a hostile marketplace [M]. Austin: University of Texas Press, 1995.

③ 周志民，等. 品牌管理 [M]. 2版. 天津：南开大学出版社，2015.

（三）品牌的三大内容

朱延智在其著作《品牌管理》中提出品牌涵盖三大内容：外貌、内涵和沟通。外貌是指识别品牌的名称或符号，包括：外在的颜色、款式、形态、标识、商标或包装设计。内涵是指来自产品或服务的品质、功能。沟通是指与消费者之间进行的沟通，这一沟通往往依靠广告、渠道、价格、体验等方式完成。其还将有形和无形要素与之叠加，提出有形要素往往倚重于“品牌”的口碑，特别是来自制造商的口碑，以便更好地与竞争组织区分开来；无形要素，则更倚重于产品和服务自身的属性，如品质、服务承诺等。此外，还可以将无形要素更深层次地细分为品牌性格、文化、关系、反射以及自我形象五个方面①。

二、品牌与商标

品牌与商标虽存在区别，但密不可分。

（一）品牌与商标的定义

美国市场营销协会将“品牌”定义为：名字、术语、标识、符号、设计等单一或复合要素的组成，其存在的目的是予以区别组织（一个或一群销售者）与竞争者的产品和服务。

《布莱克法律词典》（第九版）将“商标”定义为：识别产品、服务或与其相关的个人或组织的显著标志，其形式包括：图形、文字、声音、气味或立体图②。

《中华人民共和国商标法》（2019 年修正）将“商标”定义为：任何能够将自然人、法人或者其他组织的商品与他人的商品区别开的标志，包括文字、图形、字母、数字、三维标志、颜色组合和声音等，以及上述要素的组合。其同时提出：自然人、法人或者其他组织在生产经营活动中，对其商品或者服务需要取得商标专用权的，应当向商标局申请商标注册。

可见，“商标”往往强调“品牌”的名称和标识，仅为一个法律概念，是一种知识产权，用于为公司、产品和服务申请法律保护，拥有者为企业，往往使用有形的“©”或“㊟”予以体现。“品牌”则是一个营销、战略和市场的概念，品牌比商标的内涵更加丰富，是一种在消费者大脑中基于产品和服务所形成的烙印或印记，代表企业的定位、品质、形象、文化和承诺等，它既是企业满足消费者需求的媒介，也是企业占据市场份额的工具。商标和品牌都是企业的无形资产。因此，也是“品牌”的载体以及“品牌”众多要素的组成部分之一。

（二）品牌与商标的起源

“品牌”的雏形出现在 19 世纪的古挪威，后逐步在全世界盛行。在中国，你会在西北大草原上看到马的右臀部以所有者姓名为标记的印记；你会在一些剪刀或厨具上看到“张小泉”三个字，这些都是流传已久的手工制作者以其姓名为品牌名的历史见证，也都是品牌的雏形。

“商标”的起源可追溯至古代，当时的工匠往往选择将其姓名或“标记”印制在

---

① 朱延智. 品牌管理［M］. 台北：台湾五南图书出版股份有限公司，2014.

② Black H C. Black’s Law Dictionary［M］. 9th ed. St. Paul：Thomson Reuters，2009.

其生产的商品之上。随着商业的发展，这些标记逐渐演变成为如今的商标注册和保护制度。这一制度帮助消费者在众多产品中识别出满足其需求（使用性能、质量等）的产品和服务。中国最早的商标出自北宋时期的山东，济南刘家功夫针铺将“白兔标识”印在自家的产品上，以“白兔标识”为代表的古代商标与现代商标实际上并无显著区别。

当社会生产的规模渐次扩大，“品牌”印记的使用迅速普及并带来无形的价值，代表品牌的“商标”需要寻求保护，商标法便随之诞生。1803 年，在法国诞生了全世界第一个商标法案，而后在 19 世纪 70 年代，英、德、美等发达国家也制定出本国的商标法。值得思考的是，“品牌”催生了“商标”，同时“商标”又促进着“品牌”的发展。

（三）商标的功能

当今社会商品极为丰富，人们处处都可以接触到商标，其已深入到大众的日常生活中。商标是有不可忽视的、相互联系的功能和广泛的作用，主要表现在以下方面：

（1）识别商品来源的功能。商标具有识别性，这是其基本功能。商标正是由于要识别商品的来源才得以产生，所以有此功能方可成为商标。

（2）促进销售的功能。生产经营者使用商标标明商品的来源，消费者通过商标来了解商品、区别同类商品，并以此做出选择和购买决策。因此，商标便成为开拓市场以及在市场上展开竞争的重要工具。

（3）保证商品品质的功能。生产者通过商标表示商品（或服务）为自己所提供。消费者也通过商标来辨别商品（或服务），对其质量和服务做出鉴别。这种鉴别关系到生产经营者的兴衰。生产经营者与消费者是通过商标建立起连接的。因此，在激烈的市场竞争环境下，商标能促使生产经营者注重并保持商品（或服务）质量的稳定、改进和提升。

（4）广告宣传的功能。企业的宣传广告往往以商标为中心，通过简明易记、突出醒目的商标发布商品信息，推介商品，吸引消费者的注意力，从而使消费者加深对商品的印象。商标已成为无声的广告，这更显出商标（尤其是著名商标）的优势。

（5）树立商业声誉的功能。商标用于区别和显示商品来源，保证商品的质量，进行商品的广告宣传。作为其开拓市场的有效手段，商标凝结了被其标示的商品以及该商品的生产经营者的信誉。商标是企业信誉的最佳标记，因此树立商业信誉的有效途径是形成声誉卓著的商标。这种富有声誉的商标既可有益于消费者选择可信的商品，又可以帮助生产经营者的商誉免受侵害。而且，商标使用的范围越广泛，这种树立商誉、维护商誉的作用就越大，以至于企业的竞争、商品的竞争变成了商标的竞争，商标知名度越高，竞争力越强。

（四）品牌与商标的区别与联系

“商标”是商品的标识，主要用以区别商品的提供者，代表某种品质和服务的承诺，几乎是静态的存在。商家为了保护其自身利益，通常会注册“商标”，以受国家法律保护。所以，商标强调其法律效力。

“品牌”是建立在商标基础上的，“品牌”比“商标”的内涵广泛且丰富得多（如品牌定位、品牌形象、品牌文化等），其更强调其市场的价值。

"商标"（或注册商标）如果不参与市场竞争，则不能转化为"品牌"。品牌主要体现的是其市场价值，以"注册商标"为载体，参与市场竞争。

如果我们将商标拟人化，"商标"像是人的外在（如长相、身高、发型和衣着等），而"品牌"则更像人的内在（如文化、素质、修养、经验和精神等）。我们都知道，虽然人的外在很重要，也会体现一定的价值（甚至在某些阶段、某些时机具有重要的价值），但更重要也更长远的还是人的内在、气质等更有价值。

商标设计和商标注册是品牌塑造的起点，商标是品牌的外在表现、是识别商品和区别品牌的可视性标志，或者说商标是品牌的表象和载体。品牌的法律保护依靠注册商标，但品牌比商标具有更丰富的内涵。商标和品牌都是企业重要的无形资产，信誉良好的企业其品牌大都具有很高的市场经济价值。

如可口可乐注册了自己的商标，其品牌的市场价值高达 360 亿美元，这样类似的企业正是因为其高知名度的品牌从而给公司带来了巨大商业利润。然而，企业的这种无形资产一旦遭受到非法的侵害，给企业造成的损失也是无法估量的。

（五）商标的种类

依据《中华人民共和国商标法》的相关规定，商标有 45 个类别，注册人注册了哪一类的商标，就应该在哪一类的范围内使用该商标，不得超出该商标的范围。

商标分类为：

（1）文字商标：是指仅用文字构成的商标。

（2）图形商标：是指仅用图形构成的商标。其中又能分为三类：

①记号商标：是指用某种简单符号构成图案的商标。

②几何图形商标：是以较抽象的图形构成的商标。

③自然图形商标：是以人物、动植物、自然风景等自然的物象为对象所构成的图形商标。有的是以实物照片，有的则经过加工提炼、概括与夸张等手法进行处理的自然图形所构成的商标。

（3）字母商标：是指用拼音文字或注音符号的最小书写单位，包括拼音文字、外文字母如英文字母、拉丁字母等所构成的商标。

（4）数字商标：用阿拉伯数字、罗马数字或者是中文大写数字所构成的商标。

（5）三维标志商标：又称为立体商标，是用具有长、宽、高三种度量的三维立体物标志构成的商标标志。它与我们通常所见的表现在一个平面上的商标图案不同，是以一个立体物质形态出现，这种形态可能出现在商品的外形上，也可以表现在商品的容器或其他地方。这是 2001 年修订的《中华人民共和国商标法》所增添的内容，使得中国的商标保护制度更加完善。

（6）颜色组合商标：是指由两种或两种以上的彩色排列、组合而成的商标。文字、图案加彩色所构成的商标，不属颜色组合商标，只是一般的组合商标。

（7）组合商标。组合商标指由两种或两种以上成分相结合构成的商标，也称复合商标。

（8）音响商标：以音符编成的一组音乐或以某种特殊声音作为商品或服务的商标即是音响商标。如美国一家唱片公司使用 11 个音符编成一组乐曲，把它灌制在公司所出售的录音带的开头，作为识别其商品的标志。这个公司为了保护其音响的专用权，防止他人使用、仿制而申请了注册。音响商标目前只在美国等少数国家得到承认，在中国尚不能注册为商标。

（9）气味商标：是指以某种特殊气味作为区别不同商品和不同服务项目的商标。目前，这种商标只在个别国家被承认它是商标。在中国尚不能注册为商标。

（10）位置商标：是指某种商品特定部位的立体形状、图案、颜色以及它们的组合，通过他们区分提供商品或服务的提供者。

三、品牌的发展历史

（一）西方品牌的发展史

1. 品牌的发展历程

最初的“品牌”可以追溯到公元前 7 000 多年，当时在中国、印度、希腊、罗马和美索不达米亚等国家、城市和地区的工匠喜欢在其手工制品上使用符号和雕刻来区分其归属权。几个世纪后，在印度河流域的古挪威出现了第一个代表“品牌”的古老词汇“Brandr”（古挪威语，意：燃烧）。“Brandr”在中世纪时期演变为水印，其后又在文艺复兴时期演变成带有艺术家签名的个人“品牌”，亦为如今英文中的“Brand”。随着工业革命的兴起，作为“品牌”新类别的大众品牌开始出现。威士忌制酒工厂为满足消费者购买受其品质承诺保证的正品威士忌的需求，采用酿酒师的建议，在运输货物的桶上印上其“品牌”标识（Logo）。

不久之后，为个别产品所建立的品牌随之出现，这一举措为“可口可乐”、“家乐氏”麦片、“金宝汤”罐头等标志性品牌的建立铺平了道路，并为其占领全球市场立下了汗马功劳。19 世纪后期，随着同类产品的大量出现，以及假冒伪劣产品的盛行，企业发现其需要一种方法来保护旗下的所有品牌，以保证其不受竞争对手的影响。自此，法国于 1875 年制定了《关于以使用原则和不审查原则为内容的制造标记和商标的法律》（下称:《商标注册法案》）。《商标注册法案》的出台再一次将“品牌”和“商标”紧紧捆绑在一起，为“品牌”的发展奠定了重要的法律基础。

随着越来越多的“品牌”进入市场，詹姆斯·沃尔特·汤普森（James Walter Thompson）建立了一个创意部门，代表客户设计广告。1901 年，其出版著作《汤普森蓝皮书和红皮书》（*The Thompson Blue and Red Books*），首次尝试定义了我们所认可的“品牌”，并解释了商标广告的概念。在同一时期，那些如今家喻户晓的快速消费品公司（包括宝洁公司、通用食品公司和联合利华公司等）发展起品牌管理或营销的概念。于是，“品牌”脱离了仅仅在产品上印上商标的时代，进入赋予企业战略性的个性时代。

纵观历史长河可以发现，最初出现的广告仅仅是展示产品或某人使用该产品。而后的广告开始讲故事，用故事来打动消费者，吸引其购买。此后几十年，那些曾经完全不考虑他们所购买的商品是何种品牌的消费者，逐渐开始注重“品牌”。在那一时代，企业获胜的公式是明确的：大量消费 + 好的商业广告 = 销售，市场进入最初的“付费游戏”时代。然而播放于 1984 年的一则广告，再一次改变了人们对“品牌”的认识。苹果公司通过一则广告讲述了一个充满感情的故事，然而到最后一秒，植入了 Macintosh 电脑。事实上，这则充满感情的故事广告完全是关于苹果品牌、Macintosh 电脑，以及其期望带给消费者的感受的。

2. 西方“品牌”地位的崛起

“现代营销之父”菲利普·科特勒（Philip Kotler）与凯文·莱恩·凯勒（Kevin Lane Keller）自2006年起开始出版其共同著作的《营销管理》教材，至今已修订到第15版，两位的合作在某种程度上是营销权威学者对品牌学科地位重要性的肯定。

在学术领域，“品牌”早已成为热点研究领域。使用“品牌”作为主题，在Web of Science中进行检索后发现，1970—2022年间有近10万篇相关论文。发表总数排名前十的期刊包括《商业研究杂志》（1 409篇）、《产品和品牌管理杂志》（939篇）、《品牌管理杂志》（788篇）、《可持续性》（733篇）、《零售与消费者服务杂志》（675篇）、《欧洲营销学报》（603篇）、《消费者研究进展》（592篇）、《心理营销》（590篇）、《营销研究杂志》（582篇）、《广告研究杂志》（507篇）。对营销类顶级期刊《欧洲营销学报》进一步分析发现，其在1971—2022年间共发表论文2 732篇，以“品牌”为主题的论文占其总发文量的22. 07%。

虽然早在20世纪50年代，就已经有美国学者发表“品牌”相关的研究论文，如加德纳（Gardner）和列维（Levy）在其研究中提出“品牌”与产品存在差异①。然而这并未能引起人们的注意，直到20世纪80年代中后期，随着大量的企业兼并收购案在欧美等发达国家出现，“品牌”才开始凸显其对整个商业活动的重要影响。1985年，美国皮尔斯伯瑞公司被英国食品和烈性酒企业大都会公司以超出其股市市值50%，且为其有形资产价值7倍的金额收购，共计55亿美元。同时，皮尔斯伯瑞公司所拥有的皮尔斯伯瑞、绿巨人、汉堡王等著名品牌也一同被大都会公司收购②。经历了数次巨额收购案后，人们终于意识到收购价格之所以会出现大量溢价，往往源于“品牌”的作用。正如未来学家阿尔文·托夫勒（Alvin Toffler）在其著作《权利的转移》中指出的那样，购买苹果电脑和IBM公司股票的人，绝不是因为其公司硬件设备而对其投资，真正吸引他们的是其营销业务团队所展现的交际手腕、人际关系、信息管理系统的组织模式③。

“现代管理学之父”彼得·德鲁克（Peter F. Drucker）曾说：“21世纪的组织早已一无所有，只能依靠品牌进行竞争。”来自美国的广告学专家莱瑞·奈特（Larry Light）也向企业发出过类似的告诫，其将未来的营销市场战争定义为品牌的战争，并提出“拥有市场比拥有工厂更重要，而拥有占市场主导地位的品牌也就意味着拥有市场”④。

（二）中国品牌发展的历史

戴程博士的研究显示，中国的“品牌”起始于商周时期，起初是一种“私人财物”的识别图形，时至今日，虽然“品牌”已被赋予更多更广的功能，但这种原始基本功能依旧沿袭⑤。

在中国已发现的最早的“品牌”雏形出现在古代瓷器上，是一些用于标记的符号。

---

① GARDNER B B, LEVY S J. The product and the brand [J]. Harvard Business Review, 1955, 33 (2): 33-39.

② 何佳讯. 品牌形象策划：透视品牌经营［M］. 上海：复旦大学出版社，2000.

③ 托夫勒. 权利的转移［M］. 北京：中信出版社，2006.

④ 周志民，等. 品牌管理［M］. 2版. 天津：南开大学出版社，2015.

⑤ 戴程. 我国农产品品牌结构优化及评价研究［D］. 福州：福建农林大学，2013.

西周出土的墓葬中就发现很多来自封建领主的产品符号和各种官工的印记。比如：山东省寿光出土的西周“己候”钟，铭文刻有“己侯作宝钟”五字①。到了先秦时期，这些符号就开始出现在青铜器上，成为一种铭文，其作用是区分私有权。

春秋战国时期以后，随着商业从生产劳动中分离成为独立职业，人们对商品就出现了最初的质量需求，期许可以在交换中获得最好的产品，因此最初的口碑便开始在营销中发挥作用。彼时的商家为了宣传好自己的产品，常使用招牌和幌子作为自己的广告。比如：在今河南省登封市告成镇出土过大约为春秋战国时期的陶器，其陶体上刻有“阳城”标记，被认为是我国品牌的雏形。“阳城”标记的出现，标志着我国的“品牌”发展已脱离原始的叫卖及口碑模式，开始进入朦胧的“品牌”意识阶段②。

在两汉时期，朦胧的“品牌”意识开始深入人心，实物招牌开始流行。比如：西汉时期卖灯笼的店铺门楣处会挂上灯笼，卖酒的店铺会在门口悬挂酒旗或者垒一个“当垆”等；东汉时期市场上已经开始销售诸如“张芝笔”“左伯纸”“韦诞墨”等品牌文具③。

在唐朝，随着封建社会鼎盛时期的来临，商业贸易异常繁荣，明确的“品牌”意识开始出现，当时的品牌依靠特色叫卖、酒幌、幡旗、铭牌、挂饰、灯笼、刻碑等进行传播和扩散。唐代诗人杜牧、李中等均在其诗句中描写过相关的场景，如杜牧的“千里莺啼绿映红，水村山郭酒旗风”。

宋朝时期，因受国家政策影响，农民与市场的联系逐渐加强，促进了广告业的发展。当后世研究宋代张择端的画作《清明上河图》时就会发现，汴梁城内广告牌处处皆有，形状各异，图文并茂。不仅汴梁如此，江南地区亦盛行。由此可见，在宋代“品牌”发展迅速。宋元时期因造纸术、印刷术的发明及推广应用，为“品牌”及广告提供了快速成长的环境④。

明清时期，受资本主义生产关系萌芽的影响，国内商业贸易变得更加丰富。这一时期在国内出现了很多至今仍极具知名度和影响力的品牌。如：明嘉靖九年（1530年），宰相严嵩为“六必居”提名，后“都一处”（1738年）、“全聚德”（1864年）、“狗不理”（1858年）、“耳朵眼”（1892年）等百年老品牌诞生。清光绪三十年（1904年），我国历史上第一部商品品牌法规《商标注册试办章程》颁布。自此，中国的“品牌”注册管理被推上历史舞台⑤。

在近代，“品牌”因报纸、广播的诞生，得以迅速发展。1853年，在香港创办的《遐迩贯珍》杂志上就专门刊登有“品牌”广告，自此中国的“品牌”之路更上一层楼。鸦片战争后，大量“洋品牌”涌入中国，民族品牌举步维艰，直到第一次世界大战期间，我国的民族品牌才开始发展起来，当时著名的民族品牌有“三星”牌牙膏。抗日战争期间，商界为挽救民族品牌，曾发起“用国货最光荣”的保护运动，这也是中国“品牌”史上第一次将“品牌”与国家的政治命运相结合。自此，“品牌”成为

① 余明阳，杨芳平．品牌学教程［M］．2版．上海：复旦大学出版社，2009.
② 同①.
③ 同①.
④ 同①.
⑤ 同①.

我国社会生活和国力象征的一部分①。

新中国成立之初，中国工商业百废待兴，一大批民族品牌重获新生。然而随着“文化大革命”浪潮的席卷，刚刚兴起的民族品牌又受重创。改革开放之后，我国民族品牌的发展大潮乘势而为。20 世纪 80 年代以来，“海尔”“美的”“华为”“健力宝”等一系列民族品牌随中国工业的发展而日渐壮大，直至登上世界舞台。1982 年颁布实施的《中华人民共和国商标法》，标志着我国的“品牌”发展进入以注册商标为标志的发展阶段。进入 21 世纪以后，我国提出“品牌强国”战略，着力培育具有国际竞争力的民族品牌。2015 年《中国制造 2025》行动纲领的发布，明确提出“加强品牌建设”的要求；2022 年 7 月国家发展改革委等部门联合发布《关于新时代推进品牌建设的指导意见》。

在当今全球化“品牌”竞争背景下，世界主要发达国家都选择通过“国家品牌形象”来宣传推广本国产品，如：美国——“创新”，日本——“品质”，德国——“严谨”，法国——“时尚”，瑞士——“精准”，等等。随着商品经济全球化的发展，品牌早已不仅是产品的标志，其被赋予了更多更广的属性，甚至已成为一个涵盖产品质量、性能、服务等的综合体。因此，我们更应该在未来的“品牌”发展中，积极提升中国“品牌”的全球化水平，打造更多享誉世界的“中国品牌”，形成中国品牌企业、品牌产品和品牌服务在国际市场的竞争优势。

四、品牌认知的演化趋势

“品牌”最初出现时其作用较简单，仅仅是用作识别区分产品和制造者的符号。然而在工业革命后，产品生产逐渐摆脱手工加工，并在品种、数量和质量上发生极大的变革。同时，因各国人口数量的不断增长，消费需求呈现复杂化趋势。自此，传统意义的“品牌”过渡成为现代意义的“品牌”。现代意义的“品牌”，主要体现为承载着更多的职能，除最基础的识别、认知、形象和区分以外，还包括信任、独特利益传达、销售促进、产品溢价以及资产构建等。而后，随着智能手机、社交媒体和万物互联的兴起，人们又将更多的功能赋予“品牌”，让其不仅具有价值，还具备价值观，让“品牌”变成企业价值主张的一种体现，以此向顾客展现一种极具吸引力的生活态度、文化和精神，以便引发消费者的共鸣，使“品牌”具有人格化。

总结国内外的品牌研究后，发现“品牌”认知的演化经历了以下四个阶段。

1. 品牌的符号化时期

在全世界范围内，“品牌”的雏形源自手工艺人在产品上的独特标记，其作用也仅仅是为了进行产品或制造者的区分。在此后很长的一段时间内，“品牌”的基本元素逐渐产生，包括标记符号、包装、图形标签、装饰物，等等。

2. 品牌的法律化时期

18 世纪发生的第一次工业革命，使产品生产进入机械化生产时代，机器代替手工，更多更好的产品开始面市，因此企业间的竞争加剧，“品牌”变得尤其重要。1857 年，法国制定了世界上第一部商标法，随后的十年间，英、美、德、日等国相继颁布了各

---

① 余明阳，杨芳平. 品牌学教授［M］. 2 版. 上海：复旦大学出版社，2009.

自的商标法。1883 年的《保护工业产权巴黎公约》和 1891 年的《商标国际注册马德里协定》，将商标制度推广到全世界范围内。从 19 世纪末到 20 世纪，注册商标制度为“品牌”管理提供了法律的认可及保障。自此，大量的优质品牌风行全球，即便经过百年洗礼，依旧生机勃勃。

3. 品牌的资产化时期

20 世纪 50 年代，随着第二次世界大战后的经济复苏，生产技术的变革和迭代展现出日新月异之势，因此“品牌”理论逐步成熟。1955 年，大卫·奥格威（David Ogilvy）在《品牌与形象》的演讲上，首次明确阐述“品牌”的概念，同时提出“品牌”形象的理论。自此而后的五十年，随着杰罗姆·麦卡锡（Jerome McCarthy）、菲利普·科特勒（Philip Kotler）等大师对“品牌”管理的深入研究，“品牌”形象逐步成为品牌建设的指导原则之一。当今社会，人们不会对品牌的价值有所怀疑，都已认可其在企业并购、上市中具有重大作用。在全球范围内，已有多家成熟的专业品牌评估机构，每年组织对品牌的评估，并确定其品牌价值。

4. 品牌的人性化时期

20 世纪末期，随着电脑与互联网的发展和普及，信息可以通过互联网实现全球化，空间和距离再也无法制约商业的发展，特别是 21 世纪后因 4G（第四代移动通信技术）、5G（第五代移动通信技术）、智能手机以及 B2B（企业对企业）、B2C（企业对个人）的影响，“品牌”建设的环境发生了巨大的变化，自此，塑造“品牌”的方法、渠道愈发多元化。因此，越来越多的新“品牌”快速占领市场，甚至大有超过百年品牌之势。为了适应这一变化，新的营销变革再一次启动，自此，“品牌”的人性化时期来临。在新的营销模式里，“以价值观为驱动”是“品牌”发展的重点，消费者早已摆脱曾经的思维，展现出其独立的思想、心灵和精神，企业为了引起消费者的共鸣，更应该关注其社会责任感以及所展现的价值观。如今，“品牌”不应是一个毫无温度的商品、一个标志或者名称，而应为一个有温度、有性格、有表达的“人”，这就是“品牌”的人性化诞生的土壤。品牌作为一个人性化的概念，必然不能离开其人性、性格、情感和价值观，这就是“品牌”人性化的过程。

总之，“品牌”因其在社会经济及人民日常生活中所占据的重要地位，成为现代前沿科学，以及涵盖营销、质量、文化等前沿领域最为火热的研究方向之一。

【小知识】从六个方面来认识品牌的内涵

（1）属性：指品牌所代表的产品（服务）的品质内涵，它可能代表着某种质量、功能、性能、材质、工艺、形象和效率等。

（2）利益：品牌在消费者的心目中往往是不同程度的利益象征，消费者主要是从自身的角度去理解、评价和接受各种属性为自身所带来的利益。因此，顾客购买的不是其属性，而是购买的其利益。属性需要转化为功能性或情感性的利益。

（3）价值：品牌会因其所代表的企业或产品的品质和声誉而形成不同的等级层次，从而在顾客心目中形成不同的价值。同时，它也体现了企业在产品设计和推广中的某种特定的价值观。因此，品牌的营销人员必须能够分辨出对这些价值感兴趣的消费者群体（即目标客户），并有针对性地进行宣传推广。

(4) 文化：品牌是一种文化的载体，代表着某种文化，其所选用的符号或文字本身是一种显在文化，它可使人们产生同其文化背景相应的各种联想。品牌所代表的产品或企业本身所具有的文化特征也会在品牌中体现出来。这种文化是否被消费者理解和认同，决定着消费者在购买决策时的取舍。

(5) 个性：好的品牌应具有鲜明的个性特征，它不仅在表现形式上独一无二、新颖突出，而且会使人们联想到某种具有鲜明个性特征的人或物，这样才能使品牌产生有效的识别、记忆和联想功能。

(6) 角色感：品牌还体现了一定的角色感，因为它往往会是某些特定的顾客群体所喜欢和选择的，从而使某些品牌成为某些特定顾客群体的角色、身份或地位的象征。群体之外的人使用该品牌的产品会使人感到惊讶。这也就是使用者同品牌所代表的价值、文化与个性之间的适应性。

第二节　品牌的功能和作用

通过众多学者的研究不难发现，“品牌”的存在有着重大的意义，其作用和意义与顾客、组织和国家密不可分，深圳大学周志民教授提出分别从顾客、组织以及国家三个视角分析“品牌”的作用（见表 1-1）①。

表 1-1　品牌的作用

视角	作用
顾客	1. 有助于顾客减少风险，简化选择过程 2. 有助于顾客获得自我认同或社会认同
组织	1. 有助于组织保障产品特色的排他性 2. 有助于组织统一营销战略 3. 有助于组织获得更高利润 4. 有助于组织顺利推出新产品 5. 有助于缓解组织风险 6. 有助于组织的融资和并购 7. 有助于组织吸引并留住人才 8. 有助于组织的产品顺利进入零售终端 9. 有利于组织进行多产品营销管理
国家	一个国家实力和整个民族财富的象征

一、品牌对顾客的作用

周志民教授②对法国巴黎高等商学院教授让·诺尔·卡普费雷③、美国凯勒教授等

① 周志民，等. 品牌管理［M］. 2 版. 天津：南开大学出版社，2015.

② 同①.

③ KAPFERER J N. The new strategic brand management：creating and sustaining brand equity long term［M］. 4th ed. London：Kogan Page Limited，2008.

学者对品牌方面的专著进行归纳总结后提出：虽然“品牌”对顾客有多方面（如质量信号、减少风险、象征意义、保证、特色等）的意义和作用，但实际上进行同类项合并后，归纳起来只有两点：有助于顾客减少风险，简化选择过程；有助于顾客获得自我认同或社会认同。

（一）有助于顾客减少风险，简化选择过程

国新办 2022 年 7 月 12 日的新闻发布会介绍，截至 2022 年 6 月底，我国有效注册商标已超 4 000 万件，同比增长 20.9%，仅 2022 年上半年已注册 367.4 万件。因此，人们如果期望从众多商品中挑选到符合要求的产品就如同雾里看花。顾客在购买的过程中常见以下 6 种风险：①功能风险，产品的性能无法满足顾客的预期；②生理风险，产品因设计、生产过程、销售过程中的缺陷而对顾客的生命安全和身体健康造成危害；③财务风险，产品的价值无法满足顾客对其使用价值的期望；④社交风险，产品导致消费者在社交中受到损失；⑤心理风险，产品对顾客心理产生不良影响（如内疚、不安、不负责任等）；⑥时间风险，因产品无法满足顾客需求而造成消费者需要再次购买另一品牌的机会成本①。虽然有很多方法都可以用来降低这 6 种风险，然而卡普费雷教授的研究可以发现创建一个顾客信赖的品牌是其中最行之有效的方法之一。随着 B2B、B2C 等营销新手段成为 21 世纪营销主流，网络快速蔓延的口碑宣传以及亲自接触，都使得“品牌”对于顾客而言直接成为企业对产品、性能、质量等的承诺综合体，且这些承诺最终将浓缩于品牌名称或标志之中。顾客将通过选择品牌而选择自己最满意的产品和服务。

（二）有助于顾客获得自我认同或社会认同

自我概念（self-concept）理论提出：通常会有一道鸿沟隔离开消费者的（社会）实现自我和（社会）理想自我，“品牌”就是连接这两种自我的纽带。众所周知，成功的“品牌”必定具有鲜明的个性，同时也离不开其独特的形象。想在消费者心中实现理想自我，可以通过某品牌的使用而实现，又或者通过“品牌”展现的社会理想自我，使消费者接受。例如：所谓的“星巴克气氛组”，即在星巴克工作，可以在嘈杂的环境中更好地完成工作或学习，从而实现迅速高效的理想自我；而使用爱马仕能使消费者身价倍增，从而实现受人尊重的社会理想自我。

二、品牌对组织的作用

周志民教授在其《品牌管理》一书中提出“品牌”对组织的作用主要体现在以下九个方面。

（一）有助于组织保障产品特色的排他性

拥有注册商标的“品牌”已成为一种知识产权，因此就会拥有法律上的排他性。例如，代表宝洁的 P&G、可口可乐的 Cocacola 手写体标志、金龙鱼等注册商标。此外，注册商标的存在可以使“品牌”固化，并且为消费者建立特有的心理认知，以便组织保护其品牌特色。诸如中国有很多为国际品牌代工的加工厂，其自有品牌的产品质量并不逊于国际品牌，但却无法获取消费者的认可。

① 切纳托尼，麦克唐纳. 创建强有力的品牌：消费品工业品与服务业品牌的效益［M］. 北京：中信出版社，2001.

（二）有助于组织统一营销战略

"品牌"管理一直被学者们归入营销管理的战略层面，如美国的凯勒教授和法国的卡普费雷教授编写的教材《战略品牌管理》。众所周知，"品牌"方向性表现其战略性，因此，努力提升消费者对"品牌"的认知及联想是所有营销活动的根本。组织的营销活动如果缺失了"品牌"的营销，其营销传播将会变得杂乱无章，无法达到预期效果。早在20世纪50年代，奥格威就已经提出"每一个广告都是对品牌长期个性的贡献"的观点，这一观点说明"品牌"的塑造离不开广告、网络等各类传播工具。于"品牌"而言，各种营销策略的存在不仅是为了短期的促销商品，而且是为了与消费者建立一种良好的长期关系。

（三）有助于组织获得更高利润

当"品牌"出现以后，消费者对产品或服务的感知，无论好坏都会浓缩到"品牌"之中，因此产生的正向感知就逐渐积累成为品牌忠诚度。品牌忠诚度一旦在消费者中形成，就会通过口碑作用广泛传播，特别是在网络社交媒体发达的21世纪，口碑作用正以数以万倍的速度对外传播。在20世纪90年代，美国营销界就已经发现顾客忠诚度对企业长期利润的正面影响，瑞奇海德（Reichheld）和赛塞（Sasser）更是在其研究中发现：顾客忠诚度每提升5%，企业的长期利润就增长25%~85%①。此外，组织还可以通过消费者对"品牌"的认可度获取溢价。例如，购买一件普通的风衣只需要几百元，而这件风衣贴上巴宝莉（Burberry）、麦丝玛拉（MaxMara）等服饰品牌的标志，其价格就会以百倍增长。当然，网络社交媒体作为双刃剑，对于负面感知也将无限扩大，甚至被组织的竞争对手用以进行商业打击。

（四）有助于组织顺利推出新产品

如今的商业产品一直保持高速的推陈出新，同时新产品的寿命也长短不一，通过一项国际权威机构的研究发现：在大多数组织的新品研发中，每7个新品创意中，只有1个能够成功完成商业转化，转化率不足15%。一项来自尼尔森公司（Nielsen）和安永公司（Ernst & Young）的研究指出，就消费类新品而言，不论是美国还是欧洲的企业其失败率均高于90%。众所周知，对于组织而言，当其已经拥有一个以上口碑良好的"品牌"后，就能有更大的几率将原有的消费者认同度转化到其开发的新品之上，从而提升其新品的上市成功率，即为通常意义的品牌延伸策略。

（五）有助于缓解组织风险

随着市场经济全球化、供应链全球化的推进，组织不再只面对来自本国的市场及供应链的风险，还需要面对全球化的风险，因此，各类组织均应思考如何实现其风险的可控性。明略行（Millward Brown Optimor）的CEO乔安娜·塞登（Joanna Seddon）就提出"强大的品牌不仅能为组织产生超额的回报，还能够帮助企业规避风险"。由此可见，"品牌"的存在可以使组织在面临风险时获得一定的缓冲。

（六）有助于组织的融资和并购

众所周知，只有将组织光明的发展前景展现在投资人面前，为其树立投资的信心，

---

① REICHHELAD F, SASSER W. Zero defencts: quality comes to services [J]. Harvard Busness Review, 1990 (9/10): 105-111.

才有机会获得融资。“品牌”恰恰是除技术、人才、运营模式等优势外成功吸引投资人眼球的重点之一。因为一个颇具口碑的“品牌”，其背后往往隐藏着巨大的市场需求和良好的顾客关系。可口可乐的前总裁伍德拉夫就曾提出：基于可口可乐品牌价值对投资人的吸引度，即使可口可乐的工厂付之一炬，其依旧可以迅速复制一个可口可乐。此外，“品牌”还可以作为组织的重要资产，在企业并购过程中发挥重要作用。纵观当今的互联网企业，很多企业都通过采取先建立“品牌”，再销售“品牌”的模式赚取“品牌”溢价。

（七）有助于组织吸引并留住人才

古语有云：“良禽择木而栖，贤臣择主而事。”一个优秀的“品牌”往往就是良禽所择的木，它既可以为组织发展创造机会，又可以为组织的人才提供良好的发展空间。如今所流行的“雇主品牌”就是来源于此，将企业打造成为一个充满吸引力，并能吸引和留住人才的“品牌”，以达到提高企业竞争力的目的。

（八）有助于组织的产品顺利进入零售终端

“品牌”及其口碑的存在，使消费者对“品牌”及其生产企业的认知及认同得以体现，因此对组织而言拥有知名的“品牌”等同于拥有市场。因为零售终端受有限货架资源的约束，为保证利润最大化，必然会选择最受市场追捧的“品牌”。反之，“品牌”不够强势，自然无法吸引零售终端的喜爱。

（九）有利于组织进行多产品营销管理

对于“品牌”的多产品管理往往存在两种形式：一种是一个“品牌”同时被多个产品共用，如西门子的各类电器，在这种情况下，“品牌”的存在体现了提纲挈领的作用，每一种电器产品都具有“西门子”体现的品质保证；另一种是多产品多品牌，如蒙牛乳业旗下的多个冰淇淋产品，有代表高端冰淇淋的“茅台”“蒂兰圣雪”，也有大众化的“蒙牛”，不同的品牌占据不同的市场，通过细分定位，赋予各“品牌”产品个性化特征。

三、品牌对国家的作用

正所谓“工欲善其事，必先利其器”，“品牌”不仅是组织战胜对手的有力武器，更是国家实力和民族财力的象征。日本前首相中曾根康弘曾提出“在国际交往中，索尼是我的左脸，松下是我的右脸”① 的说法。由此可见，民族品牌的兴衰对国家实力有着不可估量的影响。

优秀的民族品牌代表着自己国家产业的高端水平，承载着民族自尊心和自信心，代表一个国家的国际形象。如果一个国家缺少优秀的民族品牌，也就意味着它无法进入国际市场，永远只能依靠在供应链低端的贴牌加工、重复劳动等方式盈利，在全球化商业活动中缺少话语权，并且任何时候都有可能被其他国家所取代。截至 2014 年年底，我国有 170 多类产品的产量位居世界第一，但缺少有世界水平的品牌。尤其是古丝绸之路主要贩运的中国丝绸、陶瓷和茶叶，至今也没有一个享誉世界的品牌，现代科技产品亦如此。因此，《中国制造 2025》作为中国实施制造强国战略第一个十年的行动纲领应运而生。

---

① 周志民，等. 品牌管理［M］. 2 版. 天津：南开大学出版社，2015.

第三节 品牌的本质特征

何为“品牌”的本质呢？劳拉·布希（Laura Busche）在其著作《精益品牌塑造》中写道[①]：

“品牌是我们所做一切事情的核心概念”。

“每一个伟大的品牌背后都有一个能够满足消费者愿望的承诺”。

“精益品牌故事涵盖定位、承诺、角色、个性、产品和定价六个基本部分”。

一、品牌的本质特征

（一）品牌本质

通过前面的学习可知，“品牌”是一个复杂的实体。任何人（组织内成员、供应链成员和顾客等）都可能根据其对“品牌”的感知而形成各自不同的理解。因此，组织应将“品牌”的核心性质传达到每一个人。对于组织内成员，可以让其了解应如何促进“品牌”的塑造、维护和运营管理。对于供应链成员，通过“品牌”核心性质的传达有利于建立一个统一的供应链。将“品牌”核心性质传递给消费者以后，既可以增强消费者对企业的信心，又可以提高其认同度，然而如果组织不能按照所传达的“品牌”核心性质向消费者提供产品和服务，必然也会引起更严重的连锁反应以及负面的口碑反应。

品牌本质有多种解释，彻纳东尼在其著作中提出：在品牌计划体系中提出的品牌本质即是核心，并确定“品牌”的中心性质[②]，品牌本质可以通过品牌金字塔来构建和理解。

（二）品牌金字塔

品牌金字塔体现出了组织为了鼓励其所有成员（包括供应链上各成员）采取一致方式理解其“品牌”的核心本质，并且涵盖了尽可能多的品牌特性。品牌金字塔见图 1-2。

组织通过品牌金字塔逻辑关系的分析，可以发现在品牌开发时首先应该关注市场中哪些尚未被开发的领域，其次依靠新技术、新工艺，开发一个新品牌，以体现其独一无二的特性。当然，消费者所关心的往往不是这些特性，其更关注如何从这些特性中获得利益。随着“品牌”的持续运营，消费者会对其进行更加深入的了解，其获得的利益将会转化为感情回报。这些感情回报最终将形成消费者新的价值观，而这些价值观体现了“品牌”的个性品质。

① BUSCHE L. Lean branding：creating dynamic brands to generate conversion［M］. ［S. L.］：O'Reilly Media, Inc., 2014.

② 彻纳东尼. 品牌制胜：从品牌展望到品牌评估［M］. 蔡晓煦，等译. 北京：中信出版社，2002.

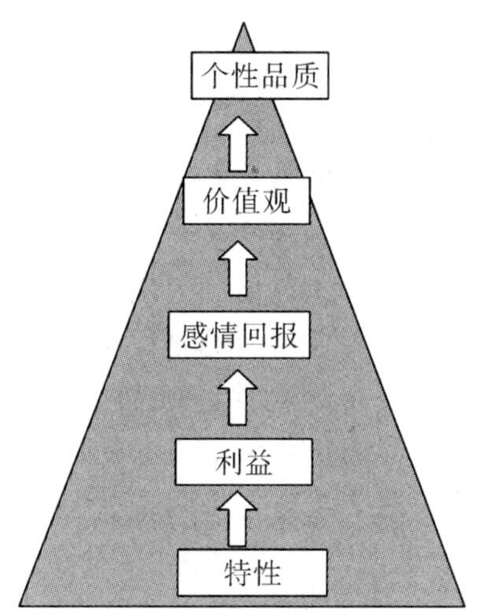

图 1-2　品牌金字塔

（三）方式—效果理论

品牌金字塔的作用可以从古特曼提出的“方式—效果”模型中得到印证①。该模型的研究发现，“确定品牌的特性（方式）对个人有重要影响，而这些影响又使个人价值观（效果）得到加强”。其具体模型如图 1-3 所示。

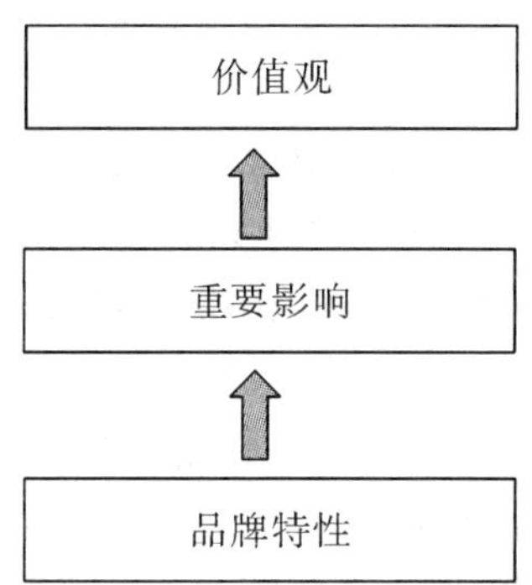

图 1-3　方式-效果模型

通过品牌金字塔，可以确定品牌的本质，并且发现其影响消费者感知的独特特性，最终形成将会（或可能会）受消费者欢迎的品牌本质。一个强有力的品牌其本质往往具有简单、简洁、持久、能给人以指引等特征。

二、品牌与市场经济

“品牌”所具有的生命力来自市场经济，任何“品牌”都不可能脱离市场经济而存在。而一个具有活力的“品牌”又需要良好的生存和发展环境，如此，才能在市场上青春永驻，才能让消费者对其热度不减，才能使组织实现以“品牌”开拓市场继而

① GUTMAN J. A means-end chain model based on consumer categorization processes［J］. Journal of marketing, 1982, 46（2）: 60-72.

提升产品市场销售额的目的①。

仅以中国为例，从1978年改革开放到2022年，中国的“品牌”如雨后春笋般出现。黄升民等在其著作《中国品牌四十年》中指出：“1978年改革开放，中国经济从崩溃边缘走出，企业作为国民经济的细胞，于混沌之中率先破冰，成为中国市场探索的先行者。从完全的计划经济转向市场经济，企业活跃于最激烈的市场变革中，疯狂生长，奋力求生，其间历经千难万险，付出巨大代价，有落后挨打也有领先突破，于短短四十年间，完成了发达工业国上百年的历史积淀，发展之快令世人瞠目结舌。进入新时期，转型升级成为当下中国企业发展的关键词，作为广告活动的发起者、需求者与规则制定者，企业通过广告营销塑造出享誉世界的中国品牌，在与国际品牌的较量中，不断创新求索，于奔跑中适应全球化步调，于兴衰沉浮中谱写中国广告的品牌历程”②。

“品牌”与市场经济密不可分，相辅相成。首先，市场经济为“品牌”赋予了文化要素。在现代市场经济环境下，组织的“品牌”早已不只是单纯的赋予产品符号性的标识，在符号性表象下，其被赋予了更多的企业文化要素。对于“品牌”而言，也正是由于其蕴含着丰富的组织文化要素，因此具有更加强大的精神力量，并以此而引领消费者的价值取向。其次，市场经济有利于“品牌”个性的塑造。大卫·奥格威（David Ogilvy）曾指出：最终决定品牌市场地位的是品牌本身的性格，而不是产品间微不足道的差异③。也就意味着，个性化特征往往具备决定产品市场地位的能力。因此，组织可以基于市场经济的要求确定“品牌”的个性化特征，以塑造一个优秀的“品牌”。最后，市场经济可以引导“品牌”确立独特的市场定位。一个组织为了更好、更多、更广泛地吸引消费者，提升消费者对组织及“品牌”的认同感，增加亲和力，就需要对市场进行深入的挖掘及研究，通过运用市场经济的相关原理，明确一个独特的、确定的、具有潜力的市场定位。

在充满商业竞争的市场经济环境中，企业要想自己的产品保有长期的市场销售优势，要想自己的产品长期让消费者所接纳和喜爱，就必须为产品打造出一个优秀的品牌形象，必须赋予自己产品品牌与众不同的气质、内涵、文化底蕴和价值体现，必须让自己的产品品牌能够在众多品牌中独树一帜，只有这样，企业产品才会具有恒久的生命力，才会在优胜劣汰的市场生存法则中生生不息。

三、品牌管理理论的演化

至今为止，对品牌管理理论的研究一共经历三个阶段：萌芽阶段（19世纪末—20世纪50年代中期）、探索阶段（20世纪50年代末—20世纪80年代中期）和科学阶段（20世纪80年代末至今）。

（一）品牌管理理论研究的萌芽阶段

众所周知，“品牌”是市场竞争的必然结果，自“品牌”出现以来，品牌管理随

---

① 陈小凡. 市场经济视域下的企业品牌建设探讨［J］. 技术与市场，2020，27（8）：155-156.

② 黄升民，赵新利，张驰. 中国品牌四十年（1979—2019）［M］. 北京：社会科学文献出版社，2019.

③ 同①.

之诞生，然而19世纪末—20世纪50年代中期，品牌管理仅仅只建立在经验和自我的基础之上，属于萌芽阶段。因此，在这一阶段并非真正意义上的品牌管理理论研究阶段。

这一阶段的研究主要是集中在对广告的研究中。1866年，美国的拉伍德（Larwood）和哈顿（Hatton）发表共同著作《路牌广告的历史》，当时实务界和学术界都未对品牌产生真正的认识。这一阶段的研究主要围绕产品商标展开，而能与品牌管理相关的仅仅是消费者对广告信息接受度的研究。

（二）品牌管理理论研究的探索阶段

进入到20世纪50年代末，此时的人们虽然尚未真正认识“品牌”，但是出现了品牌职能管理制度这一提法，它是第一次真正意义上的对品牌的管理制度。特别是当大卫·奥格威（David Ogilvy）第一次提出“品牌”的概念，并将名牌战略融入市场竞争后，品牌管理理论研究进入一个新阶段。在这段时期，随着社会政治、经济的巨变，对品牌的研究同时受到实务界和学术界的重视，营销学、管理学乃至经济学的学者都开始对品牌进行研究。因此，这一时期对品牌管理的研究也开始活跃起来。

（三）品牌管理理论研究的科学阶段

随着市场经济的全球一体化进程，以及信息经济和网络技术的广泛普及，这一时期的企业竞争趋于白热化。1988年，菲利普·莫里斯收购克莱福，雀巢收购英国糖果公司Rowntree。其中菲利普·莫里斯以克莱福账面价值4倍的价钱收购，雀巢以Rowntree账面价值5倍的价钱最终完成收购，使得1988年被美国《经济学人》评论为“品牌年度”。自此，人们开始起对“品牌”有了科学认知，同时对品牌管理的研究也进入到百家争鸣的科学阶段。

【知识拓展】

主品牌——是产品最主要的指示物和参照点，从视角上看，它具有最显著的位置。

背书品牌——为产品提供可信度和物质基础（如兰蔻奇迹般的背书品牌）。在很多情况下，它代表的是产品背后企业的战略、人力、资源、价值观和历史传承。

子品牌——增强或改进具体市场环境中主品牌的联想，它的作用是为主品牌增加联想内容，比如：产品属性（如雪佛兰沃蓝达）、品牌个性（如卡乐威）、产品种类（如美国天然蔓越莓）以及活力（如耐克）。

描述符号——对产品进行描述，通常体现在功能方面（如通用电气航空、通用电气家电、通用电气金融和通用电气医疗）。

（四）品牌理论研究的发展历程

品牌是为了满足企业、市场和消费者的需要应运而生的，西方品牌理论的发展主要体现为五个阶段，即品牌观念阶段、品牌战略阶段、品牌价值阶段、品牌管理阶段和品牌关系阶段，如表1-2所示。

表1-2　西方品牌理论发展阶段

品牌发展阶段	主要回答的问题	主要特征或代表事件
品牌观念阶段	何为品牌	认识品牌、品牌经理制

表1-2(续)

品牌发展阶段	主要回答的问题	主要特征或代表事件
品牌战略阶段	内涵和外延的研究	品牌 USP 和形象、定位、个性等
品牌价值阶段	为什么要重视品牌	品牌资产、品牌权益等评估
品牌管理阶段	如何更好管理品牌	品牌组合、品牌领导理论
品牌关系阶段	品牌关系生态系统	品牌创建、品牌关系、品牌传播

（五）品牌理论研究的发展趋势

现代政治、经济和科技的发展以及全球市场环境的变化，孕育出品牌理论研究演化的新趋势和新方向，主要体现在以下方面：

（1）市场竞争更加激烈，内涵将更为丰富。品牌理论的研究由浅入深，由外延到内涵，越来越透彻，越来越广泛。

（2）企业越来越重视品牌资产，品牌管家走上前台。品牌资产越来越重要，或许品牌资产是一笔远远高于公司财务账面资产的无形资产，而品牌塑造与管理需要专业人才队伍，众多企业缺乏这样专业和有实战经验的人才，因此，专业化的品牌机构将承担“品牌管家”的角色。

（3）品牌竞争走上网络。随着现代科技的发展和广泛运用，在万物互联的信息爆炸时代，“地球村”式的全球竞争时代，为了快速、准确地实现品牌的延伸扩张、品牌传播和品牌营销，必然会有越来越多的企业借助各种网络平台和网络资源吸引顾客，因此品牌研究的理论也应转向网络。

（4）“健康、环保和绿色”将成为永恒主题。早在 20 世纪末，就有不少学者将生态学的概念引入品牌研究中，如“品牌群”“品牌生态环境”等被提了出来。此后，生态学与品牌学的交叉学科——品牌生态学被提了出来，这将成为品牌理论研究的发展新视角。事实上，进入 21 世纪以来，诸如气候问题、新冠病毒感染疫情、地缘政治、军事冲突、贸易保护等，都告诉人类将面临更多、更大的挑战。

【知识拓展】1. 区域品牌与原产地品牌

如果把品牌的概念从企业扩张到地区、行业和国家，就有了地区（城市）品牌、行业品牌和国家品牌等概念，广义的区域品牌可以涵盖：

原产地品牌（Place of Origin Branding）

国家品牌（National Branding）

地区/城市品牌（Place/City Branding）

集群品牌（Cluster Branding）

目的地品牌（Destination Branding）

文化和娱乐品牌（Culture/Entertainment Branding）

【知识拓展】2. 品牌建设与传播专业人才匮乏

由中国品牌建设促进会牵头、中国经济时报成立的“品牌建设与传播课题组”在 2017 年至 2018 年上半年进行的 6 省 18 市“品牌建设与传播”专题调查的结果显示，品牌专业人才已成为稀缺资源。不论是已经有品牌基础的大型企业，还是品牌建设还在孕育期的小微企业，都缺乏专业的品牌人才。

课题组对302家企业的调查结果显示，“缺乏品牌相关专业人员”已被企业家们当成目前制约企业品牌建设的主要因素。可以说，我国在品牌的研究、管理、营销、推广、传播等方面人才紧缺。调研发现，目前，因未设立品牌专业，我国大专院校和研究机构的品牌专业人才培养只是停留在市场营销专业范围里。从事品牌管理和传播的人才多是企业内部培养、半路出家而来，他们推广执行力强，但是在品牌顶层设计上缺乏系统能力，导致企业在品牌战略和发展上缺少主动权。而从国外引进来的人才却又存在“水土不服”的情况。

【本章小结】

本章通过理论分析与案例分析向读者分别讲述品牌的概念、起源、发展史，品牌对顾客、组织和国家的作用，品牌的本质特征及内涵三个方面的内容，为后续章节的学习奠定理论基础。

【技能训练】

以5~6个同学为一个小组，选择一个熟悉的品牌，分析该品牌有哪些要素。

练习题

一、单项选择题

1. 20世纪最伟大的广告人是（　　）。
   A. 菲利普·科特勒　　B. 大卫·奥格威
   C. 大卫·阿克　　D. 詹尼弗·阿克
2. 看到肯德基就联想到肯德基爷爷是肯德基的（　　）。
   A. 品牌忠诚　　B. 品牌联想
   C. 品牌知名度　　D. 质量感知
3. 品牌认知的演化经历了（　　）个时期。
   A. 1　　B. 2
   C. 3　　D. 4
4. 1901年发表著作《汤普森蓝皮书和红皮书》的作者是（　　）。
   A. 菲利普·科特勒　　B. 詹姆斯·沃尔特·汤普森
   C. 大卫·奥格威　　D. 詹姆特·汤普森
5. 《商标注册法案》在（　　）年出台。
   A. 1919　　B. 1835
   C. 1875　　D. 1795

二、多项选择题

1. 以下属于品牌本质的是（　　）。

A. 价值观　　B. 个性品质

C. 特性　　D. 利益

E. 感情回报

2. 朱延智在其著作《品牌管理》中提出品牌涵盖的三大内容是（　　）。

A. 外貌　　B. 内涵

C. 价值　　D. 沟通

3. 菲利普·科特勒提出的品牌含义有（　　）。

A. 属性　　B. 利益

C. 价值观　　D. 文化

E. 个性　　F. 使用者

4. 品牌认知的演化包括（　　）时期。

A. 符号化　　B. 人性化

C. 资产化　　D. 法律化

5. 企业之所以重视品牌是因为（　　）。

A. 国内市场国际竞争的加剧　　B. 国内市场竞争重心的转移

C. 供应商的压力　　D. 产品质量的要求

三、简述题

1. 简述品牌管理理论的演化历程。
2. 简述中外品牌发展的历史阶段。
3. 简述品牌塑造的四个部分。
4. 简述品牌本质的五个方面。
5. 浅谈品牌对顾客的作用。
6. 浅谈品牌对国家的作用。
7. 浅谈品牌对组织的作用。
8. 浅谈品牌与市场经济的关系。
9. 简述品牌认知的演化阶段。

四、论述题

试述为什么越来越多的企业重视品牌建设。

第二章

品牌塑造与管理基础

【学习目标】

· 了解品牌塑造的概念及要素。
· 理解品牌塑造的过程。
· 熟悉品牌管理的概念、内容和流程。
· 熟悉品牌塑造与管理相应的职责、能力素质要求。
· 了解品牌塑造与管理的前沿。
· 熟悉品牌管理变革。

【导入案例】“康师傅”的品牌塑造

康师傅方便面在国内几乎是家喻户晓，市场占有率大，其他国际知名品牌的方便面在中国销售额的总和也不及它，该品牌创立者是台湾省的顶新国际集团（以下简称“顶新”）。顶新自 1958 年创立于台湾彰化，从当初只有老板一人到今天的几万名员工，成长可谓迅速。顶新原是台湾彰化的一家油脂厂，属于家族式企业。魏应行之父在 1958 年创办了这个企业，1988 年 10 月，身为四兄弟中最小的魏应行首次来到北京。那时，魏应行一个人也不认识，一切都不熟悉，水土也不服，在饭店里捂着湿毛巾睡觉还流鼻血。

顶新在大陆第一个投资项目是“顶好清香油”，是在 1989 年 4 月 26 日拿到营业执照的，当时有些外商纷纷撤资，但顶新坚持下来了。最初生产的“顶好清香油”在北京市场上“叫好不叫座”，由于当时还处于计划经济时期，500 克平价油才 0.85 元，议价油则要 24 元（还是那种没有精炼的“毛油”），由于该公司的生产原料不在计划供应范围内，大部分靠进口，都得按国际价格，所以产品售价偏高，老百姓只能望而兴叹。随后，公司又在济南生产“康莱蛋酥卷”，相信它在电视上“把营养和美味卷起来”的广告词，至今还有许多老人耳熟能详。但是由于当时老百姓的消费水平不高，蛋酥卷也未真正打开销路。待该公司到内蒙古投资蓖麻油项目时，情况更糟，魏应行带来的 1 亿元台币，几乎全部赔光，他在绝望之余，只想卷铺盖回家。一直到 1992 年

"康师傅"方便面问世，集团才初尝成功的滋味。面对一连串失败的打击，魏应行冷静分析了祖国大陆市场，认真总结了以往的教训，决心投资方便食品，觉得这才是未来发展的方向。拿方便面来讲，一是当时国产面的质量较低，进口面的价格太高，在五六元，而当时人们一顿饭的消费水平是两三元，这就有了巨大的发展空间；二是随着人们生活节奏的加快，对方便食品的需求越来越大，前景看好。魏应行回到台湾，劝说股东继续投资。1992 年 7 月，第一条方便面生产线在天津投产。这一次，他们做得特别仔细，如产品名称，"康"代表健康；"师傅"尊称，印象好，因此他们决定用"康师傅"作为品牌名称。面条直道，久泡不糟；加上两包调味料和细肉块儿，价格又定在 2 元左右，适合大众消费水平。

在营销方面，不论批发还是直销，一律"先款后货"，避免了呆账、坏账以及由此引发的与客户关系紧张等问题。康师傅方便面的成功，固然是 20 世纪 90 年代国内经济起飞的大环境所赐，但也与产品对路、产品质量过硬分不开。由于顶新从未做过方便面，因此对产品品质的要求更是精益求精。创业初期，每天早上，魏应行兄弟 4 人都以方便面当早点，一方面为了节省时间，另一方面也是为了检验产品品质。产品虽受欢迎，但是面对市场广阔和运输线过长的重重限制，"康师傅"也绞尽脑汁突破各种难关，包括争取车皮，在各地设立发货仓库，建立经销商制度等。

但根本之道是在全国各地快速筹建厂房，达到就地生产、就地供货的目标。于是从 1994 年开始，"康师傅"陆续在广州、杭州、重庆、武汉、沈阳和西安建厂。迄今，顶新在大陆已建立起 78 条生产线，每条生产线的日产量达 30 万包左右，生产和销售覆盖全国每一个地区，"康师傅"也成了全国知名品牌。2011 年，"康师傅"的品牌价值为 11.9 亿美元。

1996 年 2 月，康师傅控股有限公司在香港联交所挂牌上市，成为一支在中国成功经营并有典型意义的中国概念股。今天，"康师傅"已经成为家喻户晓的方便面的代名词，也是全世界销量前列的方便面品牌。

资料来源：白光. 中外品牌案例［M］. 北京：中国时代经济出版社.

编者点评："康师傅"通过对市场的深入了解，从产品定位对品牌的设计、品牌的传播方式来塑造品牌，从而使康师傅品牌价值逐渐提升，这就是品牌塑造的目的所在。

第一节　品牌塑造概述

【小知识】塑造的含义

塑造（汉语拼音 sù zào，英文 model），指用语言文字等艺术手段描写人物形象；亦指用石膏、黏土等材料做成人或物的形象。在心理学上，塑造是操作条件反射的一种形式，意思是强化一系列合乎期望的行为。

秦牧的《艺海拾贝·核心》："塑造人物是表达这种中心思想的非常重要的手段，但并不是唯一的手段。"艾芜的《谈短篇小说》："同一社会中，也因时代的不同，塑造的典型人物也应当有所不同。"

例句1：这部小说成功地塑造了石油工人的英雄形象。

例句2：刘备被作者塑造成为仁民爱物、礼贤下士、知人善任的仁君典型。

例句3：寺庙的大殿里塑造了一尊佛像和八大金刚。

所谓“塑造”（如塑造一个人物形象、一件工艺美术品或一座雕像等）是从无到有再到优的过程，目的是要在受众（读者、观者或消费者）心目中留下鲜明形象和（或）难忘的印象。它包括（但不限于）能工巧匠巧妙的构思设计、考究的材质、精细的加工、必要的色彩和修饰美化等过程与环节，带有一定的技术性、工艺配方的传承和高超的文学、美学等艺术性等。

一、品牌塑造的概念

在品牌方面用诸如“建设”“培育”或“管理”等，似乎都表达不出“塑造”的韵味以及需要用心、用情和用力的程度，也表达不出需要战略规划、系统筹划的整体观、长期观，更表达不出需要技术与艺术高度融合的意境。

品牌塑造包括（但不限于）通过品牌识别系统设计（如名称、标志物、标志色等）、品牌渠道、品牌传播和品牌杠杆等塑造品牌的品质、品牌的文化和品牌的形象，打造其核心价值、建立顾客的感知，且产生强有力的偏好和独特的联想，使它与顾客思想、个性相符或接近，能够融入目标顾客的价值观，在顾客的心里有很重要的分量，从而提升品牌的知名度和美誉度。通常准确的品牌定位、鲜明的品牌个性、精彩的品牌故事等，会吸引目标顾客的注意力并提高其兴趣，同时能在顾客的脑海中留下非常深刻的印象。品牌塑造的实质就是通过一系列技术与艺术高度融合的品牌塑造手段和活动，让顾客在思想上认同企业的品牌理念、品牌个性、品牌文化和品牌价值等。

二、品牌塑造的原则

在品牌塑造过程中，需要遵循系统性原则、全员参与原则、统一持续原则、民族特色原则、情感诉求原则和品质核心原则六个基本原则。

（一）系统性原则

品牌的塑造涉及多方面因素，需要企业用心、用情，并伴随大量的人力、财力的投入，包括品牌战略的设计、资源的整合、协调配合、内外部环境等，无一不是系统性工作。

（二）全员参与原则

打造一个好的品牌，需要企业内部的全体员工共同参与，培养全体员工的质量意识、品牌意识和服务意识，产生使命感、责任感和归属感，所有员工都能清楚、准确地将企业的品牌形象传播出去，从而形成企业的凝聚力。

（三）统一持续原则

品牌塑造统一持续原则是指品牌塑造与管理的全过程采取统一的行动、统一的标准和统一的识别。品牌的名称、标志物、标志字、标志颜色、标志性包装的设计和使用必须统一标准，不得随意去变动。例如，王老吉这个品牌，如果改成李老吉、张老吉，或变动中文标示及LOGO，对这个品牌的影响就会非常大。

（四）民族特色原则

民族特色就是品牌的定位、形象和文化的差异化和个性化，符合民族的传统文化、宗教信仰等，有自己的品牌特色。品牌的特色通常表现为质量、服务、技术、文化和经营活动等方面，没有特色的品牌难以吸引公众。比如，要宣传自己生产出来的汽车，你需要对其进行个性化和差异化的对比宣传，突出你的特色。企业在品牌塑造和管理中融入民族化的元素，通常很容易受到广大消费者的信赖。

（五）情感诉求原则

打造品牌形象就是公众情感诉求的表现，在品牌塑造过程中要处处融入情感因素，使企业的品牌有情感魅力，与消费者产生情感共鸣。

（六）品质核心原则

在品牌塑造的过程中尽管品牌设计、品牌定位、品牌个性、品牌形象、品牌传播、品牌文化和品牌营销等都很重要，但其核心要素还是品牌的产品（服务）的品质，即消费者从中获得怎样的价值（或利益），所以品质是企业的基础和生命、品牌是企业的灵魂。

三、品牌塑造的要素

品牌塑造通常包含以下六个基本的要素：品牌的文字、品牌的标志、品牌的传播、品牌的销售环境、品牌的促销活动、品牌的维护。

（一）品牌的文字

品牌的文字是品牌形象的第一要素，品牌文字的含义、读音和多义性，品牌文字设计的趣味性和艺术性，都是能让消费者产生品牌认知、联想和信任。主要体现在以下两个方面：

（1）字体、字形。我国的汉字字体、字形经历了甲骨文、金文、小篆、隶书、楷书、草书、行书等不断变换的过程，不同的字体代表不同的特点，如甲骨文字形主要是图形化；黑体又称等线体，笔画粗细基本相同，转角处不留钝角，显得端庄平整，浑厚稳健等。

（2）文字的内容。品牌文字的内容是要表达企业品牌的具体功能，反映企业的经营项目，体现企业的品牌个性和品牌文化。文字的内容在设计时要遵循易读、易懂、易记、易传的原则，具有新、奇、特的效果，让消费者立马记住，并制定该企业所经营的产品或提供的服务等。例如，福特汽车在 2006 年提出“一个福特、一个团队、一个计划、一个目标”，长安福特提出“进无止境（Ford Go Further）”等，都是消费者耳熟能详的品牌文字。

（二）品牌的标志

品牌的标志是指品牌的标志性图案、标志物、标准颜色和标准的字体以及包装物。品牌的标志是塑造企业品牌形象的重要手段。

（三）品牌的传播

品牌传播通常是以品牌广告、品牌展览、品牌公关和品牌形象代言人等方式进行传播，从而将企业与消费者、产品与消费者、品牌与消费者间的有效沟通浓缩化、凝练化、集中化、统一化，使其高度简单。大众传播如此，小众传播更是如此。其目的就是让目标消费者明晰该品牌是目标消费者的首选品牌。

（四）品牌的销售环境

销售环境通常由地点、场地、设施、工具、用品、信息资料、人员、顾客、气氛等因素组成。销售环境是促进消费者产生购买行为的外部原因之一。比如，汽车4S店的门店设计、装修风格、气质员工、干净整洁等形象，往往可以吸引许多消费者入店，再通过品牌与产品的衔接，往往很容易获得消费者对品牌的认可。

（五）品牌的促销活动

企业通过一种或多种形式的促销活动可以吸引更多的消费者及促使更多消费者产生冲动性购买行为，如折扣、买一送一、送礼品等活动形式。企业适当开展一些促销活动也可以更好地吸引更多的消费者了解公司品牌，从而扩大市场。这也是塑造品牌的一个关键要素。

（六）品牌维护

一个好的品牌的建立与培育，需要持之以恒地努力才能实现。任何一个企业都注重企业品牌的产品（或服务）品质、品牌形象塑造与维护，因此可以通过企业的产品质量、服务质量、社会责任等方面进行品牌的塑造、维护及提升。

四、品牌塑造的过程

品牌塑造的主要过程包含品牌识别设计、完善品牌渠道、加强品牌传播及借助品牌杠杆，如图2-1所示。

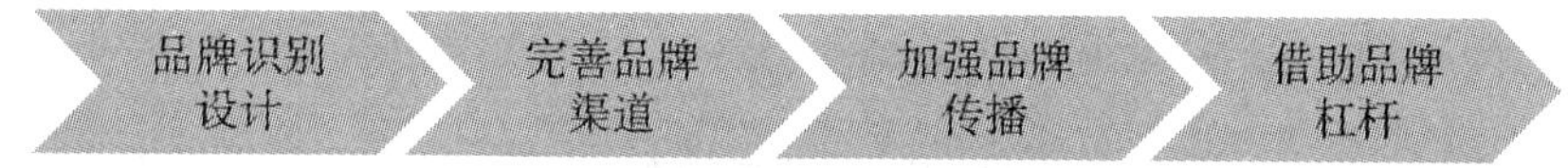

图2-1　品牌塑造的主要过程

（一）品牌识别设计

品牌识别设计是指在企业自身精准定位的基础上，在品牌定义下的视觉沟通。这也是协助企业发展的形象实体以及把握正确的品牌方向，从而使消费者正确、快速地对企业形象产生深刻的记忆。

（二）完善品牌渠道

品牌渠道是品牌实现价值的重要路径，在品牌从企业进入消费者心里的过程中，每个环节都会影响品牌价值的实现。因此，需要通过建立与品牌相匹配的渠道网络，实现渠道网络成员相互合作，不断完成品牌价值的传递、实现和增值。

（三）加强品牌传播

企业通过向消费者广而告之品牌信息、引导购买品牌产品以及维持品牌记忆等各种直接或间接的方式，来满足消费者的需要、培养消费者忠诚度。传播方式包括传统媒体（如报纸、杂志、广播、电视和户外广告等）和新媒体（如微信、抖音、小红书等网络互动平台）。

（四）借助品牌杠杆

企业通过整合品牌的内外部资源，采取借力、借势和造势等方式来达到塑造和提升品牌资产的效果。通常可以通过人物、事件、地点及其他著名品牌的外部实体等，来实现自身品牌形象和品牌价值的提升。例如，“景德镇——瓷器”“西湖——龙井茶叶”“义乌——小商品”等，就是用“地点+产品名称”来塑造品牌。

五、品牌塑造的成功法则

戴维·阿克（David Aaker）提出“品牌具有强大的影响力，它是消费者与企业关系的核心、战略选择的平台，也是影响财务包括股票收益的重要力量。一些极具竞争力的品牌都有自己的‘精髓’”①。诸如：哈雷·戴维森（Harley Davidson）、IBM、新加坡航空（Singapore Airlines）、美国运通（American Express）等，这些品牌均依靠其特有的优势赢得了消费者的口碑和忠诚，牢牢占据市场，且经久不衰。组织经常会疑惑创建培育什么样的品牌，如何塑造其品牌，戴维·阿克（David Aaker）在其经典著作《品牌大师：塑造成功品牌的20条法则》中专门提炼出如表2-1所示的五部分共20条塑造成功品牌的法则。

表2-1　塑造成功品牌的法则

部分	法则
认识“品牌”资产	1. “品牌”是推动战略的资产 2. “品牌”资产的价值
塑造“品牌”愿景	1. 缔造“品牌”愿景 2. 展现“品牌”个性 3. 企业价值观源于企业竞争优势 4. 超越功能性利益 5. 创造“必备要素”，让竞争者失去相关性 6. 拥有一个创新，并把它树为“品牌” 7. 从“品牌”的定位到子品类的架构
给予“品牌”生命活力	1. “品牌”建设创意来自何处 2. 专注消费者的“甜蜜点” 3. 数字媒介——“品牌”建设锐器 4. 恒心制胜 5. 企业内部“品牌”化
保持“品牌”相关性	1. “品牌”相关性的三大威胁 2. 让“品牌”具有活力
管理“品牌”组合	1. 制定“品牌”组合战略的必要性 2. “品牌”延伸 3. “品牌”垂直延伸的风险与回报 4. 独立经营的组织结构抑制“品牌”建设

（一）认识“品牌”资产

20世纪末，出现在市场营销的颠覆性思想即将“品牌”视为组织的战略资产。从长远来看，“品牌”可以成为组织成功的关键，并为组织实现持续价值创造一个平台。因此，对组织而言，“品牌”塑造是战略性手段，而不仅仅是为刺激销售采取的战术手段。

（二）塑造“品牌”愿景

一个优秀的“品牌”愿景，应该超越功能性利益，并且在确定的过程中还应考虑到组织本身的价值，包括品牌的高级使命、品牌个性以及诸如品质、情感、社会、自我表现等方面的利益。组织可以通过对消费者需求的发掘和深耕，以找准独特的创新

① 戴维·阿克. 品牌大师：塑造成功品牌的20条法则［M］. 王宁子，译. 北京：中信出版社，2015.

点，并以此进行市场、品牌、产品种类及品类的相关定位。

（三）赋予“品牌”生命活力

组织可以通过制定合理的“品牌塑造”战略、战术计划来支持“品牌”的发展。同时，组织还要积极关注目标消费者热衷或感兴趣的领域，从而塑造鲜明的品牌个性，并以此将“品牌”与消费者进行捆绑，以促进“品牌”的生命力。

（四）保持“品牌”相关性

组织应该基于相关性存在的三种威胁进行识别和控制，以便保持“品牌”的生命力。如今，众多“品牌”面临的最大危险就是随着可选择性的增加，越来越多的消费者不再将其列入可选择范围。

（五）管理“品牌”组合

企业管理“品牌”组合需要先评估品牌在市场上的影响力，筛选品牌重建品牌组合，然后再有针对性地进行企业内外部资源配置，使得企业资源得到最好的利用，使企业的资源利用达到“1+1>2”的效果。

【随堂思考】朝日啤酒依靠何种手段获得市场份额？

1986 年，朝日啤酒引进了超级干啤，在很短的时间内就从麒麟拉戈（Kirin Lager）啤酒那里拿走了 10%的市场份额，成为紧随其后的啤酒企业。而麒麟拉戈啤酒是日本啤酒界的王者，在过去的 25 年间大约占有 60%的市场份额。麒麟拉戈啤酒比朝日啤酒有着更显赫的声誉使得它不可能通过推出麒麟干啤来与之竞争，因为麒麟拉戈啤酒在干啤领域完全没有品牌信誉度。

六、品牌塑造和执行的注意事项

在品牌战略制定、品牌塑造、品牌维护管理及其执行时应注意以下十点：

（1）给品牌明确的定位：如品牌特色、品牌利益点、品牌个性、品牌识别等。

（2）给品牌清晰的理念：如品牌使命、品牌精神、品牌价值观、品牌内涵、消费者利益点等。

（3）强化品牌的基因：如品牌名称、品牌 DNA、品牌内核、品牌核心竞争力、企业文化和品质文化等。

（4）传承品牌的历史：如品牌形成过程、重大事件、关键节点、年度大事记和品牌故事等。

（5）不忘品牌初心：如企业愿景、使命和目标、初始团队、理念体系、个人经历等。

（6）提炼品牌广告语：如传播独特卖点、引起顾客共鸣、简单易记、容易传播、容易联想等。

（7）编制品牌手册：如品牌 VI（视觉识别系统）手册（品牌应用系统、品牌符号、应用规范、理念等）、品牌宣传手册（品牌视觉体系、品牌文化体系、品牌理念体系等）和品牌主视觉（品牌传播模板、线上线下使用规范、展示效果图等）。

（8）品牌架构体系：品牌 LOGO 体系（如品牌名称、LOGO 等与品牌的关联性、让用户感知其内涵、具有较强识别度等）和品牌发展策略（单品牌策略、多品牌策略、主副品牌策略等）。

（9）品牌价值规划：品牌溢价能力、市场规模、知名度、名誉度、品牌口碑、品牌市场价值等。

（10）与企业文化匹配：如品牌使命挖掘、品牌愿景展现、品牌定位、品质文化、团队精神主张、品牌价值取向等。

七、品牌塑造师的职责、能力素质要求

（一）品牌塑造师的基本职责

（1）制定品牌塑造与管理的战略性文件，如规定品牌塑造与管理的目标、策略和路径等。

（2）建立母品牌的核心价值，使之适应公司文化及发展战略的需要。

（3）定义品牌架构与组织的整体关系，并规划整个品牌系统，使公司的每一个品牌都有明确的角色定位。

（4）解决品质提升、品牌延伸等方面的战略性问题。

（5）进行品牌检测，品牌传播监控和品牌资产评估等。

（二）品牌塑造师的知识、能力素质要求

（1）具备品牌规划、品牌设计、品牌管理等相关知识。

（2）具有一定的经济学、管理学、营销学和美学知识。

（3）具有格局观、系统性、跨界感、敏锐感和协作力。

（4）能使用 VI（视觉识别系统）设计相关软件。

（5）有良好的口头和书面表达能力、沟通协调能力。

（6）掌握品牌塑造的过程、原则、程序和方法。

（7）掌握品牌的保护、防止侵权，妥善处置品牌危机等。

第二节　品牌管理概述

【导入案例】众泰汽车的品牌管理

好的品牌命名、品牌设计和品牌形象，不仅可以加强品牌记忆度，还可能会带来品牌溢价、提升品牌的销量，为此，2009 年众泰启用新标识。众泰控股集团有限公司创立于 2003 年，是一家以汽车整车及发动机、模具、钣金件、变速器等汽车关键零部件的研发制造为核心业务和发展方向的现代化民营企业。现有浙江、湖南两大整车生产基地，拥有“众泰”“江南”两大汽车整车自主品牌，具有国内外先进水平的冲压、焊装、涂装、总装四大工艺生产线和整车动态性能检测线。

2009 年，众泰全新启用的新标识由一个简洁明了的“Z”字组成，品牌识别性强，整体感觉现代大气，符合了国际化的审美趋势。据悉，新标识由著名设计师曹尚设计，他参与了整个形象设计与字体设计，“Z”字代表三重含义，既结合了众泰汽车的英文 ZOTYE 首字母“Z”，同时，也代表了浙江的“浙”和中国的“中”的拼音首字母“Z”，象征着众泰汽车要立足于浙江，立足于中国，铸造能够代表中国的汽车品牌的企

业目标，更蕴含着众泰汽车走向世界，屹立于全球的产业梦想。众泰汽车高层表示："众泰汽车新标识更加简洁直观，并具有国际化元素。通过这次换标，众泰汽车将围绕打造自主国际品牌这个目标，以国际化的品质标准作为产品研发和生产的重要依据，致力于为消费者打造引领时尚潮流、具有创新技术、高质价比的产品。"

众泰集团具有强烈的技术前瞻性意识，在积极引进国内外高端汽车开发和制造技术人才的同时，大量引进了国内外先进的汽车生产技术和设备，其中包括 IBM RS/6000 工作站、SGI 工作站、CATIA 软件、网络协同设计和制造系统、意大利 MCT PLUS 大型三坐标测量仪、意大利 PRIMA 五轴联动激光切割机、意大利 315T-1600T 机械压力机流水线和大型数控铣床等设备。集团实施全面质量管理和全员生产维护，通过了 ISO 9000、QS 9000 质量体系认证，确保产品质量稳定可靠。

众泰集团努力营造谦和诚信、勤奋务实、刻苦向上、回报社会的企业文化，坚持品质创新、服务创优、乐趣创造的经营理念，全心投入，与合作伙伴携手全力打造众泰汽车精品形象。并始终坚持国际化思路，密切关注和跟踪国际汽车界的发展动态，不断进行技术升级改造，保持车型、工艺技术和加工、检测设备的先进性。坚持高起点入门、全方位整合、优化汽车与汽车零部件互动式发展。始终以"谦和诚信、创新务实、追求卓越、回报社会"为企业宗旨，通过提供高品位、高性价比的汽车产品和服务，致力于创造让客户快乐的汽车复合基地。

编者点评：众泰汽车不断进行技术升级改造，保持车型、工艺技术和加工、检测设备的先进性。以"谦和诚信、创新务实、追求卓越、回报社会"为企业宗旨，通过提供高品位、高性价比的汽车产品和服务。为顺应市场潮流，加快了创新步伐，将推出包括新能源车、轿车、SUV（运动型多用途汽车）、MPV（多用途汽车）、跑车等在内的各种车型，而各种车型又有不同级别的生产平台，为了更好地顺应企业国际化的发展趋势，同时也为了满足车型产品线不断丰富对名称的需求，加强消费者对众泰产品的有效记忆度，众泰汽车启用了全新的产品命名体系，以国际通用的"字母+数字"作为众泰汽车及未来所有车型的命名方式。

随堂思考：众泰汽车在品牌塑造与管理的过程中，主要做对了些什么？你还有何好的意见和建议？

一、品牌管理概述

（一）品牌管理的概念

国际标准化组织对管理的定义：管理（management）是指指挥和控制组织的协调的活动。

品牌管理（brand management）是维持品牌系统正常运行的活动。它是指管理者为培育和提升品牌资产而开展的、以消费者为中心的、维护品牌正常运营的一系列战略决策和策略执行活动。品牌管理可以对企业各方面的运营发挥良好的驱动效应，不断提高企业的核心价值和品牌资产，进而为品牌的长期、可持续发展奠定基础。

品牌管理具有以下内涵：

（1）品牌拥有者是品牌管理的主体，必须明确品牌管理的组织架构、职责和权限，并提供所需的资源。

（2）品牌管理的目的是培育和提升品牌资产，包含感知质量、品牌忠诚度、品牌知名度等。

（3）品牌管理的中心是消费者，所有品牌管理活动都必须围绕消费者来开展。

（4）品牌管理的内容是战略决策和策略执行，具体包括品牌的塑造、提升和维护等一系列工作。

（二）品牌管理的特征

品牌塑造与管理，必须要有战略性、长期性和系统性三大特征。

战略性：品牌塑造与管理必须要有战略性，强势品牌都把品牌塑造与管理（有的称为品牌建设、品牌培育等）上升到战略管理高度，设立专门的品牌管理部门，并配备相应的专业人才、明确目标、明确责权利、提供所需的资源。

长期性：品牌塑造、品牌提升与品牌保护不是一个立竿见影的短期工程，故需要做长期的规划并付出不断的努力，这涉及目标、计划、投入、协调等多方面工作。

系统性：品牌塑造与管理是一个庞大的系统工程，不仅涉及品牌价值链的所有利益相关方（如供方、顾客、股东、员工和媒体等），在公司还涉及设计开发、采购、生产、营销、财务、人力资源、品质等部门和各个环节。

（三）品牌管理的意义

品牌管理的意义在于能够帮助企业获得品牌溢价和溢量（指比同类产品获得更高的价格、同样的价格获得更高的销售量），强势品牌往往具有定价权、更高的市场地位，促进企业步入了一种非凡的境界。

（四）“品牌”组合

众所周知，区别对待组织各“品牌”的不同角色；利用现有“品牌”的品牌价值介入新的产品领域；对垂直品牌延伸的风险和选择进行识别和控制；在组织的独立经营单元之间建立有效的跨产品、跨国家的品牌资产四个方面就是最佳的“品牌”战略。

我们研究发现，中国的大部分企业在品质和品牌的塑造方面，主要缺乏战略规划和系统思维，导致战术性不少，而效果却不佳。

二、品牌管理的内容和流程

（一）品牌管理的内容

品牌管理的主要内容有：品牌设计（或参与）、申请注册商标、管理品牌或商标档案、管理商标标签的印刷、领用与销毁，处理品牌纠纷、管理品牌危机、维护商标权、协助打假、舆情监控、品牌全员教育、监控品牌运营状况等。

（二）品牌管理的流程

广义的品牌管理是指品牌塑造与维持正常运行的全过程，流程通常划分为四个阶段九个步骤。

第一阶段：创建品牌。

本阶段是在综合分析宏观环境、微观环境、公司目标及企业品牌自身资源的前提下，从消费者角度提炼出品牌的价值和内涵，通过品牌符号外显出来。

第一步：塑造品牌形象与个性。

品牌形象是由营销人员所发展、实行与管理的一种拟人化的运营活动，是消费者对品牌产生的总体印象和判断，它包含了品牌特色、品牌利益、品牌价值、品牌文化、品牌个性和品牌对象等具体内容。

第二步：品牌定位与设计。

品牌定位是指对一个目标市场所确定的品牌的独特卖点，具有指向性、差异化和相关性。品牌设计是指通过设计更准确地表达品牌理念和品牌价值，它包括品牌名称、品牌标志、品牌说明、品牌口号、品牌故事、品牌广告语或广告曲，品牌包装和品牌人物形象等方面。

第三步：品牌沟通。

品牌沟通是指将品牌所具有的价值、品质、精神、文化等，通过企业人员对市场策略的运用而使消费者理解、认同与融合的管理过程，通常有促销、广告、公益活动、公共关系、直销和赞助等形式。

第二阶段：品牌提升。

本阶段目的是对已经建立起来的企业品牌进行进一步的经营调整，提升品牌的品质、知名度、美誉度和忠诚度，以帮助企业品牌资产的升值。它包括（但不限于）品牌传播、品牌延伸与授权、品牌组合、品牌更新、品牌国际化等。

第四步：品牌战略与规划。

品牌战略是指品牌机构或部门通过对外部竞争环境的现实状况和未来发展变化趋势的分析，根据企业自身条件，在品牌战略思想的指导下所进行的关于品牌塑造和未来发展的整体规划和实施。

品牌战略规划是将一个企业品牌战略目标分解到各个具体的操作步骤之中，然后对各个实施步骤进行程式化和规范化，使它们尽量能够自动实现，并且详细地阐述每一步骤预期产生的后果或结果。

第五步：品牌延伸与国际化。

品牌延伸是指企业将已有的成功品牌应用到刚推出的新产品中去，不只是借用表面上的品牌名称，而是整个品牌资产价值的策略性移用，达到以更少的营销成本、更短的时间，占领更大市场份额的目的。它通常可分为产品线延伸和产品种类延伸两类。

品牌国际化是指利用已有的成功品牌，通过品牌国际化传播、国际化营销、国际化投资等手段，实现品牌的国际化经营，以占领更大的国际市场的过程。

第三阶段：品牌维护。

第六步：品牌检测与更新。

品牌检测是指定期和不定期地对品牌进行检测与维护，以防止品牌产品（或服务）在市场竞争中出现销售量、市场占有率、美誉度和忠诚度的持续下降，因此企业不仅要不断地对品牌运营情况进行检测与维护，还要持续更新，不断创新，保持品牌旺盛的生命力和活力。

第七步：品牌保护与危机管理。

品牌保护是指对品牌的所有人、合法使用人的品牌实行资格保护措施，以防范来自各方面的侵害和侵权行为，促使品牌的保值和增值，具体包括品牌的法律保护、品牌的经营保护和品牌的自我保护三个组成部分。

危机管理是指企业的品牌在运营管理过程中，由于外部环境的变化或相关人员出现失职、失误等，所导致品牌形象损害和品牌价值降低的危机，其后果甚至危及企业的生存。企业对潜伏的或正在发生的品牌危机进行有效的管理，以控制不良事态发展，尽可能减少对品牌的潜在损失，维护品牌价值的稳定和提升的过程。

第四阶段：品牌绩效评估。

品牌绩效评估是指按照一定的标准，采用科学的方法检查和评定品牌在营销计划推广实施中所取得的成效，即评估和诠释品牌的业绩。

第八步：品牌资产测量。

品牌资产是指由品牌形象所驱动的资产，它是一个系统概念，由一系列因素构成。根据品牌专家大卫·艾克观点，应从品牌忠诚度、品牌知名度、品质认知度、品牌联想度和品牌的其他资产五个维度阐述品牌资产测量的方法。

第九步：品牌价值评估。

品牌价值是指企业和消费者相互联系作用形成的一个系统概念，即用相关标准、程序和方法去衡量品牌的市场价值。品牌价值评估的目的应该是认识品牌价值的本质，发现制约品牌价值的短板，寻找提高品牌价值的途径。

三、品牌管理的组织形式演变

品牌管理经历了从无到有，从起始到成熟的过程。通过查阅及梳理品牌管理的历程，品牌管理发展主要经历了业主负责管理、品牌职能管理、品牌经理管理和品牌整合管理四个阶段，以及业主负责制、职能管理制、品牌经理制、品类经理制和品牌管理委员会五种品牌管理形式演变。

（一）业主负责制

业主负责制是指企业品牌的决策及实施完全是由企业的高层领导负责，具体的执行则由下属完成的高度集权的品牌管理模式。这种形式通常在20世纪20年代以前比较突出，如美国的福特汽车。

业主负责制的优点：决策快速、有利于整合组织资源；能为品牌注入企业家精神，使品牌具有鲜明的企业家或创始人的个性。

业主负责制的缺点：企业规模扩大，管理者个人管理精力和能力有限，不利于品牌成长发展和价值的进一步提升。

（二）职能管理制

职能管理制是指将品牌管理的职责分解到各个职能部门，并由各个部门分头进行管理的一种管理模式。这种形式在20世纪20—50年代非常普遍，如市场部门负责品牌市场调研、分析，品牌部门负责品牌建设、推广、传播，等等。

职能管理制的优点：高层摆脱了品牌建设及维护的具体事务，集中做战略规划，职能分工提供了对品牌管理的专业化要求。

职能管理制的缺点：涉及部门太多，各自为政，沟通、协调等难以达成一个共同点；容易出现推诿、扯皮等现象，出现没有最终责任人的情况。

（三）品牌经理制

品牌经理制是指企业专门为品牌管理设立的一个品牌经理的岗位及部门，主要是全面负责该企业品牌的策划、创建、维护和提升等各项工作。

品牌经理制的优点：增强各职能部门运作的协调性、沟通性；提高品牌产品市场定位的有效性；维持品牌的长期发展与整体形象；有利于培养高级的综合管理人才。

品牌经理制的缺点：对品牌管理者的整体素质及技能要求高；品牌管理的成本相对比较高；岗位权责划分不清，容易造成多头领导；权力有限，工作推动受阻。

（四）品类经理制

品类经理制是指设置一名经理管理多个品牌构成的一个产品类别，负责该品类的管理和盈利，通常又叫“品牌事业部制”。

品类经理制的优点：能协调品类内各个品牌之间的关系，特别是品牌多时，需要有效协调各品牌之间的关系；减少机构重叠，降低管理成本。

品类经理制的缺点：能做到各品牌之间的协调和配合，但品类与品类之间依然缺乏协调，难以整合，容易出现公司整体品牌形象不突出、不统一的问题。

（五）品牌管理委员会

品牌管理委员会是指由精通品质与品牌的企业高层人员（如质量/品牌首席执行官、品牌塑造师等）直接挂帅，企业各职能部门负责人和各品类的品牌经理担任委员，负责质量与品牌的相关决策、各品类品牌及各职能部门统一协调的管理形式，以利于企业资源统一调配和系统协调推进。这是在“提质量 树品牌”“高质量发展”的新时代，由本书率先提出的“品牌塑造与管理”的新模式。

品牌管理委员会的优点：有效协调各个品类以及各个品牌之间的关系，统一企业的整体品牌形象；有效协调各职能部门更好开展品牌塑造与管理工作；更好推动品质和品牌在整个企业发展中的战略地位。

品牌管理委员会的缺点：如果缺乏对品质和品牌全面熟悉的专业人才，就不能详细了解顾客及竞争对手情况，可能决策过于主观；如果专业知识与经验缺乏，就很容易做出错误的决策。

四、品牌管理经理的职责、能力素质要求

公司为企业所有产品品牌或每个产品品牌配备有品牌管理经验和组织协调能力的品牌管理经理，品牌管理经理的职责及能力素质要求，如表 2-2 所示。

表 2-2　品牌管理经理的职责及能力素质要求

基本信息	所属部门	品牌管理中心或品牌部		
	直接上级	品牌首席执行官、CEO、品牌总监	直接下属	品牌经理助理、品牌专员
职责	1. 负责品牌的合理定位 2. 负责品牌设计的管理 3. 负责品牌文化的建立及实施、维护管理 4. 负责品牌识别、品牌架构等环节完整性及系统性建设 5. 负责品牌的传播、推广及品牌营销策划 6. 负责协调公司内外所有相关职能单位和个人，实施品牌推广的营销组合和决策，实现品牌营销目标			

表2-2(续)

能力素质要求	年龄	35岁以上	性别	不限
	学历	大学本科以上		
	专业	市场营销、质量管理、品牌管理等相关专业		
	工作经验	同岗位工作5年以上，有大、中型企业相关工作经历优先		
	能力要求	1. 对现代企业品质管理、品牌管理模式有系统的了解，具有丰富的实践、实战经历和经验 2. 熟悉品质管理、品牌设计、VIS运行管理与运用监管 3. 有良好的语言表达能力及沟通协调能力 4. 熟练使用PS、VI等品牌设计相关软件及办公软件		

五、品牌首席执行官的职责、能力素质要求

品牌首席执行官也称首席品牌官（Chief Brand Officer，CBO），是现代企业或其他组织中设置的专门负责品牌战略管理与运营的高级管理人员，代表企业CEO或企业一把手在品质、品牌及其文化、企业形象等方面进行决策、内外部沟通协调等相关工作，通常由精通品质、品牌的副总（或总监）担任。首席品牌官的职责、能力素质要求如表2-3所示。

表2-3　首席品牌官的职责、能力素质要求

基本信息	所属部门	总裁办、总经办		
	直接上级	总裁或CEO、总经理	直接下属	品质经理 品牌经理
职责	1. 全面负责企业的品质和品牌体系的构建决策与实施决策 2. 全面负责企业的品牌塑造与管理的战略规划与实施决策 3. 全面负责企业的品质与品牌实施过程的督导、指导和协调 4. 全面负责企业的品质与品牌的管理维护，促进品牌价值升值 5. 全面负责政府、媒体等相关部门协调沟通			
能力素质要求	年龄	40岁以上	性别	不限
	学历	大学本科以上		
	专业	市场营销、品牌管理、品质管理等相关专业。		
	工作经验	同岗位工作10年以上，有大、中型企业相关工作经历优先。		
	能力要求	1. 精通品质管理体系育模式，具有丰富的品质管理实践经验 2. 精通品牌塑造与管理，对品牌管理具有丰富的实践经验 3. 熟悉品牌设计、VIS（视觉识别系统）运行管理、VIS在终端环境的运用监管 4. 有良好的语言表达能力、组织能力及沟通协调能力 5. 具有格局观、系统性、跨界感、协作力、敏锐感 6. 有十年以上的行业经验，熟知行业发展动态和前沿		

第三节　品牌管理前沿概述

一、工业品品牌管理的内涵与要领

为什么要在工业产品市场中塑造品牌呢？在市场中主要是靠中间商去做市场，大件工业品主要是靠大客户或经销商开拓市场，因此在瞬息万变的市场中，仅仅靠原来的中间商或经销商来销售产品容易失去消费者。为了使公司有足够的影响力和抗风险能力，企业就需要建立一个强大的品牌形象来维持市场，从而缓冲压力，化解危机。

（一）工业品品牌管理的内涵

工业品品牌管理的内涵归纳起来有六个方面：

（1）属性：该品牌产品区别于其他品牌产品的最本质的特征，如功能、情感、品质，等等。

（2）利益：品牌帮用户解决问题带来的实际好处。

（3）风险：品牌对用户担心的风险化解。

（4）文化：品牌所具有的文化内涵。

（5）个性：品牌代表了一定的个性。品牌个性就是品牌的独特气质和特点，是品牌的人性化表现。

（6）受众：品牌还体现了购买或使用这种产品的是哪一类客户。

（二）工业品品牌管理的要领

工业品品牌管理的要领可以概况为以下四种：

1. 需要明确多层次的目标受众

工业品的目标对象比消费品要复杂，它所针对的受众群体是多层次的，企业的决策管理人员是工业品品牌传播一直以来的主要对象，除此以外，和该工业品最终消费相关的消费者也必须被确定为品牌策略的目标受众，他们才是工业品品牌得以形成的基础力量。有了明确的受众对象，就可以以此为依据，制订有针对性的传播方案。

2. 需要确定品牌发展的长远规划

对于工业品企业来说，除了打好产品基础以外，还必须为品牌的发展提供管理基础和思想基础。管理基础涉及各种资源的有效利用，并且在组织形式和执行方法上提供一种规范，使品牌策略能够正确地执行；思想基础则是企业应该具备的品牌理念和意识，即包含着企业对于品牌的发展方向和发展前景的规划。

3. 需要使用整合营销传播的手段

所有目标受众能够获得有关本品牌感觉和知觉的信息来源都应当加以管理。在工业品营销传播中，企业采用比较多的是展会传播、公关传播和下游厂商的联盟传播等手段。把这些手段统一整合起来，每个不同的时期针对特定的目标，传达一致信息，塑造完整形象，深化消费者对品牌内涵的理解，能够更有效地建设品牌。

4. 需要重视广告传播的作用

广告传播传达信息的优势体现在面的广泛性上，对于扩大品牌在消费者中知名度的作用最明显，通过消费者的反拉动力使工业品成为最终产品不可缺少的一个关键组成部分。此外，通过广告还可以培育下游市场、拉动股票、获得银行融资、协助前线销售、争取营销通道、提升用户满意度、提升员工士气等。

二、农业品品牌管理的内涵与要领

农业品品牌是指经营者通过取得相关质量认证以及相应的商标权，通过提高市场认知度，并且在社会上获得了良好口碑的农业类产品，从而获取较高的经济效益。

（一）农业品牌管理的内涵

（1）标准化管理是农业品牌的重要基础。农业标准化就是运用“统一、简化、协调、选优”的原则，对农业生产前、生产中、生产后全过程制定标准和实施标准。

（2）农业产业化组织，特别是农业品牌企业，是农业品牌发展的有效载体。

（3）农产品品牌建设是发展农业品牌的核心内容。农产品品牌包含驰（著）名商标、农产品知名品牌、“三品”认证（无公害农产品、绿色食品、有机食品）以及地理标志认证等。

（4）促进农民增收是农业品牌发展的应有之义。农业品牌作为政府大力推广的农业经营手法，是强农、富农、兴农的重要举措。增加农民收入是品牌农业发展中不可或缺的组成部分。

（二）农业品品牌管理的要领

农业品品牌管理的要领需要遵循五个重要特征，即生态化、价值化、标准化、产业化、资本化。

（1）生态化：即企业按照“尊重自然、循环发展”的理念，从事农产品的培育和生产，加工和销售安全、健康、优质的农副产品。生态化是农业品品牌的心脏。农产品必须遵循原生态化来提高品牌知名度。

（2）价值化：即企业引入品牌营销模式，通过品牌定位、产品创新、产品核心价值、品牌（产品）形象设计以及传播推广等手段，提升产业、企业和产品附加值，实现增收增效和可持续发展。价值化是农业品品牌的脸面。

（3）标准化：即企业引入现代经营管理理念和手段，对农业经营组织的种养、加工过程和环节，进行规范化、系统化改造和建设，改变传统农业经营的粗放、随意和人为性，形成可量化、可控制和可复制。标准化是农业品品牌的血液。

（4）产业化：即实现作为第一产业的农业与第二产业、第三产业高度融合与产业整合，形成完整农业产业链，进行良性联动和互动。产业化是农业品品牌的肢体。

（5）资本化：即根据农业投资风险大、利润回报低、投资周期长、市场前景广阔的产业特点，积极主动先期导入现代投资和资本运营理念、模式和路径，用资本的杠杆和力量来撬动和助推现代农业跨越式发展。

三、服务品牌管理的内涵与要领

根据市场品牌营销学中的“大产品”理念，把产品分为三部分：实质产品、形式产品和附加产品。形式产品为包装，附加产品为服务。在国内外市场，可以看到服务、技术等要素正在品牌化，这成为一种势不可挡的潮流与趋势。如今，打造服务品牌已经不再是金融、电信、邮政、零售等服务领域企业的专利，生产制造领域也迎来了服务品牌时代，尤其那些生产制造领域里的“腕级”企业，如IBM、海尔等企业，这是生产厂商服务至上理念下的“产物”。PLUS（普乐士）投影机推出专业服务体系“贴心24”，将通过渠道整合向终端推进，以实现把“技术优势转化为服务优势，将本土生产推进到本土服务”的品牌营销战略目标，让用户享受到国际水准的专业服务。

（一）服务品牌管理的内涵

服务品牌管理需要了解服务品牌的构成，根据服务品牌的沟通进行有效管理，服务品牌构成包含六个要素：

1. 服务质量

服务质量通常指的是服务内容，包括服务项目、服务标准、服务方式、服务承诺等诸多方面，它们共同构成了服务质量的评价标准。特别注意的是，这些评价标准必须以顾客为中心，而不是以企业为中心。服务质量构成了服务品牌的核心，正如产品质量对于产品品牌的意义一样。因此必须通过把服务具体化、标准化、规范化，以获得稳定服务的质量。

2. 服务模式

服务模式包括经营或运营模式（如外包、代理、自主等服务扩张模式）、管理模式等方面，服务模式与服务反应速度、服务规模共同构成服务的三大核心竞争点。服务的模式可以稳定服务运营质量（包括服务质量、抗风险能力、持续经营能力等）方面的稳定性，使企业不会因组织机构调整、服务人员岗位调整、人员流失等因素而影响到服务运营，尤其是服务质量。而品牌就是标志一种优质的、稳定的服务质量。

3. 服务技术

服务的技术含量是决定服务质量的关键要素之一，同时通过不断创新服务技术可使企业获得持续竞争优势。如“IBM就是服务”，IBM全球服务部不仅可为客户提供基于软硬件维护和零配件更换的售后服务，更重要的还能提供诸如独立咨询顾问、业务流程与技术流程整合服务、专业系统服务、网络综合布线系统集成、人力培训、运维服务等信息技术和管理咨询服务，从而满足客户日益复杂和个性化的需求，然而这是很多企业都不具备的技术能力。

4. 服务价格

服务本来就有成本，如果企业无限制地提升服务质量而不计服务成本，这对于企业经营是不利的，也会导致为客户提供服务的价格攀升，亦难令客户满意，结果与预期背道而驰。所以，企业必须在立足于服务定位的基础上，保证服务价格的公平、合理，为客户所接受，才有利于服务品牌的营造。诸如一些企业推出的“7天无理由退货”服务，承诺每周7天没有任何理由，只要客户不想要就可以无条件退货，可有些产品执行起来却发现成本很高，如来回运费就把该产品的利润给消化掉了。

5. 服务文化

服务文化是服务品牌内涵的“构件”之一，服务文化立足于对企业传统文化（企业品牌文化、产品品牌文化）的继承，以及对市场消费文化的融合，服务文化必须是建立在客户导向的品牌文化，并且这种文化必须随着企业发展、社会环境、市场环境等因素变化，不断扬弃与创新。

6. 服务信誉

信誉是品牌不容缺失的关键因素之一，在这方面还有很多企业都缺乏信誉。如果一些企业在服务上做了承诺，却不去落实，那么这种服务是一个短期行为。客户的不满始于产品而可能止于服务。如果在服务上再缺乏诚信，那么这家企业可能无法长久持续经营下去，更不要提打造品牌。

（二）服务品牌管理的要领

根据服务品牌管理的定义，服务品牌管理的要领有以下六点：

1. 服务品牌合理命名

从服务品牌名称来看，服务品牌命名通常经历了一个由同质到差异、由普通到个性、由直白到概念等过程。例如，科龙曾提出的“全程无忧服务”、方正科技提出的“全程服务”，这些服务在房地产、咨询服务领域的很多企业都打出了类似的服务品牌，必然影响到品牌个性、传播力。好的服务品牌特别注重命名，既要容易识别，又要个性化，还要易于传播。

2. 专业服务运营机构

企业要想打造服务品牌，就必须建立专业品牌管理组织体系，包括组织机构和专业人员配置，负责品牌规划、管理、推广、传播等工作。例如创维集团在推广“顾客，您是总裁”这一服务理念时，就成立了“创维集团服务文化推广中心”，负责品牌全面推广与管理工作，遗憾的是创维在品牌名称上的作为不大；汕头普乐士仪器有限公司副董事长兼总经理也表示，建立“贴心 24”服务品牌体系并不是销售系统的补充，而是有独立机构、人员的专业服务中心。

3. 专业服务形象体系

品牌识别系统（BIS）是形成品牌差异并塑造鲜明个性的基础。BIS 可以分为三个部分：理念识别（MI，包括服务宗旨、服务方针、服务哲学、传播定位等）、视觉识别（VI，包括标准色、标准字、LOGO、卡通形象、服务车辆、人员着装等基础要素、应用要素系统）、行为识别（BI，包括服务语言、服务动作规范等）。企业可以把服务品牌化理解为服务品牌营销上的一次变革，首先要“变”的就是理念（MI）部分，以及其他基础部分（如 VI、BI），其次才是组织、流程的变革。很多企业在打造服务品牌时都意识到了这个“基础工程”，对服务品牌进行了较为完美的诠释。

4. 专业服务渠道体系

企业要打造服务品牌，把服务渠道、产品渠道复合化，如联想的“阳光服务”，只是这会给品牌管理带来一些难度，企业、经销商同时管理产品品牌，无异于多品牌管理；企业、经销商都要“两手抓”，运作专业化程度十分困难。专业化服务渠道是一个体系，可以包括多个子渠道，如人员服务渠道（销售服务人员主动服务）、电话服务渠道（电话中心或呼叫中心）、网络服务渠道（专业服务网站）、渠道媒体服务（专业平面服务刊物、声光电媒介服务资料等）、店面服务渠道（如特许授权服务店）、会议服务渠道（如客户俱乐部等类似组织）等。

5. 建立快速反应机制

企业快速反应不仅代表诚信形象，更可把有损品牌形象的危机事件化解在萌芽之中。企业在持续经营过程中难免遭遇危机，即使奔驰汽车、特斯拉等国际性公司也不例外。有人认为，很多企业之所以平安地渡过了危机，是因为巧妙地、成功地实施了危机公关，这只对了一半。企业优质高效的服务对化解危机是关键环节，因为很多危机事件是企业在客户投诉或索赔过程中没有端正服务态度或采取有效措施加以解决而造成的。产品品牌怕负面传播，服务品牌亦是如此，产品品牌倒了，服务品牌安在？

6. 科学运作服务品牌传播

服务品牌塑造离不开传播，但在服务品牌传播过程中，仅凭“说”得好听还不行，在实际中“做”得好才行。确切地说，服务品牌是实实在在地“做”出来的，因此服务人员才是最实效、最权威的传播大使。

四、网络品牌管理的内涵与要领

网络品牌是指所有网民对某一特定网站认知的总和，是网站提供并由网络受众受用的节目（栏目）、服务以及感受的总和。

广义的网络品牌是指一个企业、个人或者组织在网络上建立的一切美好产品或者服务在人们心目中树立的形象。

网络品牌有两个方面的含义：一是通过互联网手段建立起来的品牌；二是互联网对线下既有品牌的影响。两者对品牌建设和推广的方式有所不同，但目标是一致的，都是为了企业整体形象的创建和提升。

（一）网络品牌管理的内涵

网络品牌管理通常具有以下特征：

（1）网络品牌是网络营销效果的综合表现。网络营销的各个环节都与网络品牌有直接或间接的关系，网络品牌建设和维护存在于网络营销的各个环节，从网站策划、网站建设，到网站推广、顾客关系和在线销售，无不与网络品牌相关，如网络广告策略、搜索引擎营销、供求信息发布等均对网络品牌产生影响。

（2）网络品牌价值只有通过网络用户才能表现出来。网络品牌的价值意味着企业与互联网用户之间建立起来的和谐关系。例如，唯品会是化妆品爱好者的网络平台，虽然后续也有其他产品，但在广大客户心中唯品会才是选择化妆品的最佳网络平台。

（3）网络品牌体现了为用户提供的信息和服务。百度（Baidu）是最成功的网络品牌之一，当我们想到百度这个品牌时，头脑中的印象不仅是那个非常简单的网站界面，更主要的是其在搜索方面的表现，百度可以给我们带来满意的搜索效果。可见，有价值的信息和服务才是网络品牌的核心内容。

（4）网络品牌建设是一个长期的过程，与网站推广、信息发布、在线调研等网络营销活动不同。

（二）网络品牌管理的要领

（1）企业网站中的网络品牌形象建设的管理。企业网站是网络营销的基础，也是网络品牌建设和推广的基础，在企业网站中有许多可以展示和传播品牌的机会，如网站上的企业标识、网页上的内部网络广告、网站上的公司介绍、产品介绍和企业新闻等有关内容。

（2）网络广告宣传中的品牌传播的管理。企业品牌离不开广告，品牌塑造为名牌更需要广告的支持。网络广告的作用主要表现在两个方面：品牌推广和产品促销。广告主题和形象只有保持稳定，才能在消费者心中留下明确的品牌形象。

（3）搜索引擎营销中的网络品牌推广的管理。搜索引擎是用户发现新网站的主要方式之一，用户通过某个关键词检索的结果中看到的信息，是一个企业网站网络品牌的第一印象，这一印象的好坏决定了这一品牌是否有机会进一步被认知。网站被搜索引擎收录并且在搜索结果中排名靠前，是利用搜索引擎营销手段推广网络品牌的基础。这也说明，搜索引擎的品牌营销是基于企业网站的营销方法，如淘宝店铺一样，通过广告宣传，吸引更多流量和关注度，产生店铺的关注排名，让消费者第一时间看到你的品牌。

（4）电子邮件中的网络品牌建设和传播的管理。由于市场工作的需要，企业每天都可能会发送大量的电子邮件，通过电子邮件向用户传递信息，也就成为传递网络品牌的一种手段。利用电子邮件传递营销信息时，邮件内容是最基本的，品牌信息的传播只有在保证核心内容的基础上才能获得的额外效果。

（5）网上事件营销中的品牌传播的管理。一个需要充分利用网络优势打造品牌的企业，必须十分注重公关活动和事件营销。因为品牌的树立和推广需要高度的品牌忠诚和口碑效应。

（6）塑造网上品牌形象的管理。企业在网上可以很快建立起品牌，但没有一家公司能够打破传统营销的金科玉律，长久不衰的品牌不是一天造就的。在瞬息万变的互联网时代，只有掌握住这个不变的定律，才能建立起永续经营的基石。

第四节　品牌管理变革

一、品牌管理变革的定义、内容和意义

随着互联网时代的飞速发展，我们正处于变动的环境之中，在变动中我们发现了危机，同样也看到了机遇。当我们看到消费者不断发生变化时，随之而来的就是行业的变化。当世界改变的时候，品牌必须要相应地发生变化，而这种变化我们通常称为品牌变革。

品牌变革实际上是对产品、服务以及与消费者的沟通方面进行改变。在互联网时代，品牌管理正在发生以下变革：

（1）草根逆袭。移动互联网时代，过去的传统品牌规则已被打破。“三只松鼠”诞生两年，已经晋级坚果类前五位品牌。“小米”“雕爷牛腩”等，虽然前期规模不大，但现在已经塑造成全国化品牌。品牌大势正在从传统转向创意，这给独立品牌的崛起提供了助力。

（2）利用大数据助力。在大数据时代，消费者趋于透明化。淘宝、天猫数据可以显示地域、性别、星座、时间段等购买特征，每个消费者的网上的消费都被记录，变成可以研究的消费历史。消费者及消费行为的大数据化，给企业与顾客建立关系提供了技术保障。

（3）开拓众包创意。有许多公司在商业化活动中运用了众包工具，并取得了一定的效果。可见，公司决策者确实在用心探索新的社会化商业媒体传播方式，并勇于尝

试。另外，众包还能促进公司和其粉丝的互动，很好地帮助和支持公司“社群经理”的日常工作。

（4）为跨界营销创造捷径。跨界的意义在于“让原本毫不相干甚至矛盾、对立的元素，相互渗透、相互融合，从而产生新的亮点”。或者说，就是创造更多让消费者购买的机会。不管是跨科技界、汽车界，还是娱乐界，都反映了品牌营销策略转型和调整的一个重要方向，即从高科技、重商务，向年轻化、娱乐化转变。

（5）打造情感营销。让客户为品牌而感动，是情感营销的核心和真谛。品牌经营者要深入认识到所有营销手段的运用，其最终目的都是为了客户。

企业在开展或实施品牌管理变革的意义就是让企业持续赢得客户信赖，吸引更多的客户，从而让更多的客户认可公司的产品。

二、品牌管理变革的压力

变化是人类社会和自然界永恒的旋律，公司品牌也是有一个从诞生到衰退的过程，我们通常称之为品牌生命周期。在欧洲经济学院的德国籍教授曼弗雷·布鲁恩提出了品牌生命周期的概念，将其分为品牌创立阶段、稳固阶段、差异化阶段、模仿阶段、分化及两极分化阶段。企业品牌在每个阶段都要面临品牌的变革，每次的变革都面临着成功与失败。

案例1：Tropicana（纯果乐，百事可乐旗下的果汁品牌）将其原来印有伸出吸管的橙子的包装图案换成了一个更简单的图案：一个装满橙汁的玻璃杯。消费者认为新包装丑陋，他们在网络上表达意见。不久后，Tropicana宣布，换回老版的包装。Tropicana承认，其低估了消费者的忠诚和热情，决定换回原来的包装，但不是因为新的包装影响销量，而是希望能安抚忠诚的消费者，尊重他们的感受。这个案例就是典型的变革失败，企业在更换营销方案时，对消费者缺乏了解，凭借自己想法进行调整，导致客户不认可。

案例2：当年奇瑞汽车自主品牌已经做到国内最大，由于没有合资，企业想通过与斯巴鲁的合作取长补短，更好地打造自主品牌，因此选择了与斯巴鲁合资，创立“奇瑞斯巴鲁”，但很多国民不认可，最终合资没有成功。

企业在进行品牌变革时有以下压力：品牌名称变更、产品或服务升级、产品营销等变革后未获得消费者认可和让更多消费者流失的压力。

三、品牌管理变化趋势

星巴克创始人霍华德·舒尔茨对品牌管理的定义：“管理品牌是一项终生的事业。品牌其实是很脆弱的。你不得不承认，星巴克或任何一种品牌的成功都不是一种一次性授予的封号和爵位，它必须用每一天的努力来保持和维护。”

企业在面对机遇与挑战时，只有拥有宽广的胸怀，才能够准确把握未来趋势，只有变革使品牌不断适应环境变化的企业才能把握住品牌的命运。那些目光短浅、缺乏方向感和环境变化适应能力的品牌必然会失去发展的空间，并最终走向衰落。

品牌管理变化趋势包括以下三点：

（1）企业内部品牌管理组织变革。新的品牌管理组织对品牌管理团队的能力方面也提出了更高的要求。品牌管理人员必须具有市场营销方面的专业知识和技能；品牌管理团队应该广泛吸收外部专家顾问和内部资深人士加入；品牌管理人员必须对目标客户群体需求和个性要有深入的感性认识和敏锐的洞察力以及创新意识；品牌管理人员自身的价值观和个性要与品牌的核心价值保持高度一致。

（2）品牌驱动的业务流程管理体系和相配套的绩效考核体系日益完善。不论创建一个强势品牌，还是维护一个强势品牌，都需要从战略的高度对企业运营流程进行管理和监控，建立起品牌驱动的业务流程管理体系和相配套的品牌管理绩效评估体系。品牌管理绩效评估体系应该包括科学合理的指标和权重设定，兼顾定量指标和定性指标、内部考核和外部市场等因素。

（3）一致性沟通和品牌接触点管理的实践。顾客需要花足够的时间去理解一个品牌，并对品牌信息做出反应。如果品牌与顾客在沟通过程中缺乏一致性，顾客就会感到困惑，所以品牌传播必须保持长期的一致性。保持品牌沟通一致性的挑战首先来自建立内部品牌沟通机制。

四、战略品牌管理流程

战略品牌是指组织和个人为取得差异化竞争优势而充分利用内外部环境和资源以开发、设计、管理、衡量、维护与改进品牌系统的一整套具有长远性、根本性和全局性的策划和行动。它是一个系统概念，也可以说是战略品牌体系。

战略品牌通常规划为三大类，即品牌总体战略、品牌生命周期战略和品牌防御战略。每类战略品牌又可以细分若干小类，企业可以根据自身情况选择不同的战略品牌。

战略品牌管理流程可以分 9 个步骤：

（1）品牌诊断。这个阶段首先需要确定品牌的定义，如这个品牌是从企业品牌、理念品牌、产品品牌、服务品牌、人物品牌等方面来确定的；其次进行品牌诊断，如市场环境、品牌与消费者的关系、品牌与竞品的关系，等等。例如，沃尔沃汽车的安全性能、红旗汽车的民族情结等。

（2）品牌定位。通过对品牌的诊断，了解企业的品牌现状，同时了解企业品牌在消费者心目中的地位以及区别于其他品牌的地方。再通过了解企业目标客户群体及分布、特征找到差异点，结合企业产品自身特点来打造出创意的品牌定位。例如，众泰汽车在进行品牌诊断后，重新对品牌定位，从而快速赢得了大批消费者的信赖。

（3）品牌愿景。品牌愿景是企业品牌指引发展的方向，告诉消费者、股东和员工，品牌未来的发展方向和品牌未来的目标。例如，众泰汽车在 2016 年提出“七级变速”的企业品牌战略，开启了众泰汽车 3.0 时代。

（4）品牌布局。企业无论是采取单一品牌战略、多品牌战略、担保品牌战略等，还是采用新品牌或用老品牌来延伸，这些跟品牌布局及品牌结构的设计至关重要。众泰汽车的品牌架构，如图 2-2 所示。

（5）品牌识别。品牌识别系统通常包括产品识别、理念识别、视觉识别、气质识别、行为识别、责任识别等。通过这些识别系统界定规范企业品牌的理念文化、价值观和使命，品牌的产品质量、特色、用途、档次，品牌的产品包装、VI 系统、营销广告、海报以及品牌的行业地位，企业社会责任感等。

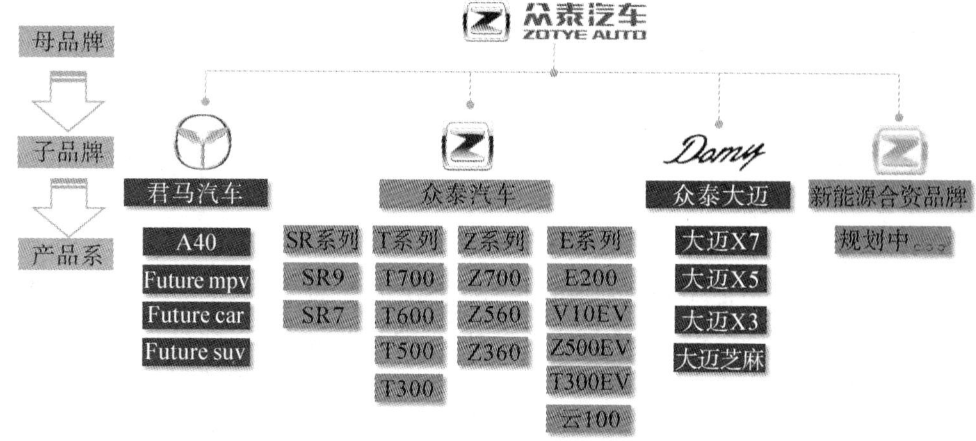

图 2-2　众泰汽车品牌架构

（6）品牌组织。随着互联网的迅速发展，国内的企业越来越重视品牌管理。虽然有部分企业的品牌管理的组织结构设置不合理或不科学，但通过管理实践，很多企业慢慢优化及调整了品牌管理组织结构，提高了管理效率。

（7）品牌传播。战略品牌确定后，就要进行全方位、多角度的品牌传播和推广，使品牌深入广大消费者心中。

（8）品牌资产。企业需要从长期品牌资产的保护和开发利用角度做规划，从企业品牌、产品矩阵、品牌延伸、品牌扩展、品牌并购和复兴等方面做战略规划。市场竞争越来越激烈，需要投入更多的人力、物力和财力来打造长期品牌战略。

（9）品牌分工。确定了品牌定位、愿景、价值观、核心价值及整个品牌战略后，需要全员自上而下的参与，明确各职能分工。

五、企业对品牌建设与传播存在五大误区

由中国品牌建设促进会牵头、中国经济时报成立的“品牌建设与传播课题组”，在2017 年下半年至 2018 年年初选取了我国 6 省 18 市就我国品牌建设与传播的现状进行专题调研，结果显示，不少企业对于品牌建设与传播普遍存在五种误区，从而影响了我国品牌经济的发展。

误区一：做品牌就是做知名度。一些企业认为名牌可以通过高额广告费造就，只要不断叫卖就可以形成；对品牌核心价值不够重视，对商品的质量安全和售后服务不够重视。

误区二：做品牌就是做销量。一些企业认为只要销量上来了，品牌自然会得到提升。不少企业忽视品牌建设和传播，好的产品有好的市场却没有好的品牌，制约了品牌价值的提升。

误区三：品牌建设和品牌传播是大企业的事情。大量的中小企业主明确向课题组表达了这种看法。它们表述的原因有三：一是怕风险；二是不知道如何做；三是品牌建设成本高。

误区四：盲目跟风，缺乏既定的明确目标和清晰策略。一些企业热衷于利用互联

网迅速创造品牌、提升品牌知名度，但其品牌缺乏核心价值。一时的声名大噪不能造就消费者对品牌忠诚，最终还是难以立得住。

误区五：做品牌缺乏恒心，急于求成。一些企业既缺乏坚持大单品一致化风格和坚持品牌核心价值的理念，更缺乏将大单品、品牌核心价值做深做透的运营系统，期望做品牌可以毕其功于一役。这种短视的做法难以适应市场竞争，尤其是国际化竞争。

【本章小结】

本章通过案例，主要从四个方面由概念到实施步骤来阐述企业的品牌塑造与管理，结合当下企业在品牌塑造与管理的做法预测未来发展的趋势。

首先是品牌塑造概述。作为品牌塑造师，不仅需要熟悉品牌塑造师的职责及要求，还需要深入掌握品牌塑造的概念及品牌塑造的要素，具备对品牌塑造扎实的基础知识。通过熟悉品牌塑造的要素，开展企业品牌塑造的策划工作，根据品牌塑造的过程实施企业品牌塑造工作，掌握品牌塑造过程每个环节，开展企业品牌塑造。

其次是品牌管理概述。针对企业常见的品牌管理组织架构设置，从岗位职责设定、能力要求明确到企业如何开展品牌管理，重点讲述品牌管理的概念意义、品牌管理内容和流程，以及品牌管理组织的演变，并根据品牌管理组织的演变阐述不同组织的品牌管理模式。

再次是品牌管理前沿。通过对工艺品品牌、农业品牌、服务品牌、网络品牌等四个前沿品牌从概念、内容及要领进行阐述，结合部分实际案例与特点，分析不同行业的品牌管理模式，为开展品牌管理及塑造提供参考。

最后是在品牌管理变革中，明确品牌变革的定义、内容、意义、变革压力，分析品牌管理变革的趋势，提供如何开展品牌管理变革的流程。

品牌塑造与管理，需要从理念、概念到流程和方法的熟悉，更需要提高个人在品牌管理方面的广度和深度，掌握了扎实的理论知识后，还需要结合企业实际来进行企业的品牌塑造与管理，在实施过程中还需要不断完善或变革，任何百年品牌都是持续维护及发展而来的。

【技能训练】

以 5~6 人为一个小组，每个小组分别收集一个品牌案例资料，认真讨论、分析其品牌塑造与管理过程主要运用了哪些原则，其采用的策略和方法有哪些。如果你是品牌塑造部经理，你将怎么做？每组派 1~2 名代表进行汇报演示。

练习题

一、单项选择题

1. 品牌塑造是通过品牌识别设计、品牌渠道、（　　）品牌杠杆等塑造形象。

A. 品牌传播　　　　B. 品牌再造

C. 品牌管理 D. 品牌扩展

2. 以下属于品牌标志的是（　　）。

A. 产品结构 B. 象征组织的图案

C. 组织机构图 D. 产品实物

3. 品牌的传播通过广告、（　　）、公关、形象代言人等方式进行传播。

A. 广播 B. 展览

C. 电视 D. 短视频

4. 品牌管理的目的是培育品牌资产，包含了感知质量、（　　）、品牌忠诚度。

A. 品牌传播 B. 品牌质量

C. 品牌知名度 D. 品牌的宣传

5. 品牌管理具有三大特征，分别是战略性、（　　）、系统性。

A. 长期性 B. 持续性

C. 短期性 D. 退化性

6. 品牌管理的意义是（　　）。

A. 提供产品品质影响力 B. 帮助企业获得定价权

C. 帮企业提供人气 D. 完善企业品牌渠道

7. 工业品品牌在广告传播中最明显的作用是（　　）。

A. 增加消费者 B. 知名度

C. 产品销量 D. 企业发展

8. 网络品牌推广的目的是（　　）。

A. 展现产品品质 B. 展现产品品类

C. 便于客户寻找 D. 企业形象的创建和提升

9. 品牌变革的目的是（　　）。

A. 淘汰原品牌 B. 开拓创新

C. 品牌的持续性 D. 扩展新领域

10. 战略品牌规划通常有三大类，包括品牌总体战略、（　　）、品牌防御战略。

A. 品牌进攻战略 B. 品牌创新战略

C. 品牌生命周期战略 D. 品牌质量战略

二、多项选择题

1. 品牌塑造过程中，需要遵循原则（　　）。

A. 系统整个原则 B. 全员参与原则

C. 统一持续原则 D. 民族特色原则

E. 情感诉求原则

2. 品牌塑造通常要注意六个要素，包括品牌的文字、品牌的标志、（　　）。

A. 品牌的传播 B. 品牌的销售环境

C. 促销活动 D. 品牌的价值

E. 品牌维护

3. 品牌管理流程的四个阶段包括（　　）。

A. 创建品牌　　B. 品牌提升
C. 品牌维护　　D. 品牌价值
E. 品牌绩效评估

4. 品牌管理发展经历了（　　）阶段。
A. 业主负责制　　B. 品牌职能管理
C. 品牌经理　　D. 品牌总监
E. 品牌整合管理

5. 工业品品牌管理内涵通常有属性、利益、风险、（　　）。
A. 文化　　B. 个性
C. 价值　　D. 产品
E. 受众

6. 农业品品牌的标准化建设运用了（　　）原则。
A. 统一　　B. 简化
C. 协调　　D. 品质
E. 协调

7. 以下（　　）要素属于服务品牌管理构成的要素。
A. 质量　　B. 模式
C. 技术　　D. 人性
E. 价格

三、简述题

1. 品牌管理的内涵是什么？
2. 品牌塑造的概念是什么？
3. 你认为品牌塑造成功的原则有哪些？结合企业实际讲述如何进行品质塑造？
4. 品牌管理的内容及流程有哪些？结合企业讲述如何开展品牌管理？
5. 如何做好战略品牌管理？
6. 工艺品品牌管理的内涵通常有哪些方面？结合企业情况谈谈你对每个方面的理解。
7. 结合现代品牌管理现状，描述一下目前品牌管理发生了哪些变革？
8. 谈谈如何在企业开展战略品牌管理流程并实施。

第二篇
品牌战略篇

第三章 品牌战略

【学习目标】

- 了解战略基本概念及其特征。
- 掌握品牌战略概念。
- 了解品牌战略环境。
- 掌握品牌体系内容及品牌战略的制定步骤。
- 理解品牌绩效反馈与修正。
- 掌握品牌愿景的内涵与制定。
- 理解品牌愿景的作用。
- 掌握品牌战略规划的方法。
- 掌握品牌核心价值概念、类型及提炼方法。
- 理解单一品牌模式、多品牌模式、主副品牌模式、联合品牌模式。

【导入案例】良品铺子品牌突破之道

良品铺子创立于2006年，总部设在湖北武汉，专注于从全球30个国家和地区优选好原料，为消费者提供高端零食。目前，集团已形成覆盖肉类零食、坚果炒货、糖果糕点、果干果脯、素食山珍等多个品类1 400余种的产品组合，有效地满足了不同消费者群体在不同场景下的多元化休闲食品需求。

2011年，良品铺子营业额首次过亿元，并进行了一次全面的品牌系统升级，奠定了良品铺子最坚实的系统品牌结构："零食王国"的梦想，"全球华人零食连锁"的品类定位，"让嘴巴去旅行"的价值主张，切合新生代、新消费人群的品牌识别系统、超级IP打造，领先时代的开放式零售专卖店设计。

整体的品牌系统提升，使良品铺子获得了竞争优势。10年时间，良品铺子从武汉走向全国，从1亿元级规模高速成长为100亿元级规模，成为零食连锁行业的佼佼者。现今的良品铺子年销售额过2万亿元，跻身休闲食品市场集团军之领导地位，并于2020年2月24日在上交所主板上市。2020年市值超过290亿元。

一、品牌战略规划

1. 企业战略梳理（见图 3-1）

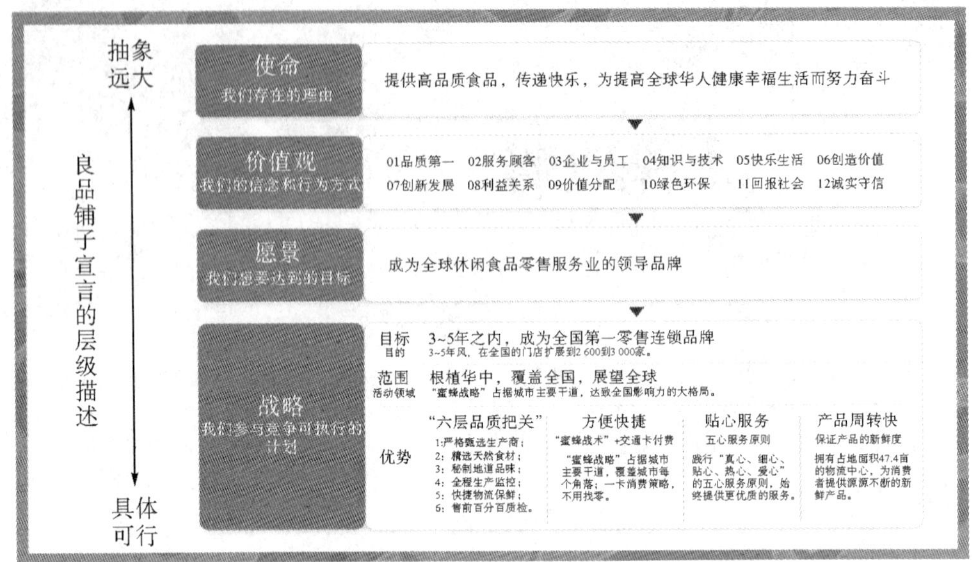

图 3-1 良品铺子的战略、愿景、使命和核心价值观

使命——良品铺子存在的理由：

提供高品质食品，传递快乐，为提高全球华人健康幸福生活而努力奋斗。

价值观——良品铺子的信念和行为方式：

品质第一、服务顾客、企业与员工、知识与技术、快乐生活、创造价值、创新发展、利益关系、价值分配、绿色环保、回报社会、诚实守信。

愿景——良品铺子想要达到的目标：

成为全球休闲食品零售服务业的领导品牌。

战略——良品铺子参与竞争可执行的计划：

①目标及目的。

目标：3~5 年，成为全国第一零食连锁品牌。

目的：3~5 年，在全国的门店扩展到 2 600~3 000 家。

②范围及活动领域。

范围：根植华中，覆盖全国，展望全球。

活动领域：“蜜蜂战略”占据城市主要干道，达到全国影响力的大格局。

③优势手段。

六层品质把关：严格甄选生产商，精选天然食材，秘制地道口味，全程生产监控，快捷物流保鲜，售前百分百质检。

方便快捷：“蜜蜂战术”+交通卡付费：“蜜蜂战略”占据城市主要干道，覆盖城市每个角落；一卡消费策略，不用找零。

贴心服务：五心服务原则：践行“真心、细心、贴心、热心、爱心”的五心服务原则，始终提供更优质的服务。

产品周转快：保证产品的新鲜度：拥有占地面积 31 600 平方米的物流中心，为消费者提供源源不断的新鲜产品。

2. 品牌定义——为什么创立品牌?

2004 年，何伯权先生（乐百氏创始人）曾说过，一个适合创业的项目——“把全世界的零食搬到顾客家门口，是一件可以把小生意做成大事的事”，杨红春（良品铺子创始人）当时便记住了这句话。

2005 年，杨红春从科龙电器离开后，就加入了久久丫，向顾青和梁新科学习作为职业经理人如何向创业者转型。杨红春用了将近一年的时间，与大学同学张国强走遍了武汉的大街小巷，编写了三版商业计划书。他认为当时的市场存在“两个基础，一对矛盾”的客观机遇。两个基础为：一是消费者需求升级的基础，顾客需要更有品质更能享受生活的零食；二是中国农业产业化，在全国各地富有特色的基础产业链已经初具规模。一对矛盾是消费者不断升级、追求品质的需求和以大卖场为主导的全而泛，不具专业化品质的提供模式之间的矛盾。这两个基础和一对矛盾是良品铺子作为休闲食品细分品类专业化、零售连锁品牌化经营的土壤。2006 年 8 月 28 日，良品铺子准备了 60 多种产品，在武汉广场对面开了第一家门店。

二、品牌定位

1. 消费人群定位——都市时尚年轻男女

良品铺子结合自身的核心形象和各群体的消费规模及消费特征，将核心群体定义为 16~25 岁的女性，而其中的品位小资型是最核心的群体。其人群特点是：喜欢小资情调、有浪漫情怀、有品位、重品质，注重口味、追逐时尚潮流、享受生活（见图 3-2）。这一类人群具有兼容性，相对来说有一定都市时尚气息，思维比较活跃，对流行比较敏感。因此，把这个购物目的地做成时尚文化，让年轻人习惯性来买，从而来影响整个市场。

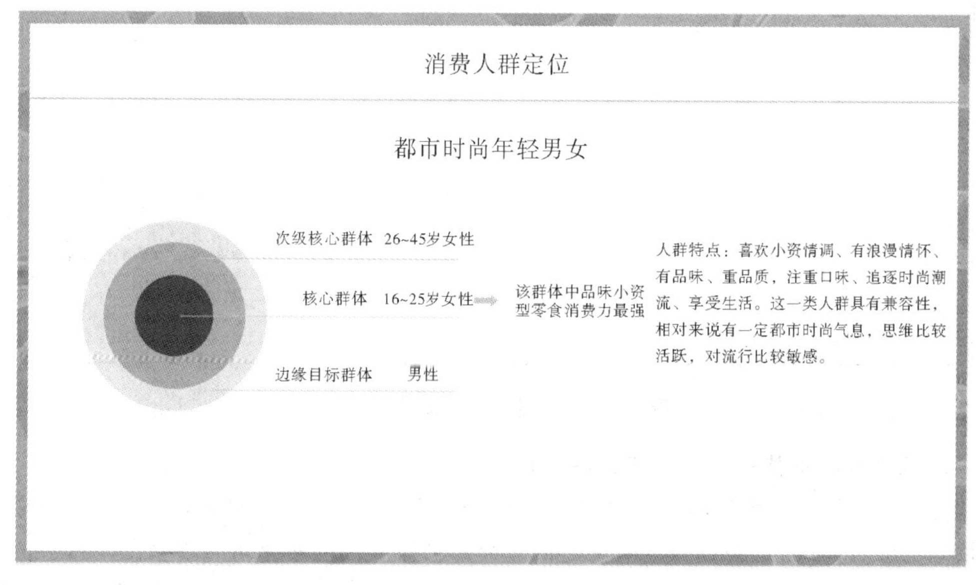

图 3-2 良品铺子的消费人群定位

2. 品类身份——全球华人零食连锁

根据良品铺子的企业战略核心表述，从未来愿景可以解读良品铺子要解决的问题是：把全世界的零食放在顾客家门口。而解决这一问题的主要手段是渠道拓展：依据品牌涟漪效益的规则由高到低辐射进行布局，由中心向外围辐射；由核心商圈向社区延伸；由城市向农村渗透，形成品牌聚合效应。步步为营，层层渗透，由近及远、由大到小进行布局，先形成各个区域的强势品牌，最后再形成全球领导品牌。这即是良品铺子与其他零食产品最大的不同之处，由此，良品铺子开创了一个全新的创新品类——全球华人零食连锁。

3. 产品独特卖点（USP）

①产品定位——源自世界各地的休闲零食。

良品铺子坚持发掘全国乃至世界各地优质的特色休闲零食，让消费者轻松自在地享受各地的美食，不断带给他们新鲜而独特的味蕾体验。

②产品价值——粒粒皆珍品。

“品质第一”是良品铺子坚持的企业价值观，它不会因为市场同行同业的低价竞争而改变。良品铺子始终如一地把产品安全和品质作为企业发展的生命线。“粒粒皆珍品”是良品铺子产品战略的最高追求。

③产品分类——产品味觉体验分类。

传统零食分类方式多以产品属性进行分类，这样的分类方式便于企业管理，但缺乏对消费者购买需求的理解。因此，良品铺子以消费者为导向，确定消费者购买零食的核心需求是口味体验，从而确立了以口味作为产品陈列分类的方式（见图 3-3）。

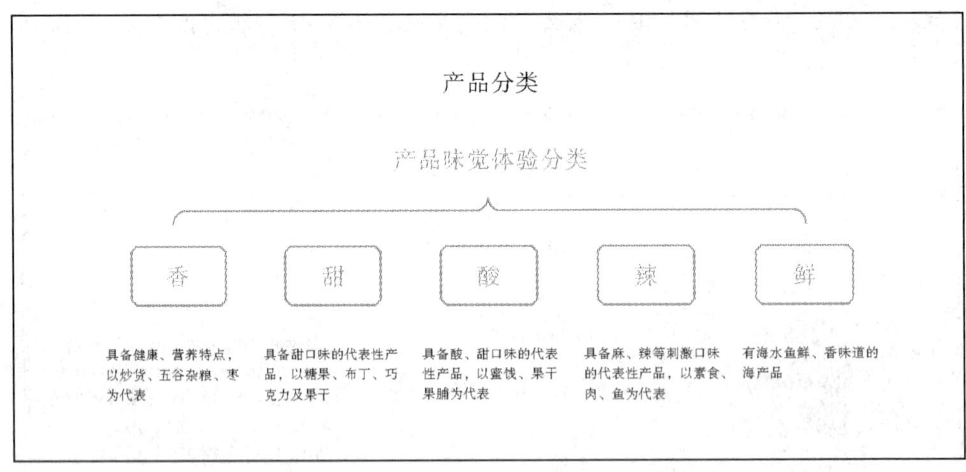

图 3-3　良品铺子的产品味觉分类

4. 品牌核心价值——“让嘴巴去旅行”

良品铺子把美食文化和消费者的美好体验结合起来，提炼出富有感染力的独特品牌核心价值。“让嘴巴去旅行”不仅是让消费者轻松愉悦地享受高品质零食、感受世界各地的美食文化，更是一种美好的体验感受，是超越产品功能价值之外的情感价值。通过品牌情感的塑造，最终形成消费者对品牌的美好感受与消费忠诚。

5. 品牌内涵系统——良品铺子品牌屋

品牌屋是打造品牌内涵系统的核心基础，能帮助品牌在行业内具有差异化优势，是长期塑造品牌资产并全面指导品牌工作的纲领（见图 3-4）。

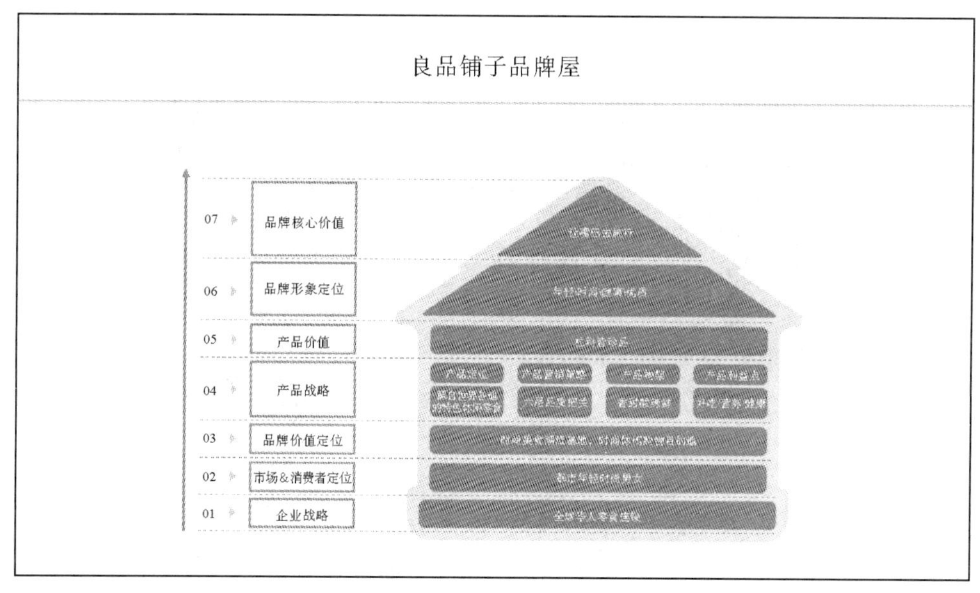

图 3-4 良品铺子的品牌屋

三、品牌识别系统

1. 品牌身份识别系统——品牌基因六要素系统

根据前面的分析，按照集和的《品牌基因序列》由内到外分为 3 个层级及品牌记忆的 6 大核心要素的结构性组合，能够得出可以创建具有鲜明个性的良品铺子品牌身份识别的基因序列。

2. 品牌基础及应用识别系统

①设计理念——大众视觉营销。

②核心识别优化。

③应用识别设计。

四、品牌管理标准

1. 系统品牌管理导航图（略）

2. 《良品铺子品牌书》

《良品铺子品牌书》架构分为两个部分（见图 3-5），具有以下意义：

①《良品铺子品牌书》作为良品铺子中期发展战略，其必须让公司每个阶层的员工清晰了解未来品牌的发展，遵守并确保品牌一致性的守则，以达到统一的步调运营，同一种声音传播。

②《良品铺子品牌书》的核心：良品铺子品牌战略的传播与具体设计的执行指引。

③从现在开始，良品铺子将积极推进品牌的建设和发展，为构建强势品牌打下坚实基础，不断挖掘品牌内涵，以形成“让嘴巴去旅行”的消费者认知。要实现此目的，《良品铺子品牌书》将作为基础指引，为品牌发展明确方向。

《良品铺子品牌书》架构

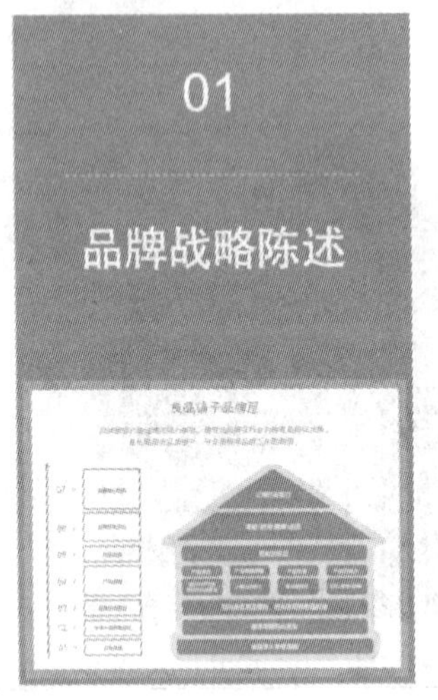

图 3-5　良品铺子的品牌书架构

资料来源：良品铺子官网：https://www.517lppz.com/；集和品牌公众号：https://mp.weixin.qq.com/s/ITWQZWIIJO-G-GTu4RF4zg.

点评：在现代经济社会中，品牌的地位和作用越来越重要。我们的身边充斥着各种各样的品牌，新品牌不断涌现，老品牌焕发新生，围绕着品牌战略开展有序的品牌塑造与管理活动，能为消费者、企业和社会带来更大、更长远的价值。因此，对品牌进行系统的、长远的战略规划是当今社会商业逻辑和实践的制高点，对于企业组织能够建立起长期的竞争优势，获得稳定健康的发展，具有重大的意义和深远的影响。

第一节　品牌发展战略概述

一、战略基本概念

（一）企业战略的概念

根据《现代汉语词典》的解释，“战略”是指战争全局的计划和策略。在中国，战略一词历史久远，“战”指战争，“略”指谋略。春秋时期孙武的《孙子兵法》被认为是中国最早对战略进行全局筹划的著作。在现代，“战略”一词被引申至政治和经济领域，其含义演变为泛指统领性的、全局性的、左右胜败的谋略、长远的规划方案和系统性的对策。

在大多数情况下，组织核心的战略需求都是为了获取超额的利润和长期竞争优势，实施战略的基本前提都是为了在“竞争”中获取更多更优质的生存资源。从企业未来发展的角度来看，战略表现为一种计划（plan）；从企业过去发展历程的角度来看，战略表现为一种模式（pattern）；从产业层次来看，战略表现为一种定位（position）；从企业层次来看，战略既表现为一种观念（perspective），也表现为企业在竞争中采用的一种计谋（ploy）。这是关于企业战略比较全面的看法，即萌茨伯格著名的5P模型。

企业战略管理是一种全过程的管理，包括战略规划（或称战略制定）与战略执行（也称战略部署）两个部分。

（二）企业战略的实质内容

在商界，企业战略的宗旨是确定竞争优势，即企业需要找到一种战略，使其通过明显的优势抵御现有竞争对手和新入侵者。竞争的优势有两种基本类型：成本优势和产品差别化。因此，企业战略的核心是选择合适的客户，并决定提供何种产品和服务。企业战略解决的是企业应该在什么地方竞争、如何去竞争及何时去竞争的问题。从实质上看，企业战略包括以下主要内容：

1. 企业的价值主张

战略的起点是客户，为客户创造价值是企业存在的意义。为客户提供的是什么？客户为什么要购买？客户忠诚度的基础是什么？企业为什么而存在？与竞争对手的差异点是什么？通过对这些问题的思考，我们可以提炼出企业的价值主张，明确品牌差异点，进而形成企业赖以生存和长期发展的行动指南。

2. 产品市场范围

此处的“产品”是指企业提供的“产品和服务”的总称。从本质上来说，产品是企业向客户“交付价值”的载体。企业的一切生产经营活动都是围绕着产品进行的，只有及时、有效地提供消费者所需要的产品，才能实现企业发展的目标。与此同时，企业的时间、精力、人力、财力等资源又都是有限的，这就要求企业必须围绕着目标产品市场进行资源配置。企业将在哪里参与市场竞争？哪些产品和市场将是重点？哪些产品和市场将被弱化或避免？明晰这些问题，可以保证关键资源能够聚焦配置到战略产品和市场上，以构建企业真正的核心竞争力。

3. 战略资产

要实现企业的长期发展，必须创造出可持续竞争的优势资产（即战略资产）。具体而言，企业需要明确哪些资产可以让企业在各个产品市场中获得成功。战略资产可能是一个才华横溢的研发团队、一个忠实的客户群、一种突出的制造能力、一种产品设计技能，或者是一组品牌。

（三）企业战略的分类

企业战略一般可分为公司层面战略、业务层面战略、职能层面战略和运作层面战略四个大类。

公司层面战略：明确企业如何定位和发展。公司层面战略一般包括增长战略（又称发展、扩张或进攻战略，包括单一化发展战略、纵向或横向一体化发展战略、多元化发展战略）、稳定战略（又称防御型战略或维持型战略）、收缩战略（包括抽资转向战略、放弃战略和清算战略）和混合型战略（2个或2个以上战略的组合）四个类型。

如果按照地区不同，公司层面战略可分为本地（土）化战略、区域性战略、全国性战略、国际化战略等；如果按照具体战略举措不同，公司层面战略可分为重组战略、并购战略、合作战略或联盟战略等。

业务层面战略：明确企业如何竞争与合作。业务层面战略一般包括总成本领先战略、差异化战略和集中化战略三个类型。其中非常关键的是重组价值链和再造业务流程。

职能层面战略：明确内部资源如何配置和发展，组织如何治理，职责与权限如何划分等。例如，人力资源战略、质量战略、品牌战略、财务战略、营销战略等。

运作层面战略：日常工作如何展开。例如，如何监督指导、怎样监视测量、绩效如何考核评价与激励等。

【小知识】企业战略制定的基础和前提——内外部环境分析

环境分析的内容如图 3-6 所示。企业的外部环境都是比较复杂的，不仅涉及的变量多，而且也是在不断变化的，而内部环境则相对稳定和可控一些。我们通常借助 SWOT 方法，定性和定量相结合来分析机会、威胁、优势和劣势，以制定适宜的战略。

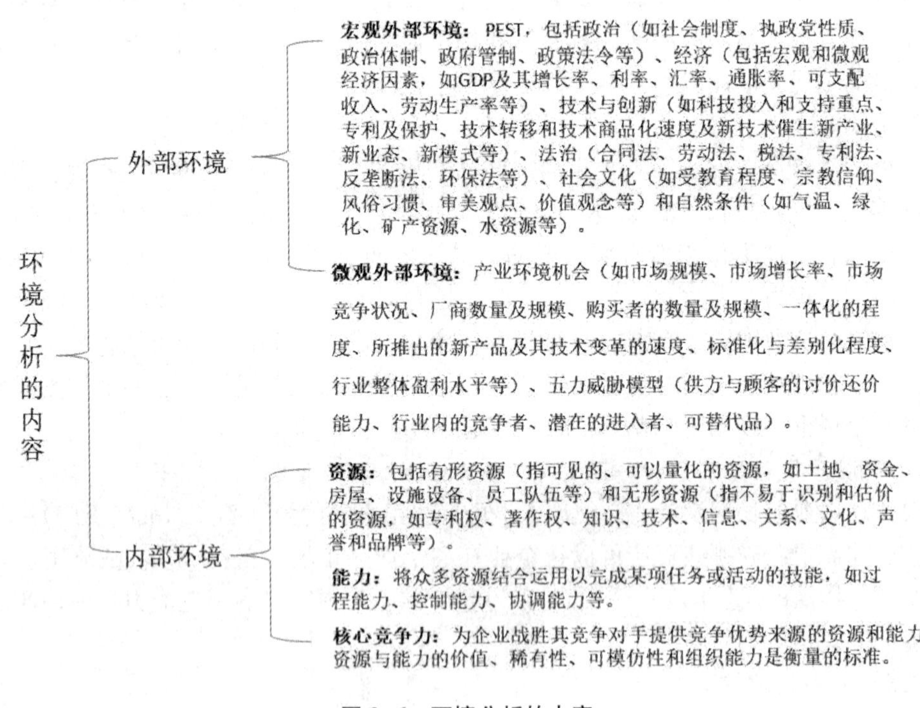

图 3-6 环境分析的内容

二、品牌战略概念

品牌是企业创造的差异价值的总和，其创造目的是让产品在顾客心中与众不同。因此，品牌是帮助企业在市场上获得长期竞争优势的一个战略工具。但同时，同一个品牌会让不同的人会产生不同的感受。因此，品牌又可以定义为：人们对于产品、服务或企业的一种近似独特的理解。品牌的本质是一种直觉，被顾客个体所定义，而不由公司、市场或所谓的大众所决定。将一个品牌与其他竞争对手相比较时，我们只需要知道是什么造就了它们之间的差异，品牌管理就是对这种差异的管理。人物、景观、企业、产品和服务、体验、事件、想法、信息等，都可以发展成为品牌的对应物。

品牌战略就是企业将品牌作为核心竞争力，以获取差别利润与价值的企业经营战略，是在企业整体层面上把品牌的逻辑渗透到经营管理和发展的所有环节与过程中，所进行的关于企业品牌塑造和未来发展的整体规划以及实施。品牌战略的本质是塑造出企业的核心专长，赢得客户。它主要包括：品牌策略选择、品牌定位、品牌识别系统创建等方面的内容。

三、品牌战略环境分析

1. 消费升级，使品牌成为企业在市场竞争中逐胜的关键武器

人类社会的进步促进了经济的快速发展。一方面，市场供给大于需求，我们的社会已经从大规模生产经济转向大规模定制经济。在品牌营销中，消费者不足的问题普遍存在。另一方面，随着消费者收入的增加，形成了更好的够买力，能够支撑他们去选购心目中的理想品牌产品。面对市场上琳琅满目的同类产品，消费者的购买选择在成倍增加，故变得信息丰富而时间匮乏。因此，通过比较功能和益处判断产品的方法不再有效，竞争对手之间的新产品一上市就互相仿效对方的功能，而且制造技术的进步使得质量问题变得不再那么困难，产品品牌的个性反而变得更加重要。今天，商业的主题就是：创建群类认同、区分生活方式（见图 3-7）。

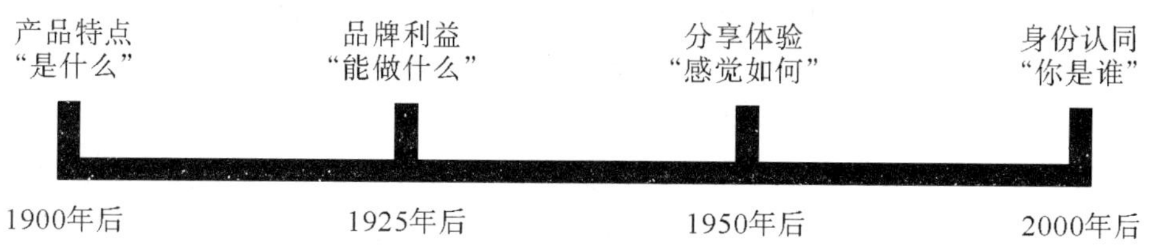

图 3-7　消费升级的演变

2. 技术升级，改变了人们创造品牌价值的方式

当今世界，数字技术和互联网技术、人工智能和高科技给人类生活带来了重大影响，人际交往和社会活动、工作方式以及企业的商业模式等价值创造的方式发生了根本性改变。

搜索引擎的广泛使用，改变了当今人们接受和存储信息的习惯，搜索引擎正在改变我们大脑的记忆模式——从“记住信息”到“记住搜索”。作为网民，消费者都养成了一目十行的本事，定位品牌关键词，需要了解细节时搜索即可。同时，在海量信息的冲击下，人们对信息的获取越来越主动，也更倾向于接收主动搜索获取到的信息内容，好的体验会更愿意分享。最直观的例子就是成熟的网民往往不会注意到网页弹出的具体广告信息，而对平台搜索后的广告推介却难以拒绝，并愿意积极分享。

认识到互联网环境下消费者消费行为的改变（见图 3-8），可以更好地理解现今企业创造品牌价值的方式——从“触发记忆”到“触发搜索与分享”。

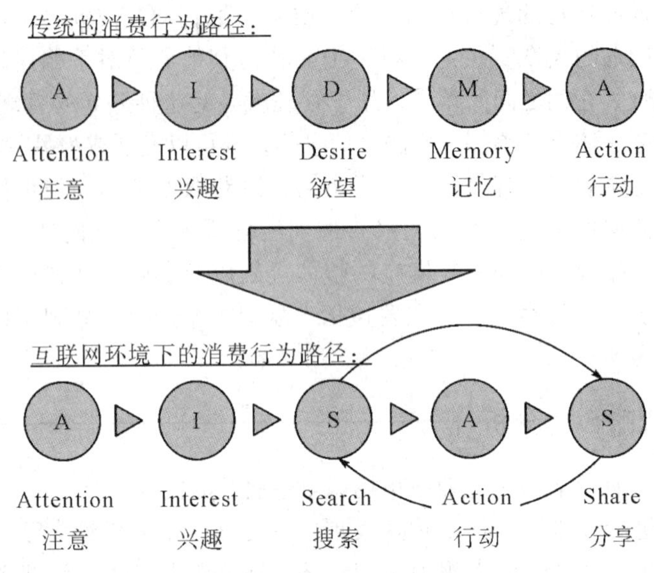

图 3-8　互联网环境下消费者消费行为的改变

3. 模式升级，加速了品牌“平台化”趋势的发展

如今，互联网所具有的自由共享、实时传递、开放包容等特性，带来了我们这个时代商业模式的大变革。越来越多的品牌被看作是一个整合所有相关资源的“资源连接器”，发挥着品牌平台的作用。众多的平台品牌已经在我们身边出现，如我们熟悉的淘宝、京东、亚马逊等是企业平台品牌，苹果手机、小米手机是产品平台品牌，而微信、招商银行掌上生活等则是服务平台品牌。它们都具有跨市场的“网络效应”——平台中供给和需求的匹配度越高，吸引到的使用者就越多，网络也就越大，进而形成更大的规模，产生的价值也就越多。

综上所述，在当今的新环境下，品牌战略规划核心的落脚点就是要打破企业与顾客的界限，将企业与顾客协同参与的方式渗透到品牌建设的各个环节中去，从而形成由企业战略与顾客驱动协同共创的品牌建设路径。

四、构建品牌体系战略

成功地推出新的产品和服务，持续扩大企业的市场份额，是企业长期发展至关重要的因素。品牌具有定义产品角色的作用，能够反映客户从外部看待这个品牌时形成的观点。当一个新产品上市的时候，它需要通过一个品牌或一组品牌来向客户说明其身份。每个品牌都在市场上扮演某一种品牌角色：主品牌、背书品牌、子品牌、描述符、产品品牌、保护伞品牌、品牌差异点或品牌联盟。通常，产品的品牌身份是一个包含多个不同品牌名称及其他品牌元素的组合。

品牌体系主要由企业所拥有的品牌和产品两个基本元素的构成情况及其之间的相互关系构成。品牌体系战略目标就是要促进企业管理所有品牌的协同作用，充分利用品牌资产，创造和维护市场相关性，建立和支持差异化的、富有活力的品牌，并在产品供应中实现清晰度，让客户、员工和合作伙伴都对产品形成清晰的认识。品牌体系战略决定了哪些品牌元素用于所有新的和现有产品及服务，哪些方式能够帮助消费者了解产品和服务并在记忆中存储。

“品牌—产品矩阵”和“品牌架构”是制定品牌体系战略的两个重要战略工具。其中，“品牌—产品矩阵”以图的形式表现公司出售的所有品牌和产品，为我们描述了品牌战略的两个特征：①品牌战略的广度——产品组合，反映了企业生产或出售的所有产品和产品线；②品牌战略的深度——品牌组合，反映了企业所有的品牌和品牌线。“品牌架构”决定了企业将在出售的各种不同的产品中选择应用哪些品牌元素。把“品牌—产品矩阵”和“品牌架构”结合起来，再结合消费者、公司及竞争等因素，就可以帮助营销经理制定出最佳的品牌战略。

因此，品牌体系战略可以帮助企业确定哪些产品和服务需要介绍，哪些品牌名称、标志、符号等需要应用于新的和已经存在的产品中。品牌体系决定了品牌的边界和品牌的复杂性程度，即品牌的宽度和深度，如不同产品是否应该共用同一个品牌名称？企业到底该用多少个不同的品牌名称？所以，确定品牌战略和品牌体系具有双重作用。

第一，明晰品牌认知：提高消费者的理解力，传播产品的相似点和差异点。

第二，提升品牌形象：最大化品牌资产转移至单个产品的能力，提高试用率和重复购买率。

美国的著名品牌专家凯文·莱恩·凯勒（Kevin Lane Keller）教授提出的构建品牌体系战略的三个步骤，为我们提供了一个详细的构建品牌体系战略的方法：①根据品牌的“市场足迹”识别品牌潜力；②定义产品或服务延伸以实现该潜力；③指定品牌元素，定位相关特定产品和服务的品牌。

1. 第一步：定义品牌潜力

开发品牌体系战略的第一步是通过品牌愿景、品牌边界、品牌定位三个重要特征定义品牌潜力。

（1）制定明确的品牌愿景。

从根本上说，品牌愿景涉及品牌的“高阶目的”，它是在对消费者的愿望和品牌的深刻理解基础之上形成的，超出了品牌的物理产品类别描述和边界。所以，品牌愿景是对品牌成功形象的一种清晰描述，是顾客或其他相关群体眼中希望品牌所代表的东西。正如宝洁公司前首席营销官吉姆·斯登格所主张的，成功的品牌要拥有清晰的“理想”，如引起喜悦、促进沟通、激发探索、唤起自豪感或影响社会等，具有较强的建立顾客忠诚和推动收入增长的目的性。

（2）识别品牌边界。

识别品牌边界的含义是：基于品牌愿景和定位，识别品牌应该提供的产品或服务，应该满足的利益和需求。因此，我们必须仔细评估品牌延伸，从而选择性地推出新产品。

所有的品牌都是有边界的。比如，要让蜜雪冰城股份有限公司去造汽车，那就是非常困难的；再比如，日本汽车制造商本田、日产和丰田选择在北美推出它们的豪华车时，分别选用了新品牌名称——讴歌、英菲尼迪和雷克萨斯。所以，为了提高市场覆盖率，企业针对不同的细分市场，可以采用多品牌组合。但也必须控制品牌数量，不能过多，每一个品牌应该有明确区分，并且能够吸引一个相当大的细分市场。

（3）差异化的品牌定位。

品牌定位需要基于竞争的角度，从理性利益和感性利益两大方面出发，确定品牌的差异点和共同点，重点是将一些特异性加入品牌愿景当中，它有四个关键要素：①品类身份；②差异点；③共同点；④品牌口号（也称品牌价值主张）。需要特别说明的是，品牌口号对建立产品边界或品牌“保护栏”是非常有用的。比如：“怕上火喝王老吉”“爱干净住汉庭”“享受短假期，自然江南春”等。品牌口号能够提供理性和感性的利益，并且具有稳定的成长性，吸引消费者和零售商的兴趣，保持足够的差异性以求长期的发展。

2. 第二步：确定品牌扩展机会

我们身边充满了新产品品类延伸的例子，如茅台冰淇淋、李宁咖啡、小米智能锁、微信读书等，它们之中有的能成功，有的却以失败而告终。这就是开发品牌体系战略的第二步所要讨论的内容——如何做好品牌延伸。

开发品牌体系战略的第一步是确定品牌愿景、品牌边界和品牌定位，以帮助定义品牌潜能并为品牌提供一个明确的方向。第二步则是通过一个精心设计和可操作性强的品牌延伸战略定义新产品和服务以获得潜能。

品牌延伸是在已有品牌名下推出新产品，如厨邦酱油推出的“头一道”酱油。再如，耐克公司25年来通过执行品类延伸规划，已由20世纪80年代中期面向北美年龄为12~29岁的顾客销售跑步鞋、网球拍和篮球鞋的企业，转变为面向全球销售男女的运动鞋、服装和装备的公司。

品牌延伸可以区分为在已有品类下的延伸，即产品线延伸，如汰渍全护理洗衣液；向品类外的延伸，即品类延伸，如汰渍干洗店。所以，规划最优的品牌延伸顺序对获得品牌潜能是非常重要的。关键是要了解每一个延伸行为对共同点和差异点的影响，秉承品牌承诺，细心经营品牌成长的“每一小步”，确保品牌覆盖更广的范围。

同时，启动品牌延伸比我们想象中的要困难得多。鉴于绝大多数新产品延伸失败，品牌延伸不能过多。在未来日益激烈的市场竞争中，将对定位和销售不良的品牌延伸更加残酷，为了提高成功率，我们须谨慎分析和发展品牌延伸。品牌延伸的意义，就是要利用品牌的价值来进入新的产品和品类的领域，实现品牌对市场更深更广的影响力。

3. 第三步：新产品和服务的品牌化

品牌体系构建的最后一步是确定与品牌相关的指定新产品或服务的特殊品牌元素。新产品和服务的品牌化使品牌整体清晰度更高和消费者对品牌的理解最大化。什么样的名称、外表和其他品牌元素应该被应用到一个品牌的新产品或现有产品中？

子品牌是新产品品牌延伸常用的方式，在品牌架构体系中扮演着重要角色，它可以向消费者传递新产品与现有产品所具有的异同点。子品牌作为一个强有力的品牌架构工具，能够通过增加与顾客有关的关联物，进而起到品牌驱动的作用。例如，小米的“红米”、华为的“荣耀”等子品牌，可以创造出使主品牌更具差异性、对顾客更有吸引力的关联物。同时，子品牌还可以有效地扩展主品牌使其可以在本不适合的领域内展开竞争，如卡萨蒂就为海尔提供了一个上升的空间。

一个好的子品牌策略有利于整体的公司或家族品牌，同时还允许在新类别的品牌扩展中创建新的品牌信念。子品牌还能向市场上传递企业新提供的商品和服务，如英特尔开发“奔腾”子品牌，其部分原因就是为了展示新一代更先进的芯片。所以，建立子品牌通常需要较大投资，并应通过一致的营销活动，才能在消费者之间建立起恰当的品牌意义。要注意的是，只有当子品牌具有独特的、与之前相比有补充性的利益时，才能运用子品牌战略，否则只能用作新产品或新的服务项目的产品描述。例如，爱马仕创立“上下”这个子品牌，就是为了补充当代东方雅致生活的品牌特性。

【小知识】3-2　品牌—产品矩阵

制定公司的产品和品牌战略时，可以借助一个有用的工具——品牌—产品矩阵。品牌—产品矩阵（Brand-Product Matrix）是以图表的形式来表现公司出售的品牌和产品。其中，矩阵的行表示公司的品牌，列表示相应的产品（见图 3-9）。

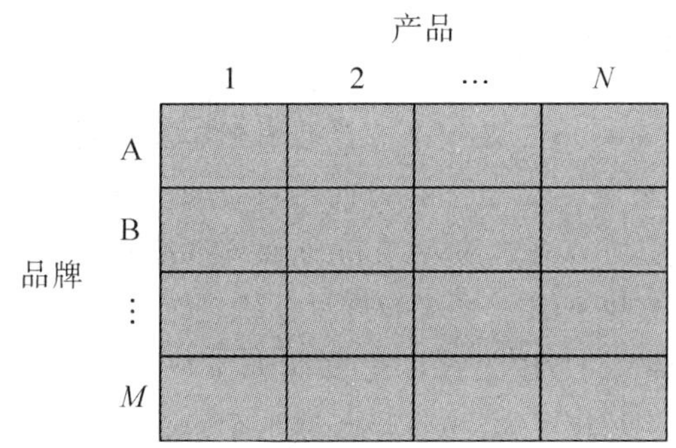

图 3-9　品牌—产品矩阵

该矩阵中，行代表品牌—产品关系（brand-productrelationships），通过公司该品牌下出售产品的数量和性质，反映出品牌延伸战略。品牌线（brand line）是某一品牌下出售的全部产品，包括原始产品、产品线和品类延伸产品的组合。因此，矩阵的一行就代表一条品牌线。一个潜在的品牌延伸是否可行，要看新产品能否有效地增加现有品牌资产，即该产品延伸能否有效地增加母品牌的资产。

矩阵的列代表产品—品牌关系（product-brandrelationships），通过每一品类下所营销的品牌数量和性质，反映品牌组合战略。品牌组合（brand portfolio）是指公司出售的每一特定品类所包含的所有品牌和品牌线的组合，因此，矩阵中的一列就是一个品牌组合。公司设计和营销不同的品牌，是为了吸引不同细分市场的顾客。

公司的品牌战略可用广度（品牌—产品关系及品牌延伸战略）和深度（产品—品牌关系及品牌组合或品牌分类）来度量。如果某个公司拥有多种品牌，并且其中许多种品牌已延伸到多种品类，就可以认为这家公司的品牌战略既有深度又有广度。

以下方面对于理解公司品牌体系战略的特征也是有帮助的：

产品线（product line），是指品类中一组关系较为密切的产品的组合。这些产品功能相似，目标客户群相同，营销渠道一致，或处于同一价格档次。一条产品线可以包含不同的品牌，也可以只包含一个家族品牌或单个品牌。金宝汤公司根据偏好、类型和大小打造了种类丰富的汤料产品。

产品组合（product mix）或产品分类（product assortment），是指某一公司可供出售的所有产品线和产品的总和。因此，品牌—产品矩阵的每一列代表一条产品线，所有这些产品线集中起来，共同形成了产品组合。除了汤品之外，金宝汤还销售番茄酱、沙拉酱和点心。

品牌组合（brand mix）或品牌分类（brand assortment），是指某一公司可供出售的所有品牌线的总和。例如，金宝汤公司需要对应该保留多少种不同的产品线（产品组合广度），以及每一个产品线下应该生产多少种产品（产品组合深度）做出战略决策。

再如，年收入超过1 000亿美元的全球最大的食品生产企业雀巢。了解品牌—产品矩阵，并且制定正确的品牌体系战略是其获得成功的关键。每天全球有超过12亿人购买雀巢产品，这些产品中有28个不同品牌接近或者超过10亿美元的销售额。借助于将本地化和全球化品牌融合的国际化战略以及产品的多样化，雀巢即使在近年的经济衰退环境下依然能抢占竞争者的市场，持续发展。

【小知识】3-3 品牌架构

品牌架构（brand hierarchy）是一个有用的图形工具，通过展示公司产品中共同和特殊品牌元素的数量及种类，描绘出公司的品牌战略，并清晰展现品牌元素的次序。品牌架构的基本假设是：可以通过多种不同的方式塑造产品品牌，而这取决于有多少新的和既有的品牌元素可以利用，以及如何组合的问题。

例如，一台戴尔Inspiron17R笔记本电脑包含三个不同的品牌名称元素，分别是："戴尔""Inspiron"和"17R"。这些品牌名称元素中，有一些可以被多种不同的产品共有，另外一些则受到限制。戴尔将公司名称用作许多产品的品牌，但"Inspiron"只用于特定型号（笔记本），并且"17R"是为识别Inspiron的具体型号（为最大化游戏性能和娱乐作用而设计的17英寸屏幕）。

一、品牌架构层次

品牌架构包含多个层次，从顶端到底部包括：公司品牌、家族品牌、个别品牌、修饰品牌（指产品款式或型号）以及产品描述。图3-10向我们展示了丰田公司的品牌架构。

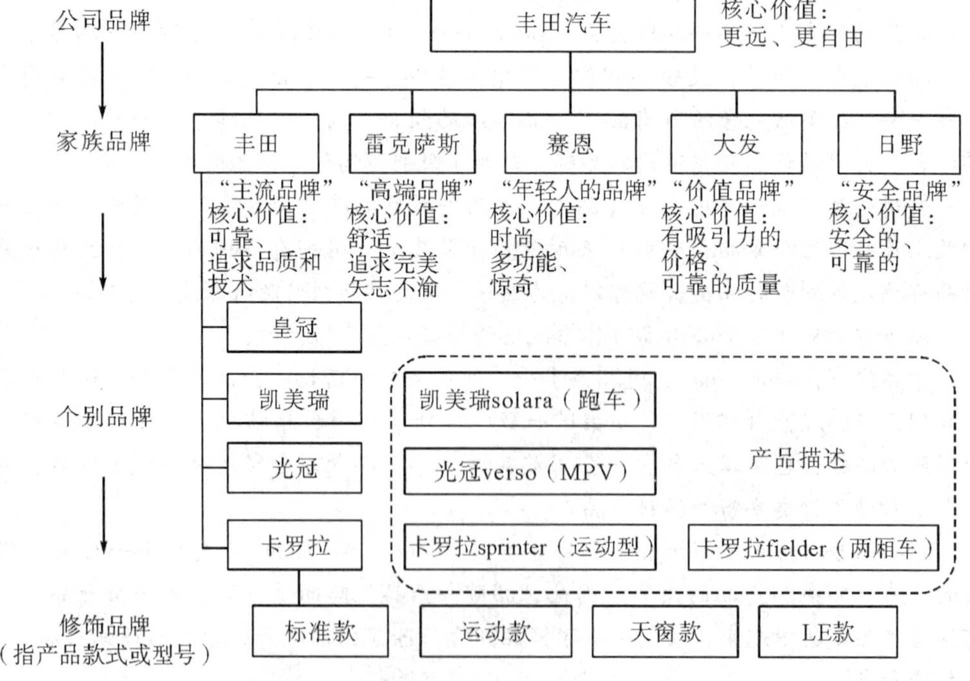

图3-10 丰田公司的品牌架构

1. 公司或企业品牌层次

丰田汽车的品牌架构最高等级为公司品牌，也就是丰田汽车，它代表了企业形象。当企业或公司品牌在品牌战略中起着重要作用时，企业形象更为重要。

2. 家族品牌层次

丰田汽车第二个等级为家族品牌，包括丰田（toyota）、雷克萨斯（lexus）、赛恩（scion）、大发（daihatsu）和日野（hino）5 个主品牌，是一种用于区分多个品类的品牌。当产品间的差别越来越大时，使用单一的公司品牌很难有效地区分不同种类的产品，这时采用家族品牌，能够在一组相关的产品中激发一系列具体的品牌联想，为多种相互独立的产品建立共同联想。

采用家族品牌作为新产品的品牌名称，可以降低新产品的市场导入成本，提高市场接受的可能性，但一个产品的失败也可能会损害该公司同一品牌下的其他产品。

3. 个别品牌层次

丰田汽车第三个等级为产品品牌，如丰田这一主品牌下包括皇冠（crown）、凯美瑞（camry）、光冠（corona）、卡罗拉（corolla）等多个产品品牌。个别品牌仅限于在一个品类中使用，但这一品类可以包含不同型号、不同包装或不同风格的多种类型的产品。

个别品牌的主要优点是，可以使品牌个性化，并使所有营销活动满足特定顾客群体的需求。因此，品牌名称、标识、其他品牌元素、产品设计、营销传播计划、定价、分销策略等，都可以聚焦于某个特定的目标市场。而且，在这种情况下，当品牌遭遇困难或失败时，给其他品牌及公司带来的风险也是最小的。

采用单一品牌的缺点是，需要为建立足够的品牌资产而设计单独的营销方案，这一过程十分复杂，困难重重，而且花费很多。

4. 修饰品牌层次

丰田汽车第四个等级为修饰品牌，是对产品品牌的款式和配置的进一步描述，如卡罗拉被细分为标准款、运动款、天窗款、LE 款等多种型号，以示不同产品的区别。品牌修饰的作用是，在同一品牌家族内表现品牌差异，这有助于消费者更好地理解产品（如不同的质量、属性、功能等），并与消费者甚至是经销商发生关联。

5. 产品描述

丰田汽车最后一个等级是产品描述，如凯美瑞 solara、卡罗拉 fielder，它可以帮助消费者熟悉产品，了解产品的功能，并明确产品的相关竞争者。一般情况下，产品描述就是产品本身的名字而非品牌名字，但它可以成为品牌名称的一部分。很多时候产品描述本身包含了产品个性的成分，尽管它不是品牌，但可能是一个新品类，如非油炸方便面，它被更多地提及能带来强化新品类的作用。

二、设计品牌架构

品牌架构每一层次上的品牌元素都有可能创造品牌认知，为产品培养强有力的、独特的品牌联想，从而增加品牌资产。

三、具体的产品引入

企业对某一个品牌引入何种产品，我们给出三个原则：

增长性原则（principle of growth）认为，应该根据投资回报率（ROI）决定一个品牌是市场渗透、扩张还是产品研发。换句话说，公司必须对多卖出一个现有品牌产品和推出品牌新产品的成本收益进行权衡。

生存性原则（principle of survival）指出，品牌延伸必须在所属品类中获得品牌资产。协同性原则（principle of synergy）指出，品牌延伸应能改善母品牌的品牌资产。这两个原则是品牌成功扩展的动力。

四、品牌架构的层次数

一般来说，在既定产品边界和品牌延伸战略下，定义品牌战略时的首要决策是品牌架构应该使用多少个层次。多数公司通常选择使用多层次品牌，这是因为：每使用一个连续的品牌层次，就可以使公司传播更多、更具体的产品信息。因此，创建架构中较低层次的品牌，能使公司在传递产品独特信息方面更具灵活性。创建架构中较高层次的品牌，则可使得品牌跨越多个产品使用，这无疑是一个在公司内外传播产品共有信息、协调公司运作的经济手段。

将现有品牌与一个新品牌进行组合的方法，称为子品牌法（subbranding）。在这里，子品牌的作用是修饰主品牌。子品牌战略在公司或家族品牌及与其相关的所有联想之间建立的联系更为紧密。同时，发展子品牌还可以建立具体的品牌信念。子品牌所提供的更加详细的信息，能够帮助消费者更好地理解产品差别，确定哪一种产品真正适合他们。

子品牌还有助于销售人员的组织方式和零售商明确产品线及最佳销售方法。例如，耐克持续不断地在篮球产品线（如 Air Max Lebron，Air Zoom，Hyperdunk，Hyperfuse 和飞人乔丹）创建子品牌的主要好处之一就是，可以激发零售兴趣和热情。2010 年，最受欢迎的前 100 种篮球鞋有 92 种都是来自耐克品牌。

营销人员可以在子品牌中采用母品牌的主要品牌元素，包括名称、产品形式、外形、图形、颜色和版本。通过将新的品牌元素和现有品牌元素巧妙结合，有效传递新的品牌扩展与其母品牌的相似性。

简洁性原则（principleofsimplicity）的基础是：有必要为消费者提供恰当数量的品牌信息。品牌架构的理想层次数目不仅取决于产品线的复杂程度，或者产品组合，而且依赖于公司产品线中共享品牌联想与独立品牌联想的结合程度。

简单而言，低介入度产品（如电灯泡、电池、口香糖等）的品牌战略通常由单个品牌或家族品牌以及表述产品特点差异的修饰品牌组成。例如，通用电气有三个灯泡品牌，由基础功能、外形及功率组成。

对于轿车、计算机或其他耐用消费品等复杂产品而言，品牌架构的层次数量则要求更多。索尼在数码产品上拥有家族品牌 Cyber-Shot，在电视产品方面的家族品牌有 Wega，在摄像机产品上则拥有家族品牌 Handycam。具有强势公司品牌的公司销售范围较窄的产品，如豪华轿车，可以使用非描述性的字母数字产品名称，因为消费者对母品牌有强烈的认同。如宝马的 3 系、5 系、7 系即是最典型的案例。

如果使用超过三个层次的品牌名称来为某个产品冠名，那么无论其复杂程度如何，都会把消费者搞糊涂。在这种情况下，比较好的解决办法就是，在同一品牌层次引人多品牌（如丰田第二层引入了 5 个主品牌的家族品牌）或扩展品牌深度的战略。

五、品牌架构各层次的理想认知和形象

每一层次的品牌元素应该创建多高的品牌认知度以及什么类型的品牌联想呢？要想达到理想的认知水平以及品牌联想适当的强度、偏好性和独特性，需要一段时间，同时还需要在较大程度上改变消费者感知。如果采用某种包含两层或两层以上品牌架构的子品牌战略，那么在创造品牌知识的过程中应遵守两条通用原则——相关性原则和差异化原则。

相关性原则（principle of relevance）建立在效率和经济性优点的基础上。一般来讲，创建的品牌联想与该层次中越多的品牌有关联就越好，这在公司品牌或家族品牌层次尤其明显。如果某一品牌联想在公司出售产品的营销活动中越有价值，那么把这一信息纳入某一个与所有这些产品相关的品牌中就越有效率，越具有经济性。例如，耐克的口号“Just Do It”为其品牌赋予了关键的差异点——品质，而这一点事实上与耐克出售的所有产品都相关。

通常，品牌联想越抽象，它就越有可能在不同的产品情境中发生关联。因此，利益联想是最具有优势的联想，能跨越众多的品类。

差异化原则（principle of differentiation）是指在同一层次内部最好将品牌尽可能地区分开来。如果两个品牌不易区分，那么零售商或其他渠道成员对这两个品牌都无法给予支持。同时，还会使消费者在对这些品牌进行选择时感到困惑。

尽管新产品和品牌延伸是保证品牌创新性和相关性的关键因素，但是在引进新产品和进行品牌延伸的时候必须深思熟虑。如果不加以限制，品牌差异就可能失控。

差异化原则也表明，并不是品牌架构任一层次的所有产品都必须同等对待。品牌架构设计的一个关键问题就是，如何对待组成品牌架构的不同产品。假若公司品牌或者家族品牌涵盖多种产品，究竟应该如何确定核心或旗舰产品？哪一个产品应该作为品牌的代表？哪一个产品是消费者心目中代表品牌最佳的选择？领会这些品牌驱动力对于识别品牌资产的来源是非常重要的，从而在最大限度上强化和提升品牌。

旗舰产品（flagship product）最能体现或代表品牌向消费者传递的内容。它往往是品牌被广泛接受、声名鹊起或受到高度赞扬的第一个产品。旗舰产品在品牌组合中扮演着重要角色，它们能够增加短期利益（增加销量），同时也能够带来长期利益（增加品牌资产）。

六、不同层次品牌元素的组合

要想将不同层次的多种品牌元素结合起来，作为新产品的品牌，还需要对给予每一品牌元素的强调程度做出决策。例如，如果决定采用子品牌战略，那么在这个公司或家族品牌的所有费用中，给予单个品牌的应是多少呢？

品牌元素的显著性是指它与其他品牌元素相比而言的相对显著程度。品牌名称元素的显著性取决于多个因素，如排列的次序、大小、外观及其语义联想。通常，如果品牌名称首先出现，图案较大，比较突出，它的重要性一般也就比较高。

显著性原则（principle of prominence）是指品牌元素间的相对显著性程度，也就是决定哪个（些）要素是重要的，哪个（些）要素是次要的。主要品牌元素用来传递产品定位和产品差异等主要信息，而次要品牌元素常常起着辅助作用，用来传递一些范围更窄的联想信息，如产品的共同点或对产品个性的补充。次要品牌元素还可以增进品牌认知。

例如，Droid 是摩托罗拉智能手机系列品牌，采用了 Droid 的品牌元素名称，意味着它采用的是安卓操作系统。根据重要性原则，越突出的品牌元素，越有助于消费者形成品牌认知。单个品牌和公司品牌的相对重要性，会对产品间距认知和新产品的形象类型产生影响。

消费者是非常文字化的。如果公司或家族品牌更加重要，那么有关它的联想也会占主导地位。如果单个品牌较为重要，创造一个更加突出的品牌形象就比较容易。例如：“Marriott's Courtyard”的名字相比“Courtyard by Marriott”更能体现与 Marriott 的关系，原因是把合作品牌放在首位。而“Courtyard by Marriott”向消费者传递的则是与公司品牌或家族品牌的紧密性不强。这样，消费者就不大会把公司或家族品牌联想联系到新产品上。同时，由于消费者感知到的产品间距较大，所以新产品的成败对公司或家族品牌的影响较小。反之，如果公司或家族品牌较为重要，那么反馈影响就可能很明显。

品牌背书战略（brand en dorsement strategy）是指某一品牌元素以某种方式出现在包装、标志或产品外观上，但不直接作为品牌名称的一部分。如果品牌背书战略在公司或家族品牌和单个品牌间形成了最大的距离，那么公司或家族品牌联想与新产品之间的联系降到了最小，同时，负面的反馈影响也降到最低。例如，家乐氏玉米薄片等，家乐氏采用的是一种子品牌战略，将其公司品牌和单个品牌结合使用。家乐氏通过其子品牌战略和营销活动，使其产品更有效的与合作品牌产生联系，同时也为其品牌名创造了更多的联相。

七、品牌元素如何与多种产品关联

首先，我们已经强调了如何将不同的品牌元素应用到某个具体产品中——品牌架构的纵向层面。接下来，将考虑某一品牌元素如何与多种产品发生关联——品牌架构的横向层面。共同性原则（principle of commonality）表明产品共用的品牌元素越多，产品之间的联系就越紧密。

其次，连接产品最简单的方法是在不同的产品上直接使用品牌元素，或按照某种方式使用品牌元素及品牌元素的一部分，从而建立联系。

再次，采用共同的标识也可以在品牌和多种产品之间建立联系。例如，公司品牌中常常会突出公司标识，而非公司名称，由此可以建立一个强有力的品牌背书战略。

最后，产品线各品牌间的逻辑顺序有助于表达不同品牌间的联系，并简化消费者的决策过程。这一相对顺序可以通过颜色、数字或其他方式传达给消费者。这种品牌战略在发展品牌转移策略时尤为重要。这里的品牌转移策略研究的是消费者一生中如何在公司提供的品牌之间进行转换。品牌在品牌线中的相对定位也会影响消费者的感知和偏好。

五、品牌战略制定与部署执行

（一）制定品牌战略的四个原则

品牌战略是企业以塑造强势品牌为核心的企业战略，是建立与众不同的品牌识别，为品牌建设设立目标、方向、原则和指导策略。品牌战略制定应遵循以下原则：

1. 以核心价值为中心的品牌识别系统

（1）进行全面科学的品牌调研与诊断，为品牌战略决策提供准确的信息导向。

（2）提炼高度差异化、明晰化、易感知、有包容性和能触动感染消费者内心的品牌核心价值。

（3）规划以核心价值为主的品牌识别系统，使品牌识别与企业营销传播活动的对接具有可操作性。

（4）以品牌识别指导企业的营销传播活动。

（5）制定品牌资产提升的目标体系。

2. 优选品牌化战略与品牌架构

在单一产品的格局下，产品的营销传播活动只需围绕提升同一品牌资产进行即可。而产品的种类增加之后，就要面临以下问题：采用一个新品牌还是在原有品牌的基础上进行品牌延伸？如果选择了选用新品牌，该如何协调新品牌与原有品牌之间的关系。企业总品牌与各产品品牌之间又该如何协调？等等。

3. 进行理性的品牌延伸扩张

（1）提炼具有包容力的品牌核心价值，预埋品牌延伸的管线。

（2）抓住时机进行品牌延伸扩张。

（3）有效回避品牌延伸的风险。

（4）强化品牌的核心价值与主要联想并提升品牌资产。

（5）在品牌延伸中推广新产品。

4. 科学地管理各项品牌资产，累积丰厚的品牌资产

（1）要完整理解品牌资产的构成，透彻理解品牌资产各项指标，如知名度品质认可度、品牌联想、溢价能力、品牌忠诚度的内涵及相互之间的关系。

（2）结合企业的实际，制定品牌建设所要达到的品牌资产目标，使企业的品牌创建工作有一个明确的方向，做到有的放矢并减少不必要的浪费。

（3）在品牌制度的原则下，围绕品牌资产目标，创造性地策划提升品牌资产的营销传播策略。

（4）要不断检核品牌资产提升目标的完成情况，调整下一步的品牌资产建设目标与策略。

（二）品牌战略规划执行的八个步骤

1. 品牌体检调研

品牌体检调研的内容包括品牌所在市场环境、品牌与消费者的关系、品牌与竞争品牌的关系、品牌的资产情况以及品牌的战略目标、品牌架构、品牌组织等。

2. 规划品牌愿景

品牌愿景就是要告诉消费者、股东及员工：品牌未来的发展方向是什么？品牌未来要达到什么目标？

3. 提炼品牌核心价值

提炼品牌核心价值应遵循以下三个原则：

（1）品牌核心价值应有鲜明的个性。

（2）品牌核心价值要能拨动消费者心弦。

（3）品牌核心价值要有包容性，为今后品牌延伸预埋管线。

4. 制定品牌制度

品牌制度由品牌战略架构和品牌识别系统构成。

5. 设置品牌机构

对于实力雄厚、品牌较多的企业可以借鉴宝洁公司的经验。对于其他以品牌为核心竞争力的企业，建议成立一个由精通品牌的公司副总挂帅，市场部或公关企划部主要负责，其他部门参与的品牌管理组织，从而有效组织调动公司各部门资源，为品牌建设服务。

6. 品牌传播与推广

品牌传播与推广应把握四个原则：

（1）合理布局，如运用广告、公关赞助、新闻报道、关系营销、销售促进等多种手段。

（2）根据目标消费群的触媒习惯选择合适的媒体，确定媒体沟通策略。

（3）品牌传播要遵守聚焦原则。

（4）品牌传播要持久、持续。

7. 持之以恒

品牌核心价值一旦确定，企业的一切营销传播活动都应该坚定地维护，这已成为创建金字招牌的秘诀。

8. 理性品牌延伸

一个品牌发展到一定阶段推出新产品，是继续使用原有品牌还是推出新品牌，这时就应理性地进行品牌延伸。

六、品牌诊断与发展修正

（一）品牌诊断

根据凯勒（Keller）和莱曼（Lehmann）提出的“品牌价值链模型”（见图 3-11），品牌价值创造过程开始于营销活动，企业任何潜在的能够归结到品牌价值发展的营销活动投资都应归入这个类别。例如，产品研发、设计、交易和营销沟通等。

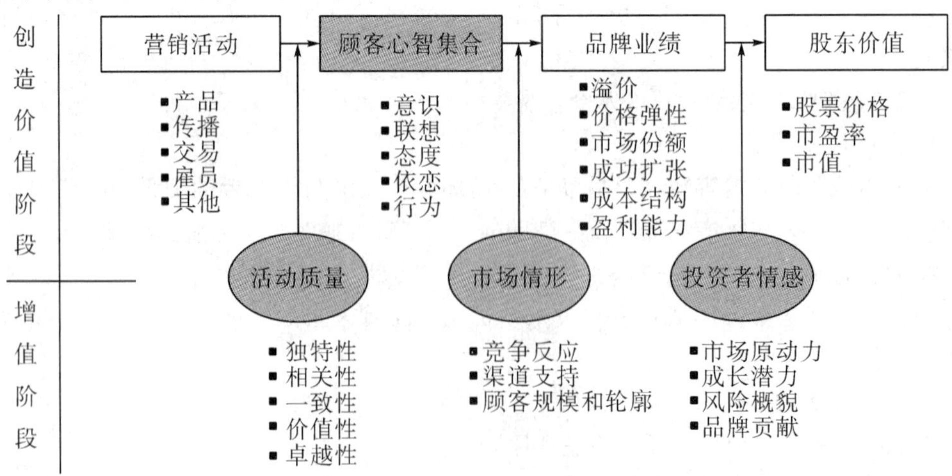

图 3-11　品牌价值链模型

根据品牌价值链模型，品牌价值的产生始于公司的营销活动（第一模块），它影响顾客心智（第二模块），转而影响产品市场上的品牌业绩（第三模块），最终被金融市场确定价值（第四模块）。

同时，我们认为品牌营销的目的是为了拉近企业和消费者之间的距离，使其产生购买行为。企业和消费者之间主要存在着以下距离：

（1）头脑距离：消费者对品牌的认知距离，对应的关键指标是品牌知名度。

（2）心理距离：消费者对品牌的偏好距离，对应的关键指标是品牌美誉度（知觉品质、品牌联想）。

（3）物理距离：消费者对购买品牌的行为距离，对应的关键指标是品牌忠诚度。

以上 3 个距离同时也对应了品牌经营发展的不同阶段，不同阶段要求品牌具备不同的经营能力。

品牌绩效的管理就是要明确品牌现在所处的阶段及其相应的表现，进而发现品牌发展存在的问题，并实施适合的改进措施，从而对品牌在各个阶段的经营进行有效的管理。在这里，我们结合互联网营销时代的 AISAS 消费行为模型，开发了一个品牌诊断工具（见图 3-12），使其能对一个品牌的发展进行科学的诊断评估。

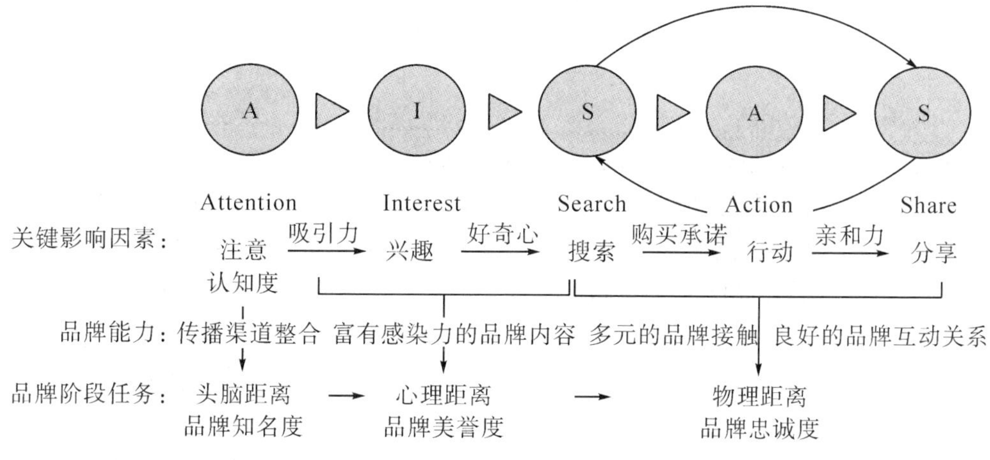

图 3-12　互联网营销时代品牌诊断工具

我们认为，影响“AISAS”各阶段发展的关键因素依次为：对品牌的认知度及品牌的吸引力、好奇心和购买承诺、亲和力。各阶段品牌所要具备的能力为：传播渠道整合、富有感染力的品牌内容、多元的品牌接触、良好的品牌互动关系。各阶段品牌的任务为：拉近“头脑距离”、拉近“心理距离”、拉近“物理距离”。据此，我们形成了一张品牌各阶段问题诊断表（见表 3-1），以表达我们对品牌发展各阶段进行有效管理的看法。

表 3-1　品牌各阶段问题诊断表

品牌所处阶段	主要问题	问题原因	品牌任务
A	没有消费者关注	对品牌的认知度不够	拉近“头脑距离”

表3-1（续）

A-I	有关注，没有形成兴趣	品牌的吸引力不足	拉近“心理距离”
I-S	有兴趣，没有形成搜索	对品牌的好奇心不足	
S-A	有搜索，没有形成购买	品牌的购买承诺不足	拉近“物理距离”
A-S	有购买，没有形成分享	品牌的亲和力不足	
解决方法			
提升品牌认知度	传播渠道整合：快速提升品牌知名度		
打造品牌吸引力	经营品牌的人文精神：有物质吸引力、有智慧力、有社交能力、有热情、有个性魅力、有道德规范		
激发顾客好奇心	具有感染力的内容营销：社交货币概念、激发生活情景、引起情绪共鸣、具有公共应用性、产生实用价值 引起消费者好奇心的技巧：①“新奇特”事物的信息组合；②唤起消费者内心的期待和幻想；③走心文案，“战胜自己”（希望自己变得更好）与“战胜别人”（希望自己比别人更好）		
实现购买承诺	通过多元渠道的设计，产生品牌和消费者的多元接触机会：①描绘消费者和我们品牌接触过程所有可能的路径；②找到消费者做购买决策的关键触点和关键渠道；③增加和改善触点和渠道的消费者购买体验		
培养品牌亲和力	构建与消费者长期共存的品牌：①增加品牌和消费者之间的互动内容质量；②增强售后服务体验；③让消费者得到心理上的满足		

1. 提升品牌认知度

这是一个新品牌发展的第一个跨越，对品牌营销而言也是最难的一步，这个阶段要求品牌所要具备的能力是整合多元化的传播渠道，即企业要根据目标客群的特点，选择正确的传播渠道组合进行传播投放，使品牌有效地触达足够多的受众，在其头脑内建立对品牌的认知，快速提升品牌知名度。

2. 打造品牌吸引力

富有吸引力的品牌不仅体现在特定商品身上的实用价值，同时也是社会的精神财富，能够满足人们的精神需要的附加价值。品牌所包含的人文精神，对大众的思想意识、生活方式、社会观念、文化习俗等起着潜移默化的作用，同时也是产生品牌吸引力的源泉。品牌经营人文精神有六个原则：物质吸引力、智慧、社交能力、热情、个性魅力、道德规范。

（1）有物质吸引力。

品牌经营要彰显品牌本身的物质吸引力如 MTV 动态 logo 的结合，通过在 logo 中加入“建筑艺术”的概念，体现品牌与现代元素的结合，创造了消费者对 MTV 品牌自然青睐的动力，从而形成 MTV 品牌的物质吸引力。

（2）智慧。

品牌经营要彰显品牌是有智慧的。例如，特斯拉汽车为了彰显其在电动汽车分析以及自动驾驶技术方面的卓越科技能力，将其车门开启的方式设计成一只飞翔的老鹰，以体现其智能的表现。特斯拉在品牌外貌部分形成它智慧的力量，获得了年轻人的喜爱。

（3）社交能力。

品牌经营要彰显品牌和消费者互动中的社交处理能力。例如，滴滴出行平台和爱彼迎房屋租赁网站，都能与消费者频频展开双向的对话，以做朋友的心态维持消费者与品牌之间的“朋友关系”，从而让消费者愿意在其平台进行多元的沟通，进而产生与品牌的良性互动和一些好的沟通文化，这形成了品牌独有的社交特质，增强了客户粘性。

（4）热情。

一个有热情的人，能对别人产生巨大的感染力。品牌经营要彰显品牌热情的精神，让消费者追随品牌，参与品牌倡议的活动，形成他本身的一种生活方式。例如，多芬为了告诉女性要多爱自己，举办了很多倡导女性关爱自己的活动，激发了女性的自信心，让众多女性觉得“我自己是这么的美丽”，创造了大量的女性愿意使用多芬的系列清洁用品的营销效果。

（5）个性魅力。

有魅力可以形成大众的跟随。塑造品牌的个性魅力，会形成消费者与品牌更紧密的接触和互动，会让消费者跟随。最典型的例子就是国外的哈雷机车迷通过使用具有哈雷品牌元素的皮衣、钥匙等象征物，来彰显其哈雷机车迷的个性，成为哈雷机车品牌的忠实跟随者。另外，国内近年来兴起的汉服热、二次元浪潮等也属于此现象。

（6）道德规范。

一个世界级的品牌能够经营百年，靠的是其有道德的规范标准。当今时代，经济高速发展，品牌经营必须拒绝坑蒙拐骗，只有具备良好的道德规范，才能够受人尊重。如国内的华为能够成为世界级品牌，任正非先生所展现的个人道德意识和他为企业树立的道德规范，便是其成功的关键原因。

3. 激发顾客好奇心

现在的社会已经过了“硬广营销”的时代，消费者已经由“被动接受”信息转变到“主动搜寻”品牌信息。品牌经营需要创造更多具有感染力的内容，通过内容营销让消费者从一个品牌维护者的角色，转变成一个品牌故事说书人的角色。具有感染力的内容应符合 5 个原则：社交货币概念、激发生活情景、引起情绪共鸣、具有公共应用性、产生实用价值。

在消费者无法接受过量信息时，我们要设计出有趣、体贴、有效的内容，与消费者产生心里对话。下面介绍 3 个能够引起消费者好奇心的技巧：

（1）尽量找到消费者不知道的一些“新奇特”事物的信息组合，来创造消费者内心的疑问。

（2）唤起消费者内心的期待和幻想，以引发讨论的方式，激发消费者心中的推测和自我推敲。

（3）应用走心文案，满足“自我实现”需求。走心文案的两种表达方式：一是激发消费者能够战胜自己的正能量（希望自己变得更好），二是诱发如何能够战胜别人的那颗高昂的心（希望自己比别人更好）。

4. 实现购买承诺

多元的接触形成消费者对品牌的感知，更多元的接触点会让消费者会形成对品牌的信心。做好购买承诺，就是要通过多元渠道（线上线下）的设计，使品牌能够和消费者产生多元的接触机会，让多渠道的营销实现品牌对消费者内心承诺力量的提升。

例如，一些消费者先是上网搜寻，找到所有汽车的一些性能和数据，从线上取得信息，再到线下的体验店去看车子、试驾性能。另一些消费者，则是从网上看到广告，从广告了解信息，再到线下来进行购买。所以，不同的消费者产生了不同接触，我们要研究并找到哪些接触点是形成消费者最终做交易决策的关键触点，这个研究过程分为三个步骤。

第一步：描绘消费者和品牌接触过程的所有可能路径。消费者接触渠道的过程，基本上有两种路径：第一种叫交流的渠道，第二种叫销售交易渠道。我们要了解消费者在搜寻阶段，他希望取得信息交流的渠道是什么，而在交易的过程中，他是在线上交易，还是在线下交易。我们要研究清楚消费者在线上线下接触渠道里的行为习惯究竟是怎样的。

第二步：找到消费者做购买决策的关键触点和关键渠道。

第三步：一方面，检查品牌已经拥有的触点和渠道，和消费者的关键决策是否无缝结合，并快速补足那些有缺失的触点和渠道；另一方面，我们可能有完善的触点和渠道，但消费者的体验感受并不好，所以我们要进行整合改善，使我们整个多元渠道的布置能够满足消费者对品牌体验的期待。

5. 培养品牌亲和力

要触发消费者的分享行为，方法之一是增加品牌和消费者之间的互动内容质量。它一般有以下三种互动的形式：

（1）通过自行开发的 App 或异业合作 App 来改善用户的体验。企业自行开发 App 时，一定要是高频使用环境，如果我们的 App 是低频使用环境时，可以寻求异业合作，即将低频的部分跟异业的高频结合起来，共同发展品牌的 App。

（2）系统建构社会化的移动端 CRA 来管理顾客关系。

（3）通过游戏化的方式，能够增加消费者的亲和力。因为作为互联网原住民，不管是学生还是上班族，都希望能够通过游戏舒缓学业或工作带来的压力。

触发消费者的分享行为，方法之二是增强售后服务体验。品牌整个售后服务系统的设计，要让消费者感到“超预期”，其中最关键的核心就是“时效”，如果我们能够实现快速的反馈，消费者一般都会产生正面的反响。例如，海底捞为客户提供的各种极致服务，有效地提高了客户的忠诚度，获得了消费者的长期跟随。

同时，要触发消费者的分享行为，还要让消费者得到心理上的满足。首先，消费者希望得到家人、朋友、同事的好评；其次，消费者希望使用这个品牌时，能够使自己看起来比别人优秀、时尚和睿智；最后，消费者还希望使用的这个品牌具有一定的社会标签，能够彰显自己的身份和社会地位。

所以，我们可以整合前面所说到的亲和力的方案，通过游戏化的设计来拉近品牌和消费者之间的亲和力：

（1）设计多元性的游戏或服务活动，避免单调的感觉。

（2）设计限定时间的品牌营销活动，让消费者产生紧迫感。

（3）增加用户的控制力或参与度，让消费者能够主动选择。

（4）增加或降低消费者参与门槛，吸引更多消费者的加入和留存。

（5）设计激励诱因，让消费者感觉不会有损失，消除心理上的厌恶。

所有这些互动的操作，旨在让消费者认为我们这个品牌是一个可以长期与其共存的品牌。

（二）品牌发展修正

1. 品牌阶段盘点，对症下药

品牌诊断的目的是要让我们清楚地看到品牌和消费者之间存在着的“距离”，到底是头脑的距离、心理的距离还是物理的距离，避免类似“头脑的病，用了心理的药来治疗”的错误。通过 AISAS 模型来分析，准确找到品牌到底处在哪个阶段，以便选用正确的方法进行品牌管理的调整。

2. 品牌识别修正与品牌重塑

当我们检查到诸如：品牌识别缺乏现代感、新增加的品牌特性和原品牌形象有冲突或者新的目标市场不认可原品牌识别、需要与其他品牌联合开辟新市场等情况发生时，不可避免地要对原有品牌识别系统进行改变或重塑，通常可分为三个层次进行：

（1）辅助改变，主要是品牌标志、品牌口号等外在因素的改变。

（2）中度改变，主要是对现有品牌进行重新定位，重新建立品牌形象。

（3）完全改变，包括品牌名称、品牌价值、品牌形象全部发生改变。

其中，品牌名称改变属于品牌重建中最有颠覆性的做法，因此要慎重考虑老品牌在消费者心目中的地位和形象，重建过程中尽量不要破坏品牌的传承性和一致性。相对于品牌名称和品牌标志的改变，品牌口号的改变风险相对较小，但要注意品牌口号是品牌核心价值的表达，要与品牌重新定位的内涵保持一致。

【小知识】3-4　AISAS 模型评估指标：购买行为率 PAR 与品牌推荐率 BAR

传统的 AIDMA 模式（attention，interest，desire，memory，action），消费者由注意商品，产生兴趣，产生购买愿望，留下记忆，做出购买行动，在行动之后所有的行为随即结束，整个过程都可以由传统营销手段控制。其中，重要的衡量指标是 PAR（购买行为率）。

PAR = 行为人数（购买行为）/ 意识人数（认识品牌的人）

基于网络时代市场特征而重构的 AISAS（attention，interest，search，action，share）模式，则将消费者在注意商品并产生兴趣之后的信息搜集，以及产生购买行动之后的信息分享，作为两个重要环节来考量。这两个环节都离不开消费者对互联网的应用，“SAS 循环”（与传统的 AIDMA 模式最大的不同之处）的出现，导致了口碑宣传与客户裂变在 AISAS 模式下，变得更加容易实现，客户参与变得更加重要。因此，其中的衡量指标除了包含 PAR，还增加了 BAR，而且因为 SAS 循环的作用，BAR 显得更为重要。

BAR = 倡导者人数（自愿推荐的人）/ 意识人数（认识品牌的人）

这两个指标评估了公司将品牌知名度“转化”为购买产品的能力，以及将品牌知名度“转换”为品牌推荐的程度。

举例：如市场上有 100 个人，有 90 人知道某品牌，有 18 个人购买了该品牌，其中有 9 人是主动推荐，则：PAR = 18/90 = 20%，BAR = 9/90 = 10%。

通过分解从识别到购买，我们可以找出瓶颈所在。如果知道这一点，则可以进行必要的干预。如果认识品牌的人数很少，那么“吸引力”或“好奇心”是不够的；如果购买行为率低，表明“承诺”不足；如品牌推荐率低，则品牌缺乏“亲和感”，与促销行动无关。

第二节 品牌发展战略规划

一、品牌系统

现代社会随着生活方式和科技的不断演变，消费需求变得越来越多元化。单一产品往往不能满足市场竞争的持续波动。企业一般会采取多产品策略，向市场推出不同配置的产品系列，希望能以此覆盖各个细分市场（同一品类上中下端或其他产品类别的顾客）。当企业想要更好地满足特定顾客的期望时，会在可行的经济条件下始终如一。要想持续不断地为顾客提供理想的属性组合，企业就需要在不同的领域和产品上凸显差异化并留下它们的印记。从这个意义上讲，品牌是市场细分和产品差异化战略的直接结果，其首要作用是为产品注入意义和价值。品牌需要根据企业目标进行自我定位，为目标市场（通常是多目标市场）提供明确的独特价值。通过改造品类的方式赋予产品独有的身份，以帮助企业实现潜在购买者的数量最大化。

正如让-诺埃尔·卡普费雷尔所说：“将一个品牌的产品统一起来的不是它们的型号或相同的外部标志，而是这些产品所体现的共同的精神、愿景和理想。”品牌好比一个“金字塔”结构的品牌系统（见图 3-13）：

（1）顶端是品牌的愿景和宗旨以及品牌独特的价值。

（2）接下来一层代表品牌沟通的总体风格，品牌个性和风格更多地从存在和沟通的方式中体现，它们应该明确反映品牌的独特个性。

（3）再下一层是品牌的战略形象特征，它们体现了总体愿景，并通过品牌的产品、沟通和行为以具体化。

（4）最底部的产品层由各细分市场的每个型号定位构成。

（5）品牌形成的两条途径：

①品牌感知（顾客视角）：消费者是自下而上看待这个金字塔的，他们从真实、有形的东西开始。金字塔的基座越大，顾客就越怀疑这些不同的汽车是否源于相同的汽车概念。它们是否承载了相同的品牌价值，是否有相同的汽车项目的标记。

②品牌管理（企业视角）：品牌管理要从顶端开始，定义汽车的品牌设计方式，以便准确地确定一辆汽车何时值得用这个品牌的名称或是何时不再值得，以确定新的汽车产品是否应该使用这个品牌的名称。

（6）在“金字塔”的六个层次中，越往高越有一致性，越往下越有差异性。

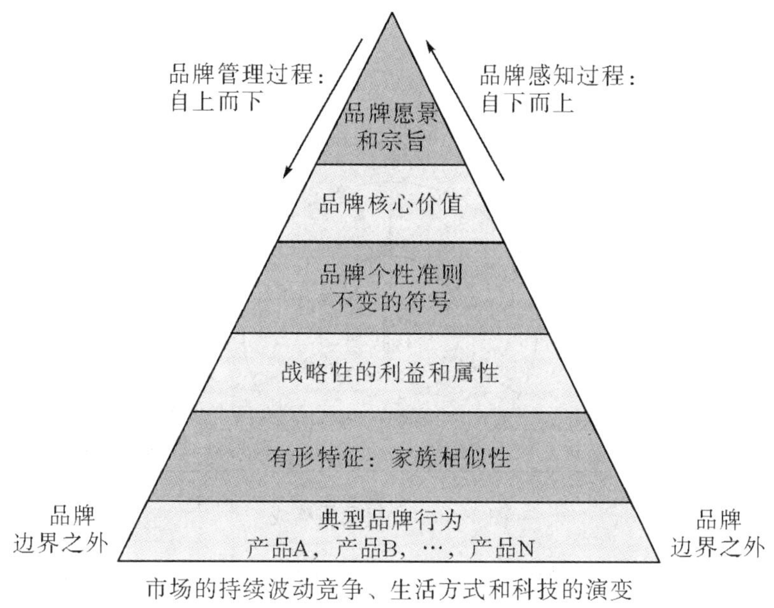

图 3-13　品牌系统

二、品牌愿景

德鲁克说过："企业其实是社会的器官。企业的存在并不因为它自身的存在而存在，更多的是去解决社会某一个特定的问题，提供某类服务给社会。这才是企业存在的价值。"

因此，企业的本质是为社会解决问题，企业战略不是企业的战略，而是企业为承担某一社会责任、解决某一社会问题，而为社会制定的战略。企业的产品和服务，就是组成该社会问题有效的、全面的、可持续的解决方案，它们源于一个好的设计理念，这个理念形成了企业的理想和其与众不同之处。

品牌的愿景就是企业的理想，可以凸显品牌在社会上的意义。品牌愿景描绘了"我们的品牌要创造什么"的美好蓝图。它可以使企业全体成员形成一种强烈信念，产生强大的驱动力，从而激发出员工的勇气和能量，成为品牌凝聚力、动力和创造力的源泉，并激励全员为了共同的使命、更远大的战略目标而奋斗，从而推动品牌不断发展前进。

海尔公司在塑造共同愿景时，曾提出"个人生涯计划与海尔事业规划的统一"。马云在创立阿里巴巴伊始就喊出"让天下没有难做的生意"。小米从开始就说出"让每个人都能享受科技的乐趣"。正是这些将客户或社会的理想状态树立为公司愿景，以最大范围分享收益和成长，才能使员工们众志成城，共同为之奋斗。

关于品牌愿景的理论研究，最早出于英国伯明翰大学品牌营销教授莱斯利·德·彻纳东尼。彻纳东尼把品牌愿景的构成分为三个部分：①未来环境；②品牌使命；③品牌价值观。在广泛的品牌实践中，品牌愿景的研究得到了进一步丰富和完善。一般认为，有效的品牌愿景包含四个要素：品牌整体目标描述、品牌目标、品牌角色、品牌优势（见图 3-14）。

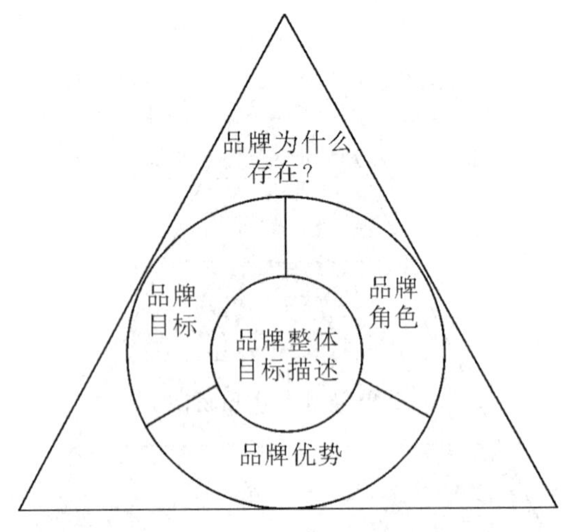

图 3-14 品牌愿景构成

（1）品牌愿景。要确定品牌的意义，意义是创造的原动力，是决定人心走向的灯塔。意义即是价值所在，品牌意义就是要从时间维度长远的去思考“品牌为什么而存在”，关键是要确立品牌的核心价值，给顾客提供一个独特的购买理由，并力争通过有效的传播与沟通让顾客知晓，形成明确、清晰的品牌承诺和形象，进而建立起长久的客户关系（认同、喜欢乃至爱上这个品牌）。

（2）品牌目标。要确立品牌覆盖的市场是单一市场，还是会往多元化市场发展。

（3）品牌角色。要明确品牌的市场地位：战略品牌、价值品牌还是战术（防御）品牌。

（4）品牌优势。要明确品牌独有的差异化价值。

总之，品牌愿景要求企业和品牌的经营者必须权衡品牌所承担的社会责任，增加品牌对社会的使命，能够明确告知企业的消费者、股东、员工和社会公众，品牌为什么存在？品牌从哪里来要到哪里去？企业的品牌今天代表什么？明天是什么？

同时，品牌愿景指明了品牌的发展方向，这也是建立品牌资产的战略起点。合适的愿景为品牌发展的边界与潜力提供了清晰的指导，有助于企业实现利润增长目标和长期战略目标。品牌愿景的制定应遵守以下三个原则：

（1）品牌愿景必须和企业战略与企业愿景完全结合，从而驱使高层管理者在长期发展战略方面（对于品牌价值、收入和利润的期望）达成共识，避免片面的考虑将资金仅用于业绩增长。

（2）品牌愿景要明确产品服务的方向。指引企业对市场和消费者的深入调查，时刻把握市场和消费者需求的变化，根据变化迅速调整产品和服务，以满足消费者未被满足的需求。从而帮助企业了解品牌的拓展范围，确定将来可以提供什么样的新产品或服务。

（3）品牌愿景应向所有品牌利益相关者清楚地传达企业创建品牌的最终目标、企业发展的方向，以及在实现目标的过程中品牌所起到的作用等。

三、品牌战略规划

让-诺埃尔·卡普费雷尔说过："战略的目的是为公司建立持续性竞争优势，品牌则是非常少数的实现方式之一。"品牌战略规划的本质是塑造出企业的核心专长，赢取客户心智。它从一个持续一致的愿景开始，把品牌和业务有机地整合起来，将一个品牌战略目标分解到各个具体的操作步骤之中，目的是为企业建立具有持续性竞争优势的品牌资产。笔者认为，品牌战略规划可通过品牌策略选择、品牌定位框架设计、品牌识别系统创建三个步骤来进行。

（一）品牌策略选择

任何一种品牌战略都有其优劣和劣势，简单地罗列优势与劣势并不能为特定市场中的企业提供决策方案。品牌战略的选择并不是简单的形式性工作，而是一种提升产品品类的独特性与建立长期品牌资产的战略性决策。它包括三个重要因素：产品或服务、消费者行为以及公司竞争地位。品牌战略反映的是一个公司在一种情境下所选择的战略，除了关乎审美，更与品牌管理工作效率息息相关。

1. 企业战略梳理

企业战略的核心是选择合适的客户，并决定提供何种产品和服务。一般而言，企业会在产品市场范围的选择上形成两种企业战略业务模式——单一市场和多元化市场，以建立自己的竞争优势，由此对应地形成了企业品牌发展的两个方向——"强品牌"与"大市场"。

（1）"强品牌"品牌发展方向

"强品牌"品牌发展方向是指企业采用多品牌战略，聚焦于一个特定的单一市场开展业务，即不同产品使用不同品牌名称，以保证在该市场上获得极高的份额。如宝洁公司在市场上同时推出飘柔、沙宣、海飞丝、潘婷4种洗发水产品品牌，每个品牌的市场也许不大，但因为每个品牌都被赋予了独特的核心价值（飘柔—柔顺、沙宣—护发、海飞丝—去屑、潘婷—营养），品牌力都得到了强化，成功地占领了相关细分市场。4个品牌的市场份额加起来，提高了宝洁公司的市场覆盖率，从而占领了国内洗发水市场的半壁江山。

（2）"大市场"品牌发展方向

"大市场"品牌发展方向是指企业采用单一品牌战略，以同一个品牌名称发展不相关的多元化业务，即不同产品使用同一品牌名称，以求做大企业市场，并获得较高的市场销售收入。如小米公司在手机、电脑、家用电器、服装、日用品甚至金融产品等多个市场领域，统一使用"小米"品牌，创造了很高的市场收入。

2. 品牌运营方式决策

根据企业品牌发展的两大方向可以发展出五种品牌运营方式：产品线延伸，即以现有品牌名称将新的产品型号、式样增加到现有产品类别中；品牌延伸，即将现有品牌名称延伸到新的产品类别中；多品牌，即同一种产品类别采用多个品牌名称；新品牌，即为某一新增产品类别设立一个新的品牌名称；联合品牌，即使用两个品牌或更多品牌名称（如图3-15所示）。

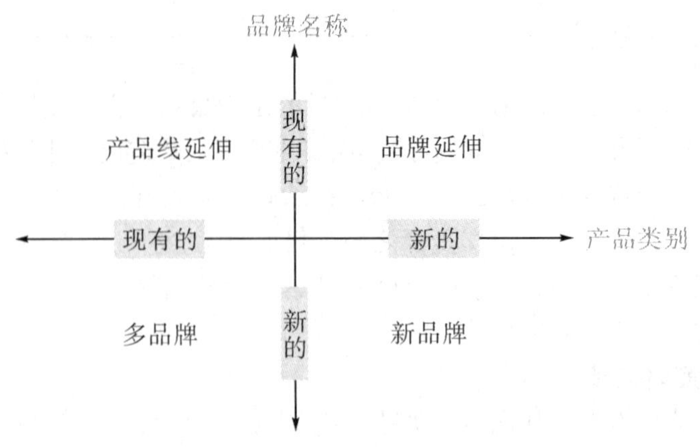

图 3-15 五种品牌运营方式

（1）产品线延伸

产品线延伸是指公司在现有产品类别中增加新的产品项目（如新口味、新色彩、新配方、新包装等），并以同样的品牌名称推出。新产品开发活动绝大多数属于产品线延伸，其目的是满足消费者多元的需要以及抵御竞争者，或是占据更多的货架空间。但产品线延伸也涉及多种风险。比如，虽然销售增加了，但这种增加是以企业其他产品项目销量下降为代价，实际上并没有给企业带来真正的效益。因此，成功的产品线延伸应是通过抵制竞争者产品的销售活动来达到本企业产品销售的增长，而不是本企业产品的自相消长。

（2）品牌延伸

品牌延伸是指以品牌名称推出新类别的产品。比如，海尔在推出冰箱、空调、洗衣机等取得成功后，又相继把品牌延伸到吸尘器、洗碗机、电熨斗、干燥机、电脑、电视机等上。品牌延伸的优势是明显的，它可以使新产品迅速得到市场的认可。

（3）多品牌

公司经常在同一产品类别中增设多种品牌。这种策略存在多种动机：有时公司把它当作一种针对不同购买动机、确立不同特色或诉求的有效方法；有时为了保护自己的主要品牌而设立若干侧翼品牌。例如，精工手表就为不同价格手表确立了不同的品牌，高档价位品牌是“拉塞尔”，中档价位品牌是“精工”，低档价位品牌是“琶莎”和“洛斯”。

（4）新品牌

当公司推出新的产品类别时，可能发现现有品牌名称都不能用于新产品，或是对新产品来说有更好、更恰当的品牌名称。例如，春兰集团以生产空调闻名，当它决定开发摩托车时，采用“春兰”这个女性化的名称就不太适合，于是公司拟了新的品牌“春兰豹”。养生堂从原来的保健品延伸到饮用水生产时，使用了更好的“农夫山泉”品牌。

（5）联合品牌

联合品牌是指在产品上联合使用两个或更多的著名品牌，每个品牌的使用者都希望另一个品牌名称能够加强品牌表现或购买意图。如农夫山泉与故宫文化服务中心推出限量版“故宫瓶”，瓶身上主要以康熙、雍正、乾隆的帝王卡通画像和妃嫔画像为背景，国潮风十足。又如，大白兔携手歌帝梵在上海 GODIVA×大白兔快闪店推出全新大白兔冰品系列，这一大胆创新的做法，与消费者对其老字号品牌的刻板印象对照，形成了极大的反差，从而引发人们热议和关注，取得了显著的市场成效。

3. 品牌发展管理决策

（1）品牌使用者决策

这是品牌的属性问题，即根据目标市场进入的难易程度，企业是选择制造商品牌还是经销商品牌、是自创品牌还是加盟品牌。不同的品牌经营策略，预示着企业不同的发展道路与命运，如宜家是产供销一体化，麦当劳是特许加盟。不同类别的品牌，在不同行业与企业所处的不同发展阶段有其特定的适应性。

（2）品牌模式决策

企业选择什么模式进入目标市场，是选择综合性的单一品牌还是多元化的多品牌，是联合品牌还是主副品牌，品牌模式虽无好与坏之分，但却有一定的行业适用性与时间性。如华为在进入平价智能手机市场时，没有继续使用“华为”品牌，而是另立一个完全崭新的独立品牌“荣耀”，这样做的目的是为了避免平价智能手机给华为手机带来低档次的印象，而维护其与苹果手机相媲美的高端手机品牌形象。

综上，品牌策略选择就是要通过梳理企业战略确定多个品牌与多类产品与服务之间纵横交错的关系问题，即“产品组合——一个产品类别中需要使用多少个品牌”和“品牌组合——一个品牌可以使用在多少产品类别上”。这是我们创立品牌之前需要确定的问题，它需要因地制宜，根据企业当下的条件、资源与机会来做出决策。在实际操作中，一般会通过利润指标来判断企业“产品组合”和“品牌组合”的设计是否合理。对“产品组合”来讲，如果可以通过增加产品线项目来增加利润，该产品线就过短。反之，如果可以通过削减产品线项目来增加利润，该产品线就过长。对“品牌组合”来讲，如果可以通过增加品牌数目来增加利润，该品牌组合就过小。反之，如果可以通过削减品牌数目来增加利润，该品牌组合就过大。

（二）品牌定位框架设计

品牌是消费者对产品一切感受总和的抽象，它是一个以消费者为中心的概念，没有消费者就没有品牌。品牌定位的目的就是要创建强势品牌，首先，让目标消费者清楚地知道，你的品牌代表什么，当消费者产生某种需求时，你的品牌能够率先进入到他的意识当中。其次，让目标消费者更清楚地知道，你的品牌为什么值得选择，和竞争对手相比，你的品牌又有什么样独特的优势。最后，品牌定位必须建立在品牌自身独特优势的基础之上。简而言之，品牌定位的实质就是要确定品牌给顾客带来的差异化价值，赋予品牌独有的内涵。品牌定位通常涉及以下 4 个方面的内容：

1. 确定品类身份

品牌竞争的实质是品类之争。品牌是品类的代表，消费者用品类来思考，用品牌来表达。比如，在运动后口渴的这个场景下，我们要买水喝，一般来说购买决策是首先考虑购买矿泉水还是碳酸饮料或是功能性饮料，这里的矿泉水、碳酸饮料以及功能性饮料，都是饮用水的一个品类。在购买之前，我们首先想到的是购买某一特类的品类，其次才是具体的品牌。比如，矿泉水有农夫山泉、百岁山，等等；碳酸饮料有可乐、雪碧，等等；功能性饮料有脉动、红牛、佳得乐，等等。

因此，从营销策略聚焦细分市场的角度来说，品牌定位首先要考虑的是：品牌有无可能成为某个细分品类的代表或者是开创一个全新的品类。最好的定位就是让品牌和品类画等号，我们要努力让品牌成为某个品类的第一或者唯一或者唯二。如青花郎的品牌定位是中国两大酱香白酒之一，就使其获得了较高知名度的品类身份。

品类定位又分为两种——品类创新和品类分化。

（1）品类创新

品类创新是非常难的，因为要改变消费者的既有认知是非常难的。所以，新品类的定位最重要的就是要与消费者的既有认知吻合。同时，新品类还要具备独特的差异化优势，近年来跨界组合的创新品类模式兴起，代表品牌之一就是胡桃里音乐餐厅，胡桃里打破了行业边界，融合了餐饮、音乐、酒馆的功能，创造了音乐酒馆的新品类。顾客进入胡桃里不仅是为了餐饮，更多的是为了符合年轻人生活习惯的沉浸式体验，这种跨界式的品类组合，是基于其文化集团自身音乐方面的资源优势与餐饮业态相结合，两者跨界形成了资源互补，从而让差异类的品类优势更加明显。

（2）品类分化

品类分化就是随着社会经济的发展，各行各业都会诞生很多的细分品类，为打造品牌提供了无穷的机会，每个概念都为创新品类建立了基础。就如上面提到的饮料行业，分化出不含脂肪、健康有机、低碳、低糖、无醇等产品概念，朝着各种不同的方向前进。所以每个细分品类都有机会诞生强势品牌，如元气森林开创的无糖气泡水就典型代表。

2. 选择差异点

一个品牌只有塑造自身独有的差异点，才能给消费者提供一个可信的理由来选择。差异点是消费者与品牌相关联的属性和利益，消费者对这些属性和利益具有积极、正面的联想和评价，并且相信竞争者品牌无法达到相同的程度。决定品牌的属性或利益是否可以作为差异点，要考虑三个重要因素，即品牌联想必须具有吸引力、可传达和差异化。

（1）吸引力标准

从消费者的角度来考虑，品牌具有差异点是远远不够，重要的是这种差异必须是目标消费者所在意的。

（2）可传达性标准

品牌联想属性或利益的可传达性基于企业自身的内在能力，同时取决于公司生产产品或提供服务（可行性）的实际能力，以及说服消费者企业具有该能力的效果（沟通性）。

可行性：是指产品利益点或信服点的独特属性。

沟通性：关键要素在于消费者对品牌的感知以及相应的品牌联想。为了使消费者相信该品牌及其品牌联想，要求我们能拿出一些可信服的事实来作为沟通的支持。

（3）差异化标准

相较竞争者而言，我们必须能让目标消费者发现我们品牌差异点的与众不同。当进入已建立起众多品牌的品类时，我们面临的挑战是要能够找到可实现的、长期的差异点。

3. 识别共同点

共同点是指那些作为品类共有的属性、利益和联想，不为品牌所独有。它有三种基本形式：品类共同点、竞争性共同点和相关性共同点。

（1）品类共同点

品类共同点是指在某一特定产品大类中消费者认为任何一个合理的、可信任的产品所必须具有的属性、利益和联想。例如，所有银行都提供的储蓄、贷款、支票、自助取款机、保险箱等一系列服务。在推出新产品时，可以利用品类中的知名品牌来确定自己的品类成员身份。

（2）竞争性共同点

竞争性共同点是指用以抵消竞争对手差异点的属性、利益和联想。可以说，如果某一品牌能在其竞争对手企图建立优势的地方与之打个平手，而同时又能够在其他地方取得优势，那么该品牌就会处于一个稳固地位，同时也可能是不败的竞争地位。例如，浦发银行通过构建科技金融生态圈、开发无界开放银行、推出“数字人”合作计划三个项目，在以客户全领域需求为中心，搭建互动开放的场景化数字生态平台，从而为客户提供更优质的服务，使其在互联网金融环境大变革的背量下银行总资产、营业收入和存款总额都稳步上升。

（3）相关性共同点

消费者认为，如果品牌在某一方面突出，那么就不会在其他方面也表现良好。因此，构成品类共同点的许多属性或利益具有相反的关系。例如，品牌廉价的同时，就很难保证质量最优。但这里所谓的负面联想大多时候是相对的，有时它反而可以转换成新品类的正面联想，给品牌带来意想不到的效果。

4. 定义品牌价值主张（品牌口号）

品牌价值主张是品牌定位的文案表达，它能明确地反映出品牌带给顾客的核心价值，这个价值不是简单的实用价值或利益，还包括了品牌对社会、对人等的态度和观点，包括了品牌所要传递的精神内涵和追求。因此，品牌价值主张能持续不断地建立并维护本品牌和竞争品牌之间的差异化，并对品牌的品类延伸等发展具有关键的指导意义，它也可被称为品牌口号、箴言或品牌识别语。品牌价值主张主要有 3 种类型：以功能为主导的价值主张、以情感为主导的价值主张、以自我表达为主导的价值主张。

（1）以功能为主导的价值主张

功能主导的价值主张，就是为顾客提供有用的产品，描述产品或服务的性质，或者是品牌提供的体验和价值的形式，着重体现品牌的功能。比如，手机就是以功能主导的产品，它具有屏幕分辨高、运行速度快、内存高、符合人体工学等功能。

（2）以情感为主导的价值主张

情感主导的价值主张即品牌以何种方式向顾客提供情感利益。例如，可口可乐始终是以“欢乐”为其品牌核心价值，提出“节日‘倍’添欢乐”“每刻尽可乐，可口可乐”“开启快乐”“这感觉够爽”等广告语，迎合了人们要求快乐的心理，当“快乐”这个价值主张被认同，可口可乐公司就能将这一理念运用到消费者身边的每一个角落。

(3) 以自我表达为主导的价值主张

以自我表达为主导的价值主张，是品牌成为顾客表达个人主张或宣泄的方式。在现实中，每个人都扮演着多种角色，就像一个男人可能是丈夫、父亲、设计师、运动员，等等。对于每一个角色，这个人都会拥有相关的自我概念，也需要表达这种自我概念。而购买、使用品牌就是满足自我表达需要的一种方式。当一个品牌提供了自我表达的价值主张，品牌与顾客的黏度就大大提升。

实际上，一个好的品牌价值主张可以包含上述 3 个主题。比如，迪士尼的“有趣的家庭娱乐”有多层含义，可以拆解为“有趣的”——情感主张、“家庭”——自我表达、“娱乐”——品牌功能，它不仅清晰地描绘了品牌边界，同时也可以深度挖掘品牌价值主张的含义，在每个词语后面可以增加两三个词语，以进一步解释每个词语的含义，为品牌发展提供坚实的基础。

总之，品牌定位就是要确定本品牌在顾客印象中的最佳位置（相对于竞争对手在顾客印象中的位置），以实现公司潜在利益的最大化。

（三）创建品牌识别系统

品牌的创建是一个系统化的工程。品牌能否让消费者形成正确的企业认知，这是品牌创建的核心。发现价值、打磨价值、放大价值是创建品牌系统的意义。

其中，“发现价值”阶段的主要工作是战略聚焦，也是品牌定位的主要内容，关键是确立品牌的核心价值，给顾客提供一个独特的购买理由，并且在以后的十年、二十年，乃至上百年的品牌建设过程中，始终不渝地要坚持这个核心价值。“打磨价值”及“放大价值”则是品牌核心价值的外在表达，并力争通过有效的传播与沟通让顾客知晓，让品牌的每一次营销活动、每一分广告费都为品牌做加法，起到向消费者传达核心价值或提示消费者联想到核心价值的作用，它们对应的是品牌基因和品牌营销部分的设计工作，也是品牌识别系统的主要构成部分。

1. 品牌身份识别 DNA（品牌基因六要素系统）设计

“打磨价值”阶段即被称为品牌基因设计，是创建品牌身份的核心工作，也是品牌能够得以生生不息的基础。品牌身份是品牌存在的根本理由，它是企业渴望产生和维护的品牌形象。所有的品牌战略决策，都涉及品牌身份定义的问题，这是品牌管理和战略发展非常重要的先决条件。只有对品牌身份做出战略性决策，才能在市场上确立自己鲜明的身份。

品牌身份的建立要从企业的角度确定品牌行动和长远发展的基本准则与合理范畴。比如，哪些品牌联想要素是合适的，哪些产品或传播主题是合理的、哪些是不合理的。

品牌是差异价值的总和，其目的是在顾客心智中创造与众不同。品牌识别系统设计就是要在各个层面及要素上创新品牌差异，具体来说，就是要在组织（定义）、产品（定位）、人格（品牌性格）、符号（名号、符号、口号）四个维度实现品牌的差异化设计，创建出兼具价值内涵与外在形象的鲜明的品牌身份识别。

2. 信任层差异化设计

(1) 品类聚焦——产品差异

首先，无论是古代中国的兵书还是现代外国的商业书籍，都提到过“力要往一处发”，也就是聚焦。特劳特定位经典丛书，几乎每一本都在告诫企业家聚焦的重要性。

这是一个注意力严重稀缺的时代，也是“顾客就是上帝”的时代，在这个时代里，所有的品牌都在努力削尖自己的信息，在某个领域提高注意力，让品牌成为品类的代名词，让消费者能看到并且记住自己。

因此，品牌首先应该聚焦在某个品类上，告诉消费者，我是做什么的。任何在顾客心智中没有位置的品牌，都将从现实中消失。而抢占消费者心智的方法，就是确立一个有利的定位，这意味着要有选择性，集中于细分市场，一言以蔽之，就是聚焦。品类的聚焦，不止对于那些已经广为人知的品牌，对于面临着一片红海的初创品牌来说，只有占领一个小标签切入细分市场，才能提高辨识度，在消费者中留下记忆。

其次，品类聚焦是一个舍弃的过程。过去的品牌总是处于惯性，认为要成为第一就是要比现在的第一做得更好。正确的做法是，你必须舍弃掉很多消费者心智中已被占领的定位。当我们去饭店跟服务员说拿一瓶苹果醋时，服务员会默认给你送来“天地壹号”，当你说想买一台豆浆机，心里也会出现“九阳”这一品牌。它们都成为某个通用名称的代名词，当江山已经稳固，之后的每一次传播，就是对品牌形象的长期投资。

最后，要避免品牌延伸的雷区——什么都是，意味着什么都不是。当一个品牌成功后，总会产生“搭便车”的心理。如“霸王”已经成为洗发水存在于消费者脑海，那么它就不可能再是其他无关的品类。“霸王”可以是洗发水，可以是沐浴液、洗面奶等产品，因为它们可以保持一个鲜明的主题：中药世家。所以，“霸王”横贯日化线可以做品牌延伸，毕竟都是相同原理，但“霸王凉茶”却注定失败，因为谁愿意把用在头发上的东西吃进嘴里呢？2011 年，凉茶曾成为“霸王”的第二大主推业务，短短三年，该业务已处于入不敷出的状态，公司不得不停止凉茶业务。同样的情况出现在海尔的电脑以及格力的手机上，这些产品就像昙花一现，匆匆在市场上露了个脸就再也没有声息。因此，一旦造成消费者认知混乱，品牌价值会被稀释，其他品牌就会趁机而入，篡夺你的位置。

早年，美国的“派克”钢笔主打高端路线，是身份和体面的标志，许多高端商务人士都会随身带一支。但在 1982 年，派克品牌开始进军低端笔市场，试图抢占更大的市场，但却丧失了很大一部分高档笔的市场。原因在于“高档”是派克笔的品牌个性，延伸到低档市场，稀释了品牌的个性化联想，在这过程中，其竞争对手趁机侵入高档笔市场。

（2）价值观共鸣——组织差异

我们可以发现，现代人对群体的选择实际上比以前更为严谨，大家都更愿意与自己有共同观念的人在一起。于是无论是某博主的短视频或者爆款文章，都呈现一个共性，他们会让你感觉到“我也是这么想的”，这是他们得到关注的本质原因——制造价值观共鸣。

而这套理论，同样适用于品牌。品牌和人一样，消费者选择你，一部分因素是价值观的趋同所致。让人印象深刻的品牌都有鲜明的价值观，而它们也用这种价值观真诚的指引着消费者。

品牌的价值观是我们提炼品牌核心价值的源泉，它有两个主要的功能：①与消费者沟通，产生共鸣；②与企业员工沟通，推动企业的价值取向。那么，究竟如何建立品牌与消费者的价值观共鸣呢？

（3）将价值观渗入内部

在和消费者建立共鸣之前，或许应该先让内部认同企业的价值观。首先获得员工的共鸣，再通过他们传达给消费者。例如，星巴克原首席执行官霍华德·舒尔茨曾说过："星巴克营销并不仅仅是人们表面上看到的那样，内部营销的成本是相当高的，而这恰是我们成功的关键。"星巴克公司不断地给员工灌输这样的观念：我们不仅销售咖啡，更重要的是为消费者提供一个除了家和工作单位的第三空间，这个空间能够使消费者更好地享受人生。星巴克的员工不仅为顾客冲泡咖啡，还要成为顾客的朋友。通过持之以恒的教育和灌输，星巴克的员工从内心接受了品牌的核心理念，并以自己的工作为荣。因此，来星巴克消费的顾客不仅能够品味可口的咖啡，而且可以享受到热情的员工所提供的服务，大家在星巴克这个第三空间共同分享对咖啡和生活的热爱。

（4）与消费者"同频共振"

在建立了内部员工共鸣后，就可以开始对外展示自己的价值观。而与消费者建立价值观共鸣，应该做到以下五点：

①塑造能够感染消费者的价值观。小米让每个人享受科技的乐趣、摩拜向全国呼吁低碳环保、网易宣称要做有态度的门户网站，这些品牌都是将有价值的信息消化之后，融入了品牌。通过制造内容，传播手段，打开了自己品牌价值观的雷达，拥抱有相同价值观的目标受众，和他们"同频共振"。

②从感性诉求方面打动消费者。与注重功能动机的购买行为相比，建立于情感联系基础上的购买习惯很难被打破。一个触动消费者内心世界的情感诉求往往会给消费者留下深刻而长久的记忆，在消费者做出购买决策时激发出一种直觉，增强消费者的品牌忠诚度。"我喜欢"往往比"我需要"的吸引力更持久。

③塑造吸引消费者的品牌个性。有个性的品牌，犹如有个性的人一样，能够激发起消费者的情感，通过品牌的个性魅力来引起消费者的共鸣，并成为其表达相应感情的替代物。

物以类聚、人以群分。苹果公司追求完美，把每个地方都推敲到极致，即使包装箱，层高都是限定的，它的追随者也是完美主义的个性。

④ 增强消费者参与，加深消费者体验。当我们已经开始让品牌价值观、品牌的个性留在消费者心智中时，就应该开始不断地对这个印象进行深化。增强消费者参与、加深消费者体验无疑是很好的方式，在这个方面，耐克公司是当之无愧的先头军。无论是在西班牙马德里开展的夜光运动场，还是球鞋形状的全球首个 LED 屏跑道，耐克公司一直在传递洒脱、自由、挑战自我的体育精神，它制造了一场场体验式互动，将"Just do it"用最不可能的方式展现，让消费者在切身体验中增强对品牌的认可度和依赖性。

⑤建立品牌归属感。当人们对品牌产生了共鸣，就会成为其拥护者。当消费者对于能够产生情感共鸣的品牌，会对其在感情上有一种执着的追求，也会乐于与其他人谈论该品牌，并向他人积极推荐。

选择决定命运，而决定选择的是价值观，于是，真正决定一个品牌的是价值观。

3. 共鸣层差异化设计

（1）品牌人格体——人格差异

我们经常在网上听到一些品牌称谓，它们的品牌形象开始栩栩如生。这就是品牌需要人格体的原因，它是品牌文化内涵中的重要组成部分，而文化塑造一旦能被消费者所喜欢和欣赏，让消费者立体化感受品牌的温度，品牌就容易被消费者所接纳和选择，从而降低品牌传播的阻力，产生产品功能外的消费粘性。

可以说，有人格体的品牌，就是一个 IP，其人设与品牌调性是高度融合的。IP 自身的性格也能很好地融入品牌的基因，让消费者从接受一个品牌，到接受一个人，降低了品牌传播的阻力。

（2）从品牌自身出发

提到风格，很多人可能第一个想到的就是无印良品，这种具有反思性和回归性的品牌，强调了人与品牌之间的高度融合。无独有偶，在国内，有一个与无印良品气质相似的品牌，用带有禅意美学和工匠气质的“人格特质”吻合了时代的需求，它就是以“东方生活智慧”为核心价值的哲品。相比一味追求高奢品牌，有的消费者倾向于用一些“有思想”“有内涵”的品牌来武装自己，对哲品这类品牌一见钟情。其实，这正是品牌个性与自我个性的契合。因为他觉得完全符合自己的生活模式，而且能在这个品牌上发现不一样的价值，这就是品牌的风格。

（3）进行品牌拟人化

许多品牌正以拟人化的方式，悄悄渗入了我们的生活。你会发现，拟人化的品牌已经无处不在。过去复杂的广告传播和营销更多的是为了教育用户，品牌是高高在上的，而如今的品牌却越来越接地气，开始用年轻人喜欢的交流方式和新的品牌形象。

（4）让 CEO 为品牌代言

还有一些品牌，侧重在和品牌创始人进行深度捆绑。一方面，与明星相比，CEO 和品牌形象的关联度要高得多，而明星本身多品牌代言会引起代言效果的折扣；另一方面，由 CEO 代言也有利于降低企业的广告、传播成本。

如今，形成人们聚合的根本不是信息相同，而是气味相投。在这个注意力稀缺的时代，怎样能让消费者一眼锁定你，品牌人格体的打造，是商业模式打造的必然选择，也是用户需求的自然表达。

4. 识别层差异化设计

（1）品牌名称——符号差异之一

在营销竞争战略中，名字是消费者接收品牌的第一信息点，品牌命名是关键环节。同时，从结果看，做品牌就是要实现指名购买，只有达成指名购买，才能最大限度地降低消费者的交易成本和企业的营销成本。命名就是一个长期投资，一个好记的品牌名，自己会走路，会走很长的路。好名字的力量，直接降低了品牌的记忆成本、传播成本、使用成本和营销成本。比如，在二手车行业，“瓜子”和“优信”似乎投放的广告费无差，但是“瓜子”明显更占优势，因为名字更好记。

（2）超级符号——符号差异之二

我们可以这样理解，带着意义的品牌系统都能称为超级符号。这套符号要打包、要整合，在哪种场景、哪种品牌、哪种品类，合适用哪种组合方式，这个里面都有极强的专业性。

（3）品牌价值主张——符号差异之三

品牌价值主张是公司通过其产品和服务所能向消费者提供的价值。从广义的说，这个价值又不能是简单的实用价值或利益，还包括了品牌对社会、对人的态度和观点，包括了品牌所要传递的精神内涵和追求。

价值观是品牌价值产生的源泉。所有的企业行为都是围绕核心价值观进行发展的，任何事情的取舍都要以维护核心价值观为判断标准。关于如何定义品牌价值观前文已有详细阐述，这里就不再赘述。

至此，我们完整了解了品牌基因六要素系统的结构性组合：

①品类聚焦——功用，我是做什么的。

②价值观共鸣——意义，为什么要做。

③品牌人格体——情绪大脑的启动键（性格内在性格，风格外在人格）。

④品牌命名——心智联想启动键。

⑤超级符号——符号就是意义，符号是携带意义的感知。

⑥品牌价值主张——一句话说明白产品核心价值。

利用这个品牌底层设计的理论工具，能够为我们搭建一个科学的品牌本质认知框架，创建一个独特鲜明的品牌身份，使企业获得高效能品牌裂变成长的可能，进而深度解决企业盈利，以及持续盈利的终极命题。如图 3-16 所示向我们展示了宝马品牌身份识别系统。

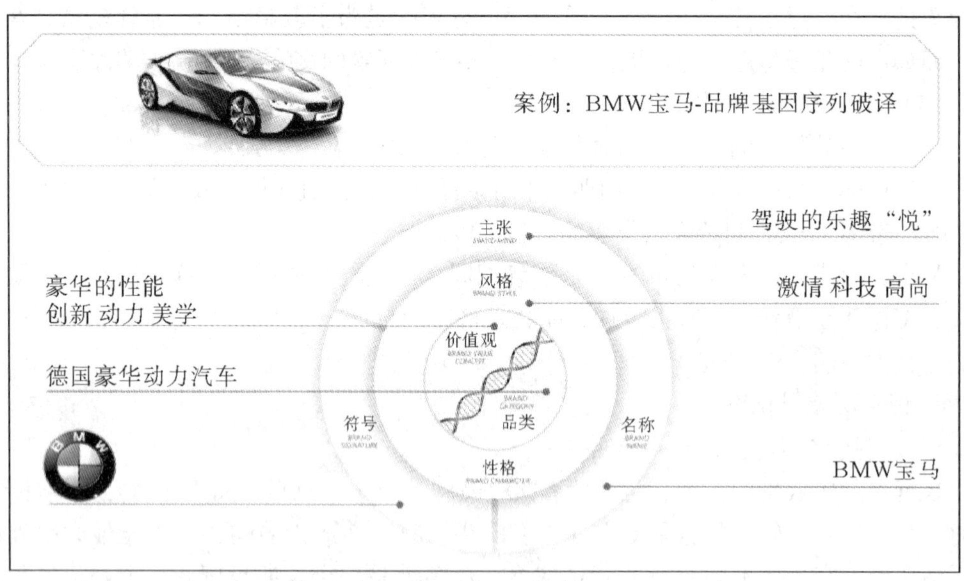

图 3-16　宝马品牌身份识别系统

第三节 品牌应用识别系统

品牌应用识别系统从品牌的理念识别（MI）、行为识别（BI）与符号识别（VI）三个方面规范了品牌的思想、行为、外表等内外涵义，其中包括以品牌的核心价值为中心的核心识别和以品牌承诺、品牌个性等元素组成的基本识别。

在同质化高度发展的今天，品牌的核心价值就如同独特性是人生命力个体标识一样，成为品牌差异化的关键，而差异性就是竞争力。一个成功品牌的核心价值与人体内的基因十分相似，代表其中心的要素。一个品牌是否拥有核心价值，是企业品牌经营成功与否的重要标志。

一、品牌核心价值的概念

按照凯文·凯勒的定义，品牌核心价值是一套属性和利益的抽象联想。品牌在消费者心目中代表着某种特定的身份意义，这种意义维系着消费者与品牌之间的关系，而品牌资产就产生于这种关系之中。

在国内，翁向东在其《本土品牌战略》一书中提出：品牌核心价值是品牌资产的主体部分，它让消费者明确、清晰地识别并记住品牌的利益点与个性，是驱动消费者认同、喜欢乃至爱上一个品牌的主要力量。他认为：核心价值是品牌的终极追求，是一个品牌营销传播活动的原点，即企业的一切价值活动都要围绕品牌核心价值而展开，是对品牌核心价值的体现与演绎，并丰满和强化品牌核心价值。

品牌管理的中心工作就是清晰地规划品牌的核心价值，并且在以后长期的品牌建设过程中，始终不渝地要坚持这个核心价值。只有在漫长的岁月中坚持不动摇地做到这一点，让品牌的每一次营销活动、每一分广告费都为品牌做加法，起到向消费者传达核心价值或提示消费者联想到核心价值的作用。久而久之，核心价值就会在消费者大脑中留下深深的烙印，并成为品牌对消费者最有感染力的内涵（如图 3-17 所示）。因此，品牌的核心价值是品牌专有的，能持续不断地建立并维护本品牌和竞争品牌的差异化联想，它展现了品牌存在的理由、过去和将来的意义与发展方向，同时也给出了产品开发的指导原则，是品牌延伸的关键。

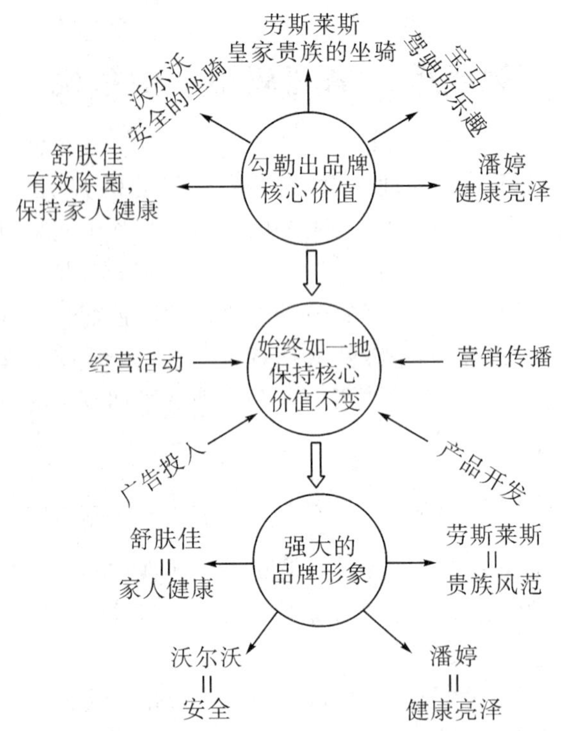

图 3-17　以品牌核心价值为中心的品牌管理工作流程

二、品牌核心价值的类型

品牌的价值体现在品牌与客户的关系中，品牌必须能够给客户带来利益。品牌知名度和美誉度本身也是建立在客户基础上的概念。因此，品牌竞争力的强弱从根本上讲是由客户来评判的，没有客户，就没有品牌。所以，品牌核心价值必须以客户为中心，其最主要的功能就是：与消费者沟通，产生共鸣。

品牌的核心价值带给消费者的利益一般分为三种类型：功能性价值、情感性价值、自我表现性（象征性）价值（见图 3-18）。

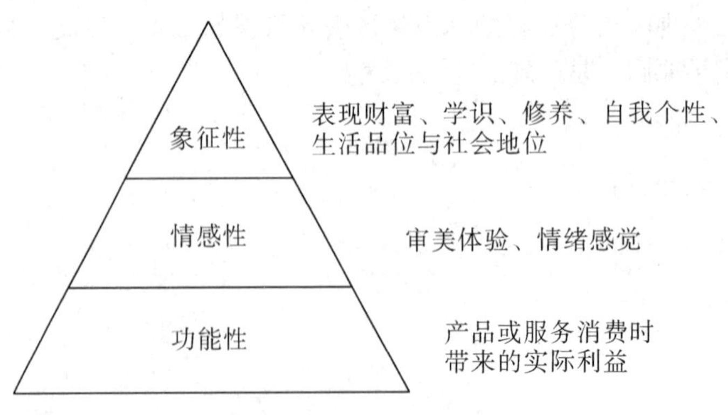

图 3-18　品牌价值的类型

1. 功能性价值

功能性价值是从产品实体角度进行的核心价值选择。即从产品的质量、功能、款式设计等方面区别于其他同类产品，以理性的诉求强调功能性利益，这必须以企业产品自身“独特卖点”为依据。

“独特卖点”必须具备三个条件：①该产品首先或独有的；②这个卖点是一个具体的承诺，它为竞争者所没有或没有提出的；③这个承诺可以打动成千上万的消费者（如特殊功能、高品质等），有很强的传播力。

2. 情感性价值

情感性价值是指品牌能在消费者购买和使用的过程中使购买者或使用者产生某种感觉，如一种审美体验、快乐感觉等。

冲击力强的品牌核心价值往往包含情感性利益，就像消费者在沃尔沃汽车里能有安全感，使用小米产品时会感到科技时尚、不落伍。情感性利益为消费者拥有和使用品牌赋予了更深的意义。

3. 自我表现性（象征性）价值

当品牌成为消费者表达个人价值观、财富、身份地位的一种载体时，品牌就有了独特的自我表现性价值，如表现财富、学识、修养、自我个性、生活品位与社会地位等。

我们在生活中扮演的角色是多元的，一个人的角色可以是妻子、母亲、作家、乐迷和徒步旅行者，等等，人们在扮演不同角色时希望表现的自我观念也不同，购买和使用特定品牌就成了人们实现自我表现需要的一种方式。如一个人驾驶探险者吉普车是为了表现他的冒险精神，佩戴劳力士手表表示其成功和尊贵，等等。同时，品牌核心价值也是体现品牌与消费者“关系”的要素，品牌的任务之一是要与消费者建立如同人际关系那样的联系。

品牌的核心价值既可以是功能性价值，也可以是情感性价值和自我表现性价值，对于某一个具体品牌而言，它的核心价值究竟以哪一种为主？这主要应按品牌核心价值对目标消费群体起到最大的感染力并与竞争者形成鲜明的差异为原则。比如家用电器，消费者最关注的是产品的技术、品质、使用便捷等，所以功能性价值往往成为电器品牌的核心价值；食品、饮料则较多地传达情感性价值去打动消费者；高档服饰、时尚产品、皮具、名表、名车则主要以自我表现性价值为品牌的核心价值。品牌的核心价值极可能是三种价值中的一种，也可能是两种乃至三种都有。

三、品牌核心价值的提炼

随着社会的进步，人们生活水平在不断提高，而产品的同质化却越来越严重，产品互相之间的可替代性很强，消费者在选择方面往往更注重情感感受。因此，成功品牌的核心价值不仅要紧紧围绕产品本身能够提供的利益，还要能够随着客户需求心理的变化而变化。

实际上，强势品牌的核心价值包括了上述三种类型价值的完整构成，它们之间的关系是：功能性价值是情感性价值和自我表现性价值的基石，情感性价值和自我表现性价值只有在坚实可靠的功能性价值的强力支撑下，才会更有说服力和感染力。所以，品牌核心价值的提炼要结合企业自身的优势、产品导向、客户导向三个维度来考虑（见图3-19）。

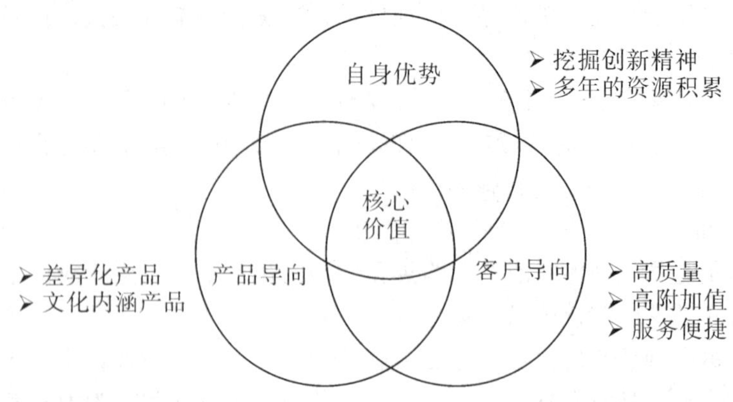

图3-19 品牌核心价值的提炼

合格的品牌核心价值要能体现产品的优势、竞争差异以及消费者的期望，品牌核心价值的提炼应遵循以下原则：

1. 排他性

品牌核心价值首先应该是独一无二的，具有可明显察觉与识别的鲜明个性特征，与竞争品牌形成高度的差异化区别，并能引发消费者的内心共鸣，从而达到避开与竞品的正面竞争，有效降低品牌营销成本的目的。比如，良品铺子的“让嘴巴去旅行”、海尔的“真诚到永远”等。

2. 感召力

品牌的核心价值的提炼一定要揣摩透消费者的价值观、审美观、喜好、渴望，等等，体现出其对人类的终极关怀，拉近品牌与人类的距离，才能具有强大的感染力，打动他们的内心。

3. 执行力

品牌核心价值就其本质而言是一个价值概念，是一个需要兑现的品牌承诺。核心价值要通过产品、服务不断地把价值交付给消费者，才能使消费者真正地认同核心价值，成为打动消费者的主要力量。这个过程需要打造一个品牌承诺管理系统来完成，即以顾客为中心，整合企业中所有职能与流程，协调各种资源，支撑产品和服务生成过程，也就是说，对品牌所提出的价值，企业应该有充分的执行力。比如，“钱大妈”提出的品牌核心价值是“不卖隔夜肉”。企业组建了自己冷链物流，确保3 000~5 000家店面在当天6小时内可以随时送达。企业还提升了供应链能力，做到在凌晨屠宰，确保当天进城。这两件事加一起，向消费者兑现了“不卖隔夜肉”的品牌承诺，解决了消费者的问题，同时拉升了自己的竞争门槛。在这里，品牌核心价值实际上起到了“对外明确购买理由，对内统一工作方向”的作用。

另外，大部分的奢侈品的核心价值都是某种“身份认同感”，企业所有的技术优势、原料优势、品控能力、质量控制、过程管理、渠道、供应链等活动也都是为了实现这个核心价值而服务的。因此，品牌核心价值在提炼过程中，核心价值与企业资源能力相匹配是很重要的衡量标准。

4. 包容性

品牌都是从一种产品不断发展为多种产品的。然而，技术和产品都有快速迭代的生命周期，如果品牌的发展只坚持单一产品甚至是单一样式的产品，就会受制于产品生命周期，而无法拥有长久生命力。因此，品牌需要延伸，品牌核心价值要具备广阔的包容力，为品牌发展留有余地。具体而言，一是空间的兼容性，品牌的核心价值应该是其所有产品的包容，并且今后有可能跨越多个行业，所以要具有广泛内涵；二是时间的兼容，品牌的核心价值一经设定，便要长久坚持，其内涵可延续百年而不落伍，这样品牌才可能成为百年“不倒翁”。

例如，众多家电企业麾下的多种家电产品都用同一个品牌，主要是因为消费者对冰箱、洗衣机、彩电、音响等产品产生信赖的原因，都可以归结为一个共同点，即对这一品牌在技术、品质、服务、亲和力上的高度认同。在国内，格力的品牌核心价值是“好空调，格力造”，把格力品牌形象限定在了空调这个产品邻域，局限了其向家电行业其他产品领域的发展想象。而海尔围绕着“真诚、人性、卓越科技、国际级大品牌（业内领导者）”构建品牌核心价值，通过品牌情感的塑造，最终形成消费者对品牌的美好感受与消费忠诚，有效提升了其综合家电品牌的含金量，使其品牌能在业内各领域快速延伸，并在进军国际市场时也极为顺畅。

5. 高溢价

品牌的溢价能力是指同样或类似的产品能比竞争品牌卖出更高价格。品牌核心价值对品牌的溢价能力有直接且重大的影响。一个高溢价能力的品牌核心价值与品牌识别有如下特点：

（1）功能性价值有明显优于竞争者的地方，如技术上的领先和原料的精挑细选，就如茅台酒一样，拥有稀缺的地理环境和百年酿酒工艺。

（2）在情感性价值与自我表达性价值方面要突出“豪华、经典、时尚、优雅、活力”等特点。

第四节　品牌发展模式

品牌的发展需要在维护声誉、赚取利润的同时不断成长。品牌利用初创产品或服务所取得的成功后，可以通过一系列延伸来实现成长。品牌不仅可以在产品线范围内进行延伸，还可以涉及新的产品品类，扩大自身经营范围。一旦品牌开始延伸，关于品牌发展模式的战略性问题就会出现。对该类问题的解答，将给企业的价值创造及品牌资产的建立带来深远影响。品牌发展模式问题并不关乎审美，而与效率直接相关。

选择品牌发展模式，也称为“品牌名称决策”或“品牌的形态和层次”，即确定品牌名称如何在产品的不同层次上使用。品牌主要有四个层次，分别有单一品牌战略、多品牌战略、主副品牌战略和联合品牌战略。一个企业往往使用混合的多种品牌战略模式来形成其品牌架构的基本轮廓。

一、单一品牌战略

单一品牌战略是在企业所有不同的产品冠以一个相同的品牌名称。它也可理解为“统一家族品牌名称决策”。国际上许多大公司都采用这种做法。例如：佳能用于公司的照相机、复印机和办公设备上；雅马哈用于摩托车、钢琴和吉他上；三菱用于银行、汽车和家用电器上；飞利浦用于音响、电视机、灯泡、计算机、电动剃须刀和其他小家电上。单一品牌战略如图 3-20 所示。

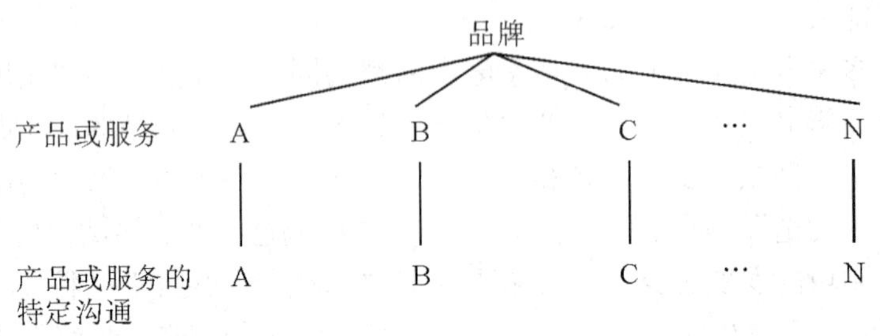

图 3-20　单一品牌战略

这种战略最突出的优势在于企业把资产集中在一个单独的名称上，它的产品、传播和其他所有活动都对品牌声望贡献良多。单一品牌战略适用于新产品与原有产品有较高的关联度、新产品的市场竞争不太激烈、新产品的主要竞争品牌并非专业品牌等情况。另外，该战略尤其适合跨国公司在进行世界性营销时采用。

单一品牌战略具有的优点：节省广告费用、有利于解除顾客对新产品的不信任感、壮大企业的声势等。但企业要从此品牌战略中获益，需要具备品牌在市场上已获得一定的信誉、各类产品具有相同的质量水平，否则会影响整个品牌的声誉。

单一品牌战略的负面影响：一个品牌下聚集了太多的产品，会导致品牌定位的稀释，同时也不可避免地带来某些限制。不同产品部门总是致力于传播自己产品的特殊优势。这对于特定的市场来说本无可厚非，但各类产品所传播的不断变化的特定信息削弱了品牌的核心意义。延伸越多，品牌的杠杆力可能变得越弱。因此，这种战略主要适用于已经拥有高市场地位的强势品牌。

二、多品牌战略

企业有可能在一个品类中提供多个品牌，以吸引不同的、相互独立的潜在细分市场，从而形成多品牌的战略发展模式。这时企业必须深刻理解每一个品牌的角色，即品牌在组合中起到了非常特殊的作用。例如，防御品牌用来保护其他更有价值的品牌；入门级品牌可以吸引消费者；高档权威品牌有助于提升整个品牌线的价值；现金牛品牌则能够培育所有潜在的可实现的利润。多品牌模式有时也叫“个别品牌名称决策”。它的做法是给企业的每一个产品一个独有的名字，并给予它们以相应定位，占领特定的细分市场。也就是说，即使同属于一个产品种类，但由于定位不同，产品有各自的品牌。例如，宝洁公司的洗发水品牌有“海飞丝”定位于去头屑，“飘柔”定位于使头发柔顺，“潘婷”定位于使头发健康，“沙宣”定位于保湿、超乎寻常的呵护。这种模式如图 3-21 所示。

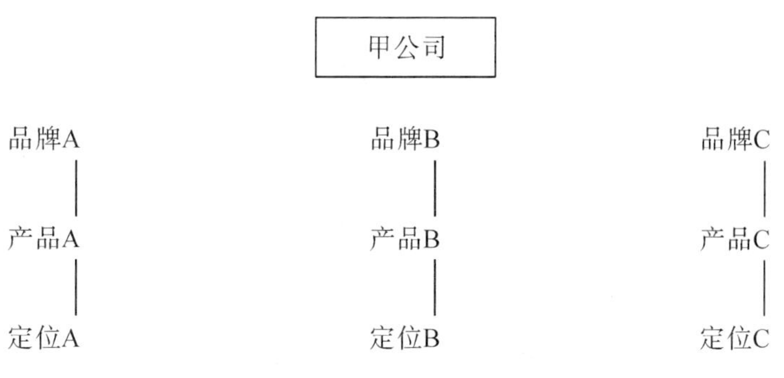

图 3-21　多品牌战略

在这种品牌化战略下，品牌要得到发展，首先要不断地更新产品，但应保持它原有的定位。不可避免的是，定位的支持论据也会发生变化。为了迎合消费者求变的需要，品牌名称在设计上可以产生变化，就像包装的变化一样。多品牌战略适用于以下情况：

（1）当厂商对一个特定的市场具有战略上的需要时，适合采用多品牌战略。宝洁公司的洗发水有四个重要品牌，这样就保证它在洗发水市场上获得极高的份额。

（2）当细分市场之间的差异并不明显时，适合采用多品牌战略。为每个产品选择不同的品牌名称，以保证消费者看到的是不同的产品。消费者很难看出洗发水有何不同，而特别的名称强调了产品间物理性质的差异。

（3）当公司对创新具有强烈的欲望时，适合采用多品牌战略。多品牌战略能够为公司抢先获得有利的定位。名称使得创新变成自己的专利，有效地抵御同行的仿制。

（4）多品牌战略适用于处于成长中的市场。采用这种战略，会导致在研究开发设备和商业费用上的投入增加，但因市场在成长，它取得投资回报的机会也是很大的。

（5）相对于电器类行业，多品牌战略更多地被用于生活用品、食品、服饰等行业。

多品牌战略具有以下优势：

（1）多品牌战略能凸显产品个性，锁定目标消费者。

（2）多品牌战略允许公司在新市场上冒险。如果一个细分市场的前景不明朗，那么采用多品牌战略，即便失败也不会影响到原有成功产品的品牌形象。

（3）多品牌战略意味着公司的名称独立于公众之中。这样就给公司进入新的市场提供了自由的空间。

（4）多品牌战略有助于获得有利的货架空间。因为零售商分配给公司货架空间的多少是与品牌数量成正比的。

（5）多品牌战略能给低品牌忠诚者提供更多的选择。

三、主副品牌战略

主副品牌战略与单一品牌战略相比，只存在一个关键的差别点，前者先对产品进行直接命名（子品牌），再拥有一个共同的母品牌，因而每个产品具有两个品牌，形成双重品牌结构。所以它也被称为“双重品牌化战略”，如图 3-22 所示。

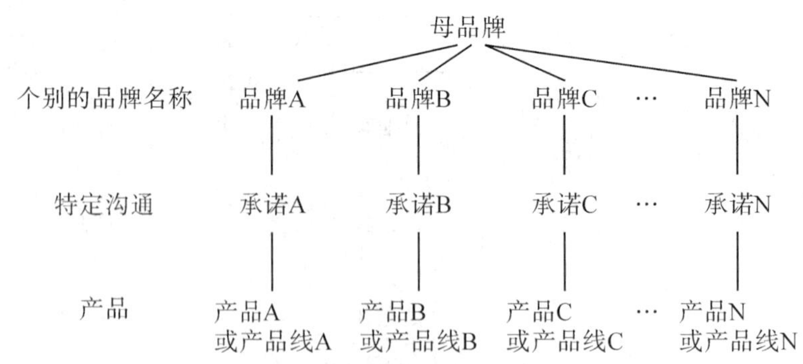

图 3-22 主副品牌战略

在母品牌概念下，子品牌有自己的信仰，但仍牢牢地受到家族精神的支配。主副品牌战略的益处在于能够把一种差别化感觉强加于子品牌身上。同时，通过子品牌名称的修饰和丰富，母品牌可以加强自己的价值和识别。因此，我们可以发现，子品牌和母品牌相互影响、相互促进，最终吸引一个特定的细分市场。雀巢公司在全球采用的就是这种战略。

子品牌还可以延伸主品牌。主品牌由于诉求太过宽泛而无法进入更多的细分市场，但是子品牌可以通过增加或改变主品牌的联想（如属性、优势或个性）来激活品牌活力点，增强品牌活力，让主品牌得以进入原本不适合的领域中进行竞争。

主副品牌战略的风险是超出母品牌核心识别的限制。这意味着要保持对品牌延伸的严格界限，只有经过鉴别、可靠的名称才可以在母品牌的活动范围内使用。

四、联合品牌战略

联合品牌又称为品牌捆绑（brandbundling）或者品牌联盟，它指两个或者两个以上的现有品牌合并推出一个联合产品，或以某种方式共同销售。如前文提到的大白兔携手歌帝梵在上海“GODIVA×大白兔”联名快闪店推出全新大白兔冰品系列。

资源、时间和能力的限制是品牌发展的障碍，当其他公司缺乏能力或资产时，通过品牌联合可以立刻实现本企业品牌的相关性、可信度、差异性，并充满活力，因此联合品牌化现象有上升趋势。其优点是：①一个产品涉及多种品牌可以使定位更独特、更有说服力，可以为品牌树立起更具吸引力的差异点和相同点；②联合品牌还能降低品牌的推广介绍费用，两个著名品牌的联合会加强潜在的接受意愿；③联合品牌还能打开新的销售渠道，挖掘出新的消费群体。

要建立一个强大的联合品牌，最重要的一点是，达成协议的双方品牌都要具备足够的品牌知名度和品牌联想。同时，两个品牌必须能达到逻辑上的一致，合并后的品牌和销售活动能够使各自品牌的有利因素最大化、不利因素最小化。除了一些策略性考虑以外，在执行联合品牌战略时必须采取谨慎的态度，对于合同的合法化、财务安排、营销活动等，都必须制订详细的计划。

联合品牌的一种常见方式是“成分品牌”。它是指为一些产品中必不可少的要素（如材料、元素、部件等）建立品牌资产。比较著名的成分品牌如英特尔芯片、莱卡氨纶材料等。从消费者行为的角度看，成分常常被视为品牌产品质量的标准，用以降低风险，让消费者对产品产生足够的认知和偏好，使消费者不会去购买一个不含该成分的同类产品。一方面，成熟的品牌在努力寻找与众不同的、低成本高效率的品牌建设途径；另一方面，潜在成分产品也在寻找扩大销售机会的方法。因此，成分品牌的使用日益普遍。

要成功地使用成分品牌，需要注意以下四点：

（1）要让消费者感觉到，这项成分对最终产品的性能产生影响。

（2）该成分必须具备创新性或者比同类产品有明显的优势。

（3）要同时展开“推”和“拉”的营销计划，使消费者了解这种品牌成分的重要性和优越性。

（4）设计一个有特色的符号或图案作为标记，明确地告知成分品牌的存在，使这个符号或图案成为一种象征。

成分品牌必须是简洁而多用途的，能够出现在任何地方，并使消费者确信这是质量和信心的标志。

以上四种品牌发展战略都是公司的典型做法。事实上，很多企业采用了单一品牌战略、多品牌战略、主副品牌战略和联合品牌战略的混合结构。

毋庸置疑，许多混合情形的产生是因为在新产品的不断开发过程中很少对品牌决策做出严格的选择。如果缺乏对一个品牌整体运作和其与产品关系的预想计划，将导致品牌化政策的总体混乱，这无疑对品牌资产造成内耗。

【本章小结】

强势品牌的产生绝非偶然，而是缜密计划和创造的结果。不论是创建品牌，还是管理品牌，都必须慎重地制定和执行富有创造性的品牌战略。

本章首先分析了品牌战略环境面临的消费升级、技术升级、模式升级三个发展趋势，指出在当今高度互联的环境下，品牌战略规划核心的落脚点就是要打破企业与顾客的界限，形成由企业战略与顾客驱动协同共创的品牌建设路径。其次，从多产品、多品牌的角度和长期的、多市场的视角，论述了如何构建品牌体系战略相关的主题，即公司应当选择哪些品牌元素应用于自己的各种产品，如何使不同产品的品牌资产最大化，介绍了制定品牌战略的两个重要工具——“品牌—产品矩阵”和“品牌架构”。再次，根据“品牌价值链模型”，品牌价值创造过程开始于营销活动，我们提出：品牌营销的目的是为了拉近企业和消费者之间的头脑、心理和物理三个距离。最后，结合互联网营销时代的 AISAS 消费行为模型，我们开发了一个品牌诊断工具，指出影响“AISAS”各阶段发展的关键因素依次为：品牌的认知度、吸引力、好奇心、购买承诺、亲和力。各阶段品牌所要具备的能力为：传播渠道整合、富有感染力的品牌内容、多元的品牌接触、良好的品牌互动关系。各阶段品牌的任务为：拉近“头脑距离”、拉近“心理距离”、拉近“物理距离”。并据此形成了一张品牌各阶段问题诊断表，以期能对一个品牌的发展进行科学的诊断评估及合理修正。

在品牌发展战略规划部分，我们回归“单一品牌”的聚焦视角，指出品牌是市场细分和产品差异化战略的直接结果。其首要作用是为产品注入意义和价值。品牌就像一个“金字塔”结构的生命系统，将一个品牌内的所有产品统一起来的是这些产品所体现的共同的精神、愿景和理想。品牌愿景描绘了“我们的品牌要创造什么”的美好蓝图，可以凸显品牌在社会上的意义，它指明了品牌的发展方向，也是建立品牌资产的战略起点。品牌战略规划要从一个持续一致的愿景开始，把品牌和业务有机地整合起来，将一个品牌战略目标分解到各个具体的操作步骤之中，目的是为企业建立具有持续性竞争优势的品牌资产，其本质是塑造出企业的核心专长，赢取客户心智。品牌战略规划的三个步骤依次是：品牌策略选择、品牌定位框架设计、创建品牌识别系统。

一个品牌是否拥有核心价值，是企业品牌经营成功与否的重要标志。品牌的核心价值是品牌专有的，能持续不断地建立并维护本品牌和竞争品牌的差异化联想。它展现了品牌存在的理由、过去和将来的意义与发展方向，同时也给出了产品开发的指导原则，是品牌延伸的关键。品牌管理的中心工作就是清晰地规划品牌的核心价值，并且在以后长期的品牌建设过程中，始终不渝地坚持这个核心价值。品牌的核心价值带给消费者的利益一般分为三种类型：功能性价值、情感性价值、自我表现性（象征性）价值。强势品牌的核心价值是包括了上述三种类型价值的完整构成，能够体现产品的优势、竞争差异以及消费者的期望，我们可以结合企业自身的优势、产品导向、客户导向三个维度以及遵循排他性、感召力、执行力、包容性、高溢价五个原则来提炼品牌核心价值。

品牌利用初创产品或服务取得成功后，可以通过一系列延伸来实现成长。品牌一旦开始延伸，关于品牌发展模式的战略性问题就会出现。对该类问题的解答，将给企业的价值创造及品牌资产的建立带来深远影响。品牌发展模式问题并不关乎审美，而与效率直接相关。在这里我们介绍了四个层次上的品牌发展基本模式——单一品牌战略、多品牌战略、主副品牌战略和联合品牌战略，并分析了它们之间的优劣势，以供读者更好的应用到实际工作中去。

【技能训练】

以 5~6 人为一个小组，收集某行业（企业）品牌发展战略成功或失败的案例，分析讨论其成功或失败的原因。

练习题

一、单项选择题

1. 企业战略的核心是（　　）。
   A. 选择合适的客户，并决定提供何种产品和服务
   B. 价值主张
   C. 产品市场范围
   D. 战略资产
2. 品牌战略环境的发展趋势，不包括（　　）。
   A. 消费升级　　　　B. 技术升级

C. 模式升级　　D. 商标升级

3. 品牌体系战略具有的作用是（　　）。

A. 构建产品组合　　B. 构建品牌组合

C. 明晰品牌认知和提升品牌形象　　D. 构建品牌架构

4. 在“品牌—产品矩阵”中，行代表（　　）反映的是（　　）。

A. 品牌组合、单一品牌战略　　B. 产品组合、品牌延伸战略

C. 品牌组合、品牌延伸战略　　D. 产品组合、单一品牌战略

5. 关于品牌架构中，下列说法正确的是（　　）。

A. 品牌架构中层次越高的品牌，其品牌元素更具普遍性，可以跨越多个产品使用

B. 品牌架构中层次越低的品牌，其品牌元素更具普遍性，可以跨越多个产品使用

C. 品牌架构中层次越高的品牌，在传递产品独特信息方面更具灵活性

D. 以上说法都不对

6. “A—I—S—A—S（注意—兴趣—搜索—行动—分享）”品牌消费行为诊断模型中，“I—S”阶段的关键影响因数是（　　）。

A. 吸引力　　B. 亲和力

C. 好奇心　　D. 购买承诺

7. 品牌的首要作用是（　　）。

A. 自我定位　　B. 为产品注入意义和价值

C. 商标设计　　D. 保护产品

8. 德鲁克说过，企业的本质是（　　）。

A. 创造利润　　B. 产品生产

C. 扩大规模　　D. 解决某个社会问题

9. 品牌管理的中心工作要围绕着（　　）来进行。

A. 品牌核心价值　　B. 品牌设计

C. 品牌营销　　D. 品牌联合

10. “成分品牌”属于哪一种品牌发展模式的典型做法？（　　）

A. 单一品牌模式　　B. 多品牌模式

C. 主副品牌模式　　D. 联合品牌模式

二、多项选择题

1. 企业竞争优势的基本类型有哪些？（　　）

A. 成本优势　　B. 产品差别化

C. 市场优势　　D. 资源优势

2. 品牌战略包括哪些内容？（　　）

A. 品牌策略选择　　B. 品牌定位

C. 品牌识别系统创建　　D. 品牌广告

3. 构建品牌体系战略的步骤有（　　）。

A. 定义品牌潜力

B. 确定品牌扩展机会

C. 维护品牌形象

D. 新产品和服务的品牌化

4. 品牌战略的制定主要包括下列哪些原则?( )

A. 以核心价值为中心的品牌识别系统，并以品牌识别统帅一切营销传播

B. 优选品牌化战略与品牌架构

C. 进行理性的品牌延伸扩张，通过充分利用品牌资源获取更大利润

D. 科学地管理各项品牌资产，累积丰厚的品牌资产

5. 品牌营销的目的是为了拉近企业和消费者之间的( )。

A. 头脑距离

B. 识别距离

C. 心理距离

D. 物理距离

6. 品牌形成的途径，通常有( )。

A. 品牌设计

B. 品牌感知

C. 品牌管理

D. 品牌定义

7. 有效的品牌愿景包含哪些要素?( )

A. 品牌整体目标描述

B. 目标市场

C. 品牌角色

D. 品牌形象

E. 品牌优势

8. 企业品牌发展的运营方式有( )。

A. 产品线延伸

B. 品牌延伸

C. 多品牌

D. 新品牌

E. 联合品牌

9. 决定品牌的属性或利益是否可以作为差异点，要考虑以下哪些重要因素?( )

A. 吸引力

B. 可传达

C. 差异化

D. 竞争性

E. 相关性

10. 组成品牌身份基本识别的基因要素有( )。

A. 价值观

B. 品类

C. 风格

D. 名称

E. 符号

F. 口号

11. 通常品牌核心价值可以分为哪些类型?( )

A. 功能性价值

B. 情感性价值

C. 自我表现性价值

D. 竞争性价值

12. 单一品牌发展模式的优点有( )。

A. 节省广告费用

B. 传播品牌的特殊优势

C. 能壮大企业的声势

D. 有利于解除顾客对新产品的不信任感

三、简述题

1. 简述企业战略的实质内容。
2. 品牌架构设计的原则有哪些？
3. 简述品牌诊断的方法与内容。
4. 简述品牌定位的内容。
5. 简述品牌身份识别系统的设计方法。
6. 简述品牌核心价值提炼的原则。
7. 简述品牌品牌发展模式。

四、论述题

1. 论述如何进行品牌战略规划。
2. 论述如何进行品牌核心价值提炼。

第四章 品牌定位

【学习目标】

· 了解品牌定位理论和概念。
· 了解品牌定义要素。
· 理解品牌定位的意义。
· 理解品牌定位遵循的原则。
· 掌握几种常见的品牌定位策略。
· 掌握品牌定位的过程。

第一节 品牌定位概述

【导入案例】王老吉品牌新定位

凉茶是广东、广西地区的一种由中草药熬制，具有清热去湿等功效的“药茶”。王老吉凉茶创立于清道光年间，有“凉茶茶王”之称。到了近代，王老吉凉茶更随着华人的足迹遍及世界各地。

随着改革开放的到来，王老吉进入了蓬勃发展的阶段。1982 年，广州中药九厂更名为广州羊城药厂。1992 年，转制成为以国家为主体的股份制企业，并更名为广州羊城药业股份有限公司。2004 年，正式改名为广州王老吉药业股份有限公司，实现了公司名称与产品的统一、品牌的一致。并通过品牌定位、广告宣传和建立强势渠道等一系列措施，让王老吉从一个只是在两广和浙南地区小有名气的凉茶品牌变身为一个被全国人民认可的功能饮料。

精准品牌定位，锁定消费场景。通过调研，王老吉将“预防上火”作为主要的品牌诉求，“清热祛火”已经是一个在全国拥有高认可度的中医概念，也是一个全国性需求，主打“预防上火”能帮助王老吉走出两广和浙南地区，进军全国市场。王老吉以

"怕上火，就喝王老吉"为推广主题，广告中大量使用热闹喜庆的红色，并结合吃火锅、通宵看球等具体场景，构建新的品牌联想。

品牌精准定位后，王老吉进行了立体式的广告宣传。从点上看，王老吉在全国各地进行地毯式推广。从面上看，王老吉将北京作为重点突破口，在央视黄金时段斥巨资投放广告，进而带动了华北、东北、西北市场，主攻福建，从而辐射东南市场，实现了立体式全面覆盖。从王老吉的广告宣传费用就可见一斑。从2002年的1 000万元，到2003年的4 000多万元，再到2004年的1亿元，2006年更是看准世界杯这一全球性热点，全年广告开销超2亿元。2007年，王老吉更是凭借4.2亿元的天价广告费一举成为央视广告的标王。强势的终端也是王老吉成功进军全国市场的关键所在。从横向上看，在全国销售网络建设上，王老吉的营销机构、分公司及办事处遍布全国各地，2005年王老吉在四川、重庆、湖南、北京、上海、西藏、新疆等全国20多个地区进行布点，而北京大卖场的铺货率已达到了90%。从纵向上看，王老吉建立了经销商、客户终端、消费者、异业合作伙伴这一营销线，并各有营销侧重点。除此之外，王老吉积极拓展餐饮渠道，由下至上打通了线下消费场景，成为餐饮店主推饮品。

【思考讨论】

请结合案例思考：王老吉是如何通过品牌定位让老字号换新颜，从狭隘的区域市场走向全国市场？

一、品牌定位的内涵

在人们越来越崇尚品牌的现代社会，品牌成了企业宝贵的无形资产。在竞争压力越来越大的现代市场中，企业如果一味迎合消费者，很容易陷入产品同质化的漩涡，难以吸引消费者的注意力。如何让自己的品牌在众多品牌中脱颖而出？如何让消费者在广泛的同类产品中识别和选择自己的产品？如何让自身品牌长期具有市场竞争优势，提高在消费者心中的地位？这就需要企业对自身品牌进行正确的定位。因此，品牌定位已经成为品牌塑造与市场营销的首要工作。

（一）定位理论

20世纪70年代，由美国著名营销大师艾·里斯（Al Ries）和杰克·特劳特（Jack Trout）提出定位理论，由此开创了营销理论全面创新的时代，使定位理论走到了世界市场营销舞台的中央。1981年，他们集结了定位相关的观点和理论并出版了他们的第一本著作《定位》。定位及其衍生理论成为营销的主流指导思想，定位理论被称为"有史以来对美国营销影响最大的观念"。

他们的定位观点认为，在消费者的头脑中存在一级级的小台阶，即心智阶梯。他们将产品在这些阶梯上排队，而定位就是找到这些小阶梯，并将产品与某一阶梯建立联系。定位，是从产品开始，可以是一件商品、一项服务、一家公司、一个机构，甚至于是一个人，也可能是你自己。定位并不是围绕产品来进行的，它并不是要你在产品上做什么重大改变，而是围绕潜在消费者的心智来进行的。将产品在未来的潜在顾客的心智中确定一个合理的位置，也就是如何让你的品牌在你未来潜在顾客的心目中与众不同。定位可以看成是对现有产品的一种创造性试验。改变的是名称、价格及包装，实际上对产品则完全没有改变，所有的改变，基本上是在做修饰而已，其目的是在潜在顾客心中得到有利的地位。

（二）品牌定位的概念

品牌定位（brand positioning）是指企业为了使自身品牌在目标消费者心目中占据独特位置，而对产品、服务和形象进行设计的行为。即让品牌在消费者的心智阶梯中占据最有利的位置，使品牌成为某个类别或某种特性的代表。这样当消费者产生相关需求时，就会将该品牌作为首选，则这个品牌占据了这个定位。

品牌定位是营销传播的前期决策，是基于市场定位和产品定位，对特定品牌的文化定位和个性差异的商业决策，它包含两层含义：一是赋予品牌特殊含义，并在营销传播过程中不断强化品牌含义，让消费者记住这个品牌；第二，建立品牌相对于同类品牌的独特个性。通过品牌定位在消费者的脑海中形成清晰的、不可替代的、独特的印象，进而达成促进购买的目的。

【知识拓展】消费者购买环节的五大思考模式

要抓住消费者的心，必须了解他们的思考模式，这是进行定位的前提。艾·里斯和杰克·特劳特给出了消费者的五大思考模式，以帮助企业占领消费者心目中的位置。

模式一：消费者只能接收有限的信息

在超载的信息中，消费者会按照个人的经验、喜好、兴趣甚至情绪，选择接受哪些信息，记忆哪些信息。较能引起兴趣的产品种类和品牌，拥有打入消费者记忆的先天优势，因此，定位理论强调信息聚焦。

模式二：消费者喜欢简单，讨厌复杂

在各种媒体广告泛滥的时代，消费者最需要简单明了的信息。广告传播信息应掌握简化的诀窍，不要长篇大论，集中力量将一个重点清楚地打入消费者心中，突破人们讨厌复杂的心理屏障。

模式三：消费者缺乏安全感

由于缺乏安全感，人们在购买商品前，都要经过缜密的商品调查。消费者通常会跟着别人买一样的东西，以避免花冤枉钱或被朋友批评。很多消费者在买产品时有两个区间，第一个区间是避险，第二个区间是偏好。避险是基础，偏好才是加分项。所以，企业发展一个定位时，要不断给消费者增加信任，让消费者去信任你的定位。

模式四：消费者对品牌的印象不会轻易改变

虽然新品牌有新鲜感，较易引人注目，但真正能能让消费者记住的，还是耳熟能详的东西。所以，很多公司业务发展之后都对品牌进行升级，在原有的情况下聚焦在一个品类，当它升级之后，企图用原有的品牌覆盖新的品类，这样就很难做。

模式五：消费者的想法容易失去焦点

虽然盛行一时的多元化增加了品牌多元性，但是却使消费者模糊了原有的品牌印象。在很多情况下，企业要去满足消费者需求，要被消费者所引导。定位是先从顾客的心智中找到一个空间，然后企业用各种方式不断引导顾客，让顾客认为企业占领此心智空间，从而认为企业不一样。定位是企业去引导消费者，而不是被消费者所引导。

二、品牌定位的要素

品牌定位之所以备受关注，是因为它为现代营销面临的困境指出了一条新的出路。在现代市场中，不同品牌的类似产品大量涌现，同质化现象严重，而消费者的需求有个性化发展的趋势，这种矛盾的局面迫使企业在生产扩张中冷静下来，调整思维，根据市场需求设计产品和进行品牌营销，以俘获消费者的心。在品牌传播上，只有清晰、高效、持续地传播品牌定位信息，才能给消费者理由购买自身品牌的产品，而不是竞争者品牌的产品。品牌定位包含以下要素：

（一）目标消费者

目标消费者是企业赖以存活的根本，在营销链条中处于中心地位。一个品牌的产品或服务要走向市场，参与竞争，首先要弄清自己的目标消费者是谁。品牌要想在竞争激烈的市场中获胜，就必须以顾客为中心，从竞争对手处赢得顾客，并通过提供更好品质的产品、更多的服务和更多的价值等来留住顾客。

目标消费者是对品牌的产品或服务有着相似需求的潜在消费群体。对这个潜在的消费群体我们需要关注两个主要问题：第一，有着高度品牌忠诚度的消费者是一个怎样的消费人群；第二，在这些消费者中谁有可能购买。

品牌定位与目标市场关系密切，进入同一目标市场的品牌通常不止一个，企业必须了解在不同文化背景下的目标消费者的需求、偏好和消费习惯，并且确保自身在品牌利益和独特性上给目标消费者留下深刻的印象。

（二）消费者心理

品牌定位是预设品牌在目标消费者心理空间的位置，使品牌的心理定位与相应产品的功能和利益相匹配。品牌定位需要掌握消费者心理，把握消费者现有和潜在的认知、动机和态度，并选择恰当的定位维度，引起消费者的认同和共鸣，激发消费者的情感。

（三）竞争性框架

竞争性框架是明确自己在市场的位置，确立品牌的竞争优势。例如，飞科电器成立时，国内剃须刀市场两极分化严重，于是飞科学习飞利浦的技术，研发了中国第一只双头旋转式剃须刀产品，价格被设定在飞利浦剃须刀价格的1/4和1/3之间，成功抢占了中高端市场，国内市场份额居前列，这就是品牌精准定位带来的效果。

（四）利益点

品牌利益点是指企业品牌或产品品牌的卖点与消费者对品牌或产品品牌买点之间的最佳连接点。品牌利益点关键在于品牌所提供的产品利益，找到品牌利益点与消费者需求点的重合部分。它有以下作用：第一，它给了目标消费者购买该品牌产品的充分理由，使品牌卖点与消费者买点达到高度的统一；第二，产品品牌系列利益点能够有效支撑产品的品牌定位；第三，品牌利益点是提炼品牌广告语的基础，它的提炼应该简洁、明了，朗朗上口。

（五）购买理由

购买理由是指引发消费者购买的需求和动机。我们要清楚地告诉消费者自身品牌的产品与其他同类品牌的主要区别，清楚告诉消费者选择的理由。以沃尔沃汽车品牌定位的成功案例为例，沃尔沃在汽车安全的研发上投入了大量的心血，为汽车行业做出了很多创新，沃尔沃的宣传推广也以汽车的安全性能为主，向世界证明沃尔沃无与伦比的安全性能，在全球汽车市场激烈的竞争中站稳了脚跟，被消费者牢牢记住。

（六）品牌个性

品牌个性是对品牌内涵的进一步挖掘，是消费者认知中品牌所具有的人类人格特质，代表了品牌的思想。由品牌个性来促进品牌形象的塑造，通过品牌个性吸引特定人群。消费者忠诚于某品牌，在某种程度上是对该品牌的文化、价值和个性的认同。

【知识拓展】市场定位、产品定位和品牌定位

市场定位是企业对目标消费者的选择，是在从事消费活动时所寻求的相似的需求和利益的群体，即什么样的人；产品定位是在完成市场定位的基础上，企业用什么样的产品满足目标消费者需求，是满足相似性需求和利益的产品，即什么样的产品；品牌定位是设想品牌在消费者心目中的地位，是与具有相似需求和利益的群体具有强烈共鸣的、在其心智中占有区别于竞争对手的独特的概念，即什么样的诉求。

定位的一般顺序是首先市场定位，其次产品定位，最后品牌定位，但在实际应用中，因客观条件的因素，三者的顺序可能会调整。

第二节　品牌定位的意义与原则

【导入案例】天猫的品牌定位升级："理想生活上天猫"

2017 年 5 月 23 日，在天猫理想生活 2017 趋势发布盛典上，天猫宣布了自成立以来最大的一次品牌升级，最鲜明的变化是品牌口号从"上天猫就够了"升级为"理想生活上天猫"，口号的转变意味着天猫的品牌定位发生了变化，品牌定位更为聚焦。同时，天猫联合阿里研究院和波士顿咨询公司（BCG），发布"独乐自在、无微不智、玩物立志、人设自由、乐活绿动"五大趋势词。这是天猫通过对自身消费者的大数据分析和中国消费趋势研判的结果，是对社会热度不断攀升的五种消费趋势即单身消费主义、智能生活方式、兴趣爱好消费、跨年龄和性别消费以及绿色健康消费的提炼。

天猫还特地拍摄了一个短片，生动地以个体案例诠释了这五种趋势，分别对应"一个人的生活无比精彩""把生活的点滴交给智能来管理""成为兴趣爱好的大师""不再把性别和年龄当作一种限制"和"崇尚绿色自然的生活"。天猫希望从一个卖货平台形象逐渐升级成为一个理想生活方式的倡导者形象，通过倡导丰富、多元、理想的生活方式来引领中国的消费升级。这个品牌定位升级的过程，也必将拉动更多潜在的、对生活品质有更高要求的消费群体，将推动品牌资产的进一步积累与沉淀。

【思考讨论】

请结合案例思考：

1. 天猫的品牌定位是什么？

2. 天猫是如何从简单的B2C电商平台，发展成为全球品牌转型升级的主阵地？

一、品牌定位的意义

品牌定位是建立一个与目标市场相关的品牌形象的过程和结果。换言之，就是为特定的品牌确定一个合适的市场定位，让产品在消费者心中占据一个特殊的位置。企业一旦确定了目标市场，就需要设计和塑造相应的产品、品牌和企业形象，以赢得目标消费者的认可。因为市场定位的最终目的是促成消费者购买，而品牌是传播产品相关信息的基础和载体，是消费者购买产品的主要依据，所以品牌成为产品与消费者之间的桥梁，品牌定位成为市场定位的核心和集中体现。

（一）品牌定位有助于消费者记住品牌传递的信息

现代社会是一个信息社会，人们每天面临着来自四面八方的信息，消费者被海量信息包围。20世纪80年代最早出现“信息爆炸”一词，指的是当今时代信息量以几何级别不断增加，信息量增长的速度远比人类理解的速度要快，并从四面八方涌入人类的生活。消费者往往面对庞杂的信息茫然无措，真正有价值的信息被大量垃圾信息所淹没，这也使得企业的许多促销达不到理想的效果。

企业想让消费者记住自己要传递的信息，就要有效压缩信息，实施精准定位，为自身产品塑造一个最能打动潜在消费者心理的形象。品牌定位有助于潜在顾客成功地接收品牌信息，从而对该品牌产生正确的认识，进而产生品牌偏好，并促成购买行动，它是让品牌信息进入潜在消费者心里的有效途径。

（二）品牌定位是企业成功创建品牌的基础

企业要创建一个成功的品牌，需要经过品牌定位、品牌策划、品牌设计、品牌推广、品牌评估、品牌诊断、品牌调整等一系列步骤。其中，品牌定位是第一个步骤，是后续环节的基础。如果品牌定位失当，品牌建设的后续环节就会产生偏差和失误，最终导致品牌建设达不到企业的理想效果。同时，市场的变化无常，使得品牌建设过程中带有许多不确定因素。营销人员的认知水平有限，或市场环境改变，或沟通障碍等都会导致品牌建设过程中的失误。这时，正确的品牌定位可以为修订这些中间过程提供策略参考，从而调整品牌建设的成效与预期相符。

（三）品牌定位是品牌传播的基础

在激烈的市场竞争中，多种多样的商品充斥着消费者的眼球，企业的营销手段也层出不穷，品牌传播如果只运用广告、公关、包装等常规手段进行宣传，很难把商品的信息准确地传递给目标消费群体。比如，我们看到的电视广告，能记住的有几则广告？能让你产生购买欲望的又有几则广告？相信不会太多，这是因为很多广告缺乏个性，品牌定位不准，吸引力不足，品牌传播效果自然也不好。

品牌的传播是指借助于广告、公关等手段，将所设计的品牌形象传递给目标消费者，品牌定位是指让所设计的品牌形象在消费者心中占据独特的位置，二者相互依存，密不可分。一方面，品牌定位依赖积极的品牌传播，强化在消费者心中的品牌形象，从而达到定位的目的，显示自身相较于其他品牌的相对优越性，引起消费者共鸣，得到消费者认同。另一方面，品牌传播必须以品牌定位为前提，因为品牌定位决定了品牌传播的内容，企业事先做出的品牌整体形象设计，规定了品牌传播的方向和依据。因此，品牌定位是品牌传播的基础。

（四）品牌定位传递品牌核心价值

品牌核心价值是品牌资产的主体部分，它让消费者明确、清晰地识别，并记住品牌的利益点与个性，是驱动消费者认同、喜欢一个品牌的主要力量。核心价值是品牌的终极追求，即企业的一切价值活动都要围绕品牌核心价值而展开，并丰满和强化品牌核心价值。

品牌定位展示品牌个性，体现品牌声誉，提示区别于竞争对手的优势特征，每个企业都应该有清晰有效的品牌定位，以便在宣传推广时准确地向消费者传递商品信息。一个清晰有效的品牌定位，与企业的发展理念、企业文化及价值观念相联系。品牌定位是战略性的，而不是战术性的，它不是短期行为，要准确定位，就要对自己的品牌和竞争对手的品牌的当前形象和目标形象有透彻的了解，从而精心选择一个独一无二的定位，追求长期的竞争优势，实现对目标消费者的认知管理。

品牌的核心价值能够通过科学的品牌定位去传达和实现，就能促进品牌与目标消费者的关系，从而为构建消费者认同的强势品牌提供可能。

（五）品牌定位是品牌占领市场的前提

品牌是企业与消费者之间的一种相互承诺，企业为消费者创造最大的感知价值，消费者对企业付出品牌忠诚。品牌定位的目的在于塑造良好的品牌形象，对消费者产生长久的魅力。如果不能对品牌进行有效的定位，建立消费者能够认同的独特的品牌个性和形象，那么产品必然会淹没在很多质量、性能、服务类似的品牌中。当消费者能够真正感受到品牌的特点和优势，并被品牌独特的个性所吸引时，品牌与消费者之间就有可能建立起长期稳定的关系，从而使消费者产生购买欲望，做出购买决策。赢得了消费者，就赢得了市场。因此，品牌定位是品牌占领市场的前提。

二、品牌定位原则

就品牌定位而言，品牌不仅包含了产品，在产品的物质属性之上还附加了许多意识层面的精神属性。因此，品牌定位应该更多地从传播的层面和视角进行策划和制定。为了保证品牌定位的成功，品牌定位必须遵循以下原则。

（一）个性化原则

遵循品牌个性化原则，以迎合相应的顾客需求。品牌是产品的形象化身，产品是品牌的物质载体。品牌个性突出才能给消费者留下深刻印象。在产品同质化竞争愈演愈烈的市场环境中，个性化的品牌才能吸引到具有相同价值观的消费者。品牌的个性与产品的物理特性有一定的关系，但关系不大，它是通过品牌定位将鲜明的品牌个性赋予在产品身上，然后通过品牌传播使得品牌个性得到消费者的认同。坚持个性化的定位原则，在品牌定位的过程中，塑造品牌的个性，将品牌个性与目标消费者的自我价值观相契合，这是长远的品牌战略定位之道，否则也不能为消费者所接受，定位也不会成功。

（二）差异化原则

品牌定位必须与众不同，差异化是塑造品牌的目的之一，从某种意义上说，没有差异化的产品不能称之为品牌产品，不具有差异化的企业不能称之为品牌企业。品牌差异化要从品牌定位做起。差异化的品牌定位，才能与其他品牌区别开来，将品牌信息凸显在消费者面前，烙印在消费者心中，呈现给消费者一个与众不同的品牌，在消费者心智中占据一个独特的位置。

（三）消费者导向原则

品牌定位的出发点是消费者的需求，以为消费者提供品牌价值为核心。因此，在传播定位信息的过程中要考虑消费者接受信息的思维方式和心理需求，突破信息传播沟通的障碍，从而将定位信息成功进驻消费者的心中。可见，品牌定位的全过程都必须以消费者为导向。对消费者的消费认知、需求、行为和心理把握得越准，定位的策略就越有效。

（四）有效整合资源原则

品牌定位需要考虑企业自身的资源，在品牌定位的执行过程中需要动用企业的资源。只有充分了解企业的人力、物力、财力等内部资源，以及对本企业可以整合的外部资源有一个客观的分析，才能使品牌定位做到对资源的最优化利用，这样既不会造成资源的闲置或浪费，也不会因资源配套出现问题而出现进退两难的困境。例如，将品牌定位于尖端产品，就要有尖端技术和研发团队；将品牌定位于高档产品，就要有确保产品品质的生产和管控能力；将品牌定位于全球性品牌，就要有全球化的运作能力和管理水平。总而言之，品牌定位需要考虑企业的内、外部资源，既不能好高骛远、盲目拔高，也不能妄自菲薄、浪费资源，可以适度超前，但不能脱离实际。

（五）动态调整原则

品牌定位具有一定的稳定性，但也不是永恒不变的。这个世界唯一不变的只有变化。社会、政治、经济的宏观环境在变，技术发展一日千里，产品不断更新换代，消费者需求千变万化，竞争对手诡谲多变，企业和产品也在自身生命周期的不同阶段中不断变化。因此，品牌定位的参照维度在不断地变化，品牌定位自然也应该随之动态调整。从启动品牌定位直至成功完成品牌定位，乃至品牌的永续发展，都要坚持这个原则，这样才能不被各种变化所抛弃，保持品牌在消费者心中有利位置。

第三节　品牌定位的策略

【导入案例】农夫山泉做对了什么？

众多厂商很早就意识到了饮用水是消费市场的主流，也成为各大饮料品牌必争之地。竞争者一多，就会有细分。如今市场上的瓶装饮用水分为三大类：饮用纯净水、饮用天然矿泉水和其他类饮用水。

农夫山泉的水源来自水库、湖泊、山泉等地表水，属于天然饮用水。这恰恰符合中国人的饮水理念。中国人热爱自然，对天然这类概念十分钟爱。纯净水经过多种程序过滤，失去了天然，而矿泉水含有各种矿物质不适合泡茶。只有山泉水这类天然水，既来自大自然，水质又偏软，适合中国人的饮用习惯。这就是主流中的主流。

1998 年，“农夫山泉有点甜”的广告开始在央视播放。这句广告语，既没有宣传水源地的纯净天然，也没有强调健康功效，只提了口感“甜”。正是这一个字，营造出清晰的画面感，让人想起山涧泉水沁人心脾的甘甜清爽，将农夫山泉和其他饮用水品牌区分开来。相比于其他品牌宣扬层层过滤、矿物含量，农夫山泉的广告直接击中消费者的感官。朗朗上口的短句非常好记，容易传播，不知不觉，“甜”就成为农夫山泉的标签。

2008 年，农夫山泉广告语改为“我们不生产水，我们只是大自然的搬运工”，则解释了为什么“农夫山泉有点甜”。相比于第一条广告的纯感性，这一则广告开始追溯水源，把产品的来历呈现给消费者。水源地的呈现，让农夫山泉“天然”的理念更加深入人心，也更加可信。

直到第三句广告语，农夫山泉才打出了产品的终极诉求——“好水喝出健康来”，强调产品的天然弱碱性。虽然不同种类的水对健康的影响微乎其微，但消费者购买时，总希望获得一些额外的附加价值。只要让消费者相信，即是品牌的胜利。

其实，无论天然水还是纯净水、矿泉水，本质上都是饮用水，口感差异并不大。所谓的弱碱性、矿物含量，也都无法被直接感知。而品牌最常营销的水源地，并不被任何一家企业独占。所有这些属性，决定了饮用水行业不同于其他行业的本质：生产门槛低，产品可替代性强。所以，谁能把品牌做响，谁就能占得先机。

除此之外，农夫山泉也没有放过主流之外的成长市场。2003 年推出的“农夫果园”，顺应了当时消费者对果汁的喜好，并选择不同于市场主流的单一口味果汁，推出混合果汁饮料，将混合概念融合为“喝前摇一摇”，成了广告卖点。

2004 年推出的功能性饮料“尖叫”，这是消费者健康化需求升温背景下的产品。同时，将三款产品定位细化为纯功能饮料、多肽饮料、纤维饮料，瞄准不同年轻层人群。

2011 年推出的首款无糖茶饮料“东方树叶”，则是农夫山泉在健康、无糖方向的尝试。在那个时期，消费者对无糖饮料接受度还不像现在这么高，“东方树叶”销售并不理想。但公司并未取消这个产品线，选择放长线等待。截至 2019 年年底，“东方树叶”已经成为无糖茶品类市占率前列品牌。

随着消费者对品质生活的要求，农夫山泉也推出高端水系列，在设计上做足功夫，并获得 Pentawards 铂金奖。

农夫山泉为我们展示了一个消费品牌强大的市场嗅觉和营销意识，它的品牌之路，值得大部分国内品牌借鉴。

【思考讨论】

请结合案例思考讨论：

1. 为什么农夫山泉能够成为这个时代消费市场的主流饮料？
2. 在农夫山泉成功的品牌塑造与管理背后，有哪些策略？

3. 农夫山泉推出的产品是怎样把握住民意流动的方向的?

品牌定位就是锁定目标消费者，并在消费者心目中确立一个与众不同的差异竞争优势和位置的过程，选择目标市场和进入目标市场的过程同时也是品牌定位的过程。正如前文所述，品牌定位的核心是展示自身竞争优势，创造鲜明的品牌个性，塑造独特的品质形象和品牌形象，并通过一定的策略和渠道把品牌信息传递给消费者。它能突破消费者心目中的种种屏障，实现有效的市场区隔，使品牌在激烈的竞争中脱颖而出。

品牌的定位不是简单的宣传产品，而是要深入挖掘产品的理念，突出产品核心价值，使消费者明白购买此产品的功能点和利益点。只有这样，才能让消费者明确、清晰地识别，并记住品牌的个性和价值，才能使产品和品牌在消费者心目中占有无法替代的独特位置。因此，对品牌经营者而言，在选择具体的品牌定位时，可以选择以下品牌定位策略，以获得对目标市场的竞争优势。

一、属性定位

产品属性是产品本身所固有的性质，属性定位是指通过产品的某项特色将自身区别于同类品牌。在实际操作中，这是比较常用的一种定位策略。

二、利益定位

产品利益是指使用该产品能给消费者带来的收益。利益定位就是根据产品所能满足的需求或所提供的利益、解决问题的程度来定位。在实际生活中，消费者通常会按照自己的偏好和需求、按照各个品牌提供的利益重视程度来选择购买产品。在进行定位时，向顾客传达单一的利益还是多重利益并没有绝对的定论。由于消费者仅能记住有限的信息，往往只对某一需要诉求强烈，并容易产生较深的印象，因此，利益定位通常是将品牌的某一特点与消费者的关注点进行关联，向消费者承诺一个利益点的单一诉求通常更能突出品牌的个性，达成双方利益点的一致，从而获得成功的定位。

在同品类竞争激烈，品牌云集的市场情形下，运用利益定位可以凸显品牌特色和优势，让消费者根据自身需求选定产品。

三、消费群体定位

消费群体定位是直接以某类潜在消费群体为诉求对象，突出产品专为该类消费群体服务来获得目标消费群的认同。把品牌与消费者结合起来，有利于增强消费者的归属感，使其产生“这个品牌是为我量身定做的”“这是我自己的品牌”等感觉。

四、对比定位

对比定位是指企业通过与竞争对手的客观比较来确定自己的定位，也可称为排挤竞争对手的定位。在该定位中，企业设法找出竞争对手的缺点或弱点，并以此向消费者推销自己的优点，以期改变竞争者在消费者心目中现有形象，从而获取市场认可，确立自己的地位。

五、比附定位

比附定位又叫攀附名牌定位，指通过与本领域的知名品牌建立联系，比拟名牌来给自己的产品定位，通过借助知名品牌来提升本品牌的形象。比附定位主要有以下三种形式：

（一）“第二主义”

“第二主义”是指明确承认同类市场中的第一品牌，自己只是第二。这种策略会使人们对企业公司产生一种谦虚诚恳的印象，相信企业是可靠的，这样较容易使消费者记住这个品牌并顺利进入通常难以进入心智的序位。比如，美国阿维斯出租汽车公司强调“我们是老二，我们要进一步努力”，知名度反而提升并赢得了更多忠诚客户。

（二）攀龙附凤

其切入点是先承认同类中已有的卓有成就的品牌，本品牌虽比不上最知名的品牌，但在某一方面或某一地域可以和这些最受消费者欢迎和信赖的品牌平分秋色。

（三）高级俱乐部策略

如果企业在同类中不能成为第一或第二。可以尝试借助群体的声望和模糊数学的手法，将自己归入高级俱乐部式的品牌群体中，强调自己是入会限制严格的高级俱乐部群体中的一员，借助俱乐部群体中其他领先品牌来抬高自身品牌的形象和地位。比如，美国克莱斯勒汽车公司称自己是美国三大汽车公司之一，使消费者感到克莱斯勒和另两个品牌一样都是知名汽车，从而收到了良好的效果。

六、类别定位

类别定位就是与市场上已有的知名产品做出明显的区别，将自己的产品定义为与之不同的另类，把自己的品牌立于竞争对手的对立面，这种定位也可称为与竞争者划定界线的定位。

七、文化定位

文化定位是指通过建立清晰的品牌定位，将文化内涵融入品牌，利用内外部各种宣传途径形成让目标消费者高度认同的文化氛围，从而形成文化上的品牌差异。文化定位不仅可以较大提高品牌的品位，还能较大地提高品牌的价值，获得消费者的认同和忠诚度。

文化定位可以凸显品牌的文化价值，进而转化为品牌价值，把品牌的文化财富转化为差异化的竞争优势，使产品在激烈的市场竞争中保持强大的生命力。品牌文化一旦与消费者内心认同的文化和价值产生共鸣，它所释放的能量就非常可观，它最终将转化为品牌巨大的附加值，以及由此带给企业巨大的利润和强韧持久的品牌生命力。

八、情感定位

情感定位是指运用产品直接或间接地冲击消费者的情感体验而进行定位，将人类的信任、感激、爱恋、牵挂、思念等情感融入品牌，用恰当的情感唤起消费者内心深处的认同和共鸣，从而获得消费者的喜欢，并促成购买。

有效的品牌建设需要与人类情感建立恰当而稳固的联系。然而，同消费者群体建立的情感纽带并不是万无一失的。正如美国品牌专家斯科特·贝德伯里所说："消极的情感反应后果严重，即便是只有一小部分顾客有这种反应，也可能产生强烈的影响。由于媒体对大公司的评判越来越多，微小的错误都可能成为公司的灾难之源，花费数年心血建立的品牌信任纽带会在一瞬间断裂。要使纽带建立在更深的基础上，就要给予顾客以尊重。要永远记住，爱与恨之间往往只有咫尺之遥。"

九、价格定位

价格定位是指企业把自己的产品或服务定在一个什么样的价格水平上，即与竞争者对比定位于一个较高还是较低的价格。如果企业具备较高的成本优势，可定位高经济性的性价比，如雕牌用"只选对的，不买贵的"暗示雕牌的实惠价格；戴尔电脑采用直销模式，降低了成本，并将其让利给顾客，因而戴尔电脑总是强调"物超所值，实惠之选"。这些都是既考虑了质量又考虑了价格的定位策略。而有的品牌则定位于高价，奢侈品牌一般都偏好这种定价，高价定位能满足消费者的彰显自身消费水平和社会地位的需求，满足了他们的心理利益，如手表、手提包、香水之类的奢侈品，定位于高价市场往往很有效。

第四节 品牌定位过程

品牌定位和市场定位密切相关，品牌定位是市场定位的核心，是市场定位扩展的延伸，是实现市场定位的手段。从一定程度上来说，品牌定位的过程也就是市场定位的过程。品牌定位过程是指企业从市场调研入手，采用一系列步骤完成品牌定位，并通过品牌的传播将定位理念传达给目标消费者。

一、市场调研

品牌定位离不开市场调研，市场调研作为品牌定位的第一步，调查所得的数据的可信度和准确性将直接决定品牌定位的准确性。深入的市场调研，将帮助企业建立对市场宏观环境、竞争格局、消费者行为、心理特征、渠道终端状态等的认知体系，从而准确把握消费者需求，构建产品利益点，建立品牌定位。

（一）市场调研的主要内容

1. 对品牌竞争者的调研

调查和分析竞争对手，可以让你了解自己的优势和劣势，衡量目前竞争对手在市场上的地位、你和竞争对手间的差异，是找到市场上尚未被满足部分的关键步骤。通过调研可以了解你的竞争对手有哪些，它们提供的产品所占的市场份额，它们的优劣势，它们用什么样的策略或是未来可能的规划等。知己知彼，百战百胜，通过市场调查收集竞争对手相关信息并进行系统分析，形成有价值的分析结果，才能为正确进行品牌定位提供决策参考。

2. 对目标消费者的调查

产品的最终购买者和使用者是潜在的目标客户。只有通过市场调研了解谁是你的主要目标顾客群，他们想要什么或是需要什么，他们的心理特征和消费习惯、消费水平等，才能准确进行品牌定位而成功吸引消费者，并促成购买。

3. 对竞争品牌定位的调研

只有通过调研了解竞争品牌的定位，才能结合自身产品特色以及自身品牌与竞争品牌的差异点，进而研究和提炼出品牌个性，帮助企业建立与竞争品牌不同的品牌定位。

（二）市场调研的常用方法

市场调研需要选择合适的方法来开展，品牌定位的市场调研的常用方法包括以下四种：

1. 文案调研

文案调研主要是二手资料的收集、整理和分析，指通常来自互联网的资料和图书馆书籍等渠道信息，通过查询和阅读获得调研有关资料的过程。

2. 实地调研

实地调研包括询问法、观察法和实验法三种。询问法是指调查人员通过各种方式向被调查者发问或征求意见来收集市场信息的一种方法。它可分为深度访谈、座谈会、问卷调查等方法，其中问卷调查又可分为电话访问、邮寄调查、留置问卷调查、入户访问、街头拦访、网络调查等调查形式。观察法是指调查人员在调研现场，直接或通过仪器观察、记录被调查者行为和表情，以获取信息的一种调研方法。实验法是指通过实际的、小规模的营销活动来调查关于某一产品或某项营销措施执行效果等市场信息的方法。实验的主要内容有产品的质量、品种、商标、外观、价格、促销方式及销售渠道等，它常用于新产品的试销和展销。

3. 特殊调研

特殊调研有固定样本、零售店销量、消费者调查组等持续性实地调查和投影法、推测试验法、语义区别法等购买动机调查及CATI计算机调查等形式。

4. 竞争对手调研

竞争研究的根本目标是通过一切可获得的信息来分析竞争对手的状况，包括产品及价格策略、渠道策略、营销（销售）策略、竞争策略、研发策略、财务状况及人力资源等，发现其竞争弱点，帮助企业制定合理的进攻战略，扩大自己的市场份额。另外，对竞争对手最优势的部分，需要制定回避策略。

二、市场细分

市场细分理论是由美国营销学家温德尔·史密斯提出的，被称为营销学中继“消费者为中心观念”之后的又一次革命。市场细分是指企业通过市场调研，依据消费者的需求和欲望、购买行为和购买习惯等方面的差异，结合自己的条件和营销意图，把某一产品的市场整体划分为若干消费者群的分类过程。把消费者按不同标准划分为一个个较小的消费群，每一个消费群就是一个细分市场，每一个细分市场都是由具有某些相似特点和类似需求倾向的消费者构成的群体。

市场细分的变量主要有四类：地理变量、人口变量、心理变量、行为变量。以这些变量为依据来细分市场就产生出地理细分、人口细分、心理细分和行为细分四种市场细分的基本形式。

细分市场不是从产品的品类、系列来划分的，而是从消费者的需求、动机、行为的多元化和差异化来划分的。企业之所以要进行市场细分，是因为在现代市场条件下，消费者的需求多样，而且人数众多，分布广泛，任何企业都不可能以自己有限的资源满足市场上所有消费者的各种要求。通过市场细分，向市场上的特定消费群体提供自己具有优势的产品或服务已是现代营销最基本的前提。

三、确定目标市场

确定目标市场，是在市场细分的基础上，依据企业的目标、资源和经营整合能力，优先考虑和选择企业要进入的那部分市场，并要优先满足那部分的消费者。

确定目标市场分为两步：

1. 对细分市场进行评估，确定细分市场的实际容量

评估时应考虑三方面的因素：细分市场的规模、细分市场内部结构的吸引力和企业的资源条件。

潜在的细分市场要具有适度需求规模和规律性的发展趋势。潜在的需求规模是由潜在消费者的数量、购买能力和需求弹性等因素决定的。一般来说，潜在需求规模越大，细分市场的实际容量就越小。

细分市场内部结构的吸引力取决于该细分市场潜在的竞争力。竞争者越多，竞争越激烈，该细分市场的吸引力就越小。如果细分市场竞争品牌众多，且实力强大，或者进入退出壁垒较高，且已存在替代品牌，则该市场就会失去吸引力。

决定细分市场实际容量最关键的一个因素是企业的资源条件。虽然某些细分市场具有较大的吸引力，有理想的需求规模，但是和企业的长期发展不一致，企业也应放弃进入。即使和企业目标相符，如果企业的技术资源、财力、人力资源有限，不能保证该细分市场的成功，企业也应果断舍弃。

因此，对细分市场的评估应从上述三个方面综合考虑，全面权衡。

2. 选择进入细分市场的方式

通过评估，品牌经营者会发现一个或几个值得进入的细分市场，也就是可选择的目标市场。接下来要考虑的是进入目标市场的方式。企业进入目标市场的方式主要有集中进入、有选择的专门化进入、无差异进入、差异进入等多种方式。企业在选择时应考虑自身的资源条件，结合产品的特点，选择最适宜的方式进入。

四、描述目标市场特征

在确定目标消费者后，下一步需要描述他们特征。通过了解目标消费者的消费心理和消费习惯，分析其需求，从而确定品牌定位的关键点。

消费者行为的特征包括个人、心理、文化、社会四大因素：

（1）个人因素。个人因素包括年龄、职业、受教育程度、经济环境、生活方式、性格、自我观念等。

（2）心理因素。心理因素包括动机、知觉、学习和态度四个因素。知觉是指消费者感官直接接触所获得的直观的、形象化的反映，属于感性认识。任何消费者购买商品，都要根据感觉到的印象来决定是否购买，所以对商品的包装、宣传非常重要。

（3）文化因素。消费者的购买行为受到社会阶层、文化和亚文化的影响。

（4）社会因素。每个消费者都是社会的一员，他的行为不可避免地受到社会各方面因素的影响和制约，包括相关群体、家庭等社会因素的影响。

五、确定品牌理念

品牌理念是品牌要向目标消费者传递的价值取向，是指能够吸引消费者，并且建立品牌忠诚度，进而为客户创造品牌（与市场）优势地位的观念。品牌理念是一个品牌的精气神，是品牌内在的精神内核，同时也决定很大一部分的外在表现。品牌理念影响着品牌的行为、表现和品牌最终的发展方向，同时品牌理念也是整个团队倡导的社会价值与使命的综合概述。

这种价值取向不是企业单方面设定的，品牌建设就是为了扩大消费者购买决策中的影响力。因此，品牌理念是基于目标消费者的共同价值观提炼总结出来的。它应该与消费者形成共鸣并决定企业的价值取向。

确定品牌理念是确定品牌定位的灵魂。在实施品牌定位中，品牌理念应该是企业在充分了解了目标消费者的价值观后，结合企业产品所要表达的价值取向而形成的两者完美结合。品牌理念是得到社会普遍认同、体现企业自身个性特征、促使并保持企业正常运作以及长足发展而构建的并且反映整个企业明确的经营意识的价值体系。因此，需要提炼目标细分市场中那些一致的价值观，形成集中、稳定的品牌理念，完成品牌和消费者的交流。

六、传播与巩固

品牌定位确定后，需要进行品牌宣传。品牌定位是开始而不是结束。当品牌定位确立后，还必须有效地传播这一定位。传播不是创造定位，而是表达定位。传播是品牌定位的基本机制，是品牌发展壮大的助推器，定位为传播提供了前提和要求。

品牌传播要充分地表达品牌定位，让目标消费者认识、理解、接受这一定位，使定位与消费者的心灵产生共鸣。品牌传播有公关、广告、包装、价格、营销渠道等多种途径，其中最主要的是广告。广告通过图文结合、声情并茂的方式，立体展现品牌定位，是品牌定位最强有力的传播方式。品牌定位通过整合传播，不断地将有关信息传递给目标消费者，从而提升品牌形象。

品牌定位的目的就是要在消费者心中占据独特的位置，而最终企业要靠传播才能将概念植入消费者的心中，并在应用中建立起自己的定位。

【本章小结】

品牌定位是指企业为了使自身品牌在目标消费者心目中占据独特位置而对产品、服务和形象进行设计的行为。定位理论起源与20世纪70年代，由美国著名营销大师艾·里斯和杰克·特劳特提出。定位理论产生于信息爆炸时代，它和以往的品牌管理理论相比不再仅仅围绕着产品本身的变革和改变，而是更加聚焦于消费者的心理，关于如何让你的品牌在未来潜在顾客的心目中与众不同。品牌定位包括六大要素，分别为：目标消费者、消费者心理、竞争新框架、利益点、理由、品牌个性。

品牌定位是建立与目标市场相关的品牌形象的过程和结果，是成功建立和经营品牌的前提，在品牌经营和市场营销中有着重大的意义。品牌定位有助于消费者记住品牌传递的信息，是企业成功创建品牌的基础，是品牌占领市场的前提。在品牌定位的具体实施过程中应遵循五大原则：个性化原则、差异化原则、消费者导向原则、有效整合资源原则、动态调整原则。

对品牌经营者而言，可以选择以下常见品牌定位策略，建立对目标市场内大多数消费者有吸引力的竞争优势：属性定位、利益定位、消费者群体定位、对比定位、比附定位、类别定位、文化定位、情感定位、价格定位。

品牌定位的过程也就是市场定位的过程。品牌定位过程指企业从市场调研入手，采用一系列步骤完成品牌定位，并通过品牌的传播将定位理念传达给目标消费者，其过程包括以下步骤：市场调研、市场细分、确定目标市场、描述目标市场特征、确定品牌理念、传播和巩固。

【技能训练】

以5~6人为一个小组，每组分别收集一个品牌的案例资料，认真讨论、分析其定位是什么，以及其所采取的定位策略、过程或方法，派代表进行汇报演示。

练习题

一、单项选择题

1.（　　）是指企业为了使自身品牌在目标消费者心目中占据独特位置而对产品、服务和形象进行设计的行为。

A. 促销介绍　　B. 产品概念化

C. 品牌定位　　D. 性能想象

2. 建立一个与目标市场有关的品牌形象的过程与结果称为（　　）。

A. 品牌定位　　B. 细分市场

C. 品牌组合管理　　D. 品牌规划

3.（　　）是对品牌内涵的进一步挖掘，是消费者认知中品牌所具有的人类人格特质，代表了品牌的思想。

A. 品牌定位　　B. 品牌个性

C. 品牌组合管理　　D. 品牌规划

4.（　　）是指企业通过突出品牌特性，通过与竞争对手的客观比较来确定自己的定位。

A. 比附定位　　B. 对比定位

C. 消费者定位　　D. 利益定位

5. （　　）就是攀附名牌，通过与本领域的知名品牌建立联系，比拟名牌来给自己的产品定位，通过借名牌之光让自己的品牌快速进入消费者的心。

A. 比附定位　　B. 情感定位

C. 消费者定位　　D. 群体定位

二、多项选择题

1. 定位理论的创立者是（　　）。

A. 大卫·奥格威　　B. 艾尔·里斯

C. 杰克·特劳特　　D. 菲利普·科特勒

2. 品牌定位的要素包括（　　）。

A. 目标消费者　　B. 竞争性框架

C. 利益点　　D. 品牌联想

E. 品牌个性

3. 品牌定位原则包括（　　）。

A. 差异化原则　　B. 有效整合资源原则

C. 个性化原则　　D. 消费者导向原则

E. 动态调整原则

4. 市场调查的常用方法有（　　）。

A. 文案调研　　B. 实验调查

C. 特殊调研　　D. 竞争对手调研

E. 实地调研

5. 影响消费者行为的因素包括（　　）。

A. 文化因素　　B. 社会因素

C. 个人因素　　D. 心理因素

三、简述题

1. 什么是品牌定位？
2. 品牌定位的原则是什么？
3. 简述品牌定位的意义。
4. 简述品牌定位的要素。
5. 简述品牌定位的过程。

四、论述题

以你熟悉的品牌为例，论述其品牌定位的原则、策略和过程。

第五章 品牌兵法

【学习目标】

· 了解品牌扩张的概念及动因。
· 掌握品牌扩张策略的内容。
· 了解品牌延伸的定义、优势。
· 理解品牌延伸的影响因素、风险。
· 掌握品牌延伸的策略、优缺点。
· 了解品牌联盟的基本概念、基本特征。
· 掌握品牌联盟的主要优缺点。
· 了解品牌授权的基本概念。
· 理解品牌授权与特许经营的风险。
· 掌握被授权企业的选择标准。

【导入案例】农夫山泉的品牌发展之路

“农夫山泉有点甜”，这句深入人心的广告语把农夫山泉天然、纯净的感觉带给了消费者，这是农夫山泉品牌在成功之路上迈出的第一步。经过 20 多年的发展，不管在产品业务还是品牌定位方面，农夫山泉都居于国内瓶装饮用水行业领先地位，其成功的关键，便是实施了品牌差异化定位、品牌扩张和品牌延伸等组合发展战略。

1. 品牌差异化定位

2000 年 4 月，当竞争对手还在以净化技术为主要核心，主推纯净水产品时，农夫山泉敏锐地洞察到纯净水缺乏微量元素，背离“健康生活”理念的这一市场契机，郑重地宣布不再生产纯净水，转型生产天然水，同时提出了“我们不生产水，我们只是大自然的搬运工”这句广告语，“搬运工”着重体现出农夫山泉水质天然、原生态的特质。简单的广告语，让消费者深刻地体会到农夫山泉水质的天然、环保和让人放心，成功地在消费者心中建立起了“环保、天然、健康矿泉水”的农夫山泉差异化品牌形象。

2. 品牌扩张

2003年年初，伴随着一句脍炙人口的“农夫果园，喝前摇一摇”，农夫山泉推出了“农夫果园”混合果汁饮料。“农夫果园”上市，标志着公司从单一的饮用水公司跨入综合饮料开发深加工企业的行列。

2004年，全新功能性饮料“尖叫”问世，产品瓶身设计成极具运动感的螺旋状、瓶盖设计奶嘴状样式，趣味性十足，加之独特定位，一上市就获得了青少年消费者的认可。

2008年，农夫山泉推出新品水溶C100柠檬汁饮料。

2019年，农夫山泉进入生鲜领域，依靠“农夫果园”产品开发时期的果园种植地，发展了17.5°果汁和鲜橙，还延伸至东北香米和西湖龙井。

3. 垂直品牌延伸

2015年2月，农夫山泉在长白山抚松工厂内召开了新品发布会，以长白山莫涯泉为水源的三款天然矿泉水产品上市。新品融合了优质的水源、先进的工艺、美丽的包装和动人的创新开发故事。这代表着农夫山泉的纵向品牌延伸，进入高端水市场，其包装设计更是包揽当年的五项国际包装设计大奖。

4. 水平品牌延伸

农夫山泉还推出了250 mL的小容量果汁、茶饮产品，满足了年轻人日常外出的需求，产品延伸还包括东方树叶茶饮、咖啡、苏打气泡水、汽茶、NFC汁等，这些品牌具有强烈的年轻时尚个性。

5. 品牌联合战略

2017年，农夫山泉与网易云共同推出“乐瓶”。2018年，农夫山泉与故宫文化服务中心推出了限量版“故宫瓶”，国潮风十足。这些创意让年轻消费者乐在其中，展现了农夫山泉的品牌活力，增强了品牌粘性。

说到兵法，我们大多数中国人都会想到《孙子兵法》，它是中国现存最早的兵书，也是世界上最早的军事著作，对当今的企业竞争也有着深刻的指导意义。案例中，农夫山泉通过品牌差异化定位，另辟饮用水细分市场，开创了属于自己的商业主战场，有效地避开了竞争，实现了“致人而不致于人”的战略目的。农夫山泉又通过品牌扩张和品牌延伸等组合发展战略的实施，拓展了广泛的业务，凭借优质水进入中国高端饮用水市场，从饮用水扩展至功能性饮料、果汁、茶饮、咖啡等饮品领域，紧密围绕“自然、环保、健康”的核心价值，同时又为品牌增加了年轻时尚价值，将“以正合，以奇胜”这一战术原则演绎得淋漓尽致。

《孙子兵法》中“知己知彼”的“彼”，在商战中有时并不是指我们的竞争对手，而是指顾客。在商业竞争中，想要做好经营，最重要的就是了解顾客，不要被竞争对手把我们的思维带走，而是要聚焦于研究顾客、研究自己，专心研发，以此来设计我们自己的商业战场。关于竞争对手，美团创始人王兴曾说过一句话：竞争对手就像后视镜，你时不时要看看，但你不能盯着后视镜开车。要开好车，应该是不断看着前方的用户。走近他们，观察他们，研究他们，感受他们，让自己的产品和服务直接切进用户的生活场景中去，甚至是直接做成用户专属定制的产品和服务。我们和所谓竞争对手的关系，其实是没有关系，竞争只是一种幻觉，一切都在我们自己。

我们怎么赢得客户信任，关键是要把战场变成主场。这里选择战场很重要，在《孙子兵法》里叫作“故知战之地，知战之日，则可千里而会战”。针对同一个人群，采用不同品类的商品、不同的服务质量、不同的经营模式来提高顾客单价，提高顾客重复购买次数，乃至提高顾客数量。以此提前达到我们自己设计的商业主战场，才能开创新的“无人竞争”的市场空间，彻底摆脱竞争，开创属于自己的市场。这也是品牌经营的主要内容，因为品牌代表着企业拥有的市场，就如军事战争里的战场一样，是我们企业发展的核心武器。本章带领大家一起去探索品牌发展的兵法世界。

第一节　品牌扩张

一、品牌扩张的概念

（一）品牌扩张的含义

品牌扩张（brand stretching）是指企业运用品牌及其包含的资本进行发展、推广的活动，包含品牌延伸、品牌资本运作、品牌的市场扩张等内容，也具体指品牌的转让、品牌的授权以及现有品牌进入完全不相关的市场等企业活动。

孙子曰：“用兵之法，十则围之，五则攻之，倍则分之，敌则能战之，少则能逃之，不若则能避之。”句意是：用兵的法则，有十倍于敌人的兵力就包围敌人，有五倍于敌人的兵力就进攻敌人，有一倍于敌人的兵力就设法分散敌人，有与敌人相当的兵力就要巧战敌人，兵力少于敌人就要迅速撤退，实力不如敌人就要避开敌人。

所以，我们可以得出以多胜少，要压倒性投入。品牌扩张就是像我们在市场排兵布阵一样，我们面对消费者的不断发展的多元化需求时，只有压倒性地投入，开发出足够强大的产品或品牌，才能留住和扩大我们的客户数量。因此，品牌扩张是企业发展、品牌壮大的有效途径。众多企业利用品牌扩张使销量增加、企业壮大，获得了很好的经济效益和社会效益。例如，海尔集团推出“海尔”系列冰箱，取得成功后，进行品牌扩张，推出了“海尔”洗衣机、电视、空调直到电脑和手机。

（二）品牌扩张的意义

众多企业已成功地运用品牌扩张策略取得了市场竞争的优势地位。从实践来看，品牌扩张对企业的意义主要体现在以下 4 个方面：

1. 优化资源配置，充分利用品牌资源

企业只有合理地配置各种资源，使其充分发挥作用，才能走上稳健的发展道路。品牌是企业重要的资源，企业在品牌发展战略中可能会出现各种问题，最常见的是品牌资源闲置，对此我们可以通过对外扩张、特许经营、品牌延伸等，从而达到有效地充分利用企业品牌资源的目的。

2. 借助品牌忠诚，减少新品入市成本

根据研究，消费者往往具有某种忠诚的心理，即在购买商品时，多次表现出对某一品牌的偏向性行为反应。例如：借助海尔冰箱的知名度和美誉度，海尔又开发出彩电、空调、电脑、手机等新产品，迅速打开市场，得到了消费者的认可，成为这些行业的后起之秀。

3. 提高市场占有率

品牌内容一成不变会使消费者厌倦。品牌扩张能带给品牌新鲜感，为消费者提供更多的选择对象，使品牌群体更丰富，对消费者的吸引力更大，增强了品牌的竞争力，从而提高市场占有率。

4. 增强企业实力，实现收益最大化

品牌扩张就是在某种程度上发挥核心产品价值，充分利用品牌资源，提高品牌的整体投资效益，使得企业产销达到理想的规模，实现收益的最大化，从而实现规模效益。同时，在品牌扩张的过程中，企业在多个方面发展，多条腿走路，降低了单一经营带来的风险，抵御外界变动的能力也增强，从而增强了企业实力。

总之，品牌扩张是企业发展的重要手段，如果运用得当，会大幅度提高企业的实力和竞争力，扩大企业效益。品牌扩张可以带来利润、市场占有率、市场竞争力、市场亲和力、企业效益等多方面的提升，已成为企业发展战略的核心内容。

二、品牌扩张的动因

（一）实施品牌扩张的原因

只有配置合理，才能充分发挥资源的效用。品牌作为企业的重要资源，更应该充分、合理地利用它，使它发挥最大的经济效益。企业在研究品牌资源合理利用的时候，品牌扩张是重要的策略，具有强劲的实施动能。

1. 消费者心理基础

消费者在消费某一名牌并获得满意后，会形成一种名牌的“光环效应”影响这一种品牌下的其他产品或服务的消费行为。例如：小米推出小米系列高性价比手机，树立了小米品牌的知名度、美誉度以及信任度。随着小米品牌深入人心，小米公司适时推出小米电视、小米电脑、小米日用品等众多产品，使人们带着对小米手机的信任去购买小米的其他产品，人们同样认为小米的其他产品也是高质量的、可靠的、值得信赖的。

2. 企业实力的推动

从企业内部讲，企业发展到一定阶段，积累了一定的实力，形成了一定的优势后，就会为品牌扩张提供可能，同时也提出了扩张要求。企业主动地进行品牌扩张，主要表现在利用品牌优势，扩大产品线或控制上游供应企业，或向下游发展，或是几者的综合。

3. 市场竞争压力

在市场竞争中，竞争对手进行了品牌扩张，并取得了良好的效益，会使竞争者态度发生变化，从而使竞争的天平偏向一方。另外，企业产品竞争的市场集中度很高时，各竞争者间势均力敌，并形成了一种僵持状态。此时企业若想再提高市场占有率，就有很大困难，而常用的广告战、价格战不仅耗损巨大，而且收效甚微，甚至还会造成两败俱伤的局面。故此，企业在这种竞争压力下，就可以采取品牌扩张的方法进入其他行业、其他项目，以图发展。

4. 外界环境压力

企业是在一定的外界环境中生存、发展的，外界环境会对企业的发展、品牌的扩张产生重大影响。外界环境对企业来说是不可控的，外界环境造成的压力常常也是企业进行品牌扩张的原因之一。对于一家企业来说，当供应商出现变化而影响到企业时，企业也需要做出相应调整，以适应这种变化的要求。

5. 产品生命周期的结果

当今社会，科技发展迅速，使得企业产品的生命周期大大缩短，企业只有积极进行品牌扩张，才能保持良好的发展势头。

6. 规避经营风险的需要

企业的经营常会遇到各种风险，对于单项经营的企业来说，此项业务的萎缩，会使企业唯一的经营活动失败，从而给企业带来严重的损失。由此，众多的企业为了保证平稳发展，往往会采用品牌扩张策略进行多元化经营，从而规避经营风险。

（二）品牌扩张需要具备的条件

品牌扩张不能毫无方向地盲目开展。品牌扩张首先得具备一定的资源协同条件，充分利用消费者的“锚定效应”心理，形成与原有品牌的相关联想，才能起到事半功倍的效果，顺利地进行并获得成功。品牌扩张需要具备以下条件：

1. 有共同的主要成份

品牌扩张时，原有品牌及产品应与扩张后的产品或品牌具有相关性，双方应当有共同的成份，让消费者理解两种产品同存在于同一品牌之下的原因，不至于牵强附会。

2. 有相同的销售渠道

品牌扩张的目的是要达到各品牌及产品之间能相辅相成的整体效果，使消费者在接触到一个品牌及产品时能够联想到另一个品牌及产品。如果销售渠道不同，核心品牌及产品与扩张品牌及产品的目标消费者也就不同，也就没有了品牌扩张由此及彼的效果，品牌扩张也就实现不了上述目的，且达不到降低新产品营销成本的目的。

3. 有相同的生产系统和服务系统

品牌扩张的核心就是能找到主力品牌产品与扩张品牌产品相联系的地方，联系的部分越多则越容易成功。有相同的生产系统和服务系统的品牌扩张容易让人接受，希望在差别巨大的服务体系之间寻找共同点，就显得牵强，不伦不类。

4. 相似的消费群体

品牌的使用者同属在同一消费层面和背景下，也就是说品牌的目标市场基本相同或相似，品牌扩张也易于成功。

5. 技术上密切相关

原有品牌与扩张品牌的产品在技术上的相关度也是影响品牌扩张成败的重要因素，新产品、新品牌与主力品牌技术上相近，易使人产生信任感，若相差悬殊，就失去了技术认同的效果。

6. 质量相当

质量是品牌生存和发展的基础，新扩张的产品或品牌的质量与原有产品或品牌质量相当，就可以借现有品牌促进新品上市，成功实现品牌延伸。原有品牌在质量上已得到认同，新品牌或产品与其相当，使人们容易形成联想，增加成功的可能性。

【课堂讨论】

请收集品牌扩张成功或失败的典型案例，讨论分析其为什么成功或失败。

三、品牌扩张的策略

品牌无论如何扩张，使企业获益，被消费者接受、认可是不能回避的，扩张策略的使用，有助于这一目的的实现。品牌扩张策略按照品牌与产品的关系及扩展方向，大致可分为三种：单一品牌策略、多品牌策略、复合品牌策略。

（一）单一品牌策略

单一品牌策略就是品牌扩张时，多种产品使用同一品牌。按其单一程度的不同，我们将单一品牌策略继续细分为产品项目品牌扩张策略、产品线品牌扩张策略、伞型品牌扩张策略。

1. 产品项目品牌扩张策略

所谓产品项目品牌扩张策略，是指品牌扩张时使用单一品牌，对企业同一产品线上的产品进行扩张。

同一产品线的产品面对的往往是同一消费群体。产品的生产技术在某些方面也存在联系，在功能上相互补充，都是用来满足同一消费群体在不同方面的需求。因而产品项目品牌扩张策略扩张相关性较强，容易取得成功。产品线品牌扩张策略可以有效地促进品牌扩张，但在其运用时也有如下局限：

（1）限制了品牌潜在价值的发挥效果。产品线是相对有限的，因而限制了已有品牌资源的扩张范围，使品牌不能发挥其最大的潜在价值。

（2）企业创新步伐会受到影响。产品线品牌策略要求与已有产品相近或相关，有重大创新的新产品常在扩张中受到影响，这样阻碍了企业创新步伐。

（3）风险隐患较大。不同产品使用同一品牌，一旦其中一种产品出现了问题就会连累到整个品牌的整体形象。

2. 产品线品牌扩张策略

产品线品牌扩张策略是指品牌扩张跨越产品线，在不同产品线中的产品使用同一品牌。企业品牌扩张使用产品线品牌扩张策略，也要寻找一定的前后相关性，使品牌的基本元素相似或相同。

3. 伞型品牌扩张策略

伞型品牌扩张策略又叫单品牌策略，即企业所有产品不论相关与否均使用同一品牌进行宣传。

（二）多品牌策略

随着消费需求的多元化，一个消费群体往往同时拥有几个不同偏好，单一品牌策略往往不能迎合偏好的多元化，且容易造成品牌个性不鲜明及品牌形象混乱，而多品牌策略可以帮助企业形成多元的产品品牌矩阵，能很好地解决这一问题。

多品牌策略也称为产品品牌策略，是指一种产品赋予其一个品牌，不同产品品牌有不同的品牌扩张策略，一个品牌只适合于一种产品，一个市场定位，最大限度地显示品牌的差异化与个性。多品牌策略强调品牌的特色，并使这些特色伴随品牌深深地植入消费者的记忆中。

宝洁公司对这一策略的使用，堪称教科书级的代表。宝洁公司的产品有洗衣粉、香皂、洗发水等，其不在同的产品线及不同的产品项目使用不同的品牌。洗衣粉品牌有汰渍、碧浪等，香皂品牌有舒肤佳，洗发水品牌有飘柔、潘婷、海飞丝等。多品牌策略的主要好处在于：

（1）采用多品牌策略有助于企业全面占领一个大市场，满足不同偏好消费群的需要。一种品牌有一个性格定位，可以赢得某一类消费群体，多个品牌各有特色，就可以赢得众多消费者群体，从而广泛占领市场。

（2）多品牌策略有利于提高企业抗风险的能力。采用多品牌策略的公司赋予每种产品一个品牌，而每一个品牌之间又是相互独立的，个别品牌的失败不至于影响其他品牌及企业的整体形象。

（3）多品牌策略是企业实施“货架策略”经营的有力抓手。零售商通常按照品牌安排货架，多品牌可以在零售货架上占得更大空间，增加销售机会。

多品牌策略虽有众多好处，但其劣势主要是对企业的技术、资本和管理实力要求较高，也要求较大的市场规模。

（三）复合品牌策略

复合品牌策略是指在一种产品上同时使用两个或两个以上的品牌。根据品牌间的关系可将复合品牌策略细分为注释品牌策略和合作品牌策略。

1. 注释品牌策略

注释品牌策略的目的是将具体的产品和企业组织联系在一起，用企业品牌增强产品品牌的信誉，它是指在同一种产品上同时出现两个或两个以上的品牌，其中一个是注释品牌，另外的是主导品牌。注释品牌通常是企业品牌，在企业的众多产品中均出现。主导品牌说明产品的功能、价值和购买对象，注释品牌则为主导品牌提供支持和信用。

2. 合作品牌策略

合作品牌策略是指两个或两个以上企业的品牌同时出现在一个产品上，它是现代市场竞争的结果，也是企业品牌相互扩张的结果。

第二节　品牌延伸

《孙子兵法》中写道“凡战者，以正合，以奇胜”就是说用兵作战，就要正奇分兵，以正兵抵挡敌人，以奇兵取胜。在激烈的市场竞争环境中，消费者的兴趣不断变化，促使企业不断超越自我。只有通过不断创新技术以推出新产品才能保持品牌的现代化，而传播品牌费用的不断增长，要求企业必须把有限的力量集中在少数几个强势品牌上，是为“正”。将成功的品牌延伸到新产品上，可以节约时间、费用，降低风险，是为“奇”。

一、品牌延伸的定义

品牌延伸（brand extensions）包括产品线延伸和产品类别延伸。产品线延伸是指把现有品牌名称使用到相同类别的新产品上，以推出新口味、新色彩、新配方、新包装等的产品。产品类别延伸是指企业把现有的品牌名称使用到一个新类别的产品上。它有两种做法：一是利用现有已建立的品牌推出新产品；二是将新品牌与现有品牌结合推出新产品。

新产品的加入不可避免地会对母品牌产生正面或负面的影响，即可能加强也可能削弱母品牌的识别力。因此，品牌延伸不能随意为之，品牌的身份意义界定了延伸的方向和最终的过程，这也是我们研究品牌延伸原理和决策的基本出发点。

品牌延伸作为针对整个品牌资产策略性使用的一种战略举措，在品牌生命周期的某些阶段节点尤为必要。品牌的延伸界限大致可以划分出四个区域：核心延伸产品线、无意识联想、发展潜力、对品牌资产的威胁。它们由内到外构成四个内切圆的关系（见图 5-1），这对企业的品牌延伸战略具有长期的指导作用。

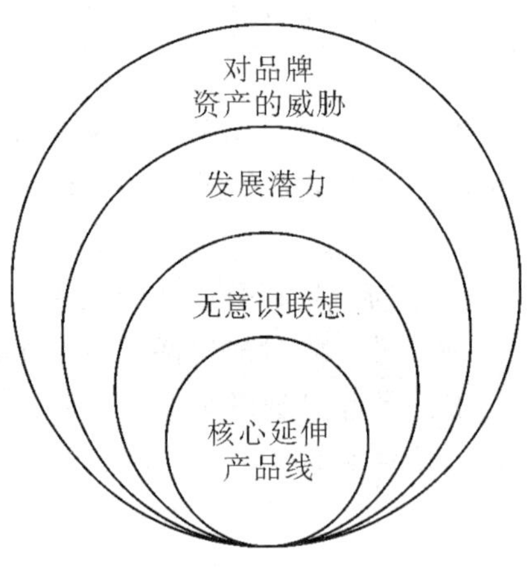

图 5-1　品牌延伸界限

二、品牌延伸的影响因素及风险

对于品牌延伸效果的评价，除了实际销售业绩的证明，关键还在于对品牌定位与品牌身份的考虑。如果企业没有建立起完整的品牌身份系统，品牌定位不明确，就不能用通常的品牌延伸原则进行判断，而是应该随着品牌的发展，适时确定品牌延伸策略和方案，其过程中存在以下一些影响因素和风险。

（一）品牌延伸的影响因素

1. 母品牌的知名度和声誉

品牌延伸的目的是借助已有品牌的声誉和影响力为新产品迅速拓展市场，因此要求现有品牌要具有较高的知名度，并在消费者中有很强的影响力。只有这样，光环效应才会发生作用；否则，品牌延伸将存在很大的风险。

2. 母品牌的身份元素是否适用

品牌的身份元素除了品牌名称、标志、标志色、口号等这些外在形式，还包括价值诉求、顾客关系、使用者形象、性能、个性、服务、起源、情感、功能等多个内在的方面。品牌核心识别元素的延伸范围需要我们认真分析。

3. 品牌资产是否可转移

对于品牌延伸，品牌身份元素适用是不够的，只有品牌资产发生转移才能使延伸产品受益。由于视觉性质的品牌资产（如包装的色彩或设计）比较模糊，因此较难转移到新产品上。一般来说，抽象性资产比具象性资产更容易转移，情感象征性价值比实用性价值更易转移。

4. 服务系统和销售渠道是否相同

任何一个企业的资源均是有限的，而多元化发展必定导致有限资源的分散使用。因此，如果延伸产品的服务系统和销售渠道相同，则可以为企业集中资源配置，从而形成规模经济。

5. 新旧产品之间是否具有相关性

新旧产品具有相关性，可使消费者产生“合适”的感受。相关性可以从各个角度进行评价。

（二）品牌延伸应注意的风险

品牌延伸好似一根“橡皮筋”，其优势和陷阱在一定范围内拉动，它具有很强的张力，但如果用力过头，则会绷断导致失败。常见的品牌延伸“陷阱”有如下六种情况：

1. 损害母品牌的形象。

2. 模糊母品牌定位。

3. 稀释母品牌个性。

4. 产生心理冲突。

5. 跷跷板效应。它是指一个名称不能同时代表两个完全不同的产品，当一种地位上升时，另一种地位就要下降。

6. 错过开发新品牌的机会。以品牌延伸的形式推出新产品，意味着公司放弃了创建一个拥有自身形象与资产的新品牌的机会。同时，如果要求延伸品牌和原有品牌的价值承诺及形象保持一致，那么延伸品牌的定位灵活性会受到较大限制。

三、品牌延伸的策略

品牌延伸包括两种基本类型：水平品牌延伸和垂直品牌延伸。水平品牌延伸又可以分为产品线延伸（近延伸）和特权延伸（远延伸），也可以称为相关延伸和间断延伸。垂直品牌延伸又可分为向上品牌延伸和向下品牌延伸。

（一）水平品牌延伸策略

水平品牌延伸是指将公司既有品牌运用到与原产品类别相似或无关的新产品上，包括产品线延伸和特权延伸。

1. 产品线延伸

产品线延伸是指将母品牌运用到与原产品同类但针对新细分市场开发的新产品上，往往借助于技术上的共通性进行延伸。新产品与原产品相似度高，延伸距离较近，因而又被称为近延伸（或相关延伸）。比如，光学品牌可以延伸到复印机上，运动品牌可以延伸所有满足运动需求的产品。这意味着延伸与最初的产品领域相接近，品牌伞所覆盖的范围较狭窄。

2. 特权延伸

特权延伸是指将母品牌运用到与原产品类别完全不同的产品上，抛弃了产品之间技术上的亲密关系，由于延伸距离较远，又被称为远延伸（间断延伸）。一些零售品牌则可能覆盖了整个消费品领域乃至耐用品。这意味着延伸远离品牌原有的最初领域，品牌伞所覆盖的产品范围较宽广。

（二）垂直品牌延伸策略

垂直延伸是指把既有品牌引入与原产品同类的新产品，但价格或质量与原产品差别较大。垂直品牌延伸也是吸引新顾客群体的常用方法，它包括向上延伸至高端细分市场，或向下延伸至价值敏感细分市场。

1. 向上延伸

向上延伸是指品牌试图进入一个产品利润更高的细分市场，以更高成本换取更高收益。此外还有一个目的是通过高端产品的口碑，证明价格溢价的合理性，从而增加品牌资产，促进低价产品的销售。同时，品牌的高端产品通常能带来积极的品牌联想，从而提升品牌形象。向上延伸的风险：一是品牌可信度不高；二是品牌沉迷于遵守高端细分市场的标准而失去了固有的独特性；三是消费者可能因为新价位不符合自己对该品牌的价格预期而拒绝品牌延伸产品，并使母品牌形象受损。

2. 向下延伸

向下延伸是指品牌试图使自身更易被消费者获得。向下延伸的目的是希望通过低价产品和品牌知名度增加销量。向下延伸的风险：一是品牌被稀释，即高端品牌的某种核心价值遭到损害；二是低价格可能给母品牌带来不良影响。

四、品牌延伸的优缺点

对于大多数公司来说，问题不是品牌是否应该延伸，而是该何时、何地以及如何延伸品牌。精心策划、良好实施的品牌延伸有许多优点，这些优点大致有两类：能提高新产品的可接受度；能为母品牌和公司提供回馈利益。但品牌延伸同时也存在不少缺点。品牌延伸的优缺点见表 5-1。

表 5-1 品牌延伸的优缺点

优点	缺点
1. 提高新产品的可接受度 ①提升品牌形象，减少消费者的风险感知 ②增加分销和试销的可能性，提高促销费用的使用效率 ③降低产品导入及后续营销活动的成本，减少创建新品牌的成本 ④提高包装和标签的使用效率，满足消费者的多样化需求 2. 为母品牌和公司提供回馈利益 ①明确品牌含义，提升母品牌形象 ②吸引新顾客，扩大市场覆盖面 ③激活品牌，为后续延伸作铺垫	1. 可能使顾客感到困惑或遭受挫折 2. 可能遭到零售商的抵制 3. 可能失败并损害到母品牌形象 4. 可能成功但侵占了母品牌的销售 5. 可能成功但削弱了品类的认同 6. 可能成功但损害到母品牌形象 7. 可能稀释母品牌的含义 8. 可能错过开发新品牌的机会

每一种延伸都会对品牌和品牌资产产生影响，形成一条从最成功到最糟糕的品牌

延伸频谱。为此，我们要认真思考如下的问题：什么样的品牌延伸方式是借着现有品牌最容易达成的？什么样的品牌延伸方式最可能帮助现有品牌？什么样的品牌延伸方式最可能损害现有品牌？一个多产品品牌的哪些特质能给每个产品以最佳的竞争定位？

第三节　品牌联盟

在商业中，品牌培养需要耐心、勇气、财力、物力等多方面长时间的投入。通过品牌联合，一方面，可以利用其他品牌的优势立刻实现本企业品牌的相关性、可信度、差异性，并充满活力，从而降低进入某些细分市场的成本，是为“品牌联盟”；另一方面，可以利用自身品牌的专长，更好地发挥品牌的杠杆作用，产生收益，是为“品牌授权”。第三节和第四节就为大家介绍一下商业里的“合纵连横”之术。

一、品牌联盟的基本概念

品牌联盟是指品牌与品牌之间通过合作形成联盟，经过精心设计，创造出新价值或新成果，包括产品、服务或公司，实现双方或多方利益的目的。

在传统模式中，品牌或企业的联合或合作通常发生在相似或相关行业间，或者是产业链上下游之间，体现的是垂直思维。在现今，更多的是跨界合作，合作品牌各自所处的品类、行业或领域，彼此跨度大、相似性小，甚至看起来毫不相干，但运用创新性的水平思维，可以找到联结点。这些大胆创新的做法，与消费者对老字号品牌的刻板印象对照，形成了极大的反差，从而引发人们热议和关注，取得了显著积极的市场成效。

二、品牌联盟的基本特征

品牌联盟包含多种形式，如交叉推广、营销合作、品牌合作等，而品牌跨界联盟就是品牌联盟的一种独特形式，它是指两个不同行业品牌间的联盟。品牌联盟是否成功，基于消费者对合作品牌之间的感知匹配度上的评价，对不同产品类别之间、品牌之间以及品牌来源国之间的匹配的看法都会影响消费者评估。因而，当代品牌联盟一般要具备以下三个基本特征：

（一）产品相互匹配

跨界联盟可以分为三种合作形式，其中之一为产品跨界策略。它是指联盟发生在不同的产品类别之间，能够为公司创造新的卖点。而产品匹配度的感知是指消费者对品牌跨界联盟下两个合作产品类别之间的相关程度及对应关系的看法。

在关于品牌延伸和品牌联盟领域的研究中，阿克和凯勒提出了以互补性、可替代性、可转移性三个维度来衡量两种产品之间的匹配度。

在品牌联盟中，产品匹配度主要与互补性和可替代性有关。互补性表示当两个产品类别联合起来以满足某些特定的市场需求时，消费者将一种产品类别视为另一种产品类别的补充品的程度。可替代性是消费者将两种产品类别视为替代品的程度，这些替代品往往具有共同用途以满足相同的需求。如果消费者可以很容易地想象在某种情况下同时使用两种不同类别的产品，他们可能会认为两种产品类别的品牌联盟是很自然的事。因此，两种不同产品之间的互补性和可替代性会影响消费者对品牌跨界联盟匹配度的认知。

（二）品牌相互匹配

品牌匹配度是指品牌形象和合作品牌声誉的匹配程度。帕克等人将品牌匹配度定义为概念一致性，认为其反映了品牌和合作伙伴品牌之间的形象相似性、认为其抽象意义和利益具有一致性。其衡量标准包括品牌形象、品牌联想、品牌个性和品牌声誉四个方面。

在不同类型的品牌联盟中，成分品牌较为常见，即其中一个品牌的关键属性混合到另一个品牌中作为联盟品牌的一部分。嵌入的合作伙伴品牌的成分增强了主品牌的形象，成分品牌也通过向消费者发出高度认可主品牌的强烈信号，帮助建立积极的合作品牌形象。当品牌相互联系性较强时，品牌形象可以从一个品牌转移到另一个品牌。

（三）品牌来源国相互匹配

来源国效应涉及如何看待来自某个特定国家的产品的方式，这体现了产品信息对产品购买者的评价、态度和购买意愿的影响。因此，如果两个品牌来源国的形象匹配度较高，消费者可能对主品牌和合作伙伴品牌形成良好的态度。相反，如果消费者认为这两个品牌来源国的形象匹配度不高，则可能会出现不利的态度。通常在汽车品牌中，消费者乐于接受品牌来源国的品牌联盟。

三、品牌联盟的主要优缺点

表5-2总结了品牌联盟的主要优点与缺点。品牌联盟的主要优点是：一个产品涉及多种品牌，可以使其定位更独特和更具说服力，同时，也可以为一个品牌建立更具吸引力的差异点或共同点。因此，品牌联盟不但能在现有目标市场上增加产品销售，还能开辟新的渠道，开发新的消费群。

表5-2　品牌联盟的优点与缺点

优点	缺点
优势上的互补	容易失去控制
能利用本不具有的品牌资产的杠杆效应	面临品牌资产被稀释的风险
降低产品的导入费用	负面反馈效应
将品牌含义扩展到相关品类中	品牌缺乏聚焦和清晰度
扩展品牌含义	公司注意力分散
增加接触点	
增加额外收入的来源	

因为两个著名品牌形象的结合能增加顾客的潜在接受意愿度，所以品牌联盟还能降低产品的市场导入成本。同时，品牌联盟也是企业了解其他公司如何获取顾客的一种有效的方法。对于差别化不显著的品类而言，品牌联盟还是其创建特色产品的一种重要手段。

品牌联盟潜在的不利因素为：在消费者心目中一个品牌与另一品牌结成联盟时会导致风险和控制力的削弱。在联盟过程中，如有不尽如人意的表现会对所有相关的品牌产生不利影响。如果联盟品牌都非常优秀，也会让消费者产生疑惑，不太确定每个品牌代表什么。如果某一品牌签订了多个品牌联盟协定，则会带来过分暴露的风险，使品牌联想的效应稀释；同时，还可能造成与现有品牌核心诉求的偏离。

第四节　品牌授权

一、品牌授权的基本概念

品牌授权和品牌特许是基于品牌及相关财产权利，通过合同和法律约束，借助商业合作和运作，使得授权方和特许方、被授权方和被特许方都获益的品牌经营模式。从本质上讲，这种做法是一个公司租借他人品牌帮助自己的产品创建品牌资产的一种方法。由于这是创建品牌资产的一条捷径，所以，品牌授权许可的做法日益普遍。

品牌授权和品牌特许经营都涉及知识产权。知识产权是用以保护有著作权的产品、商标、专利发明及商业秘密等人类智力劳动创造成果的无形财产权利。知识产权的形式众多，涵盖音乐作品、文学作品、美术作品、设计作品、专利、商标、标识等。广义的授权意味着一项知识产权的所有者授予他人使用该知识产权，以换取对方履行某种形式的承诺（即对价）或者支付某种费用。当一个企业的品牌成为标的物，它通常被称为狭义的“品牌授权”。特许经营也涉及对品牌产权使用的特许，但还涉及更广的商业经营约束。

在经营和管理得当的前提下，品牌授权和特许经营是提升品牌价值的重要路径。两者虽有共同之处，但在经营模式上存在基本差异。

（一）品牌授权

品牌授权是指品牌所有者（许可方）通过签订协议，生产推广、分销或销售使用该品牌名称的产品等方式，授予另一家公司（被许可方）使用该品牌的权利。作为对品牌授权的回报，品牌所有者通常会收到一笔版税，数额一般按通过授权资产产生收入的百分比，即版税税率确定。它是企业部署有价值资产以产生收入的一种手段，也使企业能够保护国际市场中的品牌，甚至可以帮助提高品牌在新市场的资产。

授权经营协议通常与国际扩张目标有关。在一些情况下，授权方没有资源独自渗透到一个新的市场中，就会寻找一个熟悉该市场并在该地区有既定基础设施的“合作伙伴”。从被授权人的角度来看，授权经营协议可以为其提供获得无形资产利益的机会；否则，对其来说，存在很难克服的障碍或壁垒，付出的成本也非常高昂。

许可方投入可以提供价值的资产、品牌和其他支持，而被许可方利用其知识和资源与许可品牌开展业务。由于双方都提供了有价值的投入，品牌授权的成功取决于这种安排是否符合双方的目标。目标不一致与信息不对称往往导致品牌授权存在潜在的双边道德风险。被许可方可能会以稀释品牌资产的方式行事，而许可方可能会逃避对被许可方的支持。因此，通过平衡双方的利益来控制机会主义行为的风险非常重要。

授权方可以通过激励或监督来控制道德风险：当知识产权保护程度较高时，授权方通过降低版税税率激励被授权方限制机会主义行为；当知识产权保护程度较低时，授权方投入更多的资金进行监督，当然也导致更高的特许权使用费。有研究表明，与国家相关因素相比，版税税率对品牌实力（如品牌声誉和许可方能力）的依赖性可能更小。当被许可方市场的知识产权水平越高时，许可方所提供的版税税率越低。

（二）特许经营

特许经营是特许人和被特许人之间的一种合同安排，通过使用操作手册、场地审批人事政策、会计程序、合作广告、运营培训等手段对被特许人的运营进行全方位控制，连锁经营是其开展业务最主要的方式。用特许人的商标、商号、专利和商业模式经营企业。因此，特许经营往往涉及比许可证和强制性费用更严格的报告要求。相比之下，品牌授权的被许可方在业务活动方面拥有更多的自主权。

特许经营是一种持续的关系。在这种关系中，特许经营商向被特许经营商提供特许经营的特权，并在组织、培训、商品销售、营销和管理方面提供帮助，以换取金钱报酬。特许经营是一种商业形式，产品、服务或方法的所有者（特许经营商）通过加盟商获得分销。

随着许多特许经营服务的国内市场趋于饱和，更多的特许经营商将寻求国际市场来维持其增长。因此，对于特许经营商来说，确定国际特许经营所需的关键能力至关重要。很显然，国际特许经营需要一套不同于国内特许经营所需的特定能力，这些能力涉及动态管理能力与行政效率理论和风险管理理论。在这两个领域中，国际发展需要的具体技能包括距离管理、文化适应性、东道国政策评估和汇率管理。

在品牌授权中，授权方的目标包括保护和提升品牌，同时赚取额外收入。在特许经营中情况与此类似，许可方的目标是保护品牌，以确保品牌不被稀释。在表5-3中，总结了品牌授权与特许经营的差异。

表5-3 品牌授权与特许经营的差异

类别	品牌授权	特许经营
概念界定	指拥有一个品牌的公司（授权方）与另一个公司（被授权方）签订协议，以生产、推广、分销或销售使用该品牌名称的产品的过程	指特许人和被特许人之间通过合同安排，使用特许人的商业模式经营业务
商业模式	品牌授权不涉及采用商业模式，可能涉及授权方熟悉和不熟悉的产品品类和市场	特许人对被特许人有更多的控制权，而被特许人必须完全采用特许人的商业模式
管理方式	被授权方在其业务活动中获得了更多自主权，通常涉及使用品牌进入不相关的业务领域	特许人通过使用经营手册、场地审批、人事政策、会计程序、合作广告、运营培训等手段，对加盟商的经营进行管理控制
收益来源	授权方的收益通常仅限于收取监督授权的正确使用和特许权使用费	通过特许人对被特许人的经营进行控制获得收益

二、被授权企业的选择标准

品牌授权的基础是开发品牌形象并维持该品牌形象的知名度和地位，品牌授权人对被授权方的管理主要是授权商品的品质控制，不能让低劣的商品影响品牌的形象。在进行品牌授权时，授权人主要关心的是质量要达到标准，而且品牌要能被正确地使用。因而，对被授权方的选择十分慎重。具体来说，要考虑以下三个方面的因素：

（一）考察合作者的资金实力

潜在合作者的资金实力将是至关重要的考察因素。如果没有雄厚的资金实力，那么它就不可能承担起对品牌资产的建设和提升的重任，而只会从品牌原有价值中分享利益。

（二）是否拥有经营团队

即使投资者拥有资金，如果其没有操作过实业，或者不拥有一支成熟的经营团队，对品牌的运营也难以成功。

（三）授权方和被授权方企业文化的相互包容性

由不同文化理念的多个企业共同经营同一个品牌，而且这种合作的各方又是独立自主的，其结果就会使同一个品牌逐渐地演变出不同的品牌形象，甚至是相互排斥的品牌形象。如果出现这种情况，可想而知，品牌的终结也就不可避免。因为文化理念的不同决定了经营理念的差异，而经营理念的差异必然对产品的质量、市场推广的行为以及服务的品质等产生较大的冲击，从而容易导致市场对品牌认识的混乱，最终会削弱品牌的影响力。

三、品牌授权的风险

对于社会而言，品牌授权（特许）经营能刺激投资及鼓励善用资源，它的生命力在于它是一种“双赢”的经营之道。

对于授权方来说，可以借之在短时间内扩大经营规模，扩大市场占有率并巩固品牌地位，同时也享受到自己对品牌投资的回馈。对于被授权方来说，无需行业经验，只需一定资金，凭借总部的成功经验、技术和商誉，就能够大大减少和降低进入某个行业的障碍和风险，增加成功机会。总之，品牌授权（特许）经营能够将不同的投资者组成一个团体，在竞争中壮大力量，使其掌握主动权。通过品牌授权，授权方可以获得一定的收益，并对品牌知名度的提升产生积极的影响。但同时，品牌授权也存在着一些不可预知的风险。

（一）授权监控的风险

被授权者是通过购买的方式获得品牌使用权，所以被授权者必须考虑投资的短期收益，不会注重品牌的维护与发展，因此很可能出现一些短期行为。同时，无法对具体的授权企业进行产品质量上的监督，一旦出现质量问题就会危及整个品牌。

（二）授权产品冲突的风险

某些授权产品由于企业长期经营战略及实际操作的结果，消费者已经在某一领域认同了该品牌，使其可延伸性变弱，在这种情况下，如果授权产品与原有产品的关联性较差，甚至产生抵触，就会使消费者产生心理不适，有损原来的品牌形象。

（三）被授权方不正当使用授权品牌的风险

被授权方与授权方在签订授权协议后不能按照协议的约定对授权品牌进行正当使用，引发与知识产权相关的违约或者侵权等纠纷。

（四）商业风险

被授权方未经授权方同意，泄露或者不正当使用特许人的商业秘密等，给特许人造成损失。特许经营合同到期后，被授权方继续使用授权方的商标、企业标志、专有技术等知识产权，引发与知识产权相关的违约或者侵权等纠纷。因授权方未对被授权方的经营管理进行妥当、有效的管理，或者被授权方未经授权方同意，向他人转让特许经营权等，将导致授权方的品牌的商业信誉和商品声誉降低。

因此，在品牌授权（特许）经营管理中，对于授权方来说，需要建立起自己稳固的事业基础，包括成熟的产品、服务和管理经营，以及有力的品牌形象。对于被授权方来说，要求有良好的道德品性，恪守总部的经营规范，双方都必须具备精诚合作的精神。

【本章小结】

企业的竞争战略脱胎于军事战略，包括企业管理也是从军队管理思想里面发展出来的。但军事对抗和企业竞争有着本质的区别。军事对抗中没有双赢，但是企业竞争不一样，市场是无限的、是发展的、是变化的，甚至可以说市场是多空间的，随时可以有新的市场被创造出来。因此，兵法中“知己知彼”的“彼”，在商战中并不是指我们的竞争对手，而是指顾客。在商业竞争中，想要做好经营，最重要的就是了解顾客，不要被竞争对手把我们的思维带走，要聚焦于研究顾客、研究自己，专心搞研发，以此来设计我们自己的商业战场。在市场经济不断发展的今天，品牌代表着企业拥有的市场，也代表着企业的实力，就如军事战争里的战场一样，是我们企业发展的核心武器。因而，品牌经营的发展也遵循着兵法相关的战略战术原则。

兵法的第一原则是：以多胜少，要压倒性投入。品牌扩张就是在市场上排兵布阵，当面对消费者不断发展的多元化需求时，只有压倒性地投入，开发出足够强大的产品或品牌，才能留住和扩大我们的客户数量。因此，品牌扩张是企业发展、品牌壮大的有效途径。众多企业利用品牌扩张使销量增加、企业壮大，获得了很好的经济效益和社会效益。但品牌扩张不能毫无方向地盲目开展。首先要具备一定的资源协同条件，有共同的主要成分、相同的销售渠道、相同的生产与服务系统、相似的消费群体、技术上密切相关、质量档次相当；其次要充分利用消费者的“锚定效应”心理，形成与原有品牌的相关联想，才能起到事半功倍的效果，从而顺利地进行，并获得成功。品牌扩张策略按照品牌与产品的关系及扩展方向，大致可分为三种：单一品牌策略、多品牌策略、复合品牌策略，它们各有优点，有着不同的适用条件。

“以正合，以奇胜”，正奇分兵是一个基本的战术原则，即分战法，战斗一定要分兵。在激烈的市场竞争环境中，消费者的兴趣不断变化，促使企业不断超越自我，只有不断创新技术以推出新产品才能保持品牌的现代化，而传播费用的不断增长，要求企业必须把有限的力量集中在少数几个强势品牌上，是为“正”。将成功的品牌延伸到新产品上，可以节约时间、费用，降低风险，是为“奇”。品牌延伸包括产品线延伸和产品类别延伸，对于品牌延伸效果的评价，关键在于对品牌定位与品牌身份的考虑。企业只有建立起完整的品牌身份系统，才能运用品牌延伸原则进行判断。适时确定品牌延伸策略和方案，其过程中存在一些风险。我们在此给出了相关的阐述，并介绍了品牌延伸策略包括的两种基本类型——水平品牌延伸和垂直品牌延伸，及其各自的优缺点。

从战略理念来说，兵法上是主张不战的，实在要战，也要尽量降低战争的成本。在商业中，品牌需要培养，需要耐心、勇气、财力、物力等多方面长时间的投入，“品牌联盟”和“品牌授权”就是商业里的“合纵连横”兵法之术。

通过品牌联合，一方面，可以利用其他品牌的优势立刻实现本企业品牌的相关性、可信度、差异性，并充满活力，从而降低进入某些细分市场的成本，是为“品牌联盟”。品牌联盟是否成功，基于消费者对合作品牌之间的感知匹配度上的评价，其实现的基础要具备 3 个基本特征：产品相互匹配、品牌相互匹配、品牌来源国相互匹配。同时，掌握品牌联盟的优缺点，可以更好地为品牌联合服务。

另一方面，品牌联合还可以利用自身品牌的专长，赋能其他品牌，更好地发挥品牌的杠杆作用，产生收益，是为“品牌授权”。品牌授权（特许）经营能刺激投资及鼓励善用资源，其生命力在于它是一种“双赢”的经营之道。从本质上讲，它是一个公司租借他人品牌帮助自己的产品创建品牌资产的一种方法是创建品牌资产的一条捷径，但它们在概念界定、商业模式、管理方式及收益来源等方面存在着差异，在工作实践中要根据具体情况加以应用。对被授权方的选择要十分慎重，要考虑合作者的资金实力、经营团队、企业文化的相互包容性，要尽可能地规避相关风险。被授权方和授权方双方都必须具备精诚合作的精神。

【技能训练】

以 5~6 人为一个小组，收集某行业（企业）因为品牌发展战略或战术取得成功或失误的案例，并分析其成功或失败的原因。

练习题

一、单项选择题

1. 在商业中“知己知彼”的“彼”，是指（　　）。

A. 竞争对手　　B. 顾客

C. 渠道商　　D. 经销商

2. 在品牌扩张中，关于多品牌策略，下列说法不正确的是（　　）。

A. 多品牌策略有助于企业全面占领一个大市场，满足不同偏好消费群的需要

B. 多品牌策略有利于提高企业抗风险的能力

C. 多品牌策略是企业实施“货架策略”经营的有力抓手

D. 多品牌策略可以为企业节约宣传成本

3. 《孙子兵法》中，“以正合，以奇胜”的“奇”是指（　　）。

A. 多余的部分　　B. 出奇制胜

C. 绝妙的计谋　　D. 奇特的想法

4. 品牌延伸包括哪些基本类型？（　　）

A. 相关延伸和间断延伸　　B. 近延伸和远延伸

C. 水平品牌延伸和垂直品牌延伸　　D. 向上延伸和向下延伸

5. （　　）是品牌联盟的核心。

A. 获取顾客

B. 双方在各方面的合作具有一定的互补性

C. 降低产品的市场导入成本

D. 创建特色产品

6. 在品牌授权中，下列不是被授权企业选择标准的是（　　）。

A. 合作者的资金实力

B. 是否拥有经营团队

C. 授权方和被授权方企业文化的相互包容性

D. 合作者的技术水平

二、多项选择题

1. 军事对抗与企业竞争的本质区别是（　　）。

A. 军事对抗是零和游戏　　B. 企业可以不断地创造出来新市场

C. 军事可以不断地创造出来新市场　　D. 企业竞争是零和游戏

2. 品牌扩张的意义有（　　）。

A. 品牌扩张的意义

B. 借助品牌忠诚，减少新品“入市”成本

C. 提高市场占有率

D. 增强企业实力，实现收益最大化

3. 品牌扩张的策略有（　　）。

A. 单一品牌策略　　B. 多品牌策略

C. 复合品牌策略　　D. 以上都不是

4. 品牌延伸的影响因素包括（　　）。

A. 母品牌的知名度和声誉　　B. 母品牌的身份元素是否适用

C. 品牌资产是否可转移　　D. 服务系统和销售渠道是否相同

E. 新旧产品之间是否具有相关性

5. 品牌联盟的基本特征有（　　）。

A. 产品相互匹配　　B. 设计元素相互匹配

C. 品牌来源国/地区相互匹配　　D. 品牌相互匹配

6. 品牌授权的风险主要包括（　　）。

A. 授权监控的风险

B. 授权产品冲突的风险

C. 商业风险

D. 被授权方不正当使用授权品牌的风险

三、简述题

1. 品牌扩张需要具备的条件有哪些？
2. 品牌延伸应注意的风险有哪些？
3. 简述品牌联盟的主要优缺点。
4. 简述品牌授权与特许经营两种营运方式的差异。

四、论述题

论述如何进行品牌延伸。

第六章 品牌全球化战略

【学习目标】

· 了解品牌国际化的概念、含义和意义。
· 理解中国品牌国际化存在的主要问题。
· 了解国际品牌本土化的具体措施。

【导入案例】中国品牌“李宁”走向世界

李宁公司成立于1990年，经过三十多年的探索，已逐步成为国际领先的运动品牌公司。李宁公司早期利用潮流的设计和“90后李宁”的新品牌定位吸引年轻消费者，但大幅度的涨价，引起新老顾客的反感。由于这一系列品牌营销上的错误战略，李宁吸取过往经验，采取“单品牌、多品类、多渠道”的营销战略，定位不同消费市场，涉足更多的专业体育领域，形成较为完善的品牌多元组合。继而在不断地实践与探索中，形成了一套适合自身的战略规划模式和营销体系。

2018年，李宁以“悟道”为主题首次参加了秋冬纽约时装周，完美融入时尚感，进入全新发展阶段。中国李宁积极推进原创性和潮流性，并且利用国际时装周走秀，在国内外大力造势，与国际时尚搭建起了稳固桥梁，这在中国运动品牌中当属首创。这让李宁得以重新转型，使公司组织运作畅通无阻，战略执行果断快速，品牌形象不断提升。在品牌的营销过程中，李宁公司注重品牌的打造和产品的升级规划，及充分的品牌推广和时机把握使其获得成功。

【思考与讨论】：你从李宁公司走向国际的案例中领悟到了什么？

第一节　品牌国际化概述

一、品牌国际化的概念和含义

（一）品牌国际化的概念

品牌国际化就是企业利用对方国的资源与市场，通过相应的品牌营销活动树立自己的品牌形象，实现跨国经营的过程。其直接目的就在于通过跨国经营，创建国际品牌，使该品牌产品在多个国家研发、生产和销售。

品牌国际化必须以消费者为导向，更多地着眼于国际目标市场。要求企业必须有国际视野和品牌国际化的战略规划，尊重国际规则、目标国的法律法规和民族文化及宗教信仰，必须解决国际消费者的语言、认知、评价和接受等问题。因此需整合各种营销手段和方式，从产品质量、企业形象、原产地等各个方面建立强有力的独特联系。企业必须有计划、成体系的整体推进，才能在国际市场建立品牌资产。

【知识拓展】

严格说来，“品牌国际化”要经历跨国经营、国际化与全球化三个阶段，三者既有区别，又有必然联系，它们的区别主要为：其品牌的市场营销目标、销售区域、影响力、辐射范围、时间长短等有所不同。一般在本土品牌塑造成功的企业，大都希望能走出国门去开展生产经营、市场营销活动，实现跨国经营。跨国经营是品牌国际化的初始阶段和必经过程，当品牌跨国经营范围覆盖了全世界的多个国家和地区，便可称之为国际品牌。品牌国际化又是品牌全球化的必经过程；只有品牌影响和覆盖了全世界绝大多数国家和地区，方可称之为全球品牌。为方便称谓、表达和理解，一般将品牌由跨国经营到全球化经营的过程称为“品牌国际化”。品牌国际化必然有另一个不可回避的概念，即“本土化”经营。

（二）品牌国际化的含义

改革开放以来，我国取得了举世瞩目的成就，但增长总会有尽头。如果企业想要继续扩张，就必须走出国门，实现国际化，甚至全球化。

品牌国际化首先是一个区域性和历史性的概念，即品牌由本土向国外延伸和扩张的长期过程。品牌国际化不可能一蹴而就，而品牌全球化更漫长，它需要企业付出几年甚至几十年的艰苦努力，才能真正完成国际化的目标。所以，将品牌的国际化视为一种短期的提高销售量和经济效益的应对策略是不完全正确的。

品牌国际化有不同的形式，最低级的形式是产品的销售，即品牌的输出；较高级的形式是资本的输出，即通过在品牌延伸区域投资建厂，以达到品牌扩张的目的；最高级的形式是通过无形资产的输出，即签订商标使用许可合同等形式，实现品牌扩张的目的。从全球经济发展趋势来看，发达国家企业基本完成了由商品输出到资本输出，再到品牌输出的过渡。其中，风险最小、回报最高、最理想的方式是品牌输出方式。

（三）品牌国际化的意义

全球经济一体化促成了品牌国际化，品牌国际化又加快了全球经济的融合。实现品牌国际化，是品牌发展的高级阶段，它可以为企业带来无穷的益处。首先，国际性品牌意味着其产品的发展已经迈向市场的高级阶段。同时国际性品牌也可以向市场彰显拥有该品牌的企业所具有的雄厚实力，更为重要的是可以向市场证明该品牌已被多国消费者所广泛接受，可以让顾客产生强烈的品牌信任和丰富的品牌联想，因而常常拥有众多追随者和忠诚者。其次，国际性品牌因在全球拥有庞大的消费群体而常常成为市场的领导品牌，从而具有巨大的市场潜力和品牌溢价，可以为企业赢得巨额利润。最后，国际性品牌可以使企业在市场竞争中处于居高临下的有利地位，在商务谈判过程中拥有更多筹码。世界著名品牌专家凯勒对品牌国际化的问题做过卓有成效的研究，他认为，实施品牌国际化战略可以为企业带来四个方面的优势：

1. 实现生产与流通的规模经济

从供应方面来看，品牌国际化能持续大量生产和大量流通的规模效应，降低成本，提高生产效率和经济效益，促进企业持续稳定发展。

2. 降低营销成本，实现效益最大化

企业通过实施品牌国际化战略，在各国实施统一的品牌化行动（如包装、广告、营销等），以分散、降低营销成本。

3. 扩大影响范围，获得顾客忠诚

全球性品牌向世界各地的消费者传达它们的产品质量是值得信赖的，品牌产品在全球范围内畅销，深受广大消费者的欢迎，有忠诚的顾客群，说明该品牌具有强大的专业技术能力。消费者在世界各地都能选购这样的品牌，说明该品牌具有很高的信誉，能给顾客带来消费和售后等多种便利。

4. 知识的迅速积累、传播和运用

品牌国际化能加速知识的迅速积累、传播与运用。如在某一个国家产生了一个好的构想、建议或知识，能迅速广泛地被吸取或利用。企业可以在全球范围内汲取新知识、新材料和新工艺，并不断改进，以提高企业的整体竞争力。

二、中国品牌国际化存在的主要问题

在我们思考中国品牌的国际化道路的时候，首先对中国品牌在中国的生存现状进行剖析或许会很有意义。

第一，战略不够清晰。中国企业在海外扩张过程中部分企业缺乏清晰完整的战略规划和战略目标定位，有的企业国际化单纯是为了名誉、名声。

第二，理念和价值观存在差距。

第三，缺乏国际化人才。国际化既需要国际化的专业技术人才，更需要国际化的管理人才。

众所周知，品质是企业的生命，品牌是企业的灵魂。从消费者感知品牌价值的过程来看，我们相信品牌塑造的工作开始于产品设计的环节，并贯穿企业各项生产、经营和管理活动的全过程。品牌建设已经不再是孤立的市场营销手段，而是多部门、多层次、多学科的任务。

对比中国的情况，虽然中国企业的领导都很重视品质和品牌，但由于我国市场经济的时间还不长，缺乏品牌塑造的专业化、系统化的国际人才队伍支撑。企业缺乏体系化的品牌战略规划，往往把“树品牌”等同于请平面设计师设计标志、商标、包装或请明星代言、在媒体广告宣传等局部某些环节。罗兰·贝格咨询公司对15家中外电子及高科技企业的调查表明，外国企业对品牌资产的重视程度明显高于国内企业。

第四，中国企业普遍缺乏核心竞争力。我国企业自主创新投入严重不足，尚处于全球产业链的中低端，主要还是靠规模、廉价劳动力和拼资源消耗等支撑。难以满足欧美发达国家高成熟度的市场环境对品质和品牌差异化的要求。

第五，经营决策机制落后。企业在国际化过程中，必须对目标国进行全面的调研、论证，以降低风险。然而现实是有的企业在国际化过程中显得比较草率，要么凭感觉、道听途说，要么走马观花式的论证，既不专业，也不全面。

第六，在中国形成的品牌价值难以复制到发达国家市场。

罗兰·贝格咨询公司曾经进行的一项调查发现：中国年轻消费者及相对高收入消费者仍然更加钟情于国际品牌。绝大多数消费者认为，如果在全部条件相近似的情况下（如相同价格、质量、款式、技术等），他们会选择国际品牌的产品。同时，国际品牌更加让消费者感觉到品质优良、性能卓越，也更加有身份感。

出现这种结果的主要原因是：众多国内企业虽然在品牌方面进行了大量的投资，形成了响亮的品牌口号或精美的广告宣传，但是品牌的定位、品牌形象、核心价值仍然较为模糊，没有形成鲜明的品牌个性。

中国企业在品牌塑造的时候，其核心诉求点仍然集中于较为基础的元素，突出产品优良的品质、可靠的质量或高水平的服务。而欧美发达市场由于长期的发展和充分的竞争，已经超越了以品质取胜的阶段，可靠的品质保证早已经成为企业参与竞争的前提，对品质的追求不过是使得中国企业与国际竞争对手站在同样的起跑线上，却无法成为差异化的成功因素。服务也由于价值链的不断细分，早已经成为独立的领域，不再简单依附于产品的销售。

国内部分品牌虽然在国内市场取得成功的差异化优势，在技术、创新等方面得到了国内消费者的认可，形成了自身品牌的价值，但如果进入国外市场，由于缺乏形成同样价值的条件，这些价值根本无法复制或者移植到其他市场中去。

由于国内外在这些方面所存在的差距，中国企业在品牌国际化方面势必遭遇很大的困难。

三、国际品牌的本土化

国际品牌本土化是指企业开拓新的国际市场时，培养本土人才、适应本地文化、进行本土经营的行为过程。国际品牌本土化的一般做法包括以下五个方面：

1. 从输出产品到输出资本，再到输出品牌

从最初的产品渗透，到资本输出，再到今天的品牌输出，可以说，国际品牌在中国的布局已经基本完成。对最高端技术和著名品牌的控制，使得这些国际品牌可以通过专利权和品牌使用权，获取高额利润。

2. 全球一致的理念

不管在什么国家，都会输出一致的理念，以共同支撑起统一的全球品牌形象。

3. 名称本土化

国际品牌进入中国，都会取一个中国化的名字，以适应中国的消费者，而中国的品牌进入国际市场，同样也会取一个国际化的名字。这是品牌本土化的最直观体现。

4. 人才本土化

为了适应本地的社会文化环境，跨国企业在中国设立分支机构，一般只派出少量的外籍主管人员，其余人员都是从当地聘用。这既可以减少成本，帮助当地政府解决就业问题，还可以使营销、广告等行为更加地道。

5. 营销本土化

广告、促销、公关等行为，尽量迎合本地的风俗习惯，以获得本地民众的喜爱。

第二节　品牌全球化营销

一、全球化品牌战略

（一）全球化趋势不可挡

托马斯·弗里德曼在其论著《世界是平的》中陈述：全球化不可避免，应该拥抱全球化。我国2001年加入世界贸易组织（World Trade Organization，WTO），国内一些企业也在全球市场获得了一席之地，而更多的中国企业正在走出国门，布局全球市场。

（二）全球化价值链

在一个全球化的行业领域，竞争者在地域市场和国内市场的战略地位受其在全球市场地位的影响。相比纯粹的国内企业，全球化的公司往往能获得更多的研发、生产、物流、营销和财务方面的优势。全球化影响了消费品的流向，因此对于当今的现代企业来说，全球营销工作至关重要。它可以决定公司如何运作，以及如何与利益相关者和员工沟通。

【延伸阅读】世界贸易组织（WTO）

世界贸易组织简称世贸组织，是一个独立于联合国的永久性国际组织，总部位于瑞士日内瓦。

WTO的基本职能是制订和规范国际多边贸易规则，组织多边贸易谈判，解决成员之间的贸易争端。它是贸易体制的组织基础和法律基础，还是众多贸易协定的管理者、各成员贸易立法的监督者以及为贸易提供解决争端和进行谈判的场所。

该组织是当代最重要的国际经济组织之一，其成员之间的贸易额占世界的绝大多数，因此被称为“经济联合国”。

该组织前身是1947年10月30日签订的关税及贸易总协定；1995年1月1日，世界贸易组织正式开始运作；1996年1月1日，世界贸易组织正式取代关税及贸易总协定临时机构；2001年12月11日，中国正式加入世界贸易组织；2003年8月30日，世贸组织总理事会一致通过了关于实施专利药品强制许可制度的最后文件。截至2023年7月底，世界贸易组织有164个成员和25个观察成员。

（三）全球品牌战略的概念

全球品牌战略是企业通过全球性布局，推出全球化品牌，使其在世界各地的营销活动实现一体化，以便获取全球性竞争优势。全球品牌营销有三个重要特征：全球运作、全球协调和全球竞争。开展全球营销的企业在评估市场机会和制定营销战略时，不能以国界为限，而应该放眼于全球，不仅要利用本国的资源条件和市场，还必须利用国外的资源和市场，进行跨国经营，即在国外投资、生产、组织和策划国际市场营销活动。

全球化的品牌战略是立足于全球市场发展自己的品牌，从而成为全球性知名品牌。大多数专家认为，一个成功的全球品牌应该具备以下两点：一是至少有一半的收入来自国外市场；二是大部分增长均来自这些全球市场。

二、中国企业“走出去”

（一）中国企业“走出去”发展历程

中国自改革开放以来，中国企业“走出去”大概经历了四个阶段：

第一个阶段：1978—1991年。在改革开放后，国外企业通过产品销售或合资等方式进入中国。从1979年到1989年，有超过2.1万家外国公司在中国开业，跨国公司的进入催生了中国的汽车、家电、饮料等现代产业的发展，并在无形中为这些企业日后走出国门、驰骋海外打下了基础。在这个阶段，中国本土企业走出国门进行海外投资只是零星出现，全球化经营的意识和实践水平都较低。

第二个阶段：1992—2000年。20世纪90年代，经济全球化浪潮以迅猛之势席卷全世界，中国企业全球化意识逐渐觉醒。20世纪90年代中后期，中国提出“走出去”，先后采取了一系列优惠政策和措施，鼓励中国企业走出国门，开拓海外市场。一方面，国内大量企业如雨后春笋般涌现；另一方面，中国企业海外投资活动日趋活跃，以海尔、海信、华为、万向、首钢等企业为代表的佼佼者开始远征海外。这个时期，直接出口仍是这些企业最主要的海外经营活动，其次是在海外建销售网、工程承包、合资等。这一阶段，中国企业在海外市场开拓，更多的是在摸索，没有经验，亦缺乏借鉴。

第三个阶段：2001—2007年。2001年12月，中国加入WTO，参与全球竞争成为企业发展的基调。2004年7月，正式出台的《国务院关于投资体制改革的决定》，取消了中国企业对外投资实施多年的审批制，为中国企业在世界范围内参与国际竞争提供了更为便利的政策环境。国内外形势的变化为中国企业全球化提供了重大历史机遇，中国企业对外投资开始出现爆发性增长。与此同时，大量企业纷纷走出国门，在世界市场上与国际企业同台竞争。这一阶段，联想收购IBM的个人电脑业务，使中国企业在国际市场上的知名度短时间内得到提升。中国企业在国际竞争中逐步加深了对“游戏规则”的理解，在有得有失的海外历练后，开始学会利用国际规则，超越一国的范围配置资源。

第四阶段：2008年至今。国际金融危机爆发后，“反全球化”逐渐发展成为“逆全球化”，其思想和主张在一些发达国家甚至开始影响政策。此时，我国政府在对外投资方面采取了国际国内“双管齐下”的方式，以开放与合作的态度不断融入全球经济体系。2015 年，中国企业对外直接投资实现历史性突破，位列全球第二，超过同期吸引外资水平，成为资本净输出国。这一阶段，阿里巴巴、华为、小米、Tik Tok 等中国企业全球化实现了全方位、宽领域的全面发展。

（二）哪类企业适合全球化战略

如果国内市场足够大，大部分公司宁愿留在国内。管理者不需要学习外国的语言和法律，不需要应对波动的汇率、不确定的政策和立法，也不用根据目标国的顾客需求和期望重新设计产品，在国内的商业活动既简单也安全。但常常有一些因素，是公司不得不走向国际市场的推力：

（1）国际市场比国内市场具有更好的获利机会。

（2）需要更多客户，以实现规模效应。

（3）需要降低对单一市场的依赖性。

（4）技术合作，持续创新。

（5）公司的顾客走向国际化，需要公司提供服务。

（6）互联网和交通大发展，企业的全球化更容易。

【小知识】跨境电商

跨境电子商务是指分属不同关境的交易主体，通过电子商务平台达成交易，进行电子支付结算，并通过跨境电商物流及异地仓储送达商品，从而完成交易的一种国际商业活动。

2018 年 10 月 1 日，财政部、国家税务总局、商务部、海关总署联合发文，明确对跨境电子商务综合试验区电商出口企业实行免税新规。2018 年 11 月 21 日，李克强主持召开国务院常务会议，决定延续和完善跨境电子商务零售进口政策并扩大适用范围，扩大开放更大激发消费潜力；部署推进物流枢纽布局建设，促进提高国民经济运行质量和效率。

2019 年 1 月 1 日，中国调整跨境电商零售进口税收政策，提高享受税收优惠政策的商品限额上限，扩大清单范围。

跨境电子商务作为推动经济一体化、贸易全球化的技术基础，具有非常重要的战略意义。跨境电子商务不仅冲破了国家间的障碍，使国际贸易走向无国界贸易，同时也正在引起世界经济贸易的巨大变革。对企业来说，跨境电子商务构建的开放、多维、立体的多边经贸合作模式，极大地拓宽了进入国际市场的路径，促进了多边资源的优化配置与企业间的互利共赢；对于消费者来说，跨境电子商务使他们非常容易地获取其他国家的信息并买到物美价廉的商品。

【案例】联想集团 从 Legend 到 Lenovo

2001 年，联想开始全球化发展步伐，却发现联想的英文名 Legend 在全球竟被 100 多家公司注册过商标，行业遍及娱乐、汽车等。此时联想再在海外继续使用“Legend”就是侵权了，不仅要赔款，而且十分有损品牌形象和声誉。为此，联想不得不耗费巨资，将使用已久、深入人心的 Legend 商标换上全新、陌生的 lenovo。

（三）全球品牌战略的优点

（1）规模效应。生产效率的提高和成本的降低，这些都来自产量和销量的增加。而全球市场能提供更多的消费者和更广泛的比较优势。

（2）更多信赖。全球品牌形象可以赢得更多消费者的信赖。在众多不同的市场上销售产品，意味着品牌实力雄厚、产品质量优良、使用维修方便。高档和知名的全球品牌还意味着社会地位和威望，并且可以使消费者显示出自己的身份和地位。

（3）更多创新。全球化品牌意味着不同的文化、不同消费群体、不同市场之间的交融，有利于品牌的创新。食品和饮料市场，全球化的品牌更能够较快地推出新产品、新的口味，就是得益于此。

（4）品牌一致性。在世界各地保持共同的营销平台，有助于维护品牌和营销的一致性，也能更好地降低营销成本，发挥品牌的最大效应。

（四）全球品牌战略的缺点

全球品牌战略也许会忽略不同国家间的文化差异。不同的意见认为，为所有的市场设计一套营销方案，会导致战略缺乏想象、效率低下。

（1）消费者差异。不同国家和地区之间在文化、宗教、经济发展水平、生活习惯和消费观念等存在差异，使得不同国家和地区的消费者行为存在差异。

（2）品牌元素理解的差异。国家间不同的语言会对品牌名称的理解有差异，不同的颜色喜好，不同的符号、手势理解，都会造成品牌元素理解的差异。

（3）产品生命周期的差异。在不同的国家，产品可能处于生命周期的不同阶段。在推出跨国品牌之前，了解产品品类所处的发展阶段至关重要。

（4）法律法规的差异。这是全球化品牌面临较多的挑战，是各个国家不同的法律限制。不同国家的产品质量标准不一样，英制国家和美制国家使用的计量标准也不一样，不同国家的广告法规、监管机构和机制也不同。

（5）营销渠道的差异。在不同国家一些基本的营销渠道条件也不相同，所以在不同国家实施统一的营销战略是很困难的。例如，分销渠道、在线购物、零售状况、智能手机、超市的普及、可利用的媒体以及媒体成本等都有可能存在明显不同。

第三节　创建和管理全球化品牌

一、企业的国际化营销战略

（一）决定进入哪些市场

决定实行全球化战略时，企业需要决定其营销目标和政策。哪部分国际市场能够带来利润？大部分企业最开始都是试探性进入国际市场。一些企业决定始终保持小部分国际化市场，一些企业则有更具雄心的计划。

（二）进入多少个市场

企业需要决定进入多少个市场以及进入市场的时机、速度。企业是同时进入多个国家市场，还是渐进式的分阶段进入不同国家市场？越来越多的企业（尤其是技术密集型企业或网络企业）从诞生起就具有国际化的属性，因此其从一开始就面向全球进行营销活动。

企业需要根据地理区域、居民收入、人口数量、政策环境、文化宗教等因素，并结合自己的产品，决定进入哪些国家的市场，当然也需要考虑自身的人力财力资源、技术和管理实力、竞争激烈程度等因素。企业进入已有成熟竞争者的国家市场，会引起竞争者为维护既定市场份额而采取防御性反应，当然也会从中学习到竞争对手怎样在当地环境下进行营销活动的经验。

市场成长是一个必须考虑的关键问题。如果企业在快速成长的市场拥有立足点，即使不久后这个市场将因为大量进入者而竞争加剧，也能够使企业立于不败之地。

（三）评估潜在市场

尽管很多国家和地区在贸易政策和贸易标准方面进行了一些整合和协调，但每个市场仍有其独有的特性。对产品和服务的兴趣往往因市场的人口统计特征、经济状况、社会文化、自然因素、技术条件和政策法律环境而有所差异。

在众多潜在市场当中，企业应该如何选择？很多企业倾向于进入地理位置相邻的国家，这是因为地缘因素，它们对附近国家了解更多，对进入成本的控制更有效。也正是这个原因，中国品牌大多先进入东南亚市场。

除了地理位置因素，文化距离有时也影响选择。企业在根据文化距离选择市场时，需要十分小心，除了有可能忽视潜力更大的市场之外，仅根据表面特征判断文化异同性，也很有可能导致错误解读。

减少进入国家的数量，提高进入程度和深度是不错的选择。总体来说，企业倾向于进入市场潜力大、风险低及在这个市场里具有竞争优势的市场。

（四）发达国家市场

发达国家又称作高经济开发国家，是指那些经济和社会发展水准较高，人民生活水准具有较高的国家。发达国家的普遍特征是具有较高的人类发展指数、人均国民生产总值、工业化水准和生活品质。进入发达国家市场，市场竞争激烈，但因为存在文化集聚效应，会对其他国家起示范作用，这对于发展其他国家市场起到了很好的示范作用。综合世界银行、国际货币基金组织、联合国开发计划署等机构发布的资料来看，以下国家是发达国家：英国、爱尔兰、法国、荷兰、比利时、卢森堡、德国、奥地利、瑞士、挪威、冰岛、丹麦、瑞典、芬兰、意大利、西班牙、葡萄牙、希腊、斯洛文尼亚、捷克、斯洛伐克、马耳他、塞浦路斯、美国、加拿大、澳大利亚、新西兰、日本、以色列、新加坡、韩国。

（五）发展中国家市场

发展中国家也称作开发中国家、欠发达国家，是指经济、技术、人民生活水平程度与发达国家相对较低的国家。发展中国家的评价标准主要是这个国家的人均 GDP 相对比较低，通常指包括亚洲、非洲、拉丁美洲及其他地区的国家，占世界陆地面积和总人口的 70%以上。发展中国家地域辽阔，人口众多，有广大的市场和丰富的自然资源。发展中国家对食品、衣物、房屋、消费性电子产品、家电和其他产品有着巨大的需求。很多在市场上处于领先地位的企业，发展就依赖于发展中国家的市场。

（六）金砖国家市场

金砖国家（BRICS）的英文是引用了巴西（Brazil）、俄罗斯（Russia）、印度（India）、中国（China）和南非（South Africa）的英文首字母。由于该词与英语单词的砖（Brick）类似，因此被称为“金砖国家”。2001 年，美国高盛公司首席经济师吉姆·奥尼尔首次提出“金砖四国”这一概念，特指世界新兴市场。

二、怎样进入国际市场

一旦公司选定了特定的国家作为目标市场，就需要根据自身品牌特点，选择最佳的进入模式。进入模式通常包括间接出口、直接出口、许可证贸易、合资企业和直接投资。

（一）间接出口

间接出口是指企业将其产品卖给国外的中间商，由中间商负责产品进入东道国市场。间接出口的渠道不少，有国内出口商、国内出口代理商、出口管理公司、合作组织以及外企驻中国采购处。

（1）国内出口商。这种中间商购买制造商的产品，并自己负责把产品销往国外。

（2）国内出口代理商。这种代理商替企业寻找国外购买者，同时抽取一定的佣金，贸易公司亦属此类。

（3）出口管理公司。这种中间商管理企业的出口业务，同时收取一定费用。

（4）合作组织。合作组织代表几个制造商进行出口活动，初级产品制造商常常利用这种出口方式。

（5）外企驻中国采购处。一些外国企业的大型批发商、零售商和国际贸易公司往往在其他国家设有采购处。

企业采用间接出口的优点是：①企业可以利用国内其他组织机构在国外的分销渠道和经验，迅速地将产品销售到国外市场；②企业可以在一定程度上减少在出口贸易资金方面的负担，而且不必承担外汇风险以及各种信贷风险；③进行间接出口时，由于产品是利用中间商销售到国际市场的，因此企业不需要设立出口专门机构，不需要增加国际市场营销人员，这样便节省了投资。

当然，间接出口也有其一定的局限性：不能迅速地、直接地掌握国际市场信息，得不到国际营销的直接经验和国际市场信息。因此，难以根据国际需求及时改进产品和提高产品的适应性和竞争，不利于扩大销路；企业对海外市场的控制程度低或根本不能控制；企业没有亲自进行海外经营与销售，无法获得直接经验，而这种经验对从事国际营销工作来说是十分重要的。

间接出口主要是一些缺乏足够力量的中小型生产企业采用的方式。而对于资源雄厚、经验丰富的大型企业来讲，间接出口的方式只是同时所采取的几种出口方式中的一种。

（二）直接出口

直接出口是指企业将产品出售给国外市场上独立的经销商或进口商。严格说来，采取直接出口的方式，企业才算真正开始从事国际市场营销。直接出口和间接出口的区别在于企业要独立地完成出口管理任务。这就意味着企业要花费一定的资金和精力来从事出口管理工作。企业的直接出口可以有四种方式：

（1）设立国内出口部。该部门负责实际的对外销售工作，通常由一名出口销售经理和几名职员组成。它有可能演变成为独立的出口部门，负责企业所有有关出口的业务，甚至还可能成为企业的销售子公司独立核算。

（2）国外经销商和代理商。国际经销商直接购买企业产品，拥有产品所有权。而国外代理商是代表企业在国际市场推销企业产品，不占有产品，但要抽取佣金。在企业不了解国际市场又想尽快地进入国际市场时，可以把产品卖给国外经销商，或委托国外代理商代售。

（3）设立驻外办事处。设立办事处实质是企业跨国化的前奏。办事处可从事生产、销售、服务等一条龙服务。其优点：①可以更直接地接触市场，信息回馈准确迅速；②可以避免代理商的三心二意，集中力量攻占某个市场。其缺点是设立国外办事处需要大量投资。

（4）建立国外营销子公司。国外营销子公司的职能与驻外办事处相似。所不同的是，子公司是作为一个独立的当地公司建立的，而且在法律上、赋税上、财务上都有其独立性。

企业利用直接出口进入国际市场有许多好处：①选择直接出口方式进入国际市场，可以使企业摆脱中间商渠道与业务范围的限制，以对拟进入的海外市场进行选择；②企业可以获得较快的市场信息反馈，据以制定更加切实可行的营销策略；③企业拥有较大的海外营销控制权，可以建立自己的渠道网络；④有助于提高企业的国际营销业务水平。

直接出口方式的缺点是：①企业要增加国际市场营销人员，或增设负责出口的专门机构，这样就增加了市场营销费用。②企业必须亲自经营出口业务，工作量大，责任较重。③从事直接出口时，还会遇到各种国际问题，如外国政府对产品的要求、货币兑换率的变化等。④在很多的情况下，直接出口的成败关键在于选择外国市场的经销商。

（三）许可证贸易

许可证贸易是一种简单的国际营销方式，是指许可方和许可证接受方签订许可证协议，允许对方使用本企业某项新工艺、新技术、专利权或商标进行生产，并向对方收取一定费用的贸易方式。许可证交易的标的物，通常是“软技术”，可以是专利、设计、工业模型、商标及版权，也可以是专有技术。这样，发证企业以较小的风险进入国外市场，而持证企业则获得了知名品牌或产品的生产技术。

另外，发证企业对持证企业的生产和销售活动的控制力不强。如果持证企业取得了巨大成功，那就意味着发证企业放弃了一部分利润，这样在许可期结束后，发证公司会发现自己多了一个竞争对手。为了防止这一点，发证企业通常为持证公司供应一些本公司生产的、带有专利成分的产品的某一成分或组件。但更好的选择是保持对产品的创新发展，这样就使得持证企业不得不依赖于发证企业。

许可证协议有很多种不同的安排，如凯悦和万豪这样的企业将管理合同出售给国外酒店，并帮助它们管理酒店，从中收取一定的费用。管理公司也可以选择在许可期内购买被管理公司的部分股权。

通过特许经营比颁发许可证更复杂的方式是公司打入国外市场。特许者授予受许人以完整的品牌概念和生产运作系统；受许人负责投入资金经营，并支付给特许者一定的费用。

（四）合资企业

外国投资者通常以合资企业的形式与本地投资者合作，分享所有权和控制权。为了占据更多的地区市场和技术市场，也为了平衡各市场的投资风险。建立合资企业可能出于一些经济或政治原因。外国公司缺乏资金和资源，无法独立承担风险，或者外国政府成立合资企业作为公司进入的交换条件。但是合资的共同所有权有一些缺陷，合作伙伴在投资、营销和其他政策决策上可能存在分歧。有的想把利润完全分掉，有的则倾向于再投资。共同所有权还会影响跨国公司在全球范围内生产和销售制度的落实。

（五）直接投资

直接投资是指投资者直接开厂设店从事经营活动，或者投资购买企业相当数量的股份，从而对该企业具有经营上的控制权的投资方式。直接投资的主要特征是投资者对另一经济体的企业拥有永久利益，永久利益意味着直接投资者和企业之间存在着长期的关系，并对企业经营管理施加相当大的影响。直接投资可以采取在国外直接建分支企业的形式，也可以采用购买国外企业一定比例股权的形式。首先，直接投资可以利用当地廉价劳动力、低成本原料、政府鼓励措施和运费节省进而获得成本经济性；其次，也通过为东道国创造就业机会来提升在当地的形象，通过加深与当地政府、顾客、供应商和分销商的关系，帮助公司更好地改进产品，适合于当地的需求；再次，企业可以完全控制其投资、生产和销售过程，为企业在全球范围的长期目标服务；最后，即使遇到当地政府的保护主义政策，也不会受到太大影响。

直接投资也有缺点，包括货币交易限制或货币贬值、市场萎缩以及政府干预，以及政治及战争风险。

（六）收购

收购是指一个公司通过产权交易取得其他公司一定程度的控制权，以实现一定经济目标的经济行为。收购是企业资本经营的一种形式，既有经济意义，又有法律意义。收购的经济意义是指一家企业的经营控制权易手，原来的投资者丧失了对该企业的经营控制权，实质是取得控制权。行业萧条和经济不景气的时候可以在对方公司的二级市场进行低价股票收购。相比把自己的品牌引入他国市场，很多公司选择收购当地品牌，实现品牌重组。这种方式的好处是可以利用消费者对本土品牌的信任，避免自己品牌直接进入的困难。

三、创建全球品牌战略

（一）品牌全球化的进程

品牌全球化进程的关键步骤是建立全球品牌识别。品牌必须建立在基于全球市场的品牌识别（身份）基础上。这种识别可以是有形的，也可以是无形的。以品牌价值主张为核心，有形的品牌识别包括品牌名、产品、标志、品牌颜色、知识产权等，无形的品牌识别包括声音、味道、品牌联想等。

（二）创建全球品牌资产

创建全球品牌资产必须做到以下四个方面：

（1）建立品牌认知的广度与深度；

（2）创建共同点和差异点；

（3）引导积极的品牌响应；

（4）建立牢固的、积极的品牌关系。

要完成这四个步骤，就必须建立以下六个品牌关键点：品牌显著度、品牌功效、品牌形象、品牌判断、品牌感受和品牌共鸣。

首先，在新的市场上品牌判断必须是积极的、正面的，这样消费者才会觉得该品牌品质优良、可靠，并值得考虑购买。其次，在新的市场产生品牌共鸣，意味着消费者必须有足够的机会和动因购买和使用产品，并与其他消费者和公司互动，去主动了解、体验公司品牌及其营销活动。

【本章小结】

全球化不可避免，中国企业走出国门，能否在全球市场占有一席之地，全球化营销工作至关重要。

全球品牌战略是企业通过全球运作、全球协调、全球竞争来推出全球化品牌，使其在世界各地的营销活动一体化，以便获取全球竞争优势。

企业实行全球化战略之前，需要考虑各种风险因素：①不了解国外商业文化、不了解国外顾客购买偏好，无法提供有吸引力和竞争力的产品；②不能低估国外保护政策的影响以及因政策而产生的额外成本；③缺少有全球化经营经验的管理层；④其他国家可能会修改商业法律、贬值货币，或经历政治变革和没收外来企业资产的情况。

全球品牌战略的优点是：规模效应、更多依赖、更多创新、品牌一致性。

全球品牌战略的缺点是：①存在消费者差异和品牌元素理解的差异；②产品生命周期的差异；③法律法规的差异；④政府管理的差异；⑤营销渠道的差异。

品牌全球化进程的关键步骤：建立全球品牌识别、营销适应、创造适合市场的产品、发起全球传播活动、创建全球品牌资产。

创建全球品牌资产必须做到：①建立品牌认知的广度与深度；②创建共同点和差异点；③引导积极的品牌响应；④建立牢固的、积极的品牌关系。

【技能训练】

以 5~8 人为一个小组，收集我国品牌国际化成功和失败的案例，分析它们成功或失败的原因。

练习题

一、单项选择题

1. 托马斯·弗里德曼在其论著《世界是平的》中，陈述的观点：（　　）不可避免。

A. 经济化　　B. 商业化

C. 一体化　　D. 全球化

2. 对于当今的现代企业来说，（　　）工作至关重要，它可以决定公司如何运作，以及如何与利益相关者和员工沟通。

A. 企业管理　　B. 全球营销

C. 营销策略　　D. 品牌战略

3. 世界贸易组织（WTO）的目标是建立一个完整的包括货物、服务、与贸易有关的投资及知识产权等更具活力、更持久的多边（　　）体系。

A. 货物　　B. 服务

C. 贸易　　D. 经济

4. 中国于（　　），正式加入世界贸易组织。

A. 1996 年　　B. 2001 年

C. 2002 年　　D. 2005 年

5. 全球品牌营销有三个重要特征：全球运作、全球协调和（　　）。

A. 全球合作　　B. 全球营销

C. 全球竞争　　D. 全球投资

二、多项选择题

1. 中国改革开放 40 多年，中国企业“走出去”大概经历了（　　）几个阶段。

A. 国外企业通过产品销售或合资等方式进入中国

B. 中国企业走出国门，开拓海外市场

C. 中国加入 WTO，参与全球竞争

D. 开放对外投资，融入全球经济体系

2. 以下哪些是企业走向国际市场的推力？（　　）

A. 国际市场比国内市场具有更好的获利机会

B. 需要降低对单一市场的依赖性

C. 技术合作

D. 互联网和交通大发展

3. 在创建全球品牌资产的过程中，建立品牌关键点有哪些？（　　）

A. 品牌显著度　　B. 品牌形象

C. 品牌感受　　D. 品牌功效

E 品牌共鸣　　F. 品牌判断

4. 以下哪些属于品牌识别？（　　）

A. 品牌名　　B. 标志

C. 品牌联想　　D. 声音

5. 一个成功的全球品牌应该具备哪两点？（　　）

A. 全部收入来自国外市场　　B. 有一半的收入来自国外市场

C. 大部分增长来自国内市场　　D. 大部分增长均来自国外市场

三、简述题

1. 简述全球品牌战略的优缺点。

2. 以 2022 年小米手机在印度先被罚款 5. 58 亿人民币，后又被印度扣押 48 亿人民币资本为例。请简述中国企业在决定实行全球化战略之前，还需考虑哪些风险因素。

四、论述题

1. 论述企业如何创建和管理全球品牌战略。

2. 以你所知道的品牌为例，论述全球品牌战略的优缺点，它们应对的策略是什么？结果如何？

第三篇
品牌塑造篇

第七章 品牌识别系统塑造

【学习目标】

· 了解品牌设计的概念。
· 理解品牌设计的原则及步骤。
· 了解品牌设计的重要性。
· 掌握品牌命名的原则和步骤。
· 理解标志设计的原则和步骤。
· 了解品牌色彩的重要性。
· 理解品牌识别应用设计。
· 了解品牌空间设计。

【导入案例】喜茶的品牌密码

喜茶为芝士现泡茶的首创者。自创立以来，喜茶专注于呈现来自世界各地的优质茶香，让茶饮这一古老文化焕发出新的生命力。喜茶的价值内核是：灵感之茶，从产品到门店，喜茶的每一家门店设计都是一个诠释灵感的过程。

2012 年，喜茶起源于一条名叫江边里的小巷，原名皇茶 ROYALTEA。由于无法注册商标，因此在 2016 年，全面升级为注册品牌“喜茶 HEYTEA”。

HEEKCAA 喜茶和喜茶 HEYTEA 都是喜茶注册的名字，HEEKCAA 是粤语喜茶的发音，但很多外地人不会读，因此为了不影响传播又注册了 HEYTEA 这个商标。而喜茶的中文名，寓意美好，也容易被记住，是直接购买已成功注册的商标。

喜茶商标是简笔插画风格的萌呆小人造形，小人侧脸手握一杯喜茶，将要送到嘴边时，仰头闭眼神情陶醉，心满意足地享用。简洁黑白笔画的造形具有强烈的视觉辨识度，令人过目难忘。创意来自喜茶创始人聂云宸小时候酷爱的古罗马、古希腊货币，这些货币上的肖像，无论是亚历山大、凯撒还是奥古斯都，都是一张侧脸，很有趣的地方在于你分不出谁是谁，因为人类的侧脸都差不多。

从产品研发到门店终端，喜茶更加注重消费者的整体体验。一店一设计，每一家门店的设计，都是一个诠释灵感的过程。结合传统茶饮文化，将“禅意”“极简”“美学”等元素融入门店设计，营造质感层次丰富的空间，为茶客们带来沉浸多维度感官体验，改变现代茶饮消费的审美方式，让喝茶这件事变得更酷、更不一样。

第一节　品牌设计概述

一、品牌设计概念

一般意义上品牌的定义：品牌是一种名称、术语、标记、符号或图案，或者是它们的相互组合，用以识别某个（或某群）销售者的产品或服务，并使之与竞争对手的产品和服务相区别。

菲利普·科特勒认为：品牌是一个名字、名称、符号或设计，或是上述的总和。它可以传达属性、利益、价值、文化、个性、使用者这六种意义给消费者。

所以，本书的品牌设计，是指品牌识别设计。品牌识别设计是从企业的角度确定品牌行动和长远发展的基本准则与合理范畴，如哪些品牌联想要素是合适的，哪些产品或传播主题是合理的，哪些是不合理的。广义的品牌识别设计包括：品牌战略设计、品牌命名、产品设计、品牌形象识别设计、品牌广告设计等一系品牌独特联想，这些联想意味着品牌提供给消费者的价值，表达品牌对消费者的承诺。而狭义的品牌设计，是在品牌战略的基础上，进行品牌命名、品牌视觉识别系统、品牌角色、网址、品牌包装、环境与空间识别系统、品牌五感（视觉、味觉、嗅觉、听觉、触觉）等的设计。本章讨论的内容为狭义品牌设计。

二、品牌设计是品牌核心价值的外化表达

品牌设计是在企业自身定位的基础之上，基于品牌定义下的视觉沟通，它是一个协助企业发展的形象实体，不仅协助企业正确的把握品牌方向，而且能够使人们对企业形象进行深刻有效的记忆。

喜茶的核心价值是灵感之茶，即使品牌名“皇茶”能注册，“喜茶”也比“皇茶”要好。简笔画的小人侧脸，传递出愉悦的正向印象。一店一设计的店面，充分诠释了“灵感”的概念，舒适而充满喜悦的氛围，甚至有喜茶的爱好者专程去全国各地不同的店面打卡。喜茶成功的背后，差异化的产品是重要因素，而更重要的是准确传递“灵感之茶”品牌核心的品牌设计，得到了年轻消费者的共鸣。

三、品牌设计的原则

（一）以消费者需求为中心

从消费者出发，找到消费者未被满足的需求，是营销思考的核心，也是品牌设计的核心。只有以消费者为中心，尊重消费者，对消费者进行深度洞察，“领先半步”，才可能得到消费者的认可，品牌才可能成功。

（二）整体设计

品牌设计必须从品牌战略出发，围绕品牌核心价值，充分考虑政策环境、竞争对手、消费者心智，结合自身的资源，从品牌战略、品牌文化到产品设计、包装设计、视觉识别系统（VI）设计、空间设计、广告传播等都要整体思考，让品牌形象保持统一。

（三）忠于事实

新营销时代，信息极度透明，不能心存侥幸，向消费者撒谎，欺骗消费者。品牌设计要实事求是，把真实的一面展示给消费者，把消费者当作朋友般坦诚，更有利于得到消费者的认可。

（四）独特性

品牌设计是向目标受众传递品牌的独特性，品牌设计除了要新颖、有创意、有艺术性外，还必须要有明显的差异化，体现与众不同，才能在众多竞争对手中脱颖而出。

（五）创新是旧元素的新组合

品牌设计不能为了创新而创新，一个创新的设计，要在消费者潜意识中找得到“旧印象”，这样，消费者才会最快识别和接受，著名的经济学家熊彼特在《经济发展理论》中也阐释了“创新是旧元素的新组合”的观点。

（六）可生长的品牌设计

品牌是有生命的系统，它们必须具有一定的自由度，可生长，不是一次设计就一劳永逸。要根据市场的改变、消费者的改变、竞争对手的改变，而做出相应的调适，以匹配多变的市场环境。

（七）落到实处

品牌设计切忌闭门造车，设计方案一定要切合品牌实际，要考虑方案落到实处，产生实际效果，否则再精彩的设计，也不过是空中楼阁。

四、品牌设计的步骤

（一）前期沟通

在前期沟通的过程中，需要详细了解客户，如品牌的核心产品或者服务的类别、产品的属性、品牌的目标消费群体、品牌的目标市场；是直接针对消费者，还是针对企业市场，还是针对政府组织？

（二）充分调研

在前期沟通的基础上，要进行充分的调研，包括：了解品牌创始人、创始故事，了解品牌的规划和战略愿景，了解行业与企业，了解顾客与市场，了解中间商与消费者，了解行业标杆与竞争对手。

（三）品牌定位

在充分调研的基础上，对品牌进行定位。目标是要将品牌留在消费者的心中，以实现公司的潜在利益最大化。一个好的品牌定位能够阐明品牌精髓和品牌辨识为消费者达成目标，并揭示如何以独特的方法实现，从而有助于指导营销战略。定位的结果之一就是成功地创立以顾客为基础的价值主张。一个价值主张需要抓住产品或服务的主要优点，并通过满足顾客的需求为客户提供价值。

（四）建立品牌身份模型

让-诺埃尔·卡普费雷介绍了第一个解决品牌识别难题的分析工具——品牌识别棱镜（见图 7-1）。卡普费雷从内在化—外在化、发送者形象—接收者形象两个维度构建了品牌识别模型。在这一模型当中，品牌识别由体格、关系、映象、个性、文化、自我形象六部分构成。

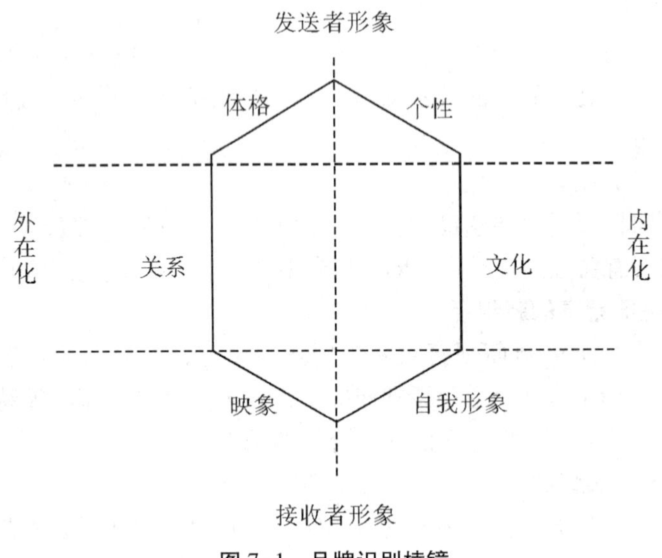

图 7-1 品牌识别棱镜

（五）选择合适的元素构建品牌

企业要选择合适的品牌名称、网址、标识、象征、颜色、形象人物、代言人、口号、歌曲、包装以及辅助图形等元素，来构建品牌。

选择品牌元素的标准有创建性要素（可记忆、有意义、亲切）和防御性要素（可转换、适应性强、可被保护）。

（六）视觉识别系统（VI）设计阶段

企业通过思维导图、头脑风暴做关键词分析发散，从而建立情绪板。情绪板是将品牌定位、品牌个性的关键词相关的图片、色彩等收集，建立一个包含文字、图像的联想拼贴，用于品牌整体感知，并以此获得设计的方向和灵感。通过情绪板可以非常直观地获得品牌色彩、风格、视觉探索等方向的可能性，并获得相关灵感，在情绪板的基础上绘制草图，在草图的基础上再进行品牌最终的 VI 设计。

五、CIS 企业（品牌）形象识别系统

CIS 是 Corporate Identity System 的缩写，意思是企业（品牌）形象识别系统。20 世纪五六十年代，在美国首先提出了企业形象（CI）设计这一概念。即有意识、有计划地将品牌文化与经营理念进行统一设计，利用整体表达体系，传达给企业内部与公众，使其对品牌产生一致的认同感，并形成独特的识别联想，以形成良好的企业印象。CIS 通常包括：

（一）理念识别系统（MI）

理念识别即品牌的文化主体、经营理念，包括使命、愿景、价值观等一系列完整

的精神内涵，简单来说就是品牌的核心思想和价值观念。

（二）视觉识别系统（VI）

品牌视觉识别是品牌所独有的一整套视觉识别标志，它是品牌理念外在的、形象化的表现。视觉识别系统是品牌识别系统（CIS）的具体化、视觉化。它包括标志、名称、商标、广告语、标准字体、标准色、象征图形等。VI 由两大部分组成：一个是基础设计系统，另一个是应用设计系统。

（三）行为识别系统（BI）

行为识别系统是品牌在内部协调和对外交往中的一种规范性行为准则。将员工行为系统化、标准化、规范化的统一设计和统一管理，以利于形成有独特个性的企业形象。行为识别涵盖整个企业经营管理活动的全过程。它主要由对内和对外两部分组成：①对内系统包括管理层教育、员工培训、作业规范、职工福利、工作环境等。②对外系统包括公共关系、公关活动、广告宣传活动等。

（四）环境与空间识别系统（SI）

空间识别，也可以当作 VI 在空间中的延伸，通过系统性、标准化设计，以适应连锁发展时店面标准化、规范化问题。通过空间识别设计来吸引消费者，有效地传达品牌的统一信息，让消费者从多角度了解品牌，同消费者间建立良好的关系。规划项目包括：概念规划、平面布局、管理原则、空间设计部分、墙面系统、地面系统、顶面系统、配电及照明系统、产品展示系统、店招系统、广宣系统、材料说明、施工流程、估价等。

第二节　品牌命名

一、伟大的品牌，从名字开始

品牌最重要的是品牌名，品牌名是品牌的基础，也是品牌的核心。名称是建立知名度和传播品牌的基础。消费者通过名称认识品牌，通过名称产生联想，进而对品牌是什么、做什么进行描述。品牌名的长久性超过了品牌的其他元素，改变品牌名的难度也远远高于其他品牌元素。

给品牌命名是品牌塑造的第一步，也是关键的一步；否则，可能会一步走错，步步皆错。

【案例导入】小米的命名

小米创始人雷军称：小米公司在成立之初，创始团队也讨论过公司该叫什么的问题，像“红星”“红辣椒”“黑米”这些名字也都考虑过，但是因为各种原因，这些名字都没有被采用。在后续的讨论中，雷军突然想到最喜欢的一句话——“佛观一粒米，大如须弥山”。当有人提议把公司叫作“大米”时，投资人刘芹说：“互联网天生回避大而全，我们不取大，取小，我们就叫小米吧。”这个名字立刻得到了所有人的认同，并且开始使用。

二、品牌命名的原则

品牌命名原则是一种给品牌命名时的基本规则，是新品牌命名时应遵循的，品牌命名原则见表 7-1。

表 7-1 品牌命名原则

传播原则	1. 语音 ——简洁 ——易于发音 ——愉悦感、韵律感 ——面向国际时，能便于发音 2. 语义 ——正向、肯定 ——现代感 ——便于记忆 ——容易理解 ——无歧义、无不好的联想 ——最好有可被描述的形象联想 3. 字形 ——简单 ——便于识别 ——便于输入法输入 4. 认知 ——契合已有认知 ——符合传统文化
营销原则	1. 传递品牌核心价值 2. 产品利益暗示 3. 公关、促销、广告作用 4. 便于图形化延伸
法律原则	1. 能进行商标注册 2. 符合相关的法律法规

（一）传播原则

1. 语音的要求

品牌名要简洁，易于发音，便于消费者口头传播，从而建立深刻的记忆。

“QQ”比“OICQ”简洁，更易发音；“可口可乐”比“蝌蝌啃蜡”简洁，发音更容易，且有更好的含义；“阿里巴巴”，几乎全世界都发同样的音；“喜茶”比“皇茶”发音更简洁。

品牌名读起来或听起来要有愉悦感、韵律感。“娃哈哈”顺口，有韵律感，又蕴含高兴、快乐之意。“拼多多”“福临门”“百事可乐”既顺口，且讨喜。品牌名称应该易于发音，便于消费者口头传播，从而建立强势记忆链接。

品牌名忌用生僻字，消费者往往不太情愿冒险读错一个难读的名称，于是索性就不去读它。

2. 语义的要求

品牌名要传递正向的、肯定的含义，“正大”“新希望”“高正”都是在传递正向的含义。“认养一头牛”充满现代感，易于记忆。

品牌名应当清晰、易懂、有明确的意义，如果品牌名含糊不清，产生歧义，消费者就会断章取义。

3. 字形的要求

字形简洁有助于提高传播效果，两个字比三个字好，三个字比四个字好，而且一定要考虑到输入法便于输入。

4. 认知的要求

如果品牌命名符合人们传统的认知、契合民族传统的文化或宗教信仰，则品牌传播和品牌联想都会事半功倍。我们对松鼠的印象是在森林里吃坚果、活泼可爱的小动物，所以“三只松鼠”能够很快受到消费者追捧，成为家喻户晓的品牌。

（二）营销原则

（1）品牌命名要传递品牌的核心价值。

（2）品牌命名要有产品利益的暗示。

（3）品牌命名要有公关、促销、广告作用。

（4）品牌命名要便于图形化延伸。

（三）法律原则

（1）能进行商标注册。注册商标才拥有独享的权利，并受到法律的保护。因此，再好的名字，都必须能够注册。

（2）符合相关的法律法规。尤其是国际化品牌，必须要符合当地的法律法规，尊重当地的宗教习俗。

三、品牌命名的步骤

品牌命名是一件富有想象力和创造力的工作，除了依靠自身的力量，还应借助于专业公司（如广告公司、品牌顾问公司、商标代理公司）的能力和网络的力量。

给品牌命名需做到以下步骤：

1. 从战略思考出发

给品牌命名前，先做战略思考（了解品牌目标及考虑营销因素）。战略思考包括对目标消费者、目标市场、产品、渠道、竞争对手和自身资源等各方面的考虑。例如：谁用？在什么场景下用？在什么时候用？产品的独特性能或独特卖点是什么？品牌的联想有什么？要在多少个国家中使用？新品牌与公司现有品牌的关系？新品牌是否符合企业的战略？目前竞争对手同类产品的品牌名称？等等。

2. 提出备选方案

在这一阶段，需要动员团队的力量（公司员工、中间商、品牌咨询公司、设计公司、广告代理商、新闻媒体和消费者代表等），集思广益，尽可能多地汇总能够描述产品的单词或词组。然后再运用创造性思维对参考词语进行移植、组合、抽象、简化、替代、联想、变换、隐喻等处理，产生一系列备选名称，再用品牌命名的基本准则加以检核。

3. 初步筛选

根据第一步界定的品牌目标及营销因素，将所有得到的品牌名称进行初步筛选，并按前面的品牌传播、营销、法律等命名原则进行测试，得到一个不超过 10 个的名称清单。

4. 备选名称的调研

针对最后剩下的不超过 10 个名称，通过消费者调查法收集信息。消费者调查法具体包括问卷调查法、投射技术法、焦点小组法等方法。调查的内容包括以下四方面：

（1）词语联想：名称能引发哪些联想？是否与期望的目标相符？是否会引起任何负面的联想？注意，应避免采取直接提问的方式，如“你喜欢这个名称吗?”而是要问：“你认为这个名称有什么含义?”“它可能代表哪一类产品?”“你认为哪一类产品绝不会使用这个名称?”等。

（2）记忆测试：向被试者给出可能的名称清单，经过一段时间后，让其写出所有能够想起的名字。这个测试不仅能够判断名称的可记性，而且能判断出名称用词的可写性。

（3）定位测试：调查名称与产品类别的相关性，以及在竞争品牌中的相应位置。

（4）偏好测试：调查名称本身引发的情感反应，是否足以引发偏好和行为的产生。

5. 对最后入选的名称进行研究

接下来，对最后入选的名称进行消费者调研，以验证管理层对这些名称的可记忆性、有意义性的预期值。消费者测试可以采取各种形式。许多公司都是尽可能模拟真实的营销活动和顾客购买体验。因此，研究者会向消费者展示产品及其包装、价格或促销手段，使消费者领悟品牌名称的含义及产品的使用方法。同时，还可借助数字技术展示真实的三维包装、生动的广告等。要根据针对的目标市场，调查多种样本的消费者（如地区差异或年龄差异的消费者）。品牌名称的“持续曝光”效应，以及什么时候用口头形式，什么时候采用书面形式，都是需要考虑的因素。

6. 注册检索保证名称有效

对选出的名称进行注册检索，如果一个选中的名称已被人注册，则意味着要么放弃，要么购买。

7. 确定最终名称

在上述方法收集的信息基础之上，管理层就能确定使公司品牌和营销目标实现最大化的品牌名称，而后正式登记注册该名称。

四、品牌命名的创新技巧

（一）取一个好认且好记的名字

品牌名要易于传播，易于识别，好认好记，能降低传播成本和识别成本。消费者在购买和消费场景中容易从记忆中提取或识别品牌。虽然记忆过程错综复杂，但大量的心理学和消费者行为研究表明，提高记忆度有以下方式：

1. 有趣、不同寻常、引发好奇的名字

例如：瓜子二手车、傻子瓜子、不方便面馆、茶颜悦色。

2. 能产生视觉化、形象联想的名字

视觉形象容易使大脑产生联想，更容易记忆。

例如：大白兔、小米、三只松鼠、飞猪、途牛。

3. 简洁的名字

名字越短越好记忆，越是常用词越好记。两个字的名字比三个字的名字好记，三个字的名字比四个字的名字好记。

4. 人物称谓、创始人的名字

①人物称谓会带来天生的亲切感。例如：老干妈、钱大妈、米老头、谭八爷。

②创始人的名字也更形象和生动。例如：李子柒、张小泉。

5. 文学作品相关命名

例如：阿里巴巴来自《阿里巴巴与四十大盗》，耐克的名称来源于古希腊胜利女神。

6. 新词+动植物的名称

动植物的形象，容易记忆，人类天生对动植物有好感，所以很多新品牌会选择动物形象。例如，天猫商城、飞猪旅行、盒马鲜生。

动植物命名简单、直观、易于传播，视觉设计也比较好找共性。

7. 新词+动植物

颜色：蓝犀牛、红牛、橙象、灰狗、红蜻蜓。

形容词：快狗、雅虎、闲鱼。

名词：雀巢、马蜂窝，虎牙、青蛙王子、艺龙。

动词：熊猫不走、搜狐、搜狗。

数量：三只松鼠、七匹狼、六个核桃。

8. 以叠字命名

例如：钉钉、当当、滴滴、拼多多、货拉拉、哔哩哔哩、呷哺呷哺。

9. 以地名命名

使用产地、风景名胜、文学作品中的地名。

例如：茅台、小龙坎、香格里拉 、昆仑山。但根据我国《商标法》规定，县级以上行政区的地名或公众知晓的外国地名，不得作为商标。

10. 口语化命名

口语化的名字能给消费者亲切感，如饭扫光、饿了么、去哪儿、认养一头牛。

11. 以数字命名

例如：999 感冒灵颗粒、58 同城。

12. 以英文命名

例如：TCL、LG 等。

（二）取一个有联想的名字

1 品牌名最好能令人产生愉悦的、美好的联想

例如：喜茶、福临门、新希望等。

2. 品牌名能够有行业属性联想

能从品牌名称联系到行业属性，从而获得较高的认识率和联想率。

例如：五粮液、农夫山泉、蚂蚁搬家。

3. 品牌命名要能简单而准确地表达价值

例如：微信、支付宝、牧马人、孩子王、每日优鲜、立白。

（三）不要取糟糕的名字

1. 生僻字

品牌名称尽量不使用生僻字。品牌是为了传播，取一个不好认、不好读的名字，

会难倒消费者。

2. 有糟糕联想的品牌命名

品牌名称尽量不使用会产生坏的方面联想的词语。

（四）借助商标转让平台

公司可通过商标转让平台获得合适的品牌注册商标，这样能降低商标被驳回的风险，提高效率，这也是近些年企业常用的方法。

第三节　品牌视觉识别设计

一、视觉识别系统概念

品牌视觉识别系统是将品牌理念、文化特质、服务内容等抽象概念，转换为具体的符号、颜色等视觉识别元素，塑造出独特的品牌形象，用完整的、系统的视觉传达体系，将其投放到与消费者接触的每一个接触点。

人们所感知的外部信息，大多数是通过视觉通道到达人们的心中，视觉识别是将品牌的识别符号具体化、视觉化的传达形式，具有项目多、层面广、效果直接等特征。

视觉识别系统一般分为基本要素系统和应用要素系统两方面。基本要素系统主要包括：品牌中英文名称、品牌标志、标准字、标准色、辅助色、象征图案（辅助图形）、口号等。应用要素系统主要包括：办公系统、销售系统、交通工具、服装、建筑环境、产品包装、广告媒体、旗帜、招牌、橱窗、陈列展示等。

品牌视觉识别设计是统一传达品牌核心价值的框架载体。因此，品牌视觉识别设计包含了品牌体验、消费体验、服务体验等各个方面，贯穿到与消费者接触的品牌触点，展开的系统性设计。成功的品牌在品牌传播的各个层面、维度、媒介都拥有显著的、认知统一的品牌符号。

二、品牌标志设计

品牌标志是品牌设计识别的核心部分，与品牌名称一样，品牌标志是品牌识别表现的重要组成部分。品牌标志可以很好地引发消费者对品牌相关属性的联想，使受众更快地理解企业形象，并且它还是快速记忆、辨认、区分品牌的识别符号。品牌标志一般由图形、品牌标准字（中英文）、品牌标语（网址、品类）三部分组成，但组合方式会根据品牌的实际情况调整，可以单独使用，也可以两两组合。

例如，中国联通的标志包含图形、中英文标准字、品牌口号（见图 7-2）。

图 7-2　中国联通标志

（一）品牌标志的设计方法

品牌标志设计是在一定的策略性原则前提下，选择特定的表现元素，结合创意手法和设计风格而成。涉及设计心理学、设计美学、色彩学、数学等很多领域的知识，通过创意设计表达品牌的特征、品牌性格、行业属性。典型的设计方法有两种：文字型和图案型。

文字型和图案型没有优劣之分，需要强调的是，标志设计是商业设计，一定要从品牌的消费者认知、行业环境、竞争对手、文化原型等实际出发，根据品牌的实际情况进行创意设计，找到适合品牌的合适方案。

1. 文字型

文字型是直接运用文字或是对文字进行图形演绎，作为标志的核心组成元素。所采用的字体符号可以是品牌名称，也可以是品牌名称的首字母、缩写字母。文字型的优点是识别力强，容易被受众理解，与品牌名称进行关联性的联想强，促进受众形成品牌符号的记忆，便于口碑传播。目前世界上大多数标志是文字型。

汉字设计品牌标志的优势：

（1）汉字是汉语的记录符号，属于表意文字的词素音节文字，是世界上最古老的文字之一，已有六千多年的历史。汉字在形体上逐渐由图形变为笔画，象形变为象征，复杂变为简单；在造字原则上从表形、表意到形声。除极个别汉字外，都是一个汉字一个音节。现代汉字在漫长演变过程中，经历了甲骨文、金文、篆书、隶书、楷书、草书、行书等阶段，逐渐形成了形意结合、以形表意的形式，能让人望“文”生“义”，具有迷人的魅力。这是西方表音系统的文字所做不到的。

（2）汉字的造字法有六种：象形、指事、形声、会意、假借和转注。这对设计标志有指导意义。

（3）从字体上可将各类汉字的字体分为三大类型。第一类是从宋代活字印刷发展起来的字体，如宋体、黑体（包括粗、细等线体）等；第二类是由书法演变而来的字体，如楷体、仿宋体、行楷、隶体、魏体、舒体、颜体、瘦金体以及钢笔书写的字体等；第三类属于美术字体，如综艺、美黑、琥珀等。

（4）随着我们国家经济的发展，影响力的逐渐加强，汉字也更能体现中国特色和民族自信，如中国银行的标志和腾讯的标志（见图 7-3）。

（a）　　　　　　　　（b）

图 7-3　中国银行标志和腾讯标志

2. 图案型

图案型是指以图形或图案作为标志设计的元素，采用象征寓意的手法，进行高度艺术化的概括提炼，形成具有象征性的形象。图形标志因为其视觉符号容易被人理解接受，得到了普遍运用。特别是一些普遍的图形，如太阳、眼睛、体态、星星、王冠、手、马等，在文化国际化进程中受到了重视。虽然在不同的国家里，这些商标的象征意义有所不同，但普通大众对它们的熟知避免了跨国传播的障碍。

图形的象征意义可细分为具象和抽象两类：

（1）具象

自然界的一切元素和人物、植物、动物、风景等，都是具象标志设计的原型，选取需要符合品牌名称和产品特征的原型，再对选取的原型进行概括、提炼、取舍、变化，构成所需的最终图形。图形通过设计的艺术提炼，变成平面的视觉形象，从而赋予象征意义。

标志借助具象图形所象征的意义去代表品牌传递其价值，利用人们熟悉的文化原型进行创新，其图形设计可以更容易让人产生亲切感（见图 7–4）。

（a）法拉利

（b）世界自然基金会

（c）肯德基

图 7–4　具象标志

（2）抽象

抽象标志设计要摆脱形象的自然形态约束，提取事物的现象、本质、规律、特征，运用抽象的几何图形组合。比如：圆形、正方形、三角形及变体进行叠加、相减复合构成。抽象图形符号是品牌标志中比较简练、理性的类型。抽象图形更易识别、复制。抽象型的理念与“少即是多”的设计理念相似。

相对于具象设计而言，抽象设计虽然也依赖于“形”，但这个“形”超越了具象的有一定长度、宽度、面积的“形”，从而显示了一种思维活动的意象。抽象标志设计的基本元素主要是几何图形，利用几何元素体现品牌的某种感觉意向。因此，在设计中首先要抓住事物的现象本质、感觉特征、运动规律及几何图形自身的组合结构规律（见图 7–5）。

（a）特斯拉

（b）奥迪

（c）华为

（d）耐克

图 7–5　抽象标志

（二）标志设计的原则

平面设计大师保罗·兰德提出的评判优秀标志的七个基本原则为：独特性、记忆度、普适性、前瞻性、简洁性、延展性、辨识度。

1. 独特性

独特性是指设计的标志在众多的标志中能够脱颖而出，具有与众不同的视觉特质，必须体现其所代表的公司、产品或服务的独特特征和价值，必须捕捉品牌的故事和情感，提取并以简洁的方式进行沟通。

2. 记忆度

记忆度，即强烈又深刻地烙印在消费受众的记忆和认知中，记忆度有助于受众连接到品牌。

记忆度来自受众对品牌标志的接触密度、频次，也来自品牌标志的独特性使受众在接触时可以轻松地用大脑抓住其特点，从而产生品牌记忆。

3. 普适性

普适性指的是品牌标志在被不同年龄、性别、地域的受众解读的时候，不会产生误解或者反感的情绪，并且在品牌意义的传达上尽量做到各种受众群体理解的一致性。

4. 前瞻性

设计应具有前瞻性思维，以便它能在品牌的生命周期内尽可能长久的存在，在设计上必须要有理性、远见的系统性构架。设计师需要具备前瞻性的设计洞察力，以冷静、开放式的心态去设计品牌标志，不追随所谓潮流和时下热门的设计手法，而以更长远的前瞻性视野去看待品牌标志的设计美学呈现方式。

5. 简洁性

标志设计需要简洁、准确、平衡，简洁并不是简单。简洁是在保留品牌标志独特性的同时去掉一切不必要的多余的元素，让标志以优雅的方式呈现，让标志在传播中独特性更加突出。

工业设计大师菲利普·斯塔克（Philippe Starck）曾说："极简设计就是去除所有肤浅的无用之物。因为'物质'越少，'人性'越多。"这正是简洁性的核心，即去掉那些过度形式化的不必要的细节，排除设计师被时代性影响的那些华而不实的表现技法。

6. 延展性

延展性指的是品牌核心的视觉符号标志，在各类消费者的接触点都能有良好的视觉表现，要在不同的环境中和材质上都能很好地延展应用。小到胸章、名片，大到车身、建筑外观、户外广告等都要有较好的延展应用。尤其要注意在手机屏幕、电脑屏幕上的应用延展。

7. 辨识度

辨识度指的是品牌标志在日常复杂的应用环境里都应该有很高的识别性，辨识度不高的设计如处在大雾之中的事物，设计再优美再富有内涵，传达也会大打折扣。保罗·兰德曾说过："好的设计关键在于抓住事物的本质，并将其转化成人人都可以轻松辨识出的形象。"

在完成标志初稿时一定要进行辨识度的测试。在电脑显示器、手机屏幕、服装、建筑外立面、产品包装等不同的应用环境里，用不同的尺寸、不同的背景颜色，在一定距离内，标志要依然能够轻易被识别。

【延伸阅读】保罗·兰德

保罗·兰德（Paul Rand，1914—1996 年），20 世纪杰出的平面设计师、思想家及设计教育家。他是纽约平面设计派的最重要的奠基人之一，他不但在美国平面设计史上具有重要地位，而且对于世界范围内的现代平面设计也有不可忽视的影响力。他的设计实践领域极广，包括对杂志和广告公司的艺术指导、包装设计、书籍插图、字体设计，以及绘画和艺术教育。他为企业设计的商标，家喻户晓，堪称经典，如美国广播公司、IBM 公司、UPS 快递公司、西屋电气公司、NEXT 电脑公司。他在耶鲁大学任教三十多年，主要教授平面设计，是耶鲁大学的“荣誉教授”。他曾获得美国平面设计协会、纽约艺术家协会、英国皇家设计师协会授予的多项大奖，并被现代艺术博物馆提名为有史以来优秀的十位艺术总监之一。

保罗·兰德很重视设计的实用性，在认同功能主义、理性主义和保持版面结构的逻辑性这些设计理念的同时，认为平面设计的效果也应该是有趣的，生动活泼的。因此，我们可以在他的设计作品中看出他深受包豪斯建筑美学和欧洲字体艺术的影响。

保罗·兰德的设计实践领域极其广泛，作品设计风貌不拘一格，富于变化，具有强烈的现代感。他在视觉设计方面的建树和前卫精神对整个平面设计领域而言，影响巨大而深远。

三、品牌色彩设计

色彩与人的情绪、情感相连，通常，红色、橙色和黄色等暖色调充满活力，令人振奋，而蓝色、绿色等冷色调则显得更加沉稳内敛。色彩会在情感层面上影响消费者，并且影响品牌。

优秀的品牌再通过使用某种色彩来形成品牌的标识色，那么将会拥有更强的视觉识别性，占据更强的竞争优势。有时候，哪怕你没有展示品牌标志或写明品牌，都会被人认出来，这就是色彩的力量。色彩让品牌符号的传播更加立体、生动，合理的品牌色的运用能令品牌视觉形象更快速地占据消费者的认知记忆。

（一）色彩原理

一切色彩都具有色相、明度和纯度三个属性。对于品牌名称和标志来说，色彩的变化比较灵活。关键是掌握变化的规律：在色相、明度、纯度上变化。

1. 色相

色相是色彩的最大特征，是色彩的相貌，即色彩的名字，如红、橙、黄、绿、青、蓝、紫等。

2. 明度

明度是指用同一色相在不同光度条件下呈现出的不同明暗程度。它是决定配色的光感、明快感和清晰感的基础。色彩的明度有两种情况：一是同一种色相的明度，因光源的强弱会产生不同的变化。而同一色相如加上不同比例的黑色或白色混合后，明度也会产生变化。二是各种不同色相之间的明度不同，每一种纯色都有与其相对的明度。色彩的明度变化会影响纯度的强弱，如某一种纯色加白会提高明度，加黑则降低明度，二者都将引起该色相的纯度降低。简单来说，明度越低越接近黑色，明度越高越接近白色，这可以理解为明度越高，加入的白色越多。

3. 纯度

纯度是指色彩的鲜艳程度、饱和程度。它又称彩度、饱和度、鲜艳度、含灰度等，原色的纯度最高。鲜艳程度越高，色彩越纯；相反，色彩纯度越低。当一种色彩加入黑、白或其他颜色时，纯度就产生变化。加入其他色越多，纯度越低。纯度高的色相明确，反之则模糊不清。

（二）常见颜色的联想

颜色可以影响消费者如何看待品牌所体现的个性，运用色彩的力量，可以更好更充分地传递品牌的价值和文化。

很多颜色在不同的国家和地区有着独特的意义，既有好的含义，也有禁忌的含义。因此在选用颜色的时候要充分了解不同颜色所传达的情绪，以明确对应传达的品牌气质。

1. 红色

红色是被品牌选用最多的颜色。红色是充满激情、热烈、豪放、有力量、有张力、温暖的颜色。

2. 橙色

橙色代表清新、青春、创意与冒险、活力、运动感、富有能量。饱和度高的橙色更吸引年轻群体。橙色来自自然界中阳光的印象，同样也是来自果蔬中的颜色，因此橙色容易引起食欲。

3. 黄色

黄色从远处看是最明显的颜色。黄色富有创造力和欢乐氛围，是色彩中明度最高的颜色，代表着释放能量与乐观气质，传达给人一种明媚、愉悦、快乐、亲切、柔和的视觉印象。

4. 绿色

绿色对于人眼来说特别温和，代表了平和、生命、健康、环保，给人以恬静而安全的感受。绿色在自然界中无处不在，这使它成为环境设计中理想的心理舒适色。在绿色环境中的人会变得镇定，身心放松而缓解压力。

5. 蓝色

蓝色被视为信赖、专业可靠的象征，是海洋、天空的基本色，给人崇高、洁净、深邃、专业、高效之感。科技、金融，等行业，以及大学使用蓝色较多。

6. 紫色

紫色有一种神秘、幽深的感觉。紫色给人高贵、优越、奢华、优雅气质之感，暗色调往往代表豪华富裕，而较轻的薰衣草色则代表女性化的感伤和怀旧。

7. 棕色

棕色在这个时代的有机和天然食品等产品中得到了大量的使用，它代表健康、有机、诚实等感觉。这种简单、坚固、耐用、诚实的因素，可以表达出你的品牌质感。

8. 粉红色

在刻板的印象观点中，粉红色通常是与女性相关的。然而，就像所有其他的颜色一样，粉红色是相当多样的。淡粉色，经常被当作小女孩的专属色彩，代表甜蜜、浪漫。粉红色也代表青春、活力、乐趣和兴奋。

9. 黑色

黑色是经典的颜色，如果使用得当，黑色能够给予个性鲜明、令人难忘的品牌形象。它代表着力量、豪华、复杂和神秘。

10. 白色

白色代表的产品无论其形式还是功能上都极具简单性。同时，白色还附带了质朴无华、极简朴素的信息。这经常被设计师使用来传达一种简约、唯美、干净、现代的视觉信息。

11. 灰色

灰色作为中性色调，介于黑白之间。无彩度及低彩度（有颜色倾向性）的灰色，都能给人以正式、专业、现代感及含蓄的高雅感。但如果运用不恰当，则容易引起人对灰蒙蒙天空的联想，从而有沉闷、乏味、单调、无趣的感觉。在品牌标志设计中，灰色一般被用在标准字中，起到品牌气质传递的辅助作用。因此，很多品牌选用相对弱化的中性灰色作为辅助色。

（三）品牌色的选择

品牌色的选择可从四个方面来考虑：

1. 确定你的品牌个性

什么颜色能够代表这个品牌个性？什么颜色适合你的产品、服务的特点？例如：餐饮行业，更多使用红色、黄色等明快的色彩；而产品与巧克力相关时，棕色更适合。

2. 目标受众的性别和年龄

要考虑到目标受众的性别及年龄。女性更喜欢紫色，男性更喜欢蓝色。就色调而言，男性更喜欢深色，而女性则更喜欢明亮色彩。青少年往往喜欢明亮的颜色，而柔和的颜色通常与幼儿有关，老年更喜欢沉稳的颜色。

3. 不同市场的文化环境

值得注意的是，颜色的含义会根据不同国家和文化而不同。

4. 分析竞争者

在设计品牌颜色之前，请分析你的竞争对手，并通过分析，选择不同的颜色脱颖而出，这样就不会对选择颜色感到困扰，也可以区别与其他竞争者的不同，设计出跳脱竞争者的品牌标识。

第四节　品牌识别应用设计

一、品牌识别应用概述

品牌接触点是指消费者与品牌接触产生的相关信息经历，包含品牌方经过设计对外发布的讯息，也包含消费者对产品及服务的体验过程。它是消费者与品牌的沟通接触端口，如网站、店面、车辆、小程序、广告促销等。当消费者接触到这些品牌接触点的时候，会对品牌产生记忆和印象，通过这些接触点感知的积累，从而形成完整的品牌认知。

品牌识别的应用设计应该以消费者为中心，在不同的品牌接触点，建立与用户之间的信息联结，从而引起消费者加深思考和记忆。品牌识别应用设计最终将导入品牌形象识别规范中，是对整个应用设计创建统一的视觉语言规范。应用系统设计要根据接触点的实际情况进行针对性的调整以达到完美的适配效果。

（一）产品包装识别

一个产品的包装直接影响顾客购买心理，产品的包装是最直接的广告，是品牌形象延伸的重要的接触点，直接传达了产品和品牌的调性，将品牌形象通过包装的形式、造型、色彩、图形、文字内容等呈现出来。好的包装设计是品牌创造利润的重要手段之一。

包装设计涵盖产品容器设计、产品内外包装设计、吊牌设计、标签设计、运输包装设计、礼品包装设计等，是产品提升和畅销的重要因素。

（二）货架思维

包装的设计就是为了能更好出售商品。货架环境是一个信息竞争的环境，要让消费者从货架上琳琅满目的商品中发现自己的商品，就需要我们保证自己的包装是独特、引人注目的，因此要围绕消费者敏感、熟悉、有价值的超级符号去设计，这个符号可以是词、符号、图形、颜色等。再通过产品包装上设计的推销信息，为消费者提供决策依据。这个时候的包装设计，便是推销设计，好的包装自动会卖货。

（三）互联网产品识别

如今，产品已经不再局限于传统渠道的产品与服务，越来越多地依托互联网提供产品与服务的品牌应运而生，如购物平台、社交网络、新闻资讯、共享单车、打车软件等。我们的生活已经离不开依托于互联网的产品和服务，它们提供了便利性与整合能力的服务。

这些核心产品与服务是依托互联网的品牌，首要的接触点是它们的产品软件本身。以手机应用软件为例，如何在其中的交互界面中植入品牌的识别，从而产生差异化品牌个性是品牌设计师需要优先考虑的问题。

（四）办公事务识别

企业办公识别是企业商务交流、会议、业务联系中常用的办公用品中的品牌识别设计，常见的有名片、信封、信纸、便签、文件夹、电子邮件签名等，这些均要进行统一的品牌规范化设计。这些不仅能够传递品牌信息，也能够建立起正式商务的形式感。在设计的时候，要充分考虑到后期的制作。

（五）服装识别

因为服装会与消费者频繁接触，因此是传播企业品牌形象、体现品牌专业和信赖的重要组成部分。根据品牌的行业属性不同，制服识别大致可分类为销售型、生产型、外勤型、服务型制服。

（六）交通识别

对于一些涉及公共交通、物流、运输的品牌，交通工具的品牌识别就显得尤为重要。其种类小到货运三轮车、货运汽车，大到飞机，这些在道路上频繁流通的交通工具成了传播品牌的流动广告。交通工具的特点是移动快速，上面绘制的视觉内容与消费者的观察距离较远，因此设计时要抓住两个特点：①内容主体要大，并且主次要分明；②品牌标识要鲜明突出，辅助图形和视觉风格延伸不宜琐碎复杂。

（七）公共关系识别

公共关系识别涉及商务合作客户、消费群体之间关系的相关设计，主要是公共事务用品（如产品画册、企业年报、礼品袋），以及企业官方网站、企业社交账号（如微博企业号、微信公众号等）的品牌识别设计。

二、品牌空间设计

（一）品牌空间识别

可以把品牌空间识别理解为视觉识别在商业零售空间中的延伸，主要运用于商业环境设计领域，包括购物中心、百货商场、餐饮连锁、零售专卖店等业态的商业空间功能规划设计。

零售空间设计的最终目的是吸引更多顾客进入店铺，通过精心设计的消费体验提高转化率，最终提升门店的销售业绩。

对于商业空间设计来说，从最初的店面平面规划、货架（产品）布局、体验设计、到工艺材质选择、施工实施，再到最后的交付，其设计的核心是要了解消费行为，创造符合消费习惯的购物环境，帮助顾客完成良好的消费体验过程，这才是零售空间设计真正的价值所在。

（二）好的空间识别设计的特点

1. 易于识别

对于连锁品牌来说，需要一个统一的对外形象，从而强化客户对品牌认知。我们所熟知的国外连锁品牌，如肯德基、麦当劳、星巴克等，它们的各自门店有几千上万家，但是每家门店几乎都保持着同一种形象。

2. 方便装修管理

建立了空间识别后，内部装修、展示道具、灯具、店招等都进行模块化设计，能够实现快速复制，仅根据不同级别店面进行面积、装修材料上的调整，会大大方便装修管理，提高装修效率。

3. 高颜值

好的空间识别设计，必须具备高颜值，颜值高就能吸引消费者的眼球，不仅增加进店率，而且增强辨识度、传播度。

4. 表达品牌价值主张

空间是品牌价值主张的外化表达，因此需要与品牌传递的价值主张保持一致，与品牌的其他符号呼应。

5. 消费者有好体验

好的空间识别设计能更好地展示产品特性，给消费者带来良好的体验，做到有效引流，更易产生购买动机。

品牌接触点的空间识别部分受品牌的行业属性、渠道、平台特性的影响，内容都不尽相同。空间识别的核心目的是为消费群体搭建一个与产品沟通的场景。

三、品牌视觉识别手册

制作品牌视觉识别手册是品牌设计项目的最后阶段，目的是将品牌形象识别制作成展示和使用指导规范文件。品牌视觉识别手册主要包含以下两大部分：

（一）基础部分

基础部分是对品牌符号及视觉符号核心的展示和规范化，包含了品牌标志及其使用规范、品牌色、辅助图形及其使用规范、品牌标准字、品牌专用字体规范、品牌图片使用风格（人物、场景的使用范围）概述。

（二）应用部分

应用规范是围绕品牌触点展开的基础系统构成的应用规范，具体内容根据品牌涉及的触点应用项目灵活选择，以实用、统一为首要目的。根据品牌的行业属性和品牌策略不同，品牌应用可分为以下类型：产品规范、广告规范、SI（空间识别系统）、会展展览规范、企业办公系统规范、制服规范、交通载具规范、公共关系规范及各类印刷品规范、线上视觉规范。

应用部分以使用规范为主，并针对不同内容的运用细节进行标准化，如使用的材质、图形尺寸、字体、字号等。

【知识拓展】品牌视觉识别系统（VI）项目清单示例

一、VI 基础设计系统

（一）品牌标志设计

1. 品牌标志及标志创意说明
2. 标志墨稿
3. 标志反白效果图
4. 标志标准化制图
5. 标志方格坐标制图
6. 标志预留空间与最小比例限定
7. 标志特定色彩效果展示

（二）品牌标准字体

1. 品牌全称中文字体
2. 品牌简称中文字体
3. 品牌全称中文字体方格坐标制图
4. 品牌简称中文字体方格坐标制图
5. 品牌全称英文字体
6. 品牌简称英文字体
7. 品牌全称英文字体方格坐标制图
8. 品牌简称英文字体方格坐标制图

（三）品牌标准色（色彩计划）

1. 品牌标准色（印刷色）
2. 辅助色系列
3. 子品牌色彩识别
4. 背景色使用规范
5. 色彩搭配组合专用表

（四）品牌吉祥物

1. 吉祥物彩色稿及造型说明

2. 吉祥物立体效果图

3. 吉祥物基本动态造型

4. 品牌吉祥物造型单色印刷规范

5. 吉祥物展开使用规范

（五）品牌象征图形

1. 象征图形彩色稿（单元图形）

2. 象征图形延展效果稿

3. 象征图形使用规范

4. 象征图形组合规范

（六）品牌专用印刷字体

1. 品牌专用中文印刷字体

2. 品牌专用英文印刷字体

（七）基本要素组合规范

1. 标志与标准字组合多种模式

2. 标志与象征图形组合多种模式

3. 标志吉祥物组合多种模式

4. 标志与标准字、象征图形、吉祥物组合多种模式

5. 基本要素禁止组合多种模式

二、VI应用设计

（一）办公事物用品设计

1. 名片类

①高级主管名片

②中级主管名片

③员工名片

④电子名片格式

⑤微信名片格式

2. 信封信笺类

①大信封

②中等信封

③小信封

④信笺纸

⑤便签

⑥文件袋

⑦档案袋

3. 合同票据类

①合同规范格式

②合同封面

③合同封套
④合同夹
⑤票据版式（收款收据）
⑥票据夹
4. 证卡类
①工作证
②出入证
③车辆出入证
④临时工作证
⑤嘉宾访问证
5. 文具类
①笔记本
②文件夹
③签字笔
④公文包
6. 办公软件类
①Word 格式模板（简报、备忘录、会议纪要等）
②Excel 格式模板
③PPT 格式模板
④CAD 格式模板
7. 奖状聘书类
①奖状
②奖杯
③委任状
④军令状
⑤聘书
⑥培训证书
8. 旗帜徽章类
①办公桌标识牌
②品牌徽章
③挂旗
④吊旗
⑤桌旗
9. 考勤财务类
①考勤卡
②请假单
③报销单
④借款单
⑤出差申请单

⑥加班申请单

10. 公告公示类

①公告栏

②意见箱

③固定资产公示牌

④设备公示牌

11. 其他办公用品

①纸杯

②茶杯、杯垫

③即时贴标签

④封边胶带

（二）公共关系赠品设计

1. 贺卡
2. 专用请柬
3. 邀请函及信封
4. 手提袋
5. 包装纸
6. 钥匙牌
7. 鼠标垫
8. 挂历版式规范
9. 台历版式规范
10. 日历卡版式规范
11. 明信片版式规范
12. 小型礼品盒
13. 礼赠用品
14. 标识伞

（三）员工服装、服饰规范

1. 管理人员男装
2. 管理人员女装
3. 春秋装衬衣
4. 春秋装衬衣
5. 员工男装
6. 员工女装
7. 冬季防寒工作服
8. 运动服外套
9. 运动服、运动帽、T 恤（文化衫）
10. 外勤人员服装
11. 安全头盔
12. 工作帽

（四）品牌车体外观设计

1. 小轿车
2. 面包车
3. 大巴车
4. 大型运输货车
5. 小型运输货车
6. 集装箱运输车
7. 特殊车型

（五）标志符号指示系统

1. 品牌大门外观
2. 品牌厂房外观
3. 办公楼体示意效果图
4. 大楼户外招牌
5. 公司名称标识牌
6. 公司名称大理石坡面处理
7. 活动式招牌
8. 公司机构平面图
9. 大门入口指示
10. 玻璃门
11. 楼层标识牌
12. 方向指引标识牌
13. 公共设施标识
14. 布告栏
15. 生产区楼房标志设置规范
16. 立地式道路导向牌
17. 立地式道路指示牌
18. 立地式标识牌
19. 欢迎标语牌
20. 户外立地式灯箱
21. 停车场区域指示牌
22. 车间标识牌与地面导向线
23. 生产车间门牌规范
24. 分公司及工厂竖式门牌
25. 门牌
26. 生产区平面指示图
27. 生产区指示牌
28. 接待台及背景板
29. 室内品牌精神口号标牌
30. 玻璃门窗醒示性装饰带

31. 车间室内标识牌
32. 警示标识牌
33. 公共区域指示性功能符号
34. 公司内部参观指示
35. 各部门工作组别指示
36. 内部作业流程指示
37. 各营业处出口规划

（六）销售店面标识系统

1. 小型销售店面
2. 大型销售店面
3. 店面横、竖、方招牌
4. 导购流程图版式规范
5. 店内背景板（形象墙）
6. 店内展台
7. 配件柜及货架
8. 店面灯箱
9. 立墙灯箱
10. 资料架
11. 垃圾筒
12. 室内环境

（七）品牌商品包装识别系统

1. 大件商品运输包装
2. 外包装箱（木质、纸质）
3. 商品系列包装
4. 礼品盒包装
5. 包装纸
6. 配件包装纸箱
7. 合格证
8. 产品标识卡
9. 存放卡
10. 保修卡
11. 质量通知书版式规
12. 说明书版式规范
13. 封箱胶带
14. 会议事务用品

（八）品牌广告宣传规范

1. 视频广告标志规范
2. 报纸广告系列版式规范（整版、半版、通栏）
3. 杂志广告规范

4. 海报版式规范
5. 系列主题海报规范
6. 大型路牌版式规范
7. 灯箱广告规范
8. 公交车车体广告规范
9. 双层车车身广告规范
10. T 恤衫广告规范
11. 横竖条幅广告规范
12. 大型氢气球广告规范
13. 霓虹灯标志表现效果规范
14. 直邮宣传页版式规范
15. 广告促销用纸杯规范
16. 直邮宣传三折页版式规范
17. 品牌宣传册封面、版式规范
18. 年度报告书封面版式规范
19. 宣传折页封面及封底版式规范
20. 产品单页说明书规范
21. 对折式宣传卡规范
22. 网络主页版式规范
23. 分类网页版式规范
24. 光盘封面规范
25. 擎天柱灯箱广告规范
26. 墙体广告规范
27. 灯箱广告规范
28. 户外标识夜间效果
29. 展板陈列规范
30. POP 广告规范
31. 产品技术资料说明版式规范
32. 产品说明书版式规范
33. 路牌广告版式规范

（九）展览指示系统

1. 标准展台、展板形式
2. 特装展位示意规范
3. 标准展位规范
4. 样品展台
5. 样品展板
6. 产品说明牌
7. 资料架
8. 会议事务用品

（十）样本工具

1. 色票样本标准色
2. 色票样本辅助色
3. 标准组合形式
4. 象征图案样本
5. 吉祥物造型样本

【本章小结】

品牌识别设计是指从企业的角度确定品牌行动和长远发展的基本准则与合理范畴。比如，哪些品牌联想要素是合适的，哪些产品或传播主题是合理的，哪些是不合理的。

品牌设计的原则：以消费者为中心，整体设计忠于事实。

品牌设计的步骤：前期沟通；充分的调研；品牌定位，创立以顾客为基础的价值主张；建立品牌身份模型；选择合适的元素构建品牌；VI 设计阶段。

品牌最重要的是品牌名，品牌命名有传播原则、营销原则和法律原则。

给品牌命名前，先做战略思考，提出备选方案，初步筛选，备选名称的调研，对最后入选的名称进行研究，注册检索保证名称有效，确定最终名称。

确定易于传播，易于识别，好认好记的品牌名，能降低传播成本和识别成本。消费者在购买场景中容易从记忆中提取或识别品牌名。

品牌视觉识别设计是将品牌的识别符号具体化、视觉化的设计，将品牌理念、文化特质、服务内容等抽象概念，转换为具体符号、颜色等视觉识别元素，塑造出独特的品牌形象，让人们感知。

品牌标志是品牌识别的核心部分。品牌标志可以很好地引发消费者对品牌相关属性的联想，使受众更快地理解企业形象，这也是快速记忆、辨认、区分品牌的识别符号。

品牌标志的设计方法有：文字型和图案型。

优秀的品牌通过“占领”某种色彩，成为它们品牌的标识色，则其会拥有更强的视觉识别性，占据更强的竞争优势。

品牌识别的应用设计应该以消费者为中心，在不同的品牌接触点建立与用户之间的信息联结，从而引起消费者加深思考和记忆。品牌识别应用设计最终将导入品牌形象识别规范中，这是对整个应用设计创建统一的视觉语言规范。

品牌商业零售空间识别，主要运用于商业环境设计领域，包括购物中心、百货商场、餐饮连锁、零售专卖店等业态的商业空间设计。其目的是为了吸引更多顾客进入店铺，通过精心设计的消费体验提高转化率，最终提升门店的销售业绩。

好的空间识别设计的特点：易于识别；方便装修管理；高颜值；表达品牌价值主张；消费者有好体验。

【技能训练】

以 5~8 人为一个小组，分别对自己心中的品牌（或自创品牌）的品牌名称、品牌标志、品牌理念和品牌战略进行创意设计，派代表分享演示，老师点评。

练习题

一、单项选择题

1. 本书中的品牌设计，一般指（　　），是从企业的角度确定品牌行动和长远发展的基本准则与合理范畴，如哪些品牌联想要素是合适的，哪些产品或传播主题是合理的，哪些是不合理的。

A. VI 设计　　B. logo 设计

C. 品牌识别设计　　D. 商标设计

2. 找到（　　）的需要，是营销思考的核心，也是品牌设计的核心。

A. 消费者　　B. 企业

C. 市场　　D. 消费者未被满足

3. 品牌定位，是创立以（　　）的价值主张。

A. 市场需求为中心　　B. 营销为目的

C. 顾客为基础　　D. 产品为基础

二、多项选择题

1. 广义的品牌识别设计包括（　　）等一系品牌独特联想，这些联想意味着品牌提供给消费者的价值，表达品牌对消费者的承诺。

A. 品牌战略设计、产品设计　　B. 品牌命名

C. 品牌形象识别设计（CIS）　　D. 品牌广告

2. 品牌设计从（　　）都要整体思考，让品牌形象保持统一。

A. 品牌战略、品牌文化　　B. 产品设计、包装设计

C. VI 设计、空间设计　　D. 广告传播

3. 前期沟通的过程中，需要同客户详细了解哪些？（　　）

A. 品牌的核心产品或者服务的类别、产品的属性

B. 品牌的目标消费群体

C. 品牌的目标市场针对消费者（to C）

D. 品牌的目标市场针对企业市场（to B）

E. 品牌的目标市场针对政府组织（to G）

4. 以下哪几项是企业（品牌）形象识别系统？（　　）

A. 理念识别系统　　B. 视觉识别系统

C. 行为识别系统　　D. 环境与空间识别系统

5. 品牌是一种（　　）或图案，或是它们的相互组合，用以识别某个销售者或某类销售者的产品或服务，并使之与竞争对手的产品和服务相区别。

A. 名称　　B. 术语

C. 标记　　D. 符号

三、简述题

1. 简述品牌设计的原则。
2. 简述品牌设计的步骤。
3. 简述品牌命名的原则。

四、论述题

1. 品牌命名有哪些步骤，请用已有的品牌名来论述。该品牌命名前做了哪些实际的战略思考？

2. 列举一个你认为欠妥的品牌名，对它进行分析，并重新为其命名及阐述命名的理由。

第八章

品牌质量塑造

【学习目标】

· 理解质量、质量特性和质量管理的相关概念。
· 理解质量管理的发展历史和我国质量现状。
· 理解质量管理体系标准的相关原理、术语。
· 理解质量的重要性及全世界都重视质量的原因。
· 理解质量管理的内容及其与品牌塑造的关系。
· 掌握常用的质量管理理念、工具和方法。
· 掌握质量管理体系的建设、维持和持续改进。
· 理解卓越绩效模式的基本框架和导入过程。

第一节　品质和品质管理基础

一、质量、产品和服务的相关概念

（一）质量的相关概念

1. 质量的定义

品质，我国习惯称为“质量”。国际标准化组织（简称 ISO）颁布的质量管理体系标准对质量的定义是：客体的一组固有特性满足要求的程度。通常，满足要求的程度越高，质量被认为就越好。

2. 质量定义的解析

（1）客体。客体是质量的载体，即质量特性的描述对象，在“大质量观”的新时代，“质量”具有广义性、时代性和广泛性，泛指可以单独描述或想象的人、事、物。它不仅指产品、工程和服务，也可指工作、生活、环境、活动、过程和体系等。

（2）特性。特性是指客体中可区分的特征，可分为固有特性和赋予特性两大类。

固有特性是“客体”中本来就有的，尤其是那种永久存在的特性。赋予特性则是根据需要人为附加的特性。

【知识拓展】新时代“质量客体”的“八个三”

三个质量维度：物质维度、精神维度、生态维度；
三大质量系统：质量哲学、质量理论、质量应用；
三大质量领域：工作质量、生活质量、学习质量；
三大质量主体：人的质量、组织质量、文化质量；
三大质量层次：产品质量、管理质量、品牌质量；
三大质量对象：决策质量、执行质量、结果质量；
三大质量结果：物理产品、精神产品、文明生态；
三大质量尺度：质量性价、质量能效、质量功效。

3. 质量特性的分类

（1）质量特性的分类方法一：内在特性（如结构、性能、精度、化学成分等）、外在特性（如外观、形状、色泽、气味、包装等）、经济特性（如成本、价格、使用费用、维修费用等）、商业特性（如交货期、储存运输、保质期、保修期等）和其他特性（如安全、舒适、环保、美观）。

（2）质量特性的分类方法二：物理特性（如尺寸、耐疲劳）、化学特性（如材质、耐腐蚀）、感官特性（如气味、颜色）、行为特性（如礼貌、诚实）、时间特性（如准时、使用期）、功能特性（如机器的运行速度、噪音、手机的待机时长、像素等）、人体功效特性（如安全、舒适等）。

（3）质量特性的分类方法三：关键质量特性（指若超过规定的特性值要求，会直接影响产品安全性或导致产品整体功能丧失的质量特性）、重要质量特性（指若超过规定的特性值要求，将造成产品部分功能丧失的质量特性）、次要质量特性（指若超过规定的特性值要求，暂不影响产品功能，但可能会引起产品功能的逐渐丧失）。

4. 质量的三大特征

日本质量管理专家狩野纪昭讨论了质量的魅力特征、必须特征和线性特征（也称为一元特征）。竞争的结果导致同质化后，魅力特征会逐渐演变为必须特征。

（1）魅力特征。魅力特征是指如果充足的话会使顾客产生满足，但不充足也不会使顾客产生不满的那些质量特征。例如，在民航客机中向旅客提供红酒就可看作魅力特征。有了这项服务会使顾客感到喜悦，但如果没有这项服务一般也不会有人提出投诉。显然，在其他条件相同的情况下，具有充分魅力特征的产品或服务无疑会更容易吸引顾客的注意，从而形成竞争优势。

（2）必须特征。必须特征是指即使充分提供也不会使顾客感到特别的满意，但提供不足却会引起强烈不满的那些质量特征。这类特征是顾客认为理所当然应当具备的特征。例如，火车卧铺车厢应当保证开水供应和提供整洁的卧具，乘客并不会因为享有这种服务而感到满意，但如果做不到这一点则肯定会使乘客不满甚至愤怒。在竞争激烈的市场环境中，缺乏必须特征的产品或服务是很难有竞争力的。

（3）线性特征。线性特征是指提供得越充分就越能使顾客满意，而越不充分就越使人产生不满的那些质量特征。例如，商场售货员的服务态度、餐馆菜肴的味道等。

（二）要求相关的概念

1. 要求的提出

“要求”可由各级、各类与组织的业绩或存在有利益关系的不同的相关方（如组织、顾客、供方、政府、社会等）或由法律、法规、标准所提出的，针对客体在功能性、安全性、可靠性和环境适应性等方面的具体要求。要求具有鲜明的个性和时代特征。

2. 要求的分类

“要求”通常包含三类：明示的（指合同协议中明确规定的）、通常隐含的（指不言而喻的惯例或一般做法）和必须履行的（指法律、法规及标准规定的）。

质量要求可能包含与“客体”相关的任何方面，如功能、性能、外观、时间、有效性、效率或可追溯性、技术指标、交付方式、交付后活动等。

3. 要求的识别、评审和转化

在正式签订合同或协议前，企业应组织相关部门和人员对“要求”的合法性、合理性、风险和利益等进行识别和评审。并将这些“要求”转化为企业的具体目标、指标和行为，作为评价、检验和考核的依据，并争取超越其要求和期望，以赢得顾客的满意、忠诚和口碑。

（三）产品的相关概念

1. 产品的定义

产品是指在企业和顾客之间未发生任何交易的情况下，企业产生的输出。产品通常可称为货物。

2. 产品的分类及特性

产品分为硬件、软件和流程性材料三类。

（1）硬件产品一般是有型的（如轮胎），具有计数特征，其质量特性有以下六类：

①内在特性，如材质、结构、性能、精度、化学成分等。

②外在特性，如外观、形状、色泽、气味、包装等。

③经济特性，如成本、价格、使用费用、维修时间和费用等。

④可信性，如可用性、可靠性、维修性等。

⑤商业特性，如交货期、保修期、保质期等。

⑥其他方面的特性，如安全、环境、美观等。

（2）软件一般由信息组成（如计算机操作程序），软件产品有其传递的介质和传递载体。其质量特性有：功能性、可靠性、易操作性、效率性、可维护性和可移植性六类。

（3）流程性材料一般随其盛装的容器而成型（如矿泉水），具有可定量测量（如浓度、速度、抗化学性等）和定性分析（如色彩鲜艳度、气味等）两类质量特性。

3. 产品质量

产品的质量是产品对客户的价值，客户主要根据产品满足他们的需求程度来看待产品质量。从制造商的视角，产品质量就是产品符合标准要求的一致性，制造商根据规范，通过质量策划、质量控制和质量改进来实现和保证产品的一致性。

衡量产品质量的特性通常包括以下五个方面：

（1）性能。性能是产品满足使用目的的所有技术特性，如电冰箱的冷冻速度、能耗、静音和保温等。

（2）寿命。寿命是产品在规定的使用条件下、完成规定功能的工作总时间，如灯泡使用的小时数、电冰箱的使用年限等。

（3）可靠性。可靠性是产品在规定的条件下，完成规定功能的能力，如电视机的无故障工作时间等。

（4）安全性。安全性是产品保证顾客的生命、身体和精神不受伤害，以及财产不受损失的能力，如燃气热水器在故障状态下自动关闭的功能、汽车的安全气囊等。

（5）经济性。经济性是产品从设计、制造到使用的整个生命周期的成本费用。消费者通常所说的性价比仅是购买价格与综合质量特性的比例关系，而后期的使用、维护、保养和维修也是经济性研究的主要内容。

4. 寿命周期质量

产品的寿命是有限的，包括从进入市场到报废的各个阶段的质量活动（如市场调研、设计开发、采购、生产、储运、销售、售后服务、报废与再利用等），称为产品的寿命周期质量。

5. “等级”或“档次”

与产品和质量概念密切相关，而又常常引起混淆的一个概念，就是对等级或档次的认识。

等级是对功能用途相同的产品、过程或体系所做的不同质量要求的分类或分级，如飞机的舱级、宾馆的星级、旅游景点的等级等。

档次反映了同一用途或功能的事物为了满足不同层次的需要，而对质量要求所做的有意识的区分，不同档次意味着是针对不同的购买能力或消费层次。质量的比较只有针对同一档次的产品或服务时才有意义。

（四）服务的相关概念

1. 服务的定义

服务是指在组织和顾客之间需要完成至少一项活动的组织的输出。服务的主要特征通常是无形的，服务的质量通常由顾客体验感知。

2. 服务的分类

服务通常分为生产性服务（如技术咨询、质量认证）、生活性服务（如保洁服务、养老服务）和政府提供的公共服务（如商标注册、产权过户等）。

3. 服务质量

服务质量是一种服务对客户的价值。因为它是由客户的需求期望和感知所驱动的。它通常通过量化调查客户来衡量，这在本质上是主观的，也是不精准的。

服务的质量特性具有一定的特殊性。有的服务质量特性可以观察或感觉到，如等待时间的长短、服务设施的好坏、服务人员的态度等；有的服务质量特性不能观察到，但又直接影响服务业绩，如酒店财务的差错率、报警器的正常工作率等。有的服务质量特性可定量考察，如等待时间；有的服务质量特性只能定性描述，如卫生、礼貌等。服务质量特性一般包括以下六个方面感受和评价：

（1）功能性，指某项服务所发挥的效能和作用。它是服务质量中最基本的特性，如饭店的功能是让顾客吃到干净、卫生、可口的饭菜。

（2）时间性，指服务在时间上满足顾客需要的能力，如及时、准时和省时等。

（3）安全性，指在服务过程中顾客的生命和财产免受伤害和损失的特征，如宾馆的防火和防盗措施等。

（4）经济性，指顾客为了获得某种服务所需费用的合理程度。

（5）舒适性，指服务过程的舒适程度，包括服务设施完备、适用、方便和舒服，环境整洁、美观和有序等。

（6）文明性，指在顾客接受服务过程中满足其精神需要的程度。顾客期望感受到热情、自由、亲切、尊重、友好等气氛。

4. 体验质量

体验质量是指对客户价值的体验。它是一种衡量客户感知的方法，可以应用于医疗、技术、旅游、娱乐和酒店等领域的各种服务。体验质量主要包括以下十个方面：

（1）有形的元素。如一个干净、整洁、活泼、温馨的场所，考究的材质、色彩和装饰等物理环境的特点，以及由此营造出的氛围。

（2）人际互动。客户和员工之间的信息沟通，如微笑、贴心、愉快等。

（3）用户界面。如网站、应用程序或游戏等界面非常吸引人、方便和有效。

（4）流程和活动。如员工工作的技巧、简洁的流程、活动有序等。

（5）履行承诺。如在承诺的时间内履行承诺、成功交付顾客期望的质量。

（6）个性化服务。满足顾客个性化的需求，而不是实施不合乎情理的严格政策。如航班上提供咖啡、牛奶、茶水、果汁和矿泉水等多种冷热饮品，让不同爱好的乘客任意的选择、添加等。

（7）优秀的员工。如一个经验丰富、认真负责、有爱心的医生。

（8）客户的认同程度。

（9）难忘的体验过程。给顾客留下难忘的记忆。

（10）保障要素。提供与安全和风险相关的保障，如儿童游乐园的安全保障。

二、全世界都非常重视质量的原因

（一）日益剧烈的变化

1. 技术方面

信息技术、自动化、互（物）联网、大数据、云计算、区块链、智能机器人、VR技术等，极大地改变着人类生产经营、生活学习方式和组织的运营模式。

2. 社会文化方面

随着生活水平和教育水平的普遍提高，人们开始重视质量、关注品牌，重新审视自我、审视生活的意义和生命的价值。

人们的健康意识、环保意识、生活态度、生活质量、工作方式和行为准则等正在发生着深刻的改变，进而冲击着企业和社会文化等诸多方面。

（二）掌握主导权的顾客

顾客的质量意识、安全意识、环保意识、服务意识、消费观念、消费能力等发生了深刻的变化，顾客的个性化需求日益突出，而且顾客可供选择的余地很大，维权意识、品牌意识等都在增强。

（三）无所不在的竞争

当今的市场竞争无论是从规模、范围，还是从激烈程度上来看都是前所未有的。市场竞争不同情弱者，不创新突破、不注重品质只有被市场淘汰。

（四）消费者权益运动日益高涨

随着产品种类日益丰富和复杂，消费者个人对于质量、安全性和可靠性的判断能力极其有限，消费者受到损害的事件屡见不鲜。消费者个人的力量在强大的厂商面前处于弱势一方，他们唯有组织起来才有可能保护自身的权益。为此，"3. 15"国际消费者权益日应运而生。

（五）世界各国纷纷出台质量政策

不少国家和地区纷纷设立了国家质量奖，加强对优质产品的奖励措施，以提高产品在国际市场上的竞争力。

我国先后发布：《质量发展纲要（2011—2020年）》《中国制造2025》《中共中央国务院关于开展质量提升行动的指导意见》和《国家发展改革委等部门关于新时代推进品牌建设的指导意见》等一系列政策文件；并开展全国"质量月"活动、政府质量奖等，以推动高质量发展，促进经济由大向强转变。

三、质量管理概述

（一）质量管理的概念

质量管理就是关于质量的管理。它是对确定和达到质量目标要求所必需的全部职能、过程和活动的管理，包括制定质量方针和质量目标，以及通过质量保证、质量策划、质量控制和质量改进等，实现这些质量目标的过程。质量管理的主要内容如图8-1所示。

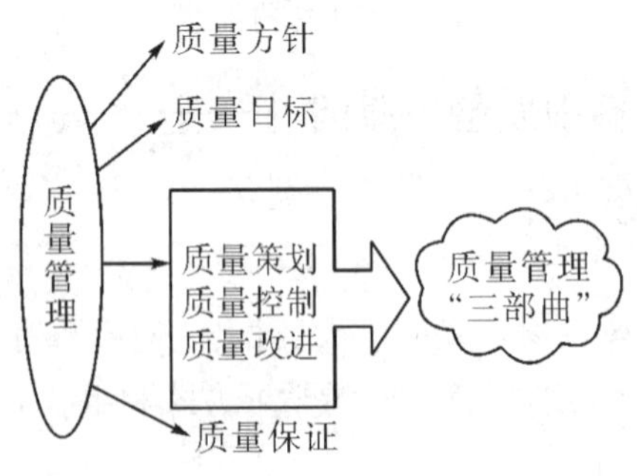

图8-1 质量管理的主要内容

1. 质量方针

质量方针是由组织的最高管理者制定和颁布的该组织的质量宗旨和方向。最高管理者应确保质量方针具体以下内容：

（1）与组织的宗旨相适应，并体现组织的宗旨和行业特色；

（2）包括对满足要求和持续改进的承诺；

（3）为质量目标的制定提供框架；

（4）在组织内得到沟通和理解一致；

（5）质量方针应形成文件，必要时可被相关方所获取；

（6）在持续适宜性方面得到评审，必要时得到更新。

2. 质量目标

质量目标是组织在质量方面所追求的目的，组织应对质量目标及其实施进行策划，质量目标应符合 SMART 原则。最高管理者应确保质量目标具有以下内容：

（1）质量目标应形成文件，必要时可被相关方所获取；

（2）在组织的相关职能和层次、过程上建立质量目标；

（3）质量目标包括满足产品（服务）的符合性和顾客满意相关的内容；

（4）质量目标应是适用的、可测量的，并与质量方针保持一致；

（5）质量目标应具有一定的挑战性、可测量性和时限性；

（6）质量目标应得到沟通、监测，并在适当时得到评审和更新。

例如，某出租车公司 2022 年的质量目标是：乘客投诉率<1%、车况车貌抽查合格率≥99%、预约准点率≥98%、事故率<0. 5%，分别规定了计算公式、考核部门、考核时间和方式，并与经济待遇、评优等挂钩。

3. 质量策划

质量策划是质量管理的一部分，致力于制定质量目标，并规定必要的运行过程和相关的资源，以实现质量目标。编制质量计划可以是质量策划的一部分，质量计划是质量策划的输出，如某公司双十一活动促销方案、某产品质量检验计划等。

4. 质量控制

质量控制是质量管理的一部分，致力于满足质量要求。控制是为了满足当前的需要，质量检验仅是质量控制的手段之一。

5. 质量改进

质量改进是质量管理的一部分，致力于增强满足质量要求的能力。改进是为了满足未来的需要。

质量策划、质量控制和质量改进，统称质量“三部曲”，策划、控制和改进的对象既可以是体系，也可能是过程、目标等。它包括如图 8-2 所示的朱兰质量螺旋的各个阶段。

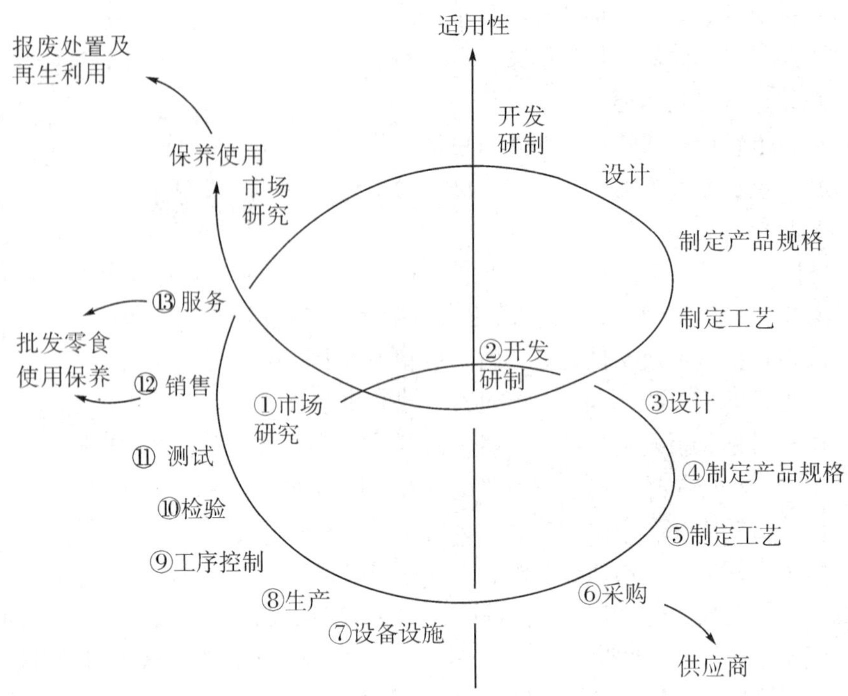

图 8-2 朱兰质量螺旋

注：左上方的“报废处置及再生利用”是由本书作者根据现代循环经济所加。

6. 质量保证

质量保证是质量管理的一部分，致力于提供质量要求会得到满足的信任。质量保证着眼于全局性（如质量管理体系建立健全和有效运行），而诸如产品包换、保修等售后服务不属于质量保证。

（二）质量管理的发展历史

质量管理的产生和发展，历史悠久，源远流长，它与整个社会商品生产的规模、业态、技术、装备和管理水平等密切相关。

我国早在 2 400 多年以前，就已有了青铜制刀枪武器的质量检验制度。中国春秋时期的《考工记》就是专门记述官营手工业的各工种规范和制造工艺的文献。北宋的军器监总管沈括写的《梦溪笔谈》中就谈到了兵器生产的质量管理情况。我国唐朝有一条惩罚制造出售伪劣产品者的法律：“诸造器用之物及绢布之属，有行滥、短狭而卖者，各杖六十。”

随着近代工业革命和科技进步，质量管理逐渐作为一门独立学科来研究，发展至今，已经形成了一整套较完成和成熟的观念、理论和方法体系。

质量管理发展的历史可划分为五个阶段，其主要特点、代表人物及主要观点，如表 8-1 所示。

表 8-1 质量管理的发展阶段、特点和代表人物及观点

阶段名称	时间轴	主要特点	代表人物（主要观点）
操作者的质量阶段——检验质量	商品出现——19 世纪末	手工作坊、师傅带徒弟、靠经验、无理论，主要依靠“感官+度量衡”检测评判	无（经验）
质量检验阶段——符合质量	20 世纪初（质量 1.0）	①由操作者、工长（师傅）评判和专职检验，属于事后检验。②由全检到百分比抽样。③符合标准	泰勒（职能分工，符合标准）
统计质量阶段——经济适用质量	20 世纪 30 年代（质量 2.0）	①由统计抽样代替百分比抽样； ②由事后检验到事前预防控制； ③需配备专业质量统计工程师	休哈特（过程控制与预防，顾客满意）
全面质量管理阶段——经营质量	20 世纪 60 年代—21 世纪初（质量 3.0）	①组织内部的三全（全员、全面、全过程）一多（方法多）；②理论工具发展迅速	费根堡姆（全面管理，相关方满意）
新（国家）全面质量管理阶段——卓越质量	21 世纪初至今（质量 4.0）	①从“符合标准”“消除不满意”“追求满意”向卓越绩效发展 ②从追求顾客满意、到相关方满意向全社会满意发展	唐先德 王治翰 （追求卓越，社会满意）

随着时代的前进，品牌管理也在不断发展和进步，对应的发展阶段和时间轴如图 8-3 所示。

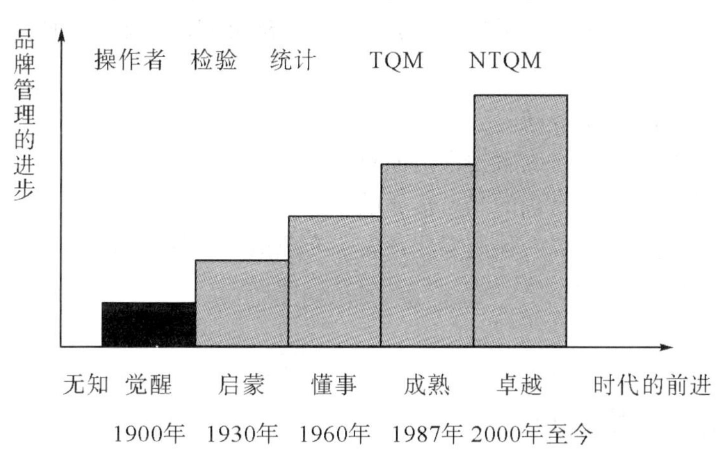

图 8-3 品牌管理的发展阶段和时间轴

在这个发展历史进程中，质量观念、职责职能和满意对象都发生着深刻的变化，实现质量管理从点、线、面到网和立体网的转变，如图 8-4 所示。

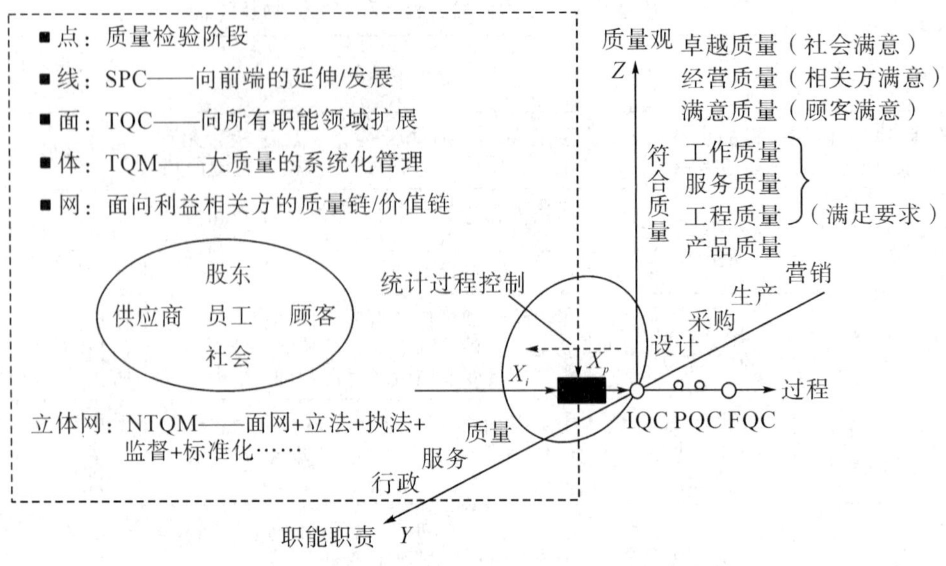

图 8-4 质量管理从点线面到立体网的转变

（三）质量管理工作者的素质能力要求

在上述质量管理发展过程中，质量管理部门的地位也发生了相应的变化，从隶属于生产部，到与其他职能部门平等，再到具有整合的功能和职能。对质量工作者的观念、能力素质也提出了更高的要求，笔者将其总结为质量工作者的“0123456789”，即：

“0”是零缺陷：追求零缺陷、零故障。

“1”是一个核心：第一次就把事情做对。

“2”是两个基本点：有用的和可信赖的。

“3”是三种语言：指要会使用实物语言、专业语言和货币语言。

“4”是四个基本原则：

①质量符合要求。

②产生质量的系统是预防。

③质量工作准则是零缺陷。

④衡量质量的方法是不符合要求的代价。

“5”是五项素质：

①铜头——不怕碰钉子，越碰越硬。

②铁嘴——口头及书面表达能力强。

③飞毛腿——走动管理，反应速度快。

④将军肚——宽宏大量，能容事容人。

⑤浮鸥鸟的胃——消化力及转化力极强。

“6”是六种精神：

①刻苦学习的紧迫精神。

②勇于探索的创造精神。

③艰苦奋斗的创业精神。

④合作共事的团队精神。

⑤积极奉献的大度精神。

⑥雷厉风行的战斗精神。

“7”是七项通用能力：

①开展多种质量教育培训的能力。

②目标设定与项目管理的能力。

③发现分析解决问题的能力。

④传达协调与沟通的能力。

⑤组织与授权的能力。

⑥持续改善的能力。

⑦持续激励部属，提升团队业绩的能力。

“8”是 8D 工作法：

①D1：成立 8D 小组。

②D2：问题描述说明。

③D3：确定并实施临时措施。

④D4：通过分析，寻找并确定根本原因。

⑤D5：选择和验证永久纠正措施。

⑥D6：实施永久纠正措施。

⑦D7：预防问题再次发生。

⑧D8：肯定团队及个人贡献。

“9”是解决问题的九大步骤。

①发掘问题。

②选定题目。

③追查原因。

④分析资料。

⑤提出办法。

⑥选择对策。

⑦草拟行动。

⑧成果比较。

⑨标准化。

四、质量与品牌的关系

“创新决定一个企业能飞多高，而品质决定一个企业能走多远。”在“中国制造向中国创造转变、中国速度向中国质量转变、中国产品向中国品牌转变”的背景下，我们不难发现，质量是品牌的基石，而品牌是质量的升华。

国家质量基础（计量、标准化、认证认可和检验检测）+企业质量基础（专业人才、仪器设备、管理体系、质量信息和持续改进）= 产品（服务）质量。质量与品牌的关系如图 8-5 所示。

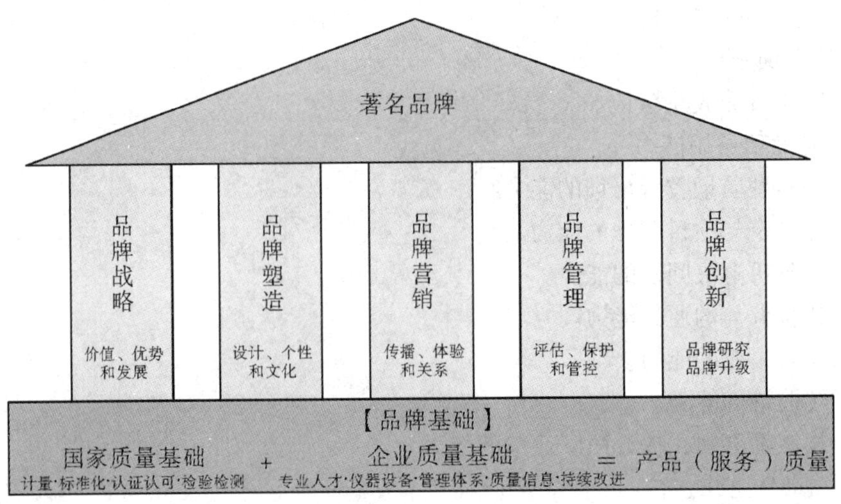

图 8-5　质量与品牌的关系图

五、质量塑造的基本原则

品牌质量塑造是企业依据自身所处的行业、规模、阶段、资源和外部的市场环境等，进行的一系列战略性、计划性、针对性、系统性的活动，不断为品牌开发满足顾客需要的新产品（服务）、创新品牌品质形象的活动过程。品牌质量塑造的基本原则包括以下四个方面：

1. 科学性原则

品牌质量塑造不是随心所欲、毫无目标的活动，需要企业深入市场调研、了解市场需求的变化趋势。有些企业不对市场进行科学的调查分析、不愿在产品（服务）质量上下功夫，一厢情愿地认为只要对产品投放大量的广告，品牌的价值就会提高，品牌就会成为名牌。品牌质量塑造是实实在在的真功夫，来不得半点虚假和投机，否则只能被顾客唾弃、被市场淘汰。

2. 个性化原则

美国著名的品牌策划大师奥格威认为：决定品牌市场地位的最终力量是品牌自身的个性特征，而不是产品间微不足道的差异。品牌的个性特征使产品或服务这种无生命的东西变得具体、形象、人格化。消费者对品牌的接受程度，主要取决于消费者对品牌的感知、品质的认同和品牌文化的理解程度。品牌的个性化能够形成品牌差异，而个性差异明显的品牌更容易脱颖而出。品牌的个性化是通过品牌定位、品牌质量塑造形成的。品牌的内涵越丰富，则品牌的个性化特征越明显，品牌的优越性越强，吸引消费者的能力也越强。

3. 全面系统原则

所谓全面，是指品牌质量塑造不仅与企业内部各个职能部门有关，还与社会其他部门（如政府、供应链等）也有着分不开的关系。例如，产品、包装、广告、社会舆论、公众的购买力、消费观念等，都与品牌有着种种的联系。这就要求企业在品牌质量塑造的过程中，综合考虑各种联系，并与这些相关者协调好关系。所谓系统，是指品牌产品设计开发、生产制造、品牌传播和市场营销等活动的各个环节是不可以割裂开来的，任何单打独斗的活动都不利于品牌形象的完美塑造，否则只会延误品牌崛起的有利时机。

4. 持之以恒原则

品牌培育不是权宜之计，品牌质量塑造也不是一朝一夕、一蹴而就的事情。品牌质量塑造是一项复杂的、长期性的工作，需要在系统性战略规划下常抓不懈，需要全体员工的长期努力。因此，企业经营者要树立长期观念、系统观念，制订长期的计划，有条不紊地狠抓落实，用企业一件件为了品质、为了品牌而发生的感人的事例点缀、装饰品牌。虽然品牌是一个与时间有关联的概念，但并不是品牌建立起来以后，随着时间的流逝，品牌的影响力和价值就会自然而然地与日俱增。

第二节　质量管理体系概述

一、质量管理体系简介

质量管理体系（Quality Management System，QMS）被定义为策划、实现和记录质量方针和目标的过程、程序和责任的正式系统。QMS 有助于协调和指导组织的活动，以满足客户、标准和法规要求，并持续改进提升其有效性和效率。

ISO 9001 是国际公认和实施的质量管理体系标准，是质量管理最突出的系统方法。它是用一组文件化的信息来描述（或详细说明）组织的整个 QMS 系统。实施文件化的质量管理体系的收益如下：

（1）满足客户的要求，这有助于灌输对组织的信心，进而带来更多的客户、更多的销售和更多的忠实客户。

（2）满足组织的要求，确保以最具成本优势和资源效率的方式提供满足法律法规和顾客要求的产品和服务，为组织扩张和利润增长创造空间。

（3）获得额外的竞争优势，包括定义沟通的基准、控制和改进流程、防止错误、减少浪费、降低成本、促进培训、吸引员工和顾客等。

ISO（国际标准化组织）除了颁发 ISO 9000 族四大核心标准（ISO 9000、ISO 9001、ISO 9004 和 ISO 19011）外，还发布了一系列与质量间接有关的 ISO 14000 系列（环境管理体系）、ISO 45001（职业健康安全管理体系）和行业质量管理体系，如ISO 13485（医疗器械质量管理体系）、IATF 16949（汽车相关产品的质量管理体系）、ISO 22000（食品安全管理体系）、ISO 50430（工程建设施工企业质量管理规范）等。

二、质量管理的七大原则简介

ISO 9001 是国际公认的质量管理体系标准，2015 版 QMS 基于以下七项质量管理原则来保证 ISO 9001 在组织的成功实施。

1. 以顾客为中心

以顾客为关注焦点，是质量管理使命的关键。如果没有忠诚的客户，企业就无法生存和发展，这就是为什么客户满意和忠诚应该是每个企业质量管理体系的出发点，也是最终追求的目标。因此，应充分识别并满足顾客的要求、期望，收集客户的反馈并确定改进的领域，从而形成一个积极的反馈和改进循环。更高的客户满意度也意味着更多的销售额和更高的利润。

2. 领导作用

如果企业的领导者不相信质量和品牌的价值及意义，或不将其作为战略重点，那么“提质量、树品牌”就不可能实现。员工对产品和服务质量的承诺、决心和奉献必须来自组织的最高层。强有力的领导意味着最高管理层和其他主管正在制定组织的质量方针和质量目标，并自上而下创建质量文化。如果没有领导者对质量管理的强烈愿景、长远战略和资源的持续投入，企业将无法实现其目标。

3. 全员参与

员工的专业度、敬业度、参与度是指在组织的各个层面都有员工致力于满足公司的质量管理标准，并提供能够带来高水平客户满意度的商品或服务。因为入门级和中级员工才是真正负责执行质量管理指令的人，所以让他们参与进来对于执行质量管理战略和实施质量管理体系极为重要。如果领导力涵盖质量管理的“自上而下”部分，那么员工参与就是创建质量文化的“自下而上”部分。高层领导要让员工具有参与管理和改进创新的意愿、能力和激情。

4. 过程方法

此方法是将业务视为一系列相互关联、相互影响的，从输入到输出的流程，而不是单独的部门。而影响质量波动的因素为5M1E（人、机器、材料、方法、环境、测量），连续循环的过程识别、过程设计和过程改进的方法可以提高效率。这意味着专注于动态的业务流程，而不是个人职位、团队部门和其他的静态元素。综合起来，所有这些因素都有助于更好的质量管理和更灵活、快速响应市场变化。

5. 改进

改进和创新是组织生机和活力的源泉，改进是永无止境的持续过程。关键是提供资源、建立长效激励机制，这种对持续改进的关注也有助于公司保持竞争力，并继续提供令客户满意的商品和服务。

6. 循证决策

基于客观证据、事实和数据的决策，而不是依靠没有支持的主观假设做出决策。系统记录或统计分析的质量管理软件有利于快速做出基于证据的决策。

虽然在制定业务战略时可能总会存在一定程度的不确定性，但遵循数据统计分析的方法将有助于降低不确定性，并使企业领导者对其决策的准确性更有信心。

7. 关系管理

企业通常会有五大相关方（包括供需双方、劳资双方和其他社会相关方），如何平衡相关方的需求和利益，是质量管理成功的关键因素之一。

如果仅仅因为这些相关方（包括政府相关部门、行业组织、银行等）在技术上不是公司的一部分，并不意味着他们的行为不会影响组织实现其质量目标和满足其客户的能力。与内外部合作伙伴建立牢固的关系，并让他们了解质量管理的战略方针、策略方法等，是实现质量目标的关键。

三、建立质量管理体系概述

（一）建立质量管理体系

质量管理体系是组织管理其业务，实现其目标的有效途径和方式。这些目标可能涉及许多不同的主题，包括产品或服务质量、运营效率、工作场所、环境、健康、安全和绩效，等等。

系统的复杂程度取决于每个组织的具体情况。对于一些组织，尤其是较小的组织，这可能仅仅意味着拥有来自企业主的强有力的领导，明确定义每个员工的期望以及他们如何为组织的整体目标做出贡献，而无须大量制作文件。在高度监管的行业中运营过程更复杂的企业可能需要大量的文件控制，以履行其法律义务并实现其组织目标。

在建立质量管理体系之前，必须识别组织现状和管理各种相互关联的多功能流程，以帮助确保客户满意度。QMS 的策划应受组织的行业、规模、目标、需求以及所提供的产品和服务的影响。实施质量管理体系应遵循克劳斯比的“三要”（即要痛下决心、要教育训练和要贯彻执行），其基本步骤是：设计—建立—部署—控制—测量—审查—改进。

（1）设计和建立部分用于开发 QMS 的方针、目标、结构、流程和实施计划。高级管理层则应实施策划、监督，以确保组织的需求和客户的需求是系统开发的驱动力。

（2）部署是通过将每个流程分解为子流程，并对员工进行教育训练，一般以部门、职能进行部署。公司的内部网络越来越多地用于协助部署质量管理系统。

（3）控制和测量是建立 QMS 的两个领域，主要通过对质量管理体系的运行进行控制和测量。其具体的策略和方法取决于组织规模、潜在风险和环境影响。

（4）审查和改进是如何处理测量的结果，主要通过产品（过程）的监视测量、内外部审核和管理评审及其跟踪验证来完成。目标是确定每个流程实现其目标的有效性和效率，将这些发现传达给员工，并开发新的最佳实践和流程。

（二）质量管理体系（QMS）的核心要素

尽管质量管理体系可能因组织类型而异，但有一些核心要素是所有质量管理体系共有的。质量管理体系的十个核心要素如下：

（1）质量方针和目标。质量方针是管理层的高级声明，为质量管理体系提供方向。质量目标是支持质量方针具体的、可测量的、期望的结果。

（2）质量手册。质量手册是质量管理体系的概述文件。它包括质量方针、质量目标和有关质量管理体系满足标准要求的其他信息。

（3）组织结构和职责。组织结构为质量管理体系的实现提供框架。它定义了组织内职能部门（岗位）的角色和责任。

（4）流程。流程包括组织内部各类活动的程序，它是为实现质量目标而执行的操作活动，如采购流程，就是采购材料、供应品和服务的过程。

（5）数据管理。这是收集、存储和分析数据的过程。数据可用于支持质量改进工作，也是循证决策的基础。

（6）产品（服务）质量领先。产品（服务）质量是产品（服务）满足其质量目标的程度，它是组织生存和发展的基础，更是品牌塑造的基础。

（7）客户满意度。客户满意度是客户对产品（服务）质量的满意程度，组织应调查测量顾客满意度，寻求改进的机会。

（8）持续改进。它包括纠正和预防措施（CAPA）在内的持续改进。持续改进是解决质量问题和防止将来发生质量问题的过程。

（9）质量仪器。质量仪器是用于测量质量的工具，包括测试设备及其校准，必须确保计量、测量仪器设备量值传递的准确性。

（10）文件控制。文件控制是创建、审查和批准文件的过程。必须控制文件的制（修）订、发放、回收等过程，以确保它们是准确的和最新的适用版本。

四、夯实质量基础

（一）企业基础管理达标简介

基础管理看似简单，实则贯穿于企业日常经营活动的各个环节和企业存续的整个生命周期，是企业得以健康有序发展的重要支撑和根本所在，也是企业实现创新和提升动力的关键所在。一个企业的管理水平最重要的体现就在于基础管理是否扎实，基础管理的品质和能力关乎企业能否以规范、高效的方式可持续发展，更决定了企业的战略目标和发展前景能否实现。因此，不仅要重视基础管理，更要夯实基础管理，通过有效的基础管理途径才能实现企业的持续提升。

企业的“基础管理达标”活动主要围绕计量（检验、检测）管理、定额（定岗定员）管理、统计（原始资料）管理、规章制度建设、定置管理、标准化建设、档案管理、信息化管理八个方面进行。“基础管理达标”活动一般分为三个阶段进行：第一阶段，动员部署并制定管理达标标准；第二阶段，全面启动、自我诊断、对标整改、专项提升；第三阶段，持续改进、总结评比、固化活动成果。

（二）国家质量基础简介

国家把计量管理、标准化管理、检验检测和认证认可定义为国家质量四大基础。

计量管理：凡存在计量活动的地方，都离不开计量管理。计量管理主要是编制计量发展规划和执行计划、进行有效的量值传递、计量器具校准和报废等管理。

标准化管理：标准化指对重复发生的事物或过程，按照一定的规则和程序制（修）订、发布和实施标准的全过程，它是规范化、程序化的基础，也是信息化的基础。它既包括技术的标准化，也包括管理的标准化。

检验检测：指依据一定的标准或准则，必要时利用科学的仪器设备对“客体”的质量特性进行检查、测量和验证，以判断其是否满足标准或准则要求的过程。它既包括组织内部的检验（如自检、互检和专检，或进料、制程和出货检验），也包括代表政府履行监督责任的抽检。其主要包括检测对象、检测仪器设备和操作检测的人员三个要素。

认证认可：认证（全程叫认证制度），包括体系认证、产品认证和服务认证三类，它是指由国家认可的第三方认证机构核实，证明组织依据一定的认证标准或准则建立健全了关于被认证对象的管理制度，并能有效运行，发放认证证书，并实行年度监督的全过程。认可是指由国家认证认可监督委员会（简称认监委，CNCA）和中国合格评定国家认可委员会（CNAS）对相关机构（如认证机构、检验检测机构）和认证认可协会（CCAA）对人员（如咨询、审核人员）的认可。

（三）企业质量基础

企业要“提质量、树品牌”，除了重视国家定义的四项质量基础外，还应该注重企业的质量基础。本书把专业人才、管理体系、基础装备、质量信息和持续改进视为企业的质量基础，这也是企业文化（包括质量文化、品牌文化等）的基础。

专业人才：科学技术是第一生产力，企业之间的竞争归根到底是人才的竞争。企业的生产经营管理活动，需要市场调研、设计开发、生产制造、质量管理、品牌管理、设备管理及物流、营销、财务等各个方面掌握现代科学技术的专业人才。人才的“识、选、育、用、留和激励”，关系到一切战略、战术和目标的实现。

管理体系：建立健全企业的整合管理体系（整合质量、环境、健康安全等体系的要求），保持其充分性、适宜性和有效性，而不是为了认证而认证。

基础装备：硬件和软件（如生产经营场所、仪器设备、装修等）的先进性、准确性、自动化或智能化程度等是高质量发展的物质基础，很难想象一个简陋的场所、脏乱差的环境、装备落后的仪器设备能够生产出高质量的产品。

质量信息：质量信息通常分布在不同部门、环节和过程中，这些信息的真实性、准确性、及时性和共享性，是进行数据分析、科学决策和及时改进的基础。如何实现分布在不同职能、过程和时间的质量信息及时共享，是信息化、数字化的关键。

持续改进：改进通常有渐进式和跃进式两种类型，企业如何构建持续改进的理念、全员参与和不间断改进的长效机制是其重点。

五、质量管理的方法工具简介

日本著名的质量管理专家石馨川（Kaoru Ishikawa）强调七种基本质量管理工具，包括：检查表、因果图（鱼骨图或特性要因图）、帕累托图（或柏拉图）、控制图、直方图、散点图和分层法（层别法）。这七种质量管理工具简称“五图一表一法”。

1. 检查表

检查表又叫查检表，是常用的质量管理和保证工具，用于查找错误或问题的频率或特定值。这使得更容易发现导致错误和缺陷之处出现的频率。

2. 因果图

石馨川为解决问题创建了因果图。因为因果图类似于鱼骨，故也称为鱼骨图。在鱼头列出了问题，然后在鱼身上以5M1E，分别以大骨、中骨、小骨列出其问题的可能原因。

3. 控制图

国际标准化组织为控制图的制作、研判专门颁发了标准。控制图有一定的预防作用。它会考虑相关的历史数据，以找到绘制在图表上的平均质量线、上限和下限。质量专业人员通过观察图表上点的变化趋势，找到影响过程变动的（积极或消极）原因，并采取相应措施进行救治或预防。

4. 帕累托图

假设组织中面临的质量管理问题大多是由最大的因素造成的。帕累托图是折线图和条形图的组合，这些值通过使用帕累托图表中的条形图显示，而折线图显示总影响。

这样，组织可以找到主要的质量问题或最大的原因，并采取措施减少或消除这些问题。

5. 直方图

直方图可帮助质量分析师和专业管理人员准确分析他们在不同数据组上可用的不同类型的信息，以帮助识别问题、找到问题的根本原因，从而改进和提高流程的质量。

6. 散点图

散点图又叫散布图，用于查找 A 和 B 之间的关系。它可以轻松识别产品或过程质量缺陷的所有可能原因，然后质量管理专业人员可以创建和实施有针对性的解决方案来解决主要原因。

7. 分层法

分层法是用于将可能影响交付质量的不同因素分成不同的组。所有收集的数据都被拆分，以创建和观察影响质量的不同模式的因素。在质量保证方面，分层方法被广泛用于数据分析。

七个质量管理工具的运用各有重点：查检集数据、层别做解析、柏拉抓重点、鱼骨追原因、直方显分布、控制找异常、散布看相关。如能配合使用效果会更佳。

除此之外，还有 IATF 16949 质量管理体系五大工具：

①统计过程控制（SPC）；

②测量系统分析（MSA）；

③失效模式和效果分析（FMEA）；

④产品质量先期策划（APQP）；

⑤生产件批准程序（PPAP）。

质量管理的工具还有很多，如 PDCA 循环、故障树分析（FTA）、质量功能展开（QFD）、实验设计（DOE）、三次设计、头脑风暴法、5W2H 法、8D 工作法、零缺陷、六西格玛，等等，在此受篇幅所限，不再赘述。

六、切实推行质量认证

（一）质量认证简介

《认证的原理和实践》一书将世界各国现行的产品认证制度归纳为：型式试验、型式试验加市场抽查检验、型式试验加工厂抽查检验、型式实验加市场和工厂抽查检验、型式试验加工厂质量体系评定和获证后监督、工厂质量体系评定、批抽样检验、全检八种模式。以下 4 条说明可帮助我们更好地理解质量认证：

（1）质量认证的对象可以是产品、过程或体系；

（2）认证的方法可以是对产品质量的抽样检验和对组织体系的审核和评定；

（3）通过认证的证明方式是认证证书和认证标志；

（4）认证是第三方从事的活动，是一种形成文件的符合性评价活动。

管理体系认证：管理体系认证（如 ISO 质量、环保、职业健康安全等）大多属于自愿性认证。

产品认证：产品认证分为强制性认证和自愿性认证。如我国的 CCC 认证、美国的 UL 认证和欧盟的 CE 认证属于强制性产品认证。而像有机食品认证、绿色食品、CQC 家具质量环保认证等属于自愿性产品认证。

服务认证：服务认证既包含我们常见的商品售后服务评价体系（有机构也叫五星服务认证），也包含针对行业的特殊服务认证，如物流服务认证、物业管理服务认证、汽车维修服务认证，等等。

国际和国家推行认证制度，其本质属性是“传递信任、服务发展”，可以形象地将其称为质量管理的“体检证”，市场经济的“信用证”，国际贸易的“通行证”。

虽然我国自从引入认证制度以来取得了很大的成绩，但不可否认的是，目前不少企业是为了证书而认证，并未将认证标准的理念、原理和方法结合企业的实际情况建立健全真正属于自己的管理体系，并落地贯彻执行到位，实效甚差。

（二）导入 ISO 9000 质量管理体系认证步骤

1. 对 ISO 9001 认证的初步认识

在组织的各个层面开展 ISO 9001 质量管理体系认证动员会议和培训。员工必须清楚地了解他们参与培训的目的和努力的方向。此外，将组织目标传达给各级员工，以成功建立健全和实施质量管理体系。QMS 体系在任何类型的组织中都具有相关性和适用性。

2. 规划实施周期

任命 ISO 顾问或专家，并让高层管理人员和员工参与实施 QMS 系统。

在规划实施周期之前，管理层必须了解 ISO 9001 将给组织带来的变化和影响。

为了完美地实施 QMS 系统，员工、高层管理人员和所有支持系统必须保持一致。ISO 顾问将根据组织的业务性质和其他要求来规划实施周期。

3. 确定质量管理的范围

ISO 顾问将进行差距分析以研究现有的组织系统。他们还将确定标准化领域并在组织中应用质量管理的最佳实践。

差距分析有助于确定质量管理体系的范围。为组织系统创建一个结构化的计划和最佳实践的待办事项列表。在各个职能团队中循环，并与他们就变更进行沟通。采取集体反馈，有效地分析和实施新系统。

4. 准备文件

编制文件化信息（如质量手册、控制程序、职责制度和质量记录等）是质量管理体系建设不可分割的一部分。召开管理评审会议、职能团队会议，就组织战略目标、业务计划等达成一致，起草质量手册文件。根据质量手册分配资源、员工职责并为所有员工分配角色，以维持组织中各个职能层面的质量标准。

5. 启动质量管理体系

质量管理文件化一旦准备好，就开始实施质量管理体系。QMS 系统现在将定义组织运营并将跨组织的业务运营标准化。质量管理体系将帮助组织达到更高的质量标准并转变其组织结构，提供积极的客户体验，并扩大业务量。

该组织将能够通过获得 ISO 认证的组织系统来展示其质量原则。QMS 系统在组织业务增长和高质量标准的标杆中发挥着至关重要的作用。

6. 回顾表现

质量管理体系的绩效回顾是质量认证成功的一个重要方面。例如，ISO 顾问、质量团队和最高管理层必须经常召开审查会议；让基层员工、经理和团队中的所有员工参加不经常召开的绩效状态会议；识别系统漏洞并采取相应的纠正措施；让特定团队参与改进实践，以确保质量管理体系在所需的水平上运行，并在组织的整个业务运营中不断维护质量标准。

7. 评估和认证注册

ISO 顾问必须指导公司准备好认证资料，以及对质量管理体系进行定期审核，并检查其是否符合 ISO 9001 认证。公司必须符合 ISO 9001 标准的所有指导方针，才有资格获得 ISO 认证机构的外部审核。

外部认证将进行审核以评估组织的内部系统，检查所有过程是否符合所需的质量水平标准。此外，审计确保质量管理体系在业务的所有阶段都能全面运作。

最后，认证机构对组织内的质量管理体系进行评估和审查，合格后颁发 ISO 认证证书。

8. 持续改进

ISO 认证遵循质量管理体系的持续改进，以确保始终符合 ISO 认证指南。组织必须遵循持续改进实践来优化其业务运营和质量管理标准，持续改进也将反过来帮助组织轻松更新其 ISO 认证标准。他们将在所有业务运营中满足 ISO 准则，质量是重中之重。因此，简而言之，通过按照正确方式实施质量管理标准的步骤，组织将能够展示其在产品和服务质量标准方面的优势。

最后，要切实推行管理体系、产品认证和服务认证来保证品牌的质量。

第三节　新（国家）全面质量管理简介

一、全面质量管理简介

（一）全面质量管理的定义

全面质量管理（TQM）是 20 世纪 60 年代初由美国著名质量管理专家费根堡姆最先提出来的，当时称为即全面质量控制（TQC）。TQM 是指一个组织以质量为中心，以全员参与为基础，目的在于通过让顾客满意、让本组织所有成员及社会受益，从而达到长期成功的管理途径。它是基于组织全员参与的一种质量管理形式，是质量管理的一套有效方法，具有全面性、全员性、预防性、服务性和科学性。

全面质量管理的核心定义描述了一种通过客户满意度实现长期成功的管理方法。在 TQM 工作中，组织的所有成员都参与改进他们工作的流程、产品、服务和文化。

全面质量管理可以概括为一个以客户为中心的组织管理系统，该组织涉及从最高层到基层所有员工的持续改进。它使用策略、数据和有效的沟通将质量纪律整合到组织的文化和活动中。

（二）全面质量管理的基本原则

全面质量管理主要有以下原则：

（1）以客户为中心：客户最终决定质量水平。无论组织采取什么措施来促进质量改进（培训员工、将质量整合到设计过程中或者升级计算机或软件），客户都可以决定这些努力是否值得。

（2）员工参与度：所有员工都为实现共同目标而努力。只有在工作场所的恐惧被驱散、授权已经发生并且管理层提供了适当的环境之后，才能获得员工的全部承诺。自我管理的工作团队是授权的一种形式。

（3）以流程为中心：TQM 的基本部分是关注流程思维。流程是从供应商（内部或外部）获取输入，并将其转换为交付给客户（内部或外部）输出的一系列步骤。它定义了执行该过程所需的步骤，并持续监控测量性能，以检测意外变化。

（4）集成系统：虽然一个组织可能由许多不同的职能专业组成，通常组织成垂直结构的部门，但将这些职能相互连接的横向流程才是 TQM 的重点。

微流程加起来就是更大的流程集成，所有流程都汇总到定义和实施战略所需的业务流程中。每个人都必须了解组织的愿景、使命和指导原则，以及质量方针、目标和关键流程。必须持续监控业务绩效并进行沟通。

（5）质量文化：每个组织都有独特的工作文化，除非培养了良好的质量文化，否则几乎不可能在其产品和服务中实现卓越。因此，一个集成系统将业务改进要素连接起来，以尝试不断改进和超越客户、员工和其他利益相关者的期望。

（6）战略性和系统性方法：质量管理的一个关键部分是实现组织的愿景、使命和目标的战略性和系统性方法。这个过程称为战略规划或战略管理，包括制定将质量作为核心组成部分的战略计划。

（7）持续改进：TQM 的一个重要方面是持续的过程改进。持续改进促使组织不断寻找方法来提高竞争力和更有效地满足利益相关者的期望时，既具有分析能力又具有创造力。

（8）基于事实的决策：为了了解一个组织的绩效，绩效指标的数据是必要的。TQM 要求组织不断收集和分析数据，以提高决策准确性，达成共识并允许根据过去的历史进行预测。

（9）有效沟通：在组织变革期间以及日常运营的一部分中，有效的沟通在保持士气和激励各级员工方面发挥着重要作用。沟通涉及策略、方法和及时性。

（三）全面质量管理的核心理念

全面质量管理有“三全一多”的特征：全员参加的质量管理、全过程的质量管理、全面的质量管理和多方法的质量管理。

全员参加的质量管理要求全部员工，无论高层管理者还是普通办公职员或一线工人，都要参与质量改进活动。“改进工作质量管理的核心机制”是全面质量管理的主要原则之一。

全过程的质量管理必须在市场调研、产品的选型、研究试验、设计、原料采购、制造、检验、储运、销售、安装、使用和维修等各个环节中都把好质量关。其中，产品的设计过程是全面质量管理的起点，原料采购、生产、检验过程实现是产品质量的重要过程，而产品的质量最终是在市场销售、售后服务的过程中得到评判与认可的。

全面质量管理注重顾客需要，强调参与团队工作，并力争形成一种文化，以促进所有的员工设法、持续改进组织所提供产品和服务的质量、工作过程和顾客反应时间等。

全面的质量管理是用全面的方法管理质量。全面的方法包括科学的管理方法、数理统计的方法、现代电子技术、通信技术等。全面的质量包括产品质量、工作质量、工程质量和服务质量。

全面质量管理由结构、技术、人员和变革推动者四个要素组成，只有这四个方面全部齐备，才会有全面质量管理这场变革。

另外，全面质量管理还强调以下观点：

（1）用户第一的观点：将用户的概念扩充到企业内部，即下道工序就是上道工序的用户，核心观点是“不将问题留给用户”。

（2）预防为主的观点：即在设计和加工制造等过程中以预防为主、消除质量隐患。

（3）定量分析的观点：只有定量化才能获得质量控制的最佳效果。

（4）以工作质量为重点的观点：因为产品质量和服务均取决于工作质量。

全面质量管理的意义有：提高产品质量、改善产品设计、加速生产流程、鼓舞员工的士气和增强质量意识、改进产品售后服务、提高市场的接受程度、降低经营质量成本、减少经营亏损、降低现场维修成本、减少责任事故。全面质量管理的基本原理与其他概念的基本差别在于，它强调为了取得真正的经济效益，管理必须始于识别顾客的质量要求，忠于顾客对产品（服务）的满意。全面质量管理就是为了实现这一目标而指导人员、机器、信息的活动。

二、新（国家）全面质量管理

（一）NTQM 的提出

新全面质量管理（new total quality management，NTQM）是学者唐先德在《新编全面质量管理学》一书中提出的，他在以后出版的《新全面质量管理》中对其做了进一步诠释和阐述。

（二）NTQM 的简介

NTQM 是质量管理哲学、是领导理念、是指导原则、是立体化的大质量观，是推动“质量强国”和经济社会“高质量发展”的有力武器。在原 TQM 前加的“N”，增加的不只是一个字母或单词，而是一场思想变革、组织变革和行为变革。在“供给侧结构性改革”“需求侧管理”“经济结构转型调整”“提质量、树品牌”“建设质量强国”的新时代，既具有理论创新、运用实践创新，又具有深远的历史和现实意义，这也是质量管理与时代同频共振的时代要求。

（三）在各层面 NTQM 的含义

在宏观层面：NTQM 是以党领导的，以政府质量主管部门为主导的，以企业为主体的，各相关职能部门密切配合的，全社会的全员、全面和全过程的质量管理。它在加强法制、提高标准的同时，提高全民的质量意识、质量能力、消费能力和消费观念。

在中观层面：NTQM 就是要建立各级地方政府及行业等相关部门的质量管理体系，相关部门各司其职、密切配合，并结合质量能力评价指数进行考核评价。

在微观层面：对企业而言，NTQM 不仅包含企业内部、产品全生命周期和全价值链的全员、全面、全过程，而且整合所有相关的管理体系、技术方法，配合目标管理、绩效考核和激励，以卓越的过程追求卓越绩效。

（四）NTQM 的特点概述

NTQM 的特点：一个全社会齐抓共管、多维度的质量管理立体网，使全社会的每一个行业、每一个组织、每一位员工、每一项工作都能够灵活运用质量管理的思维、技术和手段、工具和方法，系统建立以品质为中心，长期持续不断改善与创新的组织文化与质量文化。

基于 NTQM 的观点，全社会在质量管理中承担着不同职责，发挥着不同的作用，如图 8-6所示。

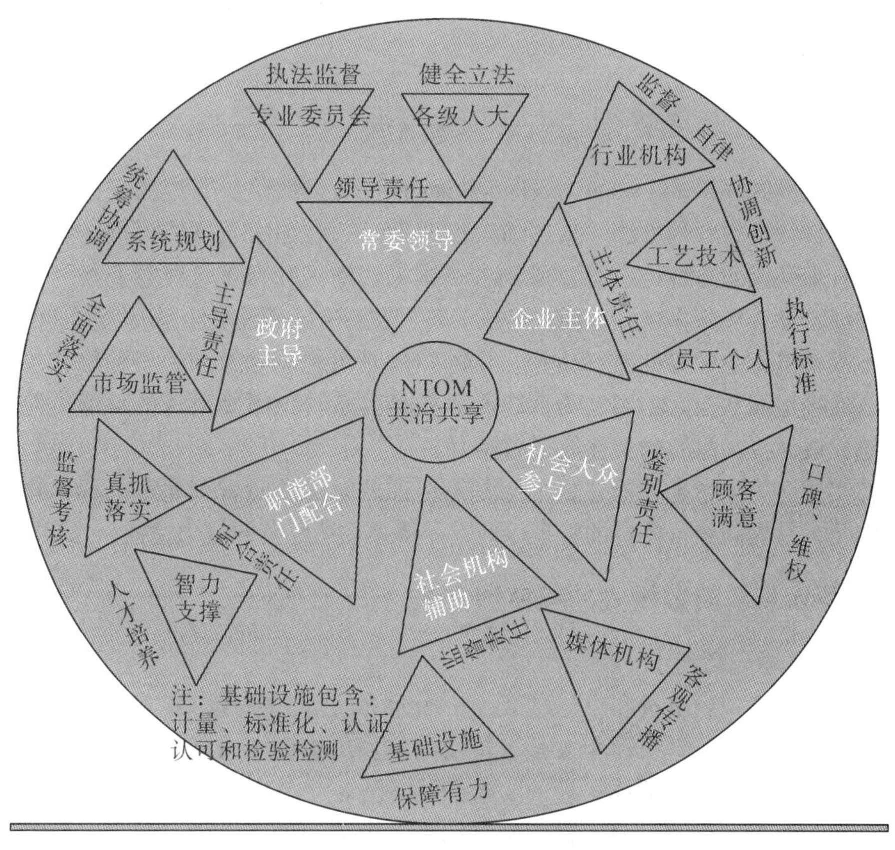

图 8-6　全社会在质量管理中的作用

三、质量管理的数字化转型（工信部文件）

2021 年 12 月 30 日，工业和信息化部发布了《制造业质量管理数字化实施指南（试行）》（下称《指南》），《指南》明确企业要发挥主体作用，强化数字化思维，持续深化数字技术在制造业质量管理中的应用。《指南》要求，推进制造业质量管理数字化是一项系统性工程，要以提高质量和效益、推动质量变革为目标，按照“围绕一条主线、加快三大转变、把握四项原则”进行布局。企业要发挥主体作用，强化数字化思维，持续深化数字技术在制造业质量管理中的应用，创新开展质量管理活动。专业机构要以提升服务为重点，加快质量管理数字化工具和方法研发与应用，提供软件平台等公共服务。各地工业和信息化主管部门要以完善政策保障和支撑环境为重点，做好组织实施。

以数字化赋能企业全员、全过程和全方位质量管理，提升产业链和供应链质量协同水平，采用数字化的管理软件，进行质量管理（QM）和质量管理体系（QS）的数字化转型，进行质量管理数字化转型的规划，质量研发体系的数字化、生产流程质量数据的数字化采集、数字可视化，客户关系管理的数字化及全生命周期的质量数据如何与信息系统的融合。

第四节　导入卓越绩效模式

一、卓越绩效模式简介

卓越绩效模式（performance excellence model）是全面质量管理的实施框架，也是组织实施质量管理的有效方法。卓越绩效模式是以一些国家质量奖评价准则为代表的一类经营管理模式的总称。它日益受到各个国家、地区和众多企业的重视。在经济全球化的大环境下，实施卓越绩效模式已成为各国提升企业竞争力，以及企业持续改进、保持并不断增强竞争优势的重要途径。卓越绩效是组织绩效管理的一种综合方法，该方法可以促进组织和个人学习，为客户和利益相关者提供不断改进的价值，促进组织的可持续发展，提高组织的整体效率和能力。

就其实质而言，卓越绩效评价准则是对以往的全面质量管理实践的标准化、条理化和具体化，是提高经营质量的管理标准，是持续成功经营的成功途径。

二、导入卓越绩效模式的程序和方法

（一）建立学习型组织

成功的组织意识到质量和卓越绩效是一个永无止境的旅程，建立健全和维持组织的卓越绩效模式，需要组织和个人都有建设学习型组织和学习型个人、克服障碍和挫折的勇气与能力，将卓越绩效视为一段旅程而不是终点。“千里之行，始于足下。”努力通常会伴随极大的热情，一定程度上是因为这种努力的新颖性。过了一段时间，组织会面临现实的打击和疑虑。当早期的支持者开始质疑这个过程时，真正的问题就出现了。这时候，组织可以屈服于不可避免的失败，也可以努力坚持克服障碍。

（二）遵循质量举措的生命周期

为了帮助理解这些问题，认识到质量举措和大多数经营举措一样都遵循自然的生命周期非常有用。莱昂纳德（Leonard）和麦克亚当（McAdam）表示，理解生命周期“提供了一种战略机制，用于记录和维持质量，并积极应对实施时的缺点，如最终可能导致失败的停滞和不充分应用”。采用质量新举措的生命周期有以下六个阶段：

（1）采用：采用质量新举措是一项战略决策，新质量举措的导入和实施时；

（2）重生：当新的质量举措与现有的举措共同实施产生新的动力和影响时；

（3）赋能：当现有的质量举措被再次关注，并给予新的资源时；

（4）成熟：当质量在整个组织中战略性的协调和部署时；

（5）限制或停滞：当质量没有被战略性地驱动或协调一致时；

（6）衰退：当举措的影响有限，趋于失败，并等待终止时。

【本章小节】

本章主要介绍质量和质量管理的相关概念、发展历程、技术和方法，TQM 和 NTQM，以及质量管理体系、卓越绩效模式，但由于篇幅所限，无法更深入、全面地介绍。

【技能训练】

5~8 人一组，在学习本章内容和参考相关教材的基础上，收集某行业企业在质量管理方面成功或失败的案例，分析其成功或失败的原因。

练习题

一、判断题

1. ISO 9001：2015 把产品分成了四个大类，即硬件、软件、服务和流程型材料。（　　）
2. 质量保证是质量管理的一部分，致力于满足质量要求。（　　）
3. 顾客满意是指顾客对其要求已被满足的程度的感受。（　　）
4. 学校选取投影仪供应商时必须对备选供应商进行产品、过程和质量管理体系审核。（　　）
5. QC 小组的课题都是来源于上级下达的指令性课题或质量管理部门推荐的课题。（　　）
6. 质量管理的发展经历了检验—控制—预防—改进四重境界。（　　）
7. 为改进和提高质量，进行培训而支付的费用，属于预防成本。（　　）
8. 所谓的卓越质量，就是要使与组织经营利益有关的相关方满意。（　　）
9. 我们要努力提高客户满意度，因为客户满意才会忠诚，忠诚客户肯定是满意的客户。（　　）
10. 质量检验是质量管理的基础，加强质量检验是提高质量的主要措施。（　　）

二、单项选择题

1. 那些及时充分提供也不会使顾客感到特别的兴奋和满足，一旦不足就会引起顾客强烈不满的质量特性是（　　）。

A. 魅力特性　　B. 必须特性

C. 固有特性　　D. 赋予特性

2. （　　）是组织在质量方面所追求的目的。

A. 质量方针　　B. 质量目标

C. 质量计划　　D. 质量策划

3. (　　) 是指对产品质量的产生、形成和实现过程进行的抽象描述和理论概括。

A. 质量特性　　B. 质量环

C. 质量圈　　D. 全面质量管理

4. 顾客对一个产品（或一项服务）感知的效果与其期望相匹配，则顾客就会(　　)。

A. 满意　　B. 不满意

C. 高度满意　　D. 表示忠诚

5. 以下哪一项不是质量改进形成长效机制的层次（　　）。

A. 资源保障　　B. 个人能力很强自己单干

C. 组建适宜的项目团队　　D. 必须有激励

6. (　　) 是分析和寻找影响质量主要因素的一种工具。

A. 亲和图　　B. 关联图

C. 排列图　　D. 鱼骨图

三、多项选择题

1. 服务的质量特性有哪些？(　　)

A. 可靠性　　B. 响应性

C. 保证性　　D. 创新性

E. 完整性

2. 供应商审核一般分为（　　）。

A. 产品审核　　B. 过程审核

C. 质量体系审核　　D. A 和 B

3. 按标准的性质可以将标准分为（　　）。

A. 强制性标准　　B. 推荐性标准

C. 技术性标准　　D. 管理性标准

4. ISO 9000：2015 定义的产品包括（　　）。

A. 硬件　　B. 软件

C. 服务　　D. 流程性材料

5. 监视和测量设备的管理，包括（　　）。

A. 申购　　B. 校准

C. 编号　　D. 使用

E. 报废

6. 以下哪些属于品牌管理的七大方法？(　　)

A. 检查表和系统图　　B. 排列图和散布图

C. 柏拉图和鱼骨图　　D. 亲和图和柏拉图

四、名词解释

1. 质量。

2. 服务。

3. 魅力特征。

五、论述题

1. 论述 NTQM 国家（新）全面质量管理与 TQM（全面质量管理）的区别与联系。
2. 以某行业或企业为例，论述其品质塑造的原理、过程和方法。

第九章　品牌形象塑造

【学习目标】

· 了解品牌形象的定义和内涵。
· 了解品牌形象的决定因素。
· 了解品牌形象的设计原理。
· 理解品牌符号的分类规则。
· 理解品牌形象的设计方法。
· 了解品牌形象的内外部关系。
· 理解品牌符号的设计依据。
· 了解品牌形象塑造的流程。
· 了解品牌形象的基本原则。
· 了解品牌形象塑造的误区。

第一节　品牌形象概述

【导入案例】

案例一：肯德基品牌形象在不同时期的变化

肯德基品牌的形象经历多次升级迭代，每一个时期的变化都顺应了所在时代人群审美和企业经营意图的变化。2006 年，“肯德基爷爷”形象着装从西服领结到围裙的变化，体现了肯德基强化服务理念的背景，更加亲和的形象表达。

案例二：星巴克品牌形象在不同时期的变化

星巴克的品牌形象随着年轻一代追求的极简风潮，丢掉了复杂的图形装饰，选择保留最核心的图形，去掉文字组合商标的使用，从而让品牌更加适应年轻一代的审美需要。

一、品牌形象的定义

“品牌形象”这一概念是希德尼·莱维于1955年提出来的，它是品牌构成要素在人们心理上的综合反映。人们对品牌形象的认识最初着眼于影响品牌形象的各种因素，如品牌名称、属性、包装、价格、声誉等。品牌形象不是自发形成的，而是一个长期的系统工程，涉及产品、传播、营销、服务等各方面的因素。

罗诺兹和刚特曼从品牌策略的角度提出：“品牌形象是在竞争中的一种产品或服务差异化的含义的联想的集合。”帕克等人提出：“品牌形象产生于营销者对品牌管理的理念中，品牌形象是一种品牌管理的方法。”他们认为任何产品或服务的形象，在理论上都可以用功能的、符号的或经验的要素来表达。

基于以上国外学者对品牌形象的定义，品牌形象是一个综合性的概念，是受感知主体主观感受及感知方式、感知前景等影响，在心理上形成的一个联想性的集合体，品牌形象代表着一种品牌资产，是品牌理念、品牌文化的集中体现。同时，我国学者范秀成和陈洁认为：品牌形象是消费者对品牌的总体感知和看法，是品牌资产的关键驱动要素。品牌识别是企业试图达到的品牌的预期状态，是品牌形象建设的基准。他们参照大卫·艾克提出的品牌识别系统，从品牌识别系统出发，建立起一个包括四个维度：产品维度、企业维度、人性化维度和符号维度的品牌形象综合测评模型，如图9-1所示。

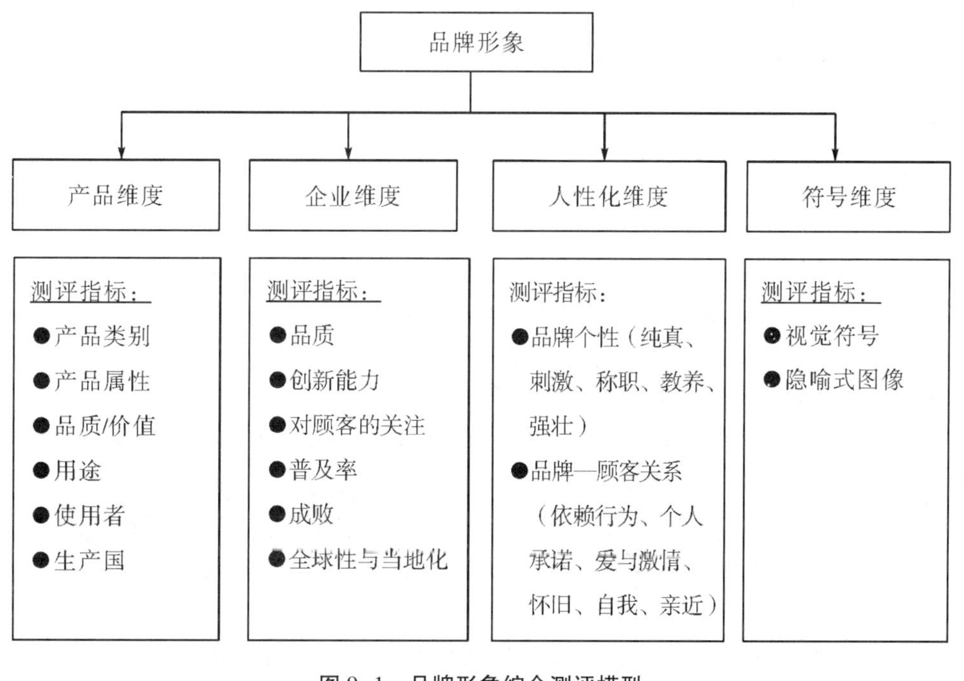

图9-1 品牌形象综合测评模型

二、品牌形象的特征

品牌形象是品牌方（企业或策划者）依据自身产品和服务所定位人群的需求而设定的一种感知设计，品牌形象不是单一的元素，而是多元素（包括名称、标志、字体、色彩、图形、象征物等）共同组合而成。从某种意义上讲，品牌形象随着沟通对象以及品牌方想的目标而变化。

品牌形象是品牌价值的外在表现，是一种有效管理品牌价值的手段和方法，是一种无形的认知资产，一旦在消费者心中建立认知，就不易改变。良好的品牌形象是品牌在市场竞争中的有力武器，它不仅帮助品牌进行识别，且能代表品牌的气质和对应的人群进行情感共鸣，不断建立好感，从而促使品牌价值变现，推动经营目标的达成。品牌形象具备以下特点：

（一）可塑性——品牌形象是可以人为塑造的

品牌形象的好坏，没有绝对的标准，但可以确定，品牌形象是品牌方根据经营目的和目标对象的追求有意识塑造的。也就是说，我们感知到的品牌形象，一定是为了实现企业的经营目标而存在的。

（二）多维组合性——品牌形象是众多元素共同作用的结果

品牌形象是所有认知碎片的总和，它并非标志单一的元素，而是包括名称、色彩、字体、图形、文字等多种要素互相搭配使用的系统，是所有元素共建的信息格式，它们共同营造出品牌印象，被品牌对象认知，从而建立识别沟通的作用。

各个元素组合的方式非常多，如古代的通常采用文字和牌匾木刻工艺的严肃感建立信任，而现代企业通常采用“图形标识+商号文字”的组合方式。

（三）发展性——品牌形象会不断变化

企业的经营战略、产品战略、营销战略等，应随着市场（顾客）的变化而变化，会导致品牌对象、渠道等场景需求的变化，那么品牌形象的塑造就要根据新的场景沟通升级或重塑。

三、品牌形象塑造的意义

自大卫·奥格威在《一个广告人的自白》一书中提出品牌形象理论以来，品牌形象就成为市场营销人员和品牌管理者关注的焦点。品牌形象是企业最宝贵的无形资产和经营资源，也是企业在激烈的竞争中制胜获利的法宝，直接关系企业的品牌经营状况，关系企业的产品或服务是否会被消费者所接受，也关系着企业的成败。因此，企业品牌形象塑造具有十分重要的意义。

品牌形象的本质是消费者对品牌主体的认知和印象的总和。品牌塑造的所有手段都是为了在受众心中建立一个全面、正向的认知。因为受众通过感知决策，品牌方通过一系列塑造和持续的沟通活动，给顾客和社会大众带来感知，从而促使受众从认知到认同，并产生购买选择行为的作用。品牌形象管理即设计、定义、管理“这个独特的认知”，如图 9-2 所示。

品牌具有吸引消费者的独特魅力。可以说，品牌是消费者与产品之间的桥梁，它有自己的个性、文化、形象和价值。企业创建品牌的根本目的是为了更好地满足消费者的物质性需要和情感性需要，并与目标消费群的消费心理相契合，从而得到消费者的认可。

同时，品牌主体可以是一个人、一个组织、一项技术、一个产品或一项服务，只要能用于商业价值交换的所有事物都可以作为品牌主体来塑造其独有的品牌形象。

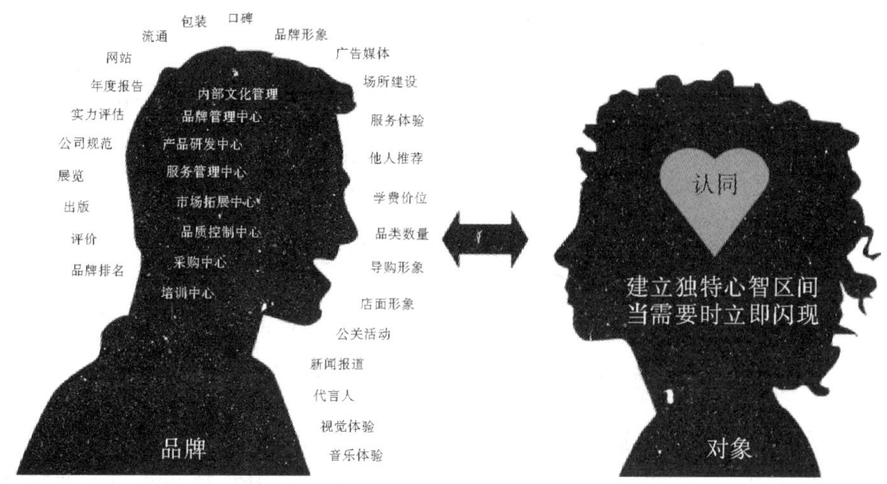

图 9-2　品牌形象塑造的方式

因此，品牌形象塑造对于企业而言是建立品牌的重要手段，它不仅是帮助消费者更简单地选择适合的产品和服务，也能建立品牌自身的品牌资产，还能建立社会影响力，品牌形象塑造最顶端的形态还可以作为文化输出的代表。品牌形象塑造具有以下重要价值：

（一）从企业经营的层面看

企业层面动因是企业品牌形象塑造能为企业提供实益性价值。

（1）识别性：帮助品牌更好的识别，通过人为的塑造区分于其他品牌。

（2）情感传达：通过形象的塑造展示品牌的情绪，从而更好地与品牌对象沟通。

（3）仪式感：把抽象的品牌价值转化成具象的形象，让人从可感知到可触达，从而更好地建立品牌印象。

（二）从消费者层面

消费者层面动因是企业品牌形象塑造能为消费者提供品牌附加价值。

（1）识别性：让消费者在众多产品选择中找到需要的产品。

（2）精神归属：通过品牌形象感受品牌背后的意识，即品牌价值，使其更好地产生情感认同。

（3）功用性：通过品牌形象（特别是产品形象）传达品牌的功能信息，了解品牌针对顾客解决某方面的问题。

（三）从国家层面

国家层面动因是企业品牌形象塑造能体现良好的国家形象。

（1）品牌状况与国民经济存在相关性。一般来说，一个国家或地区的经济越发达，或一个企业的经济实力越强，则其品牌的市场地位就越高，品牌意识、建立品牌的投入和品牌资产的积累也会相应地提升。

（2）企业品牌形象塑造能体现良好的国家形象。品牌形象与国家形象之间是一种相互作用的关系。一个国家在国际上的品牌声誉和名牌多少反映了国家的形象和经济实力，反过来，国家形象又不断扶持、强化品牌的国际地位。这种作用和反作用的力量是一个国家经济发展的催化剂。

对今日的中国来说，培育扶植中国的世界级品牌，其意义已经超越了经济的本身，从某种角度上认识，世界级品牌是一个国家的“名片”。

令人高兴的是，随着中国经济的崛起，中国已经展露出不少影响世界的品牌，如华为、阿里巴巴、小米、大疆、美的等品牌。

第二节　品牌形象的构成

一、品牌形象的内涵

从心理学的角度看，形象是人们反映客体所产生的一种印象，这种印象可看作是感知的想象集合体。感知是人们对感性刺激进行选择、组织并解释为有意义的和相关图像的过程。因此也可以说，形象是消费者经过一段时间通过处理不同来源的信息所形成的有关对象的一个总体感知。

人们对品牌形象的认识是一个由感性到理性的过程，从某种意义上来讲，品牌形象随着品牌的产生而产生，品牌的含义决定了品牌形象的内涵。

品牌形象代表了消费者对品牌的总体感知，是依据消费者有关品牌的推断形成的，这种推断基于外部的刺激或想象，是消费者从经验中形成的对产品的信念，这是品牌形象的本质。

品牌形象是消费者头脑中与某个品牌相联系的属性集合和消费者记忆中关于品牌的所有联想的总和。品牌的联想分成“软”和“硬”两方面，区分了品牌形象系统中的功能成分与意义成分。

品牌形象是品牌构成要素在人们心目中的综合反映，也是消费者记忆中关于品牌的所有联想的综合感知。因此，品牌形象是一个综合性的概念。首先，品牌形象是品牌构成要素在人们心目中的综合反映，如品牌名称、产品属性、品牌标志等给人们留下的印象，以及人们对品牌的主观评价；其次，品牌形象也是消费者记忆中关于品牌的所有联想的综合感知。这种联想可能与产品的硬性属性有关，特别是对可以有实质感受及功能属性的认知，如速度、高价位等。这种联想也可能与产品的软性属性有关，如兴奋、信赖、趣味、乏味、创新等。这些属性要素在消费者心智与记忆中形成一个总体的集合，它们之间的相互关系会被消费者陆续地回想起来。

品牌形象按其表现形式可分为内在形象和外在形象，品牌的内在形象和外在形象如图 9-3所示。

图 9-3　品牌形象的内在形象和外在形象

二、品牌内在形象

品牌内在形象主要包括产品形象和文化形象。品牌产品形象是品牌形象的基础，是和品牌的功能性特征相联系的形象。潜在消费者对品牌的认知首先是通过对其产品功能的认知来体现的。一个品牌不是虚无的，而是因其能满足消费者的物质或心理的需求，这种满足和其产品息息相关。当潜在消费者对产品评价很高，产生较强的信赖时，他们会把这种信赖转移到抽象的品牌上，对其品牌产生较高的评价，从而形成良好的品牌形象。

品牌文化形象是指社会公众、用户对品牌所体现的品牌文化或企业整体文化的认知和评价。企业文化是指企业经营理念、价值观、道德规范、行为准则等企业行为的集中体现，也体现一个企业的精神风貌，对其消费群和员工产生着潜移默化的熏陶作用。品牌文化和企业的环境形象、员工形象、企业家形象等一起构成完整的企业文化。品牌背后是文化，每个成功品牌的背后都有其深厚的文化土壤，都有一个传达美好的故事。

三、品牌外在形象

品牌的外在形象是指品牌给消费者留下的感知印象，包括品牌标识形象、品牌信誉以及消费者对品牌的认知与评价。品牌标识形象是指消费者及社会公众对待品牌标识系统的认知与评价。品牌标识系统包括品牌名称、商标图案、标志字体、标准色以及包装装饰等产品和品牌的外观。社会公众对品牌的最初评价来自其视觉形象，是精致的还是粗糙的、平凡的还是高贵的，等等。通过品牌标识系统把品牌形象传递给消费者是最直接和快速的途径。尤其是在现代社会，产品极其丰富，新产品的推出也令人目不暇接，一个品牌只有先抓住消费者的视线，才可能进一步抓住他们的心。

品牌信誉形象是指消费者及社会公众对一个品牌信任度的认知和评价，究其实质来源于产品的信誉。品牌信誉的建立需要企业各方面的共同努力，产品、服务、技术一样都不能少，并注重按合同规定交货以及及时结转应付账款等。

总之，品牌构成要素在人们心目中的综合反映和人们对品牌的综合感知联想，对于消费者的购买决策具有重大的影响。品牌形象是企业整体形象的根本，良好的品牌形象对于企业而言是至关重要的。这要求现代企业重视塑造良好的品牌形象。

第三节　品牌形象塑造的原则和过程

【导入案例】

农夫山泉采用代表天然水源的符号为形象，通过大量写实纪录片的形式，讲述水源地的故事，同时设计也采用了自然插画元素做包装，耳熟能详的价值口号“我们不生产水，我们只是大自然的搬运工”更是强化了来自一份纯净天然水的品质，如图 9-4 所示。

我们不生产水
我们只是大自然的搬运工

图 9-4　农夫山泉塑造“天然健康”的品牌形象

价值内涵不仅指导了品牌形象塑造，品牌的一切经营行为以及营销传播都要为这一价值服务，如果把品牌的所有动作比作是珠子，那么品牌价值内涵则是贯穿这些珠子的绳子，是品牌对外形象塑造的灵魂。

一、品牌形象塑造原则

品牌形象塑造过程是一个复杂的动态的过程，需要掌握以下基本原则，如图 9-5 所示。

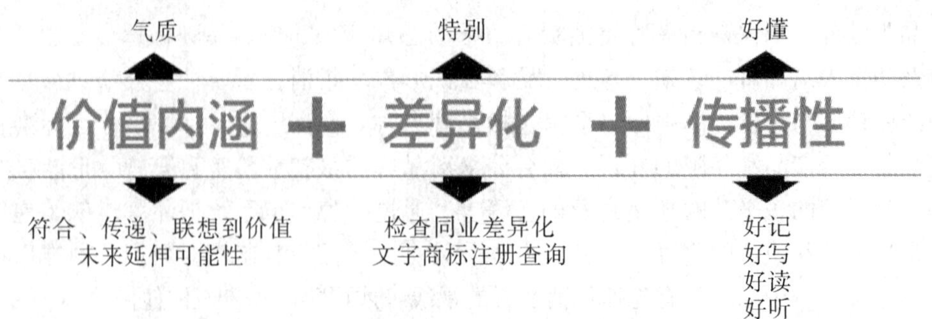

图 9-5　品牌形象塑造的三个原则

（一）符合价值内涵原则

品牌的内在形象也可比作是人的气质，品牌形象的塑造必须围绕品牌的价值内涵展开，价值内涵就是品牌的灵魂，从受众的角度，它提供了传递给受众选择品牌的理由，比如：沃尔沃汽车的品牌形象是“安全”；农夫山泉的品牌形象是“天然”；宝马汽车的品牌形象是“操控”。这些都提供给了受众选择产品的一个最重要的理由。

品牌形象塑造是把抽象的价值联想转译成具象的符号的过程，通过人们头脑中对价值的直接联想创作出符号。

（二）差异化原则

品牌形象塑造必须建立在同竞争环境中的其他品牌的差异化上，在产品和服务已经极其同质化的今天，品牌只能通过形象塑造的差异化建立认知的区隔。把 A 品牌和 B 及其他品牌分开，让消费者选择变得更简单。

差异化就是建立品牌的独特个性，把品牌的价值打磨得像一根针一样击中消费者。

（三）传播性原则

品牌形象塑造的要素包括名字、符号、色彩、字体等诸多要素，这些搭配使用的要素结合在一起共同构成品牌的认知。品牌形象的塑造需要极其快速高效地达成品牌主体与品牌对象沟通的目的，因此传播的高效尤其重要，通俗地说，就是“好记、好念、好写、好看、好联想、好描述”等特性。因此，不论是取名还是创作图形，尽量不用或少用无法理解的抽象符号，大多数用于大众沟通的品牌都具备这一原则。

二、品牌形象塑造过程

品牌形象塑造是一个完整的体系，包括品牌检查、品牌战略、品牌识别、品牌体验、品牌管理及品牌实施六个关键环节。

（一）品牌形象检查

通过调研获得市场真实的信息，新品牌塑造主要是研究社会发展趋势、项目发起动机、企业优势、消费者需求洞察和竞争独特性等方面，这些方面奠定了项目定位及产品经营的方向。若是已有品牌升级，则需要对现有品牌资产进行盘点，确定是否继承其中要素。这些调研的形式非常多样，主流的调研分为定性调研及定量分析两种，大多数专业机构由自己团队作业人员参与调研，以获得真实的一手资料，如果能得到数据之外关于消费者感知的微观信息，更利于后期作业。品牌形象调研的基本过程见图 9-6。

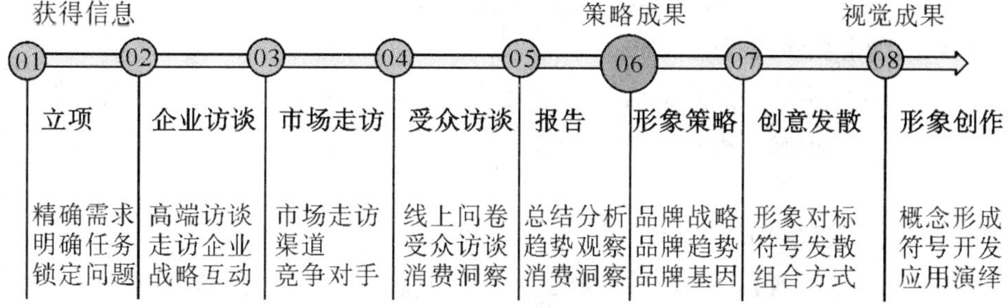

图 9-6　品牌形象调研的基本过程

（二）品牌战略设定

品牌战略是企业经营的核心信息，是指导产品及品牌经营的纲领，企业经营的方向，回答企业“做什么以及不做什么”的问题。依据前期的市场需求研究，确定战略的内容，包括品牌定位、核心价值、企业文化、品牌架构、渠道方式等商业模式信息。战略清晰度决定品牌后期运营及品牌形象的精准度。

（三）品牌识别设计

基于品牌经营战略的指引，达成品牌基因六要素，发现品牌核心价值定义、品牌品类定位，推导出品牌人格（调性），最终创造出品牌三个最显现的成果（名号、口号、符号）。品牌基因六要素的关系见图 9-7。

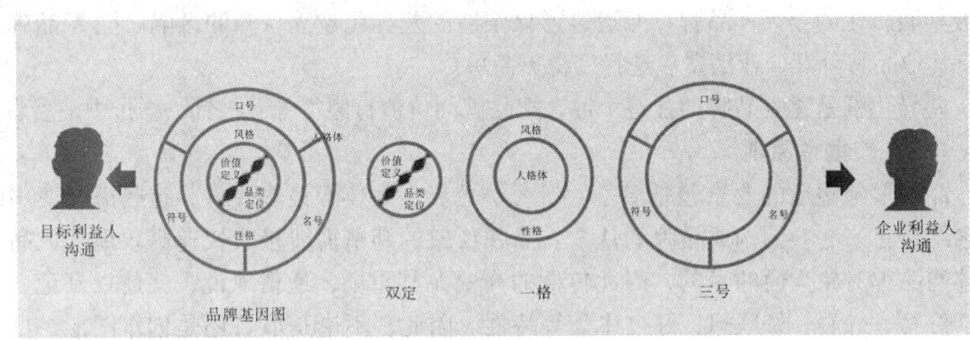

图 9-7　品牌基因 6 个要素的关系

确定基本要素，并应用于各个传播场景中，在每一个品牌与消费者接触点进行深化设计创新，完成受众的产品及服务体验，从而产生对品牌的正向反馈。

品牌形象的深入设计完成后，就进入品牌传播部分，这个时候需要设定核心的传播主体，并与品牌前期设定的品牌价值一致。通过各种传播手段实现品牌最终在受众心目中建立意识印象，形成积极认同，并达成品牌的终极目标。

（四）品牌体验设计

所有品牌的沟通都需要经过人的感官，设计师可以根据五感（视觉、听觉、嗅觉、触觉、味觉）的综合运营形成受众的品牌感知。

品牌体验设计围绕人展开，即所有的传播运营行为都有利于建立“人设”，包括传达出精神、建立具有仪式感的行为及传播品牌故事。比如，海底捞品牌传播“服务至上”的体验，在“服务”的价值上做到极致，并为顾客提供大量的故事体，这些都让海底捞成为让人敬佩的品牌，成功打造了自己“服务为尊”的人设。

（五）品牌形象系统管理

品牌标准的体验就是品牌的各个要素建立统一的标准进行管理，建立品牌形象管理手册是一种常用手段。不仅如此，还需要帮助企业进行品牌导入培训，达成品牌有效的管理。

（六）品牌形象实施

品牌所有标准实现需要一个精细的管理，需要品牌方（包括设计单位、企业方、第三方执行公司）倾力配合谨慎执行完成，才能达到预期效果。如果在执行中出现偏差，可能带来不好的体验，会影响品牌积极形象的建立。

三、品牌形象塑造的策略和途径

品牌形象塑造并非简单标志设计和品牌形象规范的设计，而是一整套系统工程，品牌方应站在全局思考。

总体来讲，品牌形象的塑造是解决品牌主体和客体（受众）的沟通问题，沟通的对象越多，沟通点的管理越复杂，需要通过品牌战略规划、品牌识别设计、销售场景分类、品牌标准管理以及营销传播等，最终到达消费者认知。品牌形象系统打造纵览图见图 9-8。

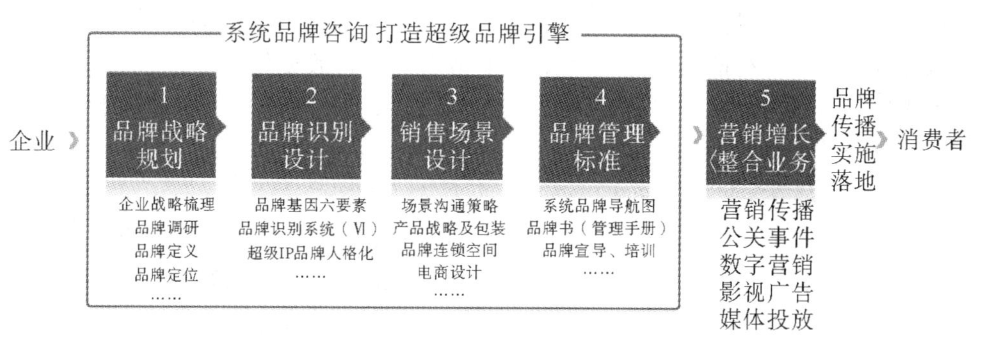

图 9-8　品牌形象系统打造纵览图

（一）品牌形象塑造的策略

1. 文化导向策略

品牌文化是在企业、产品及服务历史传统基础上形成的品牌形象、品牌特色以及品牌所体现的企业文化和经营理念的综合体。品牌形象塑造需要以品牌文化为导向，品牌文化能够促进品牌形象的提升，为品牌带来高附加价值。任何一个国际品牌，都是建立在本国、本民族深厚的历史文化基础上的。除品牌文化之外，社会文化的各类形态也是品牌形象塑造过程中要充分考虑的表现内容和创意元素。

2. 品牌形象代言策略

在市场营销中所指的代言人是那些为企业或组织的盈利性目的而进行信息传播服务的专职人员。品牌形象代言策略，一般通过聘请名人、明星代言的方式，借助名人、明星效应，促进品牌形象的塑造和品牌活动的推广，运用品牌形象代言策略，能够扩大品牌的知名度和认知度，拉近品牌与受众间的距离。

3. 心理定位策略

市场营销学家菲利普·科特勒提出，人的消费行为变化可分为三个阶段：第一阶段是量的消费阶段，第二阶段是质的消费阶段，第三阶段是感性消费阶段。到了第三个消费阶段，消费者所追求的是产品与自身的密切程度，或只是为了得到情感上的某种满足，或是追求商品与理想的吻合。因此，企业应该顺应消费者心理的变化，以恰当的心理定位唤起消费者心灵的共鸣，树立独特的品牌形象。

4. 情感导入策略

品牌不是冰冷的符号，也具有情感，有自己的个性和表现力。这是实现品牌与公众进行情感沟通的桥梁。如果品牌能够在消费者的心中占据一席之地，以情感导入推动品牌形象情感化的呈现方式，可以推动品牌形象进一步深入人心。

5. 专业权威形象策略

专业权威形象可以突出某品牌在某一领域的领先地位，增强品牌元素的权威性，提高信赖度，专业权威形象策略一般通过专业权威人士代言、权威认证、权威实验成果等方式呈现，强调品牌在技术、质量、服务等方面的领先优势。

6. 虚拟形象策略

随着数字媒体以及移动互联网的兴起，新生代消费人群大多数的品牌接触体验点都在线上完成，可以说，线上已经形成了品牌构建和消费的全链条闭环。也就是说，某些产品，特别是虚拟服务（如游戏、电影、社交等产品）完全不依赖线下足以实现。新的媒体视频出现，让静态传播变得更加丰富多元，大数据传播快速进行信息分类，找到你想要的产品。这些品牌传播环境的变化都让我们不得不思考，品牌形象的塑造也将适应这样的传播方式。

（二）品牌形象塑造的途径

目前的品牌形象管理文献大部分都提出了相应的品牌形象塑造的举措，其中以品牌定位、品牌个性、品牌文化、广告宣传、产品及服务、公共关系和社会责任等是国内外学者们认同度较高的品牌形象管理措施。从品牌识别的角度看，消费者首先是通过企业的产品及其服务形成直观的感受，由这些感受组成品牌联想，进而形成品牌形象。品牌文化能通过公司形象、美誉度等在消费者心目中形成品牌形象。从具体操作层面看，品牌定位能使企业针对目标市场展开经营管理。品牌个性的发展能更好地迎合目标顾客的自我定位，表达消费者的自我个性。因此，品牌形象可由以下四个途径进行塑造：

1. 产品及服务

对消费者而言，品牌形象首先表现为产品包装所呈现出来的名称、商标、外观色彩以及其服务态度。一项民意调查显示，有 90.6%的中国人都认为名牌就是“产品质量好”。高质量的产品是消费者产生信任感的直接原因，是赢取顾客忠诚度的基本前提。完善的服务是接近消费者的最佳途径，包括销售前的征集意见，销售中的咨询、样品、宣传、态度，销售后的维修、安装、培训等。良好的产品和服务能够使消费者认知，并熟悉品牌所产生的亲近感及该品牌所拥有的特征。因此，企业应该建立一套完善的产品质量保证体系和服务培训体系，良好的产品质量和优质的服务能强化品牌形象，形成良好的品牌信誉。

2. 品牌文化

良好的品牌文化能产生强大的凝聚力。大多数强势品牌的企业都拥有很深厚的企业文化及明确的企业目标和核心价值观。一个品牌定位清晰的企业品牌，一方面，能积极引导企业员工关心企业，关心企业品牌的发展，使员工与企业有着很强的情感联系，并始终保持着企业品牌完美发展所需的忠诚；另一方面，企业内在的凝聚力是企业品牌所有者取得企业社会价值的根本保证，也是企业积累文化这种无形资产的重要基础。强势品牌只有赋予其应有的文化内涵，才能赢得和保证消费者的忠诚度，使企业品牌价值不断增值。品牌文化也体现为社会责任感，一个能够承担社会责任的企业和品牌才能使消费者对企业和品牌产生强烈的好感，加强消费者与品牌之间的联结和沟通，并通过文化使命营销积累，成就自身的品牌资产，塑造完美的企业品牌的社会形象。

3. 品牌定位

品牌定位是塑造品牌形象的基础和首要步骤，是形成品牌形象特征的重要组成部分。企业必须有一个清晰的品牌定位才可能成功地塑造品牌形象。品牌定位作为一个建立与目标市场有关的品牌形象的过程，可以在一种竞争的参考体系中反映出一个品牌和同类其他品牌之间的地位关系。目前已有研究者开发出专门的定位分析工具，用以帮助企业在定位（或再定位）时更好地找到目前品牌想要处于的（或正在处于的）位置，进而更好地确定品牌在竞争市场上的位置，以便采取下一步的行动，常见的分析工具有定位图、排比图和配比图等。

4. 品牌个性

当一个行业发展至成熟后，行业内各品牌之间就会出现严重的同质化倾向，跟风，模仿甚至抄袭的直接后果是各品牌差异化的弱化乃至消失，以致消费者在众多品牌面前无从选择。可以说，品牌的最初产生和最终目的都在于它的差别化。随着科学技术的发展，在产品性能和质量及服务设计上已经越来越难以形成差异化而获得差别优势。只有把握消费者的情感取向才能区别出不同品牌的价值所在，因而品牌的情感诉求逐渐成为竞争焦点。品牌个性是品牌形象中最能体现差异，最活跃的部分，同时也是品牌的情感诉求的集中体现。品牌的个性化和人性化就是把品牌塑造成一个有血有肉有情感有个性的人，赋予品牌鲜活的生命和情感，能体现目标消费者自我个性的品牌个性将使消费者对品牌产生一种亲近感，有利于达成双向交流，乃至产生高忠诚度的消费者。

四、品牌形象塑造应注意的问题

品牌形象塑造是一个复杂的系统工程，品牌主体方在塑造品牌形象中应避免以下问题：

（一）品牌形象塑造不只是标志设计

当我们提到品牌形象时，大多数人会想到标志设计。然而在复杂的系统里，标志设计只是品牌形象的冰山一角，它只是比较显性的符号，并不能代表品牌的全部，之所以我们会想到标志，是因为大多数成功的品牌在塑造品牌形象的时候有目的性的聚焦到标志符号上，但我们看到的品牌符号，只是品牌形象系统的一个点。

同样，很多品牌并没有图形 logo，新的互联网品牌大多数是品牌文字 logo，如京东、支付宝、淘宝、链家，如图 9-9 所示。

淘宝

链家
Lianjia.com

图 9-9 互联网品牌标识的特征

（二）不是只有大品牌才需要进行品牌形象塑造

在现实中，很多人误以为品牌形象塑造需要消耗大量金钱，认为只有大企业才需要品牌形象塑造，其实不然。任何产品及服务，只要想投入市场，参与竞争，不论大小，都需要有品牌塑造意识，带着这个意识有目的地塑造品牌。从无到有，从小到大，持续坚持在产品价值兑现的前提下，进行持续的品牌形象塑造，是能看到效果的。这种从 0 到 1 的品牌塑造在种子阶段尤其重要，越早建立自己品牌的信息格式，塑造良好的形象，对品牌是一个持续的利好。因此投入的并不只是金钱，而是品牌方心力的投入。

（三）品牌形象塑造是一个长期持续的过程

品牌形象从项目立项到形象落地再到消费者认知，是一个持续生长的过程，建立标准管理只是第一步，而最重要的是长期的品牌经营，持续的通过营销传播活动等手段不断更新，增强消费者认知。这个过程少则三五年，长则几十年。

每一次正向的累积，都在为品牌存储一份价值，而反之每一次负面的影响都在消耗品牌价值，最终品牌形象累积的是品牌声誉的累积。在长期的品牌形象塑造中，企业需要如履薄冰，小心谨慎地维护品牌形象，才能保持不败之地。

品牌形象从设计到应用，再到给品牌对象群体建立认知是一个长期的、不断重复累计的过程，好的品牌形象设计只是完成第一步，而大量的品牌建设在于长期系统持续的和品牌对象沟通产生关联。

（四）品牌形象塑造必须依附在商业成功的基础上

企业首先考虑的是产品价值的持续兑现，确保长期生存，其次才考虑品牌的持续沉淀。品牌形象是附着在经营之上的，否则就是“皮之不存，毛将焉附”。

品牌形象必须依附在产品或服务的载体之上建立，品牌形象是具象的可被感知的部分。品牌形象必须建立在产品和服务的基础上。

企业经营的商业模式就是运营系统，它考虑的是如何交付兑现产品价值。而品牌形象塑造则是考虑如何给受众一个价值承诺，不断承诺和不断兑现的过程就是良性循环。品牌形象塑造站在受众的视野思考“顾客需要什么”，而运营系统则思考“能为你（受众）提供什么（价值）”。品牌形象塑造和企业运营的关系，如图 9-10 所示。

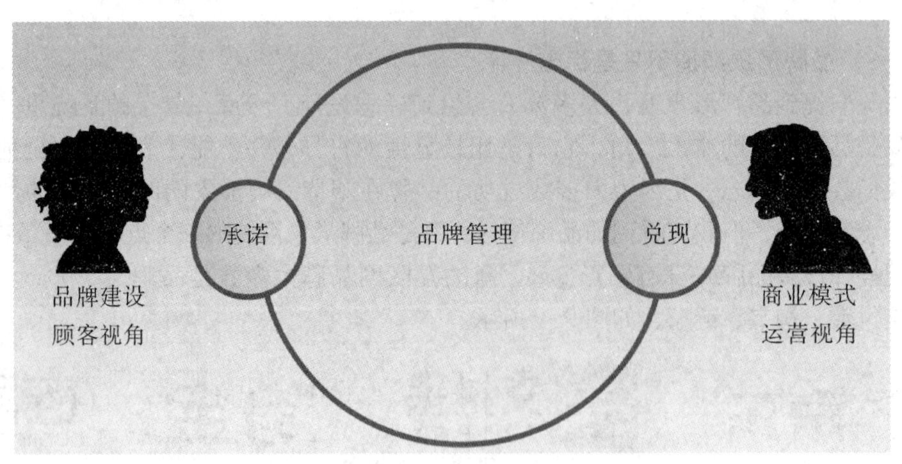

图 9-10　品牌形象塑造和企业运营的关系

【本章小结】

品牌形象不止视觉形象，视觉形象只是品牌形象的一部分。品牌形象是通过一系列的塑造行为完成，是品牌的塑造者依据市场和企业的价值供需而创造，这是一个系统工程。品牌的塑造和运营者需要带着系统意识去实践探索，并不断调整完善，品牌形象也是根据环境变化不断生长。每到一个周期，就需要不断焕新，以防止品牌形象老化。品牌需要长期发展必然面临品牌受众对象的迭代。

【技能训练】

以 5~8 人为一个小组，收集品牌形象塑造成功和失败的案例，并结合本章内容，讨论分析其成功或失败的原因。

练习题

一、单项选择题

1. 品牌形象是（　　）的外在表现，良好的品牌形象是品牌在市场竞争中的有力武器，它不仅帮助品牌进行识别，且能代表品牌的气质和对应的人群进行情感共鸣，不断建立好感，推动经营目标的达成。

A. 风格　　B. 经营计划

C. 品牌价值　　D. 品牌精神

2. 品牌形象塑造的原则，以下哪一个是错误的？（　　）

A. 符合品牌内涵　　B. 差异化

C. 传播性　　D. 符合趋势

3. 品牌形象塑造是一个完整的体系，包括品牌检查、品牌战略、品牌识别、（　　）、品牌管理及品牌实施六个关键环节。

A. 品牌传播　　B. 品牌活动

C. 品牌故事　　D. 品牌体验

二、多项选择题

品牌形象塑造过程中的品牌识别设计提到品牌基因六要素，其中内在的两个要素分别是（　　）。

A. 价值定义　　B. 品牌命名

C. 品类定位　　D. 价值口号

2. 品牌形象的途径以下哪些选项是正确的？（　　）

A. 品牌定位　　B. 品牌文化

C. 产品及服务　　D. 品牌个性

3. 品牌形象塑造必须依附在品牌定位成功的基础上，以下错误的答案是（　　）。

A. 商业模式　　B. 市场销售

C. 企业经营规模　　D. 长期经营

三、简述题

1. 简述品牌形象的定义。
2. 简述品牌形象塑造原则。
3. 简述品牌形象塑造应注意的四个问题。

五、论述题

1. 品牌形象塑造过程包括哪六个步骤？你理解这六个步骤分别解决的核心问题是什么？

2. 品牌塑造是一个长期的过程，那么为什么现在很多品牌快速诞生，对此你如何理解。

第十章 品牌个性塑造

【学习目标】

· 了解品牌个性的相关概念和作用。
· 了解品牌个性的特征和价值。
· 理解品牌个性和品牌定位。
· 理解塑造鲜明的品牌个性。
· 掌握品牌个性化大五模型。
· 掌握品牌个性的塑造方法。

第一节 品牌个性概述

一、个性的概念

当我们谈起某个人时，都会对这个人有一个大致的看法，包括她的年龄、职业、长相、性格等，其中很重要的就是这个人的个性，如爽快、开朗、稳重等。同样，当我们看到某品牌及其产品时，也会对这个品牌产生各种认知和联想。

品牌大师奥格威曾说：最终决定品牌市场地位的是品牌本身的个性，而不是产品间微不足道的差异。差异化在一定程度能让品牌与众不同，品牌要拥有性格，就需进行个性化建设。特别当品牌进入成熟期后，产品和品牌理念以及消费群体也相对稳定，这时品牌就跟一个人从不成熟到成熟一样，具有了自己的独特气质和特点，也就是品牌的个性。品牌具有了个性，也就是自己成熟的表现，同时也会吸引那些“志同道合”的消费者，形成认同自己个性的消费群体，并形成忠诚度。

“个性”这一词汇来源于心理学，是指一个人具有的独特的人格心理特征。品牌个性通常反映着品牌的定位以及传递的核心信息与品牌核心价值，这也是识别品牌的重要依据，是提升品牌竞争力的关键。

二、品牌个性的含义

关于品牌个性的含义，有不同的说法，其中詹妮弗·艾克（Jennifer Aaker）的定义应用较为普遍，她将品牌个性定义为：与一个品牌相联系的人类性格特征的集合。马尔霍特拉则从品牌个性的功能来定义，他认为品牌个性是一个理想的自我。凯勒也认为品牌个性倾向于提供一个象征性的或者自我表达的功能。阿普绍则从品牌个性的表现来定义，他认为品牌个性与品牌形象和品牌声誉是一个意思，它指一个品牌的外在面貌，其特质几乎和人的特质一样。麦克莱客认为品牌个性是借由人和动物的形态，使得品牌具有多变的属性。从品牌个性的形成来定义：麦克拉肯认为人们直接与某一品牌产生关联，因而产生了此品牌的人格特质。雷吉·巴特拉认为品牌个性即整体品牌形象内在的联系，它包括与品牌特色、标志、生活方式及使用者类型的联系，这些品牌个性联系创造了品牌的综合形象。

三、品牌个性的定义

在消费者心目中，品牌跟人一样，具有人类的性格，人与人之间存在性格差异，正如不同的品牌在性格上也存在差异。品牌个性可以直接由使用该品牌的消费者个性得以体现，这是人类个性特征投射到品牌上的结果。

品牌本身并无个性，只是人们（如企业管理者、品牌塑造者、消费者等）赋予它个性而已。品牌个性是在与顾客进行直接或间接接触基础上形成的，通过品牌个性可以反应品牌使用者的形象，与消费者的沟通形成共鸣，与品牌建立连接。鲜明的品牌个性，就是一个好品牌的标准。“打动你头脑的品牌你会为它而改变，打动你心灵的品牌你会为它而奉献”。

四、塑造品牌个性的目的

塑造品牌个性的目的包括以下四个方面：

（1）有利于创造品牌资产。品牌个性的塑造可以给品牌战略制定者以多种帮助，使他们更深刻地理解人们对品牌的感知和态度，从而有助于创造差异化的品牌识别，引导品牌的沟通活动，并创造品牌资产。

（2）品牌个性的比喻可以帮助管理者更深入地理解消费者对品牌的感知和态度。

（3）有助于形成品牌认知的差异化识别。从战略的角度讲，品牌个性作为产品或组织核心或者延伸识别的一部分，是有价值的差异化的基础。

（4）指导沟通活动。从战术角度来看，品牌个性概念还能向那些实施品牌识别、品牌培育等活动的人员深入和广泛地传递品牌个性。

品牌个性如同人的灵魂，一个没有个性的品牌不可能对消费者产生持久的魅力。虽然产品和服务为消费者提供了基本的功能性价值和附加价值，但是他们选择品牌的理由常常超出产品和服务本身，需要有一定的情感价值。

品牌独特的个性，很容易吸引喜欢该品牌的消费者群体，“物以类聚”在消费者心中留下了深刻持久的印象。因此，越鲜明的品牌个性越容易吸引到你想要吸引的客户，并且可以获得目标消费群最高程度的品牌忠诚，从而树立起无法被竞争者模仿和超越的独特竞争优势。

五、品牌个性与品牌定位

品牌定位是指企业在市场定位和产品定位的基础上，建立本品牌在消费者心中与众不同的形象和地位。品牌个性不仅需要凸显品牌的核心价值，以其为出发点和标准，还要与消费者的期望一致。在很多情况下，消费者选择品牌也是要看风格是否符合自己的品味与个性，就好比交朋友，性格相合的人可以很快成为知交。

定位是你对预期顾客要做的事，把产品定位在预期顾客的大脑中，洞察消费者对品牌的期望。因此，品牌定位是品牌个性的基础，品牌个性是品牌定位的最直接体现。

让品牌在客户脑海里留下深刻印象、脱颖而出，并拥有持久的生命力，塑造品牌个性、创造品牌“差异”是最佳选择。

1. 功能创新化

同类产品在消费者心目中的品质和功能大同小异，与主要的竞争对手或者同类型的产品进行了区分，让消费者形成独特的记忆。

2. 营销个性化

充分考虑每一位消费者的体验感和参与感，让消费者参与到营销方式中。

3. 匹配精准化定位

将描绘精确的消费对象作为清晰的定位是品牌更好实现个性化定位的重要部分。

任何品牌人设都不是凭空而来的，它是基于品牌定位存在的。打造品牌人设可以使品牌个性化，但必须始终围绕品牌定位，一切脱离品牌定位的人设都是空谈，所以在品牌人设设定之前，我们都要去思考品牌的定位是什么，什么样的品牌个性与之相匹配。

第二节　品牌个性特征与价值

【导入案例】三只松鼠

2022 年迎来了“三只松鼠”品牌创办十周年，作为中国休闲零食领域成交额达百亿元的企业，其凭借对消费者需求的准确把握以及优质的产品和服务，迅速成为互联网零售领域的代表性品牌之一。三只松鼠以动漫化的“三只松鼠”作为品牌形象，在外观设计方面有较高的辨识度，迅速获得了消费者青睐。“松鼠小酷”“松鼠小贱”“松鼠小美”均赋予了鲜明的性格特征，也使得品牌整体传播信息更加丰满和生动形象。

案例中三只松鼠就是通过拟人化的方式，以三个不同性格的松鼠来与顾客进行沟通，使品牌更具有个性化特征，因此它能让品牌与消费者建立更密切的关系。

一、品牌个性的特征

随着越来越多的人追求个性，出现与之相适应的不同个性的品牌成为必然。人们选择某一种商品，越来越多地取决于某种精神感受。不同的品牌个性符合不同性格消费群体的心理特征，也显示出了品牌的差异性。品牌个性具有以下五个特征：

1. 品牌个性具有人格化的属性

詹妮佛·艾克把品牌个性正式地定义为一系列与品牌相关的人格特征，因为消费者很容易把品牌看作是某个特定的人群，如把品牌与自我相联系。这在很大程度上是因为品牌拥有方给品牌拟人化、人格化，注入了人格化的属性。

赋予品牌人格化的个性是为了使消费者在众多品牌中寻找符合自己属性的人类特征，而拟人化则是为了改变消费者看待品牌的方式，让消费者不是用看待事物的方式看待品牌，而是用看待人的方式看待品牌。部分品牌也会采用虚拟形象把品牌变成一个有血有肉、有灵魂的存在，让品牌个性有具象化的载体，有深层次的共鸣。

2. 品牌个性具有独特性和不可模仿性

当许多同类产品在技术上相似或相同时，唯一用来进行品牌间区别的可能就只有与品牌相联系的个性。如果能够建立与众不同的品牌个性，并被大众认可与喜欢，则该品牌可以形成长期、有效的竞争优势。即使竞争对手的产品（或服务）品质与价格可能与你的相当，但你长期形成的品牌个性不会轻易被模仿，属于你品牌个性的忠诚顾客在理性消费时代难以“见异思迁”。

3. 品牌个性具有互动性

成功的品牌都是会随着时代的发展变化而不断演变的，品牌与顾客长期保持亲密的关系。因为品牌的实质就是产品与顾客间的一种互动关系，品牌个性要保持灵活性、亲切感，就必须与时俱进，紧扣时代的脉搏，明确消费趋向，迎合消费趋势。

4. 品牌个性具有持续性

品牌的个性在发展中应该保持核心内涵的稳定，长期一致的内在形式与不断变化创新的外在形式，是为品牌沉淀出具有底蕴的个性，同时让竞争对手难以模仿和超越。

5. 品牌个性具有一致性

品牌个性塑造是一个长期的系统工程，如同人的性格是长时间的人生阅历形成的一样。消费者一旦与某个品牌建立了友谊关系之后，他们就希望该品牌形象能始终如一，而且是形式与内容上的统一。品牌的内容是其核心内涵，而体现个性内容的形式是非常丰富的，但不管形式怎样变化，其风格都需要保持统一，围绕着品牌核心来进行，并与之相呼应。凸显品牌个性的形式包括包装、颜色、宣传、标志、代言人，等等，这些都要与品牌定位和品牌个性紧密相关。因为所有的资源都一直在向同一个方向努力，所以品牌的个性在培养之下会逐渐成长为企业和顾客想要的样子。在广告代言人、广告诉求、产品包装上都与其个性保持一致，从而使每一个品牌在消费者心中留下深刻印象。

二、品牌个性的价值

如今，企业和消费者的品牌意识都在不断地加强，品牌相关问题被提到战略的高度。品牌具有价值，是企业最宝贵的无形资产。实际上，品牌个性的价值存在于消费者的意识里，而品牌个性是生产者有意识塑造出来的，当品牌具有消费者所欣赏的个性，才能为消费者接纳、喜欢并购买，从而体现出品牌的价值。没有个性的品牌只会淹没在品牌的汪洋大海之中，这样的品牌是不会具有多少品牌的附加值的。由此可见，品牌个性是品牌价值的核心，提升品牌价值就必须塑造出鲜明的品牌个性。具体来说，品牌个性的价值主要包括以下四点：

1. 品牌个性的人性化价值

有人说品牌即人，人即品牌，把品牌看作人是了解品牌最简单的方法。人有人格，品牌有品格，人有性格，品牌有个性。良好的、鲜明的品牌个性能够吸引消费者，而在消费者购买某个品牌的产品或服务之前，这个品牌的个性已经征服了潜在消费者。

品牌有时代表产品，有时作为物的标记，有时作为物的符号和象征。随着人们对品牌的消费及市场经济的发展，品牌与消费者的关系也进一步密切起来，消费者对品牌的感觉与情感进一步丰富起来，品牌在消费者心中占有了一席之地。于是品牌作为一个虚拟的人而逐渐丰满和清晰起来，有了自己的形象、个性、风格、气质、价值、文化、内涵、与消费者的关系等，甚至成了消费者心中的偶像。很多企业、组织的吉祥物便是如此，2022 年北京冬季奥运会的吉祥物“冰墩墩”，将熊猫形象与富有超能量的冰晶外壳相结合，头部外壳造型取自冰雪运动头盔，装饰彩色光环，整体形象酷似航天员。其刚一上市发布变成为人们抢购的物品，出现“一墩难求”的盛况。

2. 品牌个性的购买动机价值

建立品牌个性，就是建立一种象征，它能代表购买产品和服务的消费者的想法和追求。清晰的品牌个性可以解释人们购买这个品牌的原因。正是品牌个性所传递的人性化的内容，使得消费者尝试接受一种产品，并下意识地把自己与一个品牌联系起来，而不再选择其他品牌。通过购买和体验充分激发消费者强烈的情感效应。品牌个性加强了品牌与消费者的联系而触发了消费者的潜在消费动机，起到了情绪感召力的拉动作用。真正的品牌有自己的生命，这个生命就在人们的生活中。品牌个性定义了人们生活的大致要求，在许许多多可以选择的品牌中，消费者开始考虑某个品牌时，品牌个性、品牌特性的“种子”已经种下了。而衡量一个品牌的品牌个性塑造成功与否，关键看其品牌个性与目标消费者个性契合程度如何。品牌个性若切合了消费者内心最深层次的感受，从而使消费者选择那些独具个性的品牌。因此，品牌个性也是消费者购买的动机触动器。

3. 品牌个性的差异化价值

品牌个性最能代表一个品牌与其他品牌的差异性。差异性是现今品牌繁杂的市场上最重要的优势来源。国内许多厂商都喜欢用产品属性来展示其差异性，但这种建立在产品上的差异性很难保持。而由品牌个性建立起来的差异则深入消费者的意识里，提供了最重要、最牢固的差异化优势，并在消费者头脑里保留自己的位置。

4. 品牌个性的情感价值

品牌个性还具有情感价值，它能抓住潜在消费者的兴趣，不断地保持情感的转换。品牌个性作为品牌的核心价值，是构成品牌价值的重要组成部分。品牌个性反映的是受众对品牌的感觉，或者品牌带给受众的感觉，品牌个性的形成是长期有意识培育的结果。

品牌的一半是文化，一半是情感。品牌的最核心目的是让消费者对品牌产生情感链接。品牌需要有趣、富有情感，从而增加消费者的愉悦感。现在的消费者不仅仅只是简单地购买产品，同时也在选择一种情感观念和情感态度。当面临不断增加的品牌和日益多样化的产品选择时，消费者倾向于购买带给自己情感信仰的品牌。

三、品牌个性的来源

品牌个性作为品牌的核心价值之一，是构成品牌核心价值的重要组成部分。因此，塑造品牌个性就成为企业品牌塑造的重要任务。品牌个性的形成是长期有意识培育的结果，它的形成大部分来自情感方面，少部分来自逻辑思维。因为品牌个性反映的是消费者对品牌的感觉，或者品牌带给消费者的感觉。人的个性会受到与他相关的几乎所有事物和过程的影响，包括他的成长环境、成长经历、经济条件、父母、家庭、老师、同学、邻居、朋友、活动以及互动的方式等。品牌个性也是如此，品牌个性可以来自品牌有关的所有活动和各个方面的因素。

1. 直接驱动因素

直接驱动因素主要指与产品（服务）本身不相关的特征。例如，品牌个性会受到与品牌有关的人的影响，包括使用者的形象、明星代言人、公司员工等。

2. 间接驱动因素

间接驱动因素指与产品（服务）直接相关的特征，它们对品牌个性的形成起到间接作用，主要包括产品类别、功能、性能、品牌名称、标志、广告风格、价格、分销渠道等。产品特征是品牌个性的基础，品牌个性则是超越产品特征后的升华。

另外，除了上述因素外，品牌个性还涉及年龄、性别、阶层等人口统计特征。

第三节　品牌个性的测量

一、品牌个性“大五”模型

人们一直追求突显个性和彰显自身价值。然而，品牌同质化的现象异常普遍，品牌人格化理论受到越来越多营销研究学者和企业的重视。最早用归纳法研究品牌维度的学者是美国著名学者珍妮弗·阿克尔，1997 年她第一次根据西方人格理论的“大五”模型，以个性心理学维度的研究方法为基础，以西方著名品牌为研究对象，发展了一个系统的品牌维度量表。

心理学的人格“大五”理论是现代心理学中描述最高级组织层次的五个方面的人格特质，这五大人格特质构成了人的主要性格。在品牌维度量表中，品牌个性被分为纯真（sincerity）、刺激（excitement）、信赖（reliable）、教养（sophisticated）和强壮（ruggedness）五个维度，各个维度下分别又包含有若干品牌特征。珍妮弗·阿克尔的品牌个性维度量表在西方营销理论研究和实践中得到了广泛的运用，如有些市场研究公司在其基础上，结合定性研究中的投射技术，发展出一些品牌视觉图来研究企业的品牌个性。但是珍妮弗·阿克尔的品牌个性模型都是由西方学者在西方文化环境下根据西方人的个性提出来的，其对个性内涵的界定、包含的内容、形成因素的解释无不受到西方意识形态、价值体系、文化传统的影响。

珍妮弗·阿克尔还认为品牌是可以用人口指标、年龄层级、社会地位、生活爱好、个性特征去描述的，她在研究中对消费者进行了大量的研究和调研，把品牌总结出 5 个品牌个性维度、15 个层面、42 个品牌人格，如表 10-1 所示。

表 10-1　品牌人格量表

5 个品牌个性维度	15 个品牌层面	42 个品牌人格
纯真（sincerity）	实际	实际的、家庭导向、偏向小城镇的
	诚实	诚实、诚恳、真实
	健康	健康、原生
	快乐	快乐、感性、友好
刺激（exciting）	大胆	大胆、兴奋、新潮
	英勇	英勇、帅气、年轻
	想象丰富	富有想象、与众不同
	时尚	时尚、独立、当代
信赖（reliable）	可靠	可靠、刻苦、安全
	智能	智能、技术、团体
	成功	成功、领导、自信
教养（sophisticated）	高贵	高贵、魅力、美丽
	迷人	迷人、女性、柔滑
强壮（ruggedness）	户外	户外、男性、西部
	强壮	强壮、有力

以上五个维度基于心理学上的人格特质论，来源于五大人格理论。但人的性格是复杂的，难以用区区五个大类来囊括和细分，品牌也是如此。所以，品牌个性就如同人的个性，并不限于以上五类，而可以拥有更为奇特、多面的特质。

但是，描述品牌个性是有局限性的。这些个性化的表现就像人的性格一样，多种多样，有些个性是不能共存的，可能是矛盾的，会给消费者在传播中造成困扰。品牌人格是由不同维度的因素构成的，如果想要塑造品牌人格，那么可以分析这些维度。表 10-2 为后期不同国家品牌个性维度的比较。

表 10-2　不同国家的品牌个性维度

国家	年份	品牌个性维度
美国	1997	真诚、兴奋、能力、精致、强韧
西班牙	2001	真诚、兴奋、精致、平和、激情
日本	2001	真诚、兴奋、能力、精致、平和
中国	2003	仁、智、乐、勇、雅

二、中国文化背景下的品牌个性维度

为了更好地识别中国品牌个性维度的独特以及与西方品牌个性维度的一致性，我国学者黄胜兵和卢泰宏在2003年通过研究发现，中国品牌个性一方面继承了中国文化传统，保留了本土化的独特特点，研究开发了中国品牌个性维度量表，如表10-3所示。

表10-3 中国品牌个性维度量表

变量	衡量项目
仁	正直 温馨 仁慈 务实
智	成功 智慧 信赖
勇	刚毅 粗犷 进取
乐	吉祥 时尚 乐观
雅	魅力 品味 儒雅

其中，仁代表纯真、智代表信赖、雅代表教养、勇代表强壮、乐代表刺激，它们具有比较强的跨文化一致性。“仁”是中国品牌个性中最具有文化特色的一个维度，其次是“乐”。学者范玮琛、徐岚调研出中国茶叶不同品牌的个性维度：

“安溪铁观音”彰显的是“质朴的，平和的，平易近人”中国品牌个性维度的“仁”个性；

“西湖龙井”彰显的是“有内涵的，高雅的，沉稳的”中国品牌个性维度的“雅”个性；

“武夷岩茶”彰显的是“低调的，宽厚的，务实的”中国品牌个性维度的“仁”个性；

“黄山毛峰”彰显的是“有内涵的，洒脱的，”中国品牌个性维度的“雅”的个性。

三、品牌个性的认知因素

1. 与产品有关的因素

（1）产品品质：如洗衣机能把衣服洗得多么干净；电视机的画面有多么清晰等。

（2）产品类别：如运动鞋品牌倾向于年轻、活力，富有冒险精神等个性特质。

（3）产品包装：如黑灰色调的包装给人以沉稳、练达的感觉，红色给人以激情与活力。

（4）产品价格：通常高价会被人认为富有、属于上流社会的，低价则给人一种平实、节俭的感觉。

2. 与产品无关的因素

（1）品牌名称和标志。

（2）企业形象。

（3）品牌历史。

第四节　品牌个性的塑造

一、如何设计品牌个性

（1）了解目标顾客个性偏好。

（2）分析行业及产品类别特征。

（3）分析竞争者产品个性，品牌行为彰显品牌个性。

（4）选择相互配合的品牌要素。

（5）选择合适的营销组合。

二、塑造品牌个性的步骤

美国营销专家林恩·阿普绍（Lynn B. Upshaw）认为，可以通过七个步骤来建立品牌个性：

第一，从消费者角度出发，考虑不同的品牌个性方案。在设计品牌个性方案时，一定要对消费者进行广泛其深入的调研。

第二，从品牌定位出发，展望品牌个性。品牌定位是过程，品牌个性则是结果。品牌定位与品牌个性联系越紧密，则消费者被品牌吸引住的可能性也就越大。

第三，从情感出发，考虑品牌个性。品牌个性与人类的丰富情感是密不可分的，情感是品牌个性产生的基础。

第四，优先考虑顾客对品牌个性的喜欢程度。毫无疑问，顾客对品牌个性喜欢程度越高，则品牌个性所产生的营销结果就越积极。

第五，发掘品牌个性的潜力，增强对顾客的信心。企业在开发品牌个性时，必须要有足够的信心，只有这样，顾客才能有信心去选择该品牌。

第六，注重投资。品牌个性需要一个成长过程，不是一蹴而就的，在这个过程中，保证投资到位是很重要的。

第七，设立品牌个性监督员，并与品牌定位监督员一起工作。品牌个性与品牌定位二者关系密不可分，监督员的作用在于发现、报告甚至纠正品牌个性创建和维护过程中可能出现的失误、偏差。

三、塑造品牌个性应注意的问题

对人而言，什么样的个性决定什么样的命运，对品牌而言也是如此。而决定性格的是态度和行为，以及长期养成的习惯，所以企业在进行品牌个性塑造时一定要注意自己的行为和习惯。

1. 品牌个性与品牌适用范围

企业品牌个性和企业品牌适用范围是矛盾的，企业品牌个性越强则其适用范围越窄。品牌个性不是企业主观强加于品牌上的，它是由品牌自身由内而外所展现出来的气质和特征，企业不能一味追求品牌的个性而臆造。因此，企业在进行品牌塑造时，应该对目标顾客经过深入的调查和研究，真正地了解消费者的心理和需求，做到品牌要与消费者的个性对接，只有这样消费者才会认同，只有消费者认同，品牌才能深入人心、深得人心。

2. 品牌个性塑造要简约而不简单

为了防止品牌个性的老化，在品牌个性塑造时就要做到简约而不简单，太过于复杂的品牌个性消费者会难以捉摸，从而弃你而去，在如今消费者不愿意花费时间去琢磨你是什么。很多企业为了显示自己品牌内含的丰富，经常在品牌塑造时总是赋予更多个性特点，认为这会让更多消费者去选择。其实，这种做法就犯了一个致命的错误，品牌个性是消费者对品牌体验的结果，是品牌由内而外的气质展现，不是你说它是什么它就是什么，它是不会以企业的主观意志而转移的。

3. 品牌个性塑造是全方位、长期的过程

品牌个性的塑造是一个长期的过程，就如同一个人的成长，他的个性形成除了先天因素外，还要经过家庭、社会、学校、环境等因素的长期影响。品牌个性的塑造也不是单靠某一方面而形成的。在品牌个性形成的过程中，品牌的相关信息会通过多种形式、多种渠道传播给消费者，如品牌名称、品牌定位、形象标识、产品包装、广告表现、传播方式以及消费者使用产品的体验、效果等。消费者从品牌认知到熟悉，再到购买和使用产品的整个过程中所能感受到的一切信息，包括听觉、视觉、触觉、味觉和嗅觉的感受，都是对品牌个性的体验。因此，品牌个性的塑造是一个日积月累的过程。它需要与产品开发、营销推广、形象设计、媒体传播、公共关系等各方面工作的有效配合，不能急功近利、急于求成。

【本章小结】

詹妮弗·艾克（Jennifer Aaker）将品牌个性定义为“与一个品牌相联系的人类性格特征的集合”。品牌本身并无个性，只是人们（如企业管理者、品牌塑造者、消费者等）赋予它个性。品牌个性是在与顾客进行直接或间接接触的基础上形成的，通过品牌个性可以反映品牌使用者的形象，与消费者的沟通形成共鸣，与品牌建立有效的链接。

打造品牌个性化定位，可通过功能创新化、营销个性化以及用户定位精准化实现品牌间的差异化。品牌个性特征具有人格化属性、独特性和不可模仿性、具有互动性、可持续性以及一致性。品牌具有的价值是品牌的无形资产，品牌个性具有人性化价值、购买动机价值、差异化价值以及情感感染力价值等。

品牌个性是品牌核心价值的重要组成部分，个性直接驱动因素包括使用者的形象、公司员工、明星代言人等。间接驱动因素指产品相关的特征，包括产品类别、产品

（服务）品质、广告风格、价格、分销渠道等。

品牌个性“大五模型”是美国著名学者珍妮弗·阿克尔以个性心理学维度发展的品牌维度系统化量表。品牌个性被分为纯真、刺激、信赖、教养和强壮。中国学者黄胜兵和卢泰宏继承中国文化传统，从仁、智、勇、乐、雅五个维度研究开发了中国的品牌个性维度量表，体现了中国本土传统文化的特点。

【技能训练】

以 5~6 人为一个小组，分别收集不同行业的企业在品牌个性塑造方面成功或失败的案例，结合本章内容分析其成功或失败的原因。

练习题

一、单项选择题

1.（　　）认为品牌个性是与品牌有关联的一整套人性化的特征。她进一步指出和产品相连的属性倾向于向消费者提供实用功能，而品牌个性倾向于向消费者提供象征性和自我表达的功能。

A. 珍妮弗·阿克　　B. 凯勒

C. 阿普绍　　D. 麦克莱客

2.（　　）如运动鞋品牌倾向于年轻、活力，富有冒险精神等个性特质。

A. 产品类别　　B. 产品属性

C. 产品包装　　D. 产品价格

3.（　　）如黑灰色调的包装给人以沉稳、练达的感觉，红色给人以激情与活力。

A. 产品类别　　B. 产品属性

C. 产品包装　　D. 产品价格

4.（　　）如社会精英象征了成功、成熟，青年学生象征了活力、时尚。

A. 使用者形象　　B. 品牌营销组合策略

C. 企业形象　　D. 品牌来源地

5.（　　）通常高价会被人认为富有、属于上流社会的，低价则给人一种平实、节俭的感觉。

A. 产品类别　　B. 产品属性

C. 产品包装　　D. 产品价格

6.（　　）如同仁堂给人以资深、仁慈的老者形象。

A. 使用者形象　　B. 品牌营销组合策略

C. 企业形象　　D. 品牌来源地

7.（　　）如法国品牌的浪漫，德国品牌的严谨、精确，日本品牌的轻巧、精致，美国品牌的自由、高科技。

A. 使用者形象　　B. 品牌营销组合策略

C. 企业形象　　　　　　　　　　　D. 品牌来源地

8.（　　）如赞助高尔夫赛事给人以高雅感，赞助模特赛事给人时尚感，捐献灾区给人以责任感。

A. 使用者形象　　　　　　　　　B. 品牌营销组合策略

C. 企业形象　　　　　　　　　　D. 品牌来源地

二、简述题

1. 简述品牌个性的特征。
2. 简述品牌个性的价值。
3. 简述品牌个性的大五模型。

三、论述题

论述如何塑造品牌个性？

第十一章 品牌文化塑造

【学习目标】

· 了解文化及品牌文化的相关概念和作用。
· 理解文化及品牌文化的意义、构成和特点。
· 理解品牌文化与时尚文化、民族文化的特性。
· 掌握品牌文化化塑造的原则、过程和步骤。

第一节 品牌文化概述

一、文化概述

“文化”一词是人类词汇中最复杂的名词，在人类的学习、工作和生活中，“文化”一词覆盖面极广，使用频率极高，同时也是一个难以准确定义的概念。

我国权威工具书《辞海》对“文化”一词的定义是：从广义来说，文化是指人类社会在历史实践活动过程中所创造的物质财富和精神财富的总和。从狭义来说，文化是指社会的意识形态，以及与之相适应的制度和组织机构。文化有时又专指教育、科学和艺术方面的知识及其设施。

文化是指能够传播与传承的意识形态、思想观念、思维方式、价值观念、行为规范、法律制度、生活方式、风俗习惯、伦理道德、宗教信仰、精神图腾、天文地理、文学艺术和科学技术等方面的常识、知识、经验、能力及其升华。文化暨凝结在物质中，又游离于物质之外，所以有物质文化和非物质文化之分。文化既是社会现象又是历史现象，既有显性现象又有隐性现象，是人类社会在认识自然、适应自然和改造自然过程中的物质生活和精神生活的演进与积淀。

尽管哲学、自然科学、社会科学等不同学科或不同学者在不同时期对“文化”的定义有所差异，但一致的是“文化的核心是人”，人的思想是文化的魂与核。在阶级社会，由于人具有阶级性，所以文化也具有阶级性。人类创造了文化、享受着文化，同时也受文化的约束，并不断改造着文化。

我们也可以进一步将“文化”浓缩为“语言、文字及意识与行为的总和”。如果给“文化”加上定语，可以表明特定领域、群族或界别的文化，如中国文化、民族文化、传统文化、茶文化、酒文化、饮食文化、企业文化、质量文化、品牌文化和文化程度等。

文化可分为精神层（又称核心层）、行为层（又称制度层）和物质层（又称表层）三个层次，它们共同构成如图 11-1 所示的文化三层次结构体系。

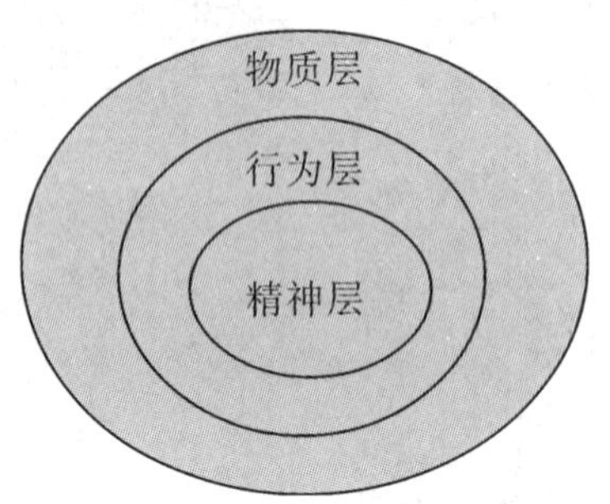

图 11-1　文化的三次结构体系

文化分为物质文化和非物质文化两个大类，物质文化和非物质文化相互交融，相互影响。文化甚至还会与政治、经济、军事和商业等相互交融，相互影响。

二、文化的基本特征

文化是一个社会、一个组织或群体形成的共同信念、价值观和行为方式。

1. 文化的共性

文化伴随着人类发展史一起诞生、延续和发展，文化发展与人类进步成正比。人类从动物界分化出来后，逐渐形成了人类社会特有的人性、人道、人情，构成了人们的社会关系，这些社会关系成为文化形成的基础。由于人类的本质相同，不同国家、不同民族所创造的文化就有相通的一面。同时，人类面对的是同一个自然界，因此，尽管世界各民族的文化各有特色和差异，但却存在一个世界文化。比如自然科学，就是人类世世代代不懈探索自然所积累的经验上升为理论的结晶。

正因为文化存在共性，尽管各国各民族的语言、文字存在差异，但各国各民族的文化依然具有相通的一面，那么，各国各民族之间就可以进行文化的沟通和交流。

2. 文化的阶级性

由于创造和拥有文化的主体是人，在马克思看来，人的本质并不是单个人所固有的抽象物，人总是生活在一定的社会关系中，是属于一定的社会形态。人所处的这种社会关系，在阶级社会中表现为一定的阶级关系。因此，人总是从属于一定的阶级，具有阶级性。而人的阶级性必然会反映在价值观、意识形态和行为上，人的社会阶级性决定了文化的阶级性。

3. 文化的个性

文化的个性表现为各民族文化之间的差异性。各民族的文化虽然有着本质的共同性，但差异性也十分明显。不同的文化体系具有不可替代性，这就是文化的民族性。

文化的民族性，从横向看，具有无法替代、独一无二的特征；从纵向看，具有在历史演变中始终保持自身同一性的特征。一个民族的文化构成一个民族的心理，植根于民族的心灵之中，它影响着一个民族的行为范式、交往方式、价值取向和宗教信仰等。

正因为文化具有民族性，在国与国的交往、民族与民族的交往中，就应该尊重对方的文化。

4. 文化的时代性和发展性

文化的时代性是指文化的历史性，它是指文化因其所属的特殊历史时代而具有的特殊性质以及它存在的暂时性。

文化的时代性思想，成为我们判断某种文化的性质和价值的标准之一。同时，文化也会随着科学技术的发展和人类进步而传承、兴衰。

三、文化的作用

1. 文化对社会的作用

文化对社会的发展进步起着非常重要的作用，如提高全体公民的整体素质、修养，有利于塑造核心价值观，有助于社会文明进步，有利于国际交流合作。

文化作为一种精神力量，能够在人们认识世界、改造世界的过程中转化为物质力量，对社会发展产生深刻的影响。这种影响，不仅表现在个人的成长历程中，而且表现在民族和国家的发展历史进程中。

先进、健康、正能量的文化（统称为“优秀文化”），能对社会的发展产生巨大的正面、积极作用，不仅能丰富人的精神世界、传递正能量，还能焕发强大的精神力、影响力和凝聚力。反之，反动的、低俗的、腐朽没落的、负能量的文化（统称为“劣质文化”）则对社会的发展起着消极、阻碍作用。

2. 文化对组织的作用

文化的传播力、影响力和渗透力是无穷的，被深深熔铸在一个民族和一个国家的生命力、凝聚力和创造力之中，成为综合国力的重要标志之一。文化不仅能改变个人的前途、家庭的命运，甚至能改变组织的前途和命运。

3. 文化对人的作用

文化影响着人的知识、认识、思维和实践活动，文化也影响着人们的工作方式与工作行为、生活方式与生活行为、人际交往方式与交往行为。优秀文化能够丰富人的精神世界，增强精神力量。

（1）文化能改变个人的命运

所谓“观念改变人生、知识转变命运”，无疑说的是文化对个人的强大作用力、影响力。

（2）文化能丰富人的精神世界

人创造了文化，文化同时也在塑造着人。优秀文化既能够进化心灵、陶冶情操、丰富人的精神世界，也能够激励人的斗志、改变人的思想、观念、态度和行为。

积极参加健康有益的文化活动，不断丰富自身的精神世界，是培养健全人格、提升个人修养的重要途径。

（3）优秀文化能增强人的精神力量

优秀文化或文学作品（如优秀的书籍、诗词、影视剧等）能给人励志，能以其特有的感染力和感召力使人深受震撼、力量倍增，成为照亮人们心灵的火炬、引领人们前进的旗帜。而由此产生的精神力量，往往历久不衰，激励人们不断创造幸福美好的生活。

（4）低俗文化能使人堕落

文化的力量是无穷的，影响也是广泛的、深刻的、深远的。低俗、腐败、消极的文化会传递负能量，会使意志力不坚强的人心生阴暗、丧失斗志、消极沉沦、沉迷其中，甚至自甘堕落、走向犯罪。

【随堂思考】

请分组讨论，并分别列举一些文化对国家、企业和个人正面或负面的影响作用的案例。

四、品牌文化的概念构成、内涵

（一）品牌文化的概念

在商业化的市场经济社会背景下，产生了海量的人流、物流、信息流、资金流，促进了国家、民族和企业间的合作、交流互践。因此，人民大众不但对产品、服务、文化和品牌的期望值越来越高，且个性化需求日益强烈。

品牌文化是员工、顾客和社会大众能够切实感受到的一种文化氛围。在建立一种清晰的品牌定位的基础上，提炼品牌的核心价值，并利用内部和外部的各种传播途径，形成受众对品牌定位和核心价值在精神上的高度认同，从而形成一种良好的、强大的文化力量，通过这种文化氛围和文化力量的影响，形成很强的员工凝聚力、向心力和顾客忠诚度。

品牌文化是消费者追求的精神满足感。而获得这种文化上、心理上和情感上的某种满足的一种重要途径就是消费。消费者作为社会人，抽象的文化正深刻地影响着消费者的价值观、生活方式、购买行为和购买决策。如通过购买某高档品牌的服装或汽车产品，来试图找到属于某一群体的归属感，来追求名誉、自尊、地位等，甚至与自我价值与身份联系起来。如果将产品和品牌相互独立起来看，不难发现在许多情况下，一个品牌名称或标志比具体的产品更能为消费者带来文化上的价值和精神满足。这种文化价值不是产品本身创造的，而是由抽象的品牌所创造的，具体的产品只是载体。这种现象在手表、服装、装饰品、汽车等领域表现尤为明显。

品牌文化是体现出品牌人格化的一种文化现象。一旦某种品牌文化在消费者心智上建立起来，选用该品牌便成了消费者理解、接受这种文化的一种途径。

品牌文化是基于某一品牌对社会成员的影响、聚合而产生的亚文化现象，是在充分了解目标市场人群的心态和所思所想，充分利用各种强有效的内外部传播途径，与消费者形成心灵的双向交流沟通和情感互动，使之成为这个目标市场消费者精神上追求的偶像，进而成为品牌的信仰，最终形成强烈的品牌忠诚。

【知识拓展】品牌的四大基石

每一个品牌的成长，都需要文化环境的滋养，传递品牌的人文关怀与梦想内核，塑造品牌、提升品牌价值的方法是要主动为自己的品牌添加文化的内涵。

要运营好品牌（尤其是耐用品、奢侈品品牌），首先要学会“画圈”，有意识地制订符合品牌定位的标准与规矩，让品牌在特定可控的范围里起舞。当然，品牌要想立稳，品质基石绝不能丢，在稳固了设计、材质、工艺和功能四大基础后，不断汲取环境中自然和人文的养分，如果将设计巧妙、材质独特、工艺精湛和功能强大（或独特）等融入品牌基因，将逐渐升华为品牌的信仰。另外，品牌要保持探索与创新，在不断挖掘自身价值、坚持弘扬自身的品牌文化的同时，还应主动与各种文化交流、互践、合作，品牌和品牌文化才能在不同的时代与环境中保持长久旺盛的生命力。

（二）品牌文化的构成

品牌文化是品牌在塑造、培育和维护等全生命周期过程中不断发展而积淀、完善和成熟起来的。为便于品牌文化的操作和执行，我们在文化结构层次上再加一个概念层，品牌文化的四层次结构体系如图 11-2 所示。

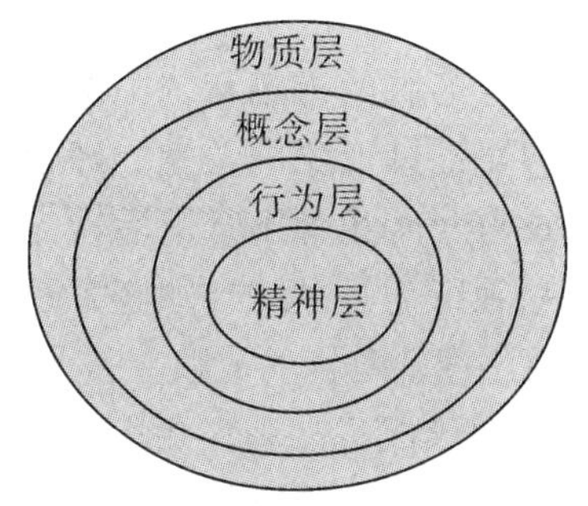

图 11-2　品牌文化的四层次结构体系

1. 品牌文化的概念层

品牌所提炼、创造和演绎的特定概念为其概念层。它是品牌文化所蕴含的文化信息，所传递的概念、观念和心理的特定内涵，是对特定品牌文化的概括、表征和描述，一般用文字、图案、符号、色彩和广告宣传语等来表达，以引导和促进消费者的认知、认同和购买行为。

2. 品牌文化的物质层

承载品牌文化信息的载体为物质层。它是品牌文化物化形象的最外在、最直观的表现，是品牌文化思想的实物体现，是社会大众及消费者对品牌认识、感知与评价的实物媒介。它包括设施设备、厂容厂貌、员工、产品、外观、包装与色彩、品牌名称、吉祥物、商标、专利、宣传广告语、宣传促销物品等，它们是品牌赖以生存和发展的物质基础和基本条件，体现品牌外在形象的吸引力，将影响到目标消费者对品牌的第一印象、感知、记忆和评价与联想。

3. 品牌文化的精神层

品牌精神文化是指品牌在培育、发展和市场营销中形成的一种意识形态和文化观念。它是品牌文化中的心理部分，可称“心理文化”，“精神”和“心理”的力量是无穷的。品牌文化的精神层是品牌文化的核心、是品牌的灵魂。品牌精神文化包括品牌精神、品牌愿景、品牌伦理道德、品牌的核心价值观、目标和行为规范等，它决定品牌的品质、品味、个性和品牌形象。

在一种文化体系中，最核心的部分是这种文化的价值观，它是文化的精髓，掌控着文化的发展方向。价值观是人类所特有的价值取向的根本见解，不同的价值观决定不同的文化风格。

价值观影响着品牌企业的管理者、员工、产品、服务、工作环境、营销及其流程与效率等各个方面。

4. 品牌文化的行为层

品牌文化的行为层（又称操作层）是指塑造品牌文化的策略、方法、途径及其具体执行等全过程，它体现在组织的生产经营（如设计开发、生产制造、采购、营销、宣传、公关等）和产品销售、售后服务，直至报废和再生利用等全部活动的全过程。

文化决定行为，行为影响文化，行为是一切文化成败的关键。每一个价值观都会产生一套明确的行为含义，品牌行为是品牌理念、价值观的动态体现，是品牌营销活动、营销行为（包括组织行为和个人行为）中的文化表现。

品牌行为构建品牌的价值体系，品牌的价值体系指导品牌行为。品牌的价值是在品牌的运营中建立和实现的，是在品牌的市场营销中体现的，是在品牌与消费者之间的互动中升华的。品牌行为是塑造品牌形象的关键，好的品牌行为要通过有效的执行去贯彻实施，从而发挥文化的效力。离开市场营销活动，品牌就失去了生命，品牌行为是品牌精神的贯彻和体现。品牌行为是品牌与顾客关系建立的核心过程，关乎品牌的个性彰显和品牌形象塑造，关乎企业营销的成败，关乎企业的兴衰成败。

品牌文化系统的以上四个层次形成了品牌文化由表层、浅层、中层至深层的有序结构。概念层在于塑造概念，使目标顾客建立概念和认知，便于深刻记忆与产生品牌联想，属于浅层。物质层最为具体实在，属于看得见的表层。行为层是一种活动，属观念形态的表现形式，是人与物的结合部分，属中层。精神层是价值观和文化心理，属核心层。四者之间相互影响、相互制约和相互渗透。精神文化是品牌文化的基础，行为文化和物质文化均在此基础上产生，精神文化是中心主导，它决定其他文化的变化和发展方向。

（三）品牌文化的内涵

品牌文化是品牌的核心，它蕴涵着品牌所凝炼的品质品位、价值理念、生活态度、审美情趣、个性修养、情感抒发等精神元素，是品牌价值内涵及情感内涵的自然流露，是品牌触动消费者心灵的有效载体和手段。

在消费者心目中，他们所钟情的品牌作为一种商品的标志，除了代表商品的质量、性能及独特的市场定位以外，更代表他们自己的价值观、个性、品位、格调、生活方式、精神寄托、消费能力和消费模式。他们所购买的产品也不只是一个简单的物品，而是一种与众不同的体验和特定的表现自我、实现自我价值的道具。他们认品牌购买某种商品也不是单纯的购买行为，而是对品牌所能够带来的文化价值、心理利益的追逐和个人情感的释放。因此，消费者对自己喜爱的品牌形成强烈的信赖感和依赖感，融合许多美好联想和隽永记忆，他们对品牌的选择和忠诚不是建立在直接的产品利益上，而是建立在品牌深刻的文化内涵和精神内涵上，维系他们与品牌长期联系的是独特的品牌形象和情感因素。这样的顾客很难发生“品牌转换”，毫无疑问是企业产品和服务的高质量、高创利的忠诚顾客，是企业财富的不竭源泉。

在市场竞争“白热化”的今天，产品日益同质化，企业越来越难以在营销4P（产品、价格、渠道和促销）方面制造出与众不同的较大差异，品牌文化正好赋予品牌独特的内涵和个性，增进消费者对品牌的好感度，形成自身独特的竞争优势。即通过品牌文化深刻而丰富的内涵，建立鲜明的品牌定位，并充分利用各种强力有效的内外部传播途径，而形成消费者对品牌在精神上的高度认同，创造品牌信仰，最终形成强烈的品牌忠诚。

五、品牌文化的体验过程

消费者体验品牌文化的过程是循序渐进的，它主要分产品属性阶段、感官体验阶段、价值主张阶段和生活习惯阶段四个阶段进行，每一个阶段的主要诉求和方法都是不同的。

（一）产品属性阶段

对于中国许多企业，尤其是中小企业来说，还处在产品阶段，生存是它们首先要考虑的问题。企业文化建设更多偏重于内部的管理体系和不可或缺的外部宣传，由于缺少战略规划、资金、人才和方法，看到的更多是挂在墙上的理念和口号等，大多没有理解和执行到位，造成了企业资源的浪费和效果的欠佳。如果把企业文化规范化，把相关的元素执行到设计开发、生产制造、经营管理和营销活动中去，同时慢慢地变成员工的自觉行为，就可以控制产品质量、降低综合成本，提高经营效益。如果把文化元素融合在产品及包装上，形成自己独特的个性，就很容易产生差异性，实现产品区隔，品牌文化的魅力就突显出来了。因此，产品包装的设计和企业文化融合起来，是产品属性阶段同消费者有效沟通的重要部分。

（二）感官体验阶段

如果企业文化内部管理好了，就要通过适宜的媒体，把简单易记的口号、概念等持续传播，通过系统的广告宣传，提升品牌文化的知晓度、感召力，赢得消费者更多的认同，让消费者更多去体验，以致产生共鸣，促进产品的销售。目前，中国绝大部分企业的品牌文化建设还处于产品属性阶段，只有部分企业上升到消费者感官体验阶段。

（三）价值主张阶段

当消费者认同品牌文化和亲身体验了产品之后，为了进一步提升感官层面，并与价值主张和谐地统一起来，品牌文化还需进一步加强与消费者的有效沟通，使之成为主导目标消费者阶层的价值观，建立起长期的品牌忠诚消费群，并让它们认同品牌的价值观就是自己的价值观。

（四）生活习惯阶段

通过对品牌文化的核心价值的不断演绎，再加上时间的积累，让品牌的价值观沉积在消费者的脑海里，形成以品牌为荣的忠诚，自发地购买和自觉的口碑宣传该品牌，并逐步成为他们生活中的必需品，品牌将会所向无敌，这是品牌文化追求的最高境界。

六、品牌文化的特性

品牌文化应是企业文化重要的组成部分，但其既不能简单等同于企业文化，也不能简单等同于消费文化。品牌文化的独特性在于品牌本体（又称母体）所具有的高品质、高品味，优秀品牌形象、强大营销动力和高市场价值带来的文化共融。

（一）品牌文化的五大特性

1. 市场导向特质

品牌文化首先具有市场导向的特质，产品（或服务）是企业生产提供的，而品牌则是市场的产物，品牌的塑造是品牌市场化的过程。

在品牌塑造上，企业应构建品牌的战略框架体系，但企业不能单独完成品牌的塑造，因为品牌的价值是品牌的市场价值，是来自消费者对品牌的认可，不是来源于品牌的名称、商标或图案。市场是品牌生存和发展的土壤，品牌因市场而存在。品牌文化是品牌市场化行为的映射，反映市场的需要、顾客的精神追求和价值认同。

由于市场竞争的需要，任何品牌和品牌文化的建立表现为市场导向，以市场为起点（出发点）和落脚点，都以市场竞争获胜为准则，以消费者为核心，围绕市场的需要和顾客的认同去建立。市场对品牌的认可与否关系品牌的生存与发展，品牌脱离市场就意味品牌失去了生存的土壤。要么是纸上谈兵，要么走向唯美主义（注重符号的艺术性），缺乏有效的营销功能。所谓“市场导向”，就是以消费者为核心。

2. 文化表征特质

品牌诞生（如品牌命名、品牌设计、品牌定位等）天然具有文化性。品牌的营销过程又是文化的传播过程，品牌通过品牌名称、产品包装、标识、颜色、广告等方式向消费者传递产品和服务信息。为达到较好的传播效果，在商品林立的市场中易于识别，企业的产品需要用富有文化特质的表征方式进行包装和传播。借用让·鲍德里亚的话来描述：实际上，它被文化了。品牌的形成过程实际上就是品牌的“文化”过程。品牌通过特有的表现方式实现文化的传承与创新。

品牌行为本身就是文化行为。消费者选择产品的过程是消费者对企业的品牌文化的认识和判断过程，消费者行为的基础源于消费者的价值判断。当然，所有的消费行为不可能都是理性的。消费者是理性的，也是感性的，消费者不会对任何一次消费行为都做完美的价值判断。大量的实证研究表明：在商家的大规模促销活动中，面对商家的大幅价格折扣，很多消费者的购买行为是不理性的。消费者是感性的，其消费过程也是他（她）个人感情的宣泄。消费者根据个人的好恶、喜爱、偏好进行消费选择，消费者选择、购买的过程，就是消费者心理、行为和文化的表现过程。

3. 价值互动融合特质

品牌文化价值不同于品牌资产，但它是品牌资产的重要组成部分之一。品牌资产强调的是品牌作为资产对企业和消费者两方面所具有积极的作用。品牌文化价值是品牌作为抽象的企业和商品概念蕴含的文化价值，品牌文化的形成仅靠企业单方面的努力是不够的。企业能建立一套系统的品牌文化元素，但品牌文化建立还需要消费者的积极参与，它是企业与消费者双向互动的结果。由于品牌塑造者的文化、思想和艺术的介入，反映了企业、企业家和相关人员的价值观。这使得品牌本身具有特定的价值取向，品牌在市场上的所有营销活动都会对品牌自身蕴含的价值观进行演绎和反映。譬如，产品的设计、材质、工艺、质量、价格、促销和广告等，并把这些信息传递给消费者。

消费者的品牌选择是从品牌的产品功能和品牌态度两方面进行评价。首先，消费者注重产品的功能特性，即产品能带给消费者多大程度的功能满足，包括产品的价格、产品实际功能和顾客让渡价值等。其次，品牌态度，一方面是消费者对待品牌的态度，另一方面是品牌对待消费者的态度。通过综合评判，消费者做出品牌选择。

由于消费者居于市场主导地位，消费者的态度和行为对品牌文化的建立具有重大的影响力。品牌文化通过综合企业的品牌价值观和消费者的品牌价值观后，寻找双方的共同点，并对双方的价值观、行为进行不断的修正、磨合，逐渐达成共同的价值理念，在互动中产生融合、共鸣效应，最后形成一致的品牌文化。

4. 市场竞争特质

品牌在市场竞争中大多属于差异化竞争战略，构建具有独特品牌文化属性的品牌，能使品牌具有较强的竞争力。在企业竞争战略的研究中，国内外的众多学者都把寻找或塑造企业的核心竞争力或竞争优势作为战略的重点。越来越多的学者意识到文化才是最核心的竞争力。

市场中最宝贵的资源是消费者，品牌文化的培育和确立过程，也是品牌对消费者的引导和征服过程，它以文化的力量构筑了与消费者间的关系，并以价值的交融进入消费者的心智模式。征服消费者也就征服了市场，企业竞争的艺术性和竞争的双赢模式把企业置于更为策略的境地，品牌文化对消费者的征服是任何竞争手段都无法超越的。

文化的差异性是无法模仿的，文化竞争力又是优势竞争力的源泉。品牌文化具有排他性，它能为企业建立起一道保护的屏障，抵御竞争者的侵袭，形成稳固的“顾客—品牌”关系。

5. 公众传播特质

品牌拟人化，既代表企业在市场上的价值观和形象，又代表消费者的价值取向。企业千方百计地寻找有效的表现方式和传播手段，以抓住消费者的视觉和心理。同样，消费者面对泛滥的信息却无从下手，消费者对商品的识别方式已失去耐心。快节奏的社会造就了快速文化，品牌以符号和价值的“简约”方式，浓缩产品、企业、服务、文化和价值观等诸多要素。为消费者呈现了快速有效的认知模式。品牌是品质的承诺和保障，包容了消费者想要的一切，消费者所要做的只是选择，而不必担心品质、价格和服务等内容。

品牌以超越符号的方式简化了企业的营销传播难题，集约了企业、产品的所有信息。在消费者的思想意识中强化、再强化。品牌价值的积累来源于品牌的传播，品牌信息传播的深度和广度决定了品牌在市场上的位置，品牌传播的深度是品牌对消费者的吸引程度，传播愈深，消费者的认知愈高。品牌忠诚度就高；品牌传播广度，是指品牌的知名度。品牌的公众传播特质也注定了品牌必须时刻关注传播的内容、传播效果，注重自身的公众形象，并做好品牌的管理维护。

总之，品牌文化具有市场导向、价值融合、文化表征、市场竞争和公众传播五方面的特征。这些特征决定了品牌文化的存在方式和品牌文化在市场营销活动中的特殊地位。

（二）品牌文化与时尚文化

对某些产品来讲，十分适合在品牌文化中引入时尚的内容，如服饰、运动产品等。时尚是指一个时期内相当多的人对特定的趣味、语言、思想以及行为等各种模式的随从或追求。

如何倡导一种品牌时尚，简言之，就是要分析消费者的现时心态，并通过商品将消费者的情绪释放出来，并激励大众的参与。倡导品牌时尚一个重要的途径是利用名人、权威的效应。由于名人和权威是大众注意和模仿的焦点，因此有利于迅速提高大众对品牌的认知与信心。当然，在选用名人来做广告时需要谨慎和恰如其分，一般要考虑到名人、权威与品牌之间的联系。

另外，还要努力将时尚过渡到人们稳定生活方式的一部分。由于时尚是一个特定时期内的社会文化现象，随着时间推移，时尚的内容、方式等将发生改变。所以在借助和创造时尚的同时，也应考虑到时尚的消退。一个有效的措施是在时尚成为潮流时，就有意识地转换营销策略，引导消费者将这种时尚转化为日常生活的一部分。

（三）品牌文化与民族传统文化

品牌文化是与民族传统文化紧紧联系在一起的，将优秀的民族传统文化融入品牌文化，更易让大众产生共鸣。我国的民族传统文化，注重家庭观念、注重积蓄，讲究尊师敬老、抚幼孝亲，强调礼义道德、伦理等级、中庸仁爱，追求圆满完美，崇尚含蓄、温和与秩序等。

在品牌文化中继承民族传统文化需要符合民族的审美情趣，也要考虑到民族的接受心理。同时要重实质，如果过分追求缺乏内涵的形式只会适得其反。一般而言，一种品牌文化应是绝大多数目标消费者现时认同或追求的，应尽可能与其生活相接近，与追求相吻合，乃至就是其生活和追求的某一部分。

七、品牌文化的功能

从经典的理论来看，品牌的价值是由理性价值和感性价值两部分构成的。其中，理性价值的形成有赖于产品和服务本身，而感性价值则源于消费者对所购买品牌的联想、文化认同与个性偏好。品牌的背后是文化，我国作为文化历史悠久的国家，如若在给品牌定位和品牌个性塑造时能够与文化相融合，那自然能够为品牌征服消费者降低成本、节省时间。品牌文化一般具有以下功能：

1. 品牌文化的导向功能

优秀企业文化能对企业整体和企业成员的价值及行为取向起引导作用。具体表现在两个方面：一是对企业成员个体的思想和行为起导向作用；二是对企业整体的价值取向和经营管理起导向作用。

2. 品牌文化的约束功能

优秀企业文化对企业员工的思想、心理和行为具有约束和规范作用。企业文化的约束不是制度式的硬约束，而是一种软约束，这种约束产生于企业文化氛围、群体行为准则和道德规范。

3. 品牌文化的凝聚功能

优秀企业文化的凝聚功能是指当一种价值观被企业员工共同认可后，它就会成为一种黏合力，从各个方面把成员聚合起来，从而产生一种巨大的向心力和凝聚力。

4. 品牌文化的激励功能

优秀企业文化具有使企业成员从内心产生一种高昂情绪和奋发进取精神的效应。企业文化把尊重人作为中心内容，以人为本的管理，对员工起到激励作用。

5. 品牌文化的辐射功能

优秀企业文化一旦形成较为固定的模式，它不仅会在企业内部发挥作用，对本企业员工产生影响，而且也会通过各种渠道（宣传、交往等）对顾客乃至社会产生影响。企业文化的传播将帮助树立企业的良好公众形象，提升企业的知名度和美誉度。因此，优秀的企业文化也将对社会文化的发展产生重要的影响。

6. 品牌文化的形象功能

优秀企业在公众心目中的品牌形象，是一个由以产品和服务为主的“硬件”和以企业文化为主的“软件”所组成的复合体。优秀的企业文化，对于提升企业的品牌形象将发挥巨大的正向作用。

第二节　品牌文化体系

一、品牌文化体系概述

完整的品牌文化体系应该包含四个层次，即概念层、物质层、精神层和行为层。这里重点就品牌物质文化、品牌行为文化和品牌精神文化三个部分进行讨论，如图 11-3 所示。

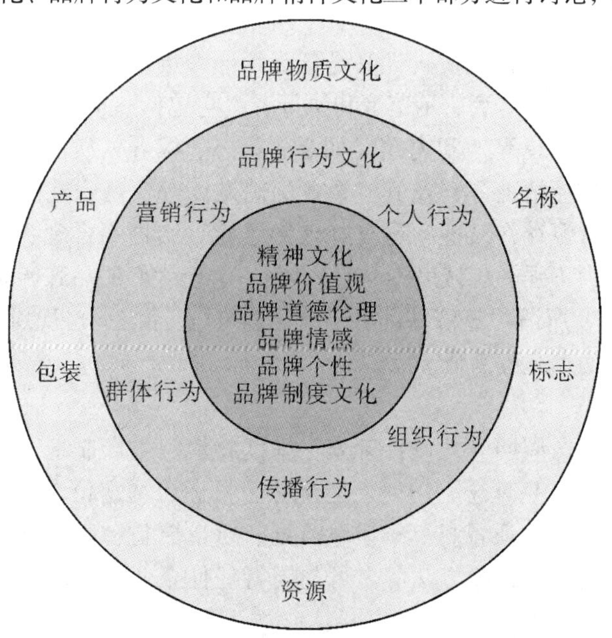

图 11-3　品牌文化构成示意图

二、品牌物质文化

（一）品牌物质文化概述

品牌物质文化是品牌的有形资产，是品牌理念、价值观、精神面貌的具体反映。尽管它处于品牌文化的外层，但却集中表现了一个品牌的外在形象。顾客对品牌的认识主要来自品牌的物质文化，它是品牌对消费者的更直接的影响要素，也是消费者和社会对一个品牌总体评价的起点。品牌物质文化由产品、包装和品牌标志等各种肉眼可见的物质表现方式构成，可将其分为产品特质和符号集成两个方面。

产品特质：是品牌必须具备的功能、性能要素，满足消费者对产品的基本需求，是消费者需求的出发点。

符号集成：是品牌多种识别元素（如图案、字母或颜色等）的统称，它包装、完善和美化品牌，为消费者提供产品功能价值外的需要。

（二）品牌物质文化的构成

品牌的物质文化，又叫品牌文化的显性部分，包括以下部分：

1. 基础设施资源

（1）厂容厂貌。工厂（公司）的厂容厂貌是品牌的物质基础，也是品牌文化的直接、直观体现之一，它包括地理位置、占地面积、建筑规模、装修风格、环境绿化、清洁卫生、整洁高雅及其整体协调性。很难想象基础设施破烂不堪、环境脏乱差的地方会诞生什么好的品牌产品、品牌形象和品牌文化。

（2）机器设备。机器设备是品牌物质文化的重要基础，包括生产设备设施、办公设施设备、计量检测仪器设备、安全消防及环保设施等，以及其先进（自动化、智能化）程度、新旧程度、维护保养程度等。同样很难想象一个设备陈旧落后、保养差、环保和消防不达标的企业能够生产出什么好的品牌产品来。

2. 人力财力资源

（1）人力资源。企业的全员（尤其是各级领导人员）是品牌文化的主体，同时也是载体，是品牌文化的缔造者、示范者和执行者。它包括人员的外在（如性别、年龄、身高、长相、发型和着装等）和内在（如观念心态、综合素质能力、文化修养、言谈举止、技术水平、敬业精神等）及其对企业的忠诚度等，是企业品牌文化的核心和关键。如果企业人力资源存在某些问题（如年龄老化、结构不合理、文化素质不高、工艺技术落后、凝聚力不强、忠诚度不高等），就不会诞生好的品牌产品和品牌文化。

（2）财力资源。所谓"经济基础决定上层建筑"，品牌战略规划和品牌塑造过程需要较雄厚的资本实力做坚强后盾。

3. 产品

产品包括整个生命周期（从设计开发、采购物流、生产制造、市场营销、产品报废、再生利用等）的产品理念、功能性能定位、目标市场定位、产品材质、工艺技术及质量管理（质量方针、质量目标、质量策划、质量控制和质量改进等）和质量认证的观念理念、行为规范和程序方法等。可与同行任何企业媲美的产品是塑造强势品牌的物质基础。

4. 包装

包装具有保护商品、方便储运、促进销售等功能，它的容器大小、形状、材质、图案和色彩等都蕴含着品牌的个性，体现品牌形象、产品文化和品牌文化。

5. 名称和标志

品牌名称是品牌中可读出声的部分（如字母、文字、数字或其组合），是品牌文化的基础，好的品牌名称本身具有丰富而深刻的文化内涵；品牌标志是品牌中可以被识别，但不能用语言表达的部分（如图案、形状和色彩等）。

三、品牌精神文化

（一）品牌精神文化的概念

品牌精神文化是品牌在长期的经营过程中，因受社会政治、经济和意识形态的影响而形成的观念、意识和精神，是塑造和管理品牌的指导思想和方法论，是品牌重要的无形资产，是品牌的心理部分。

品牌物质文化是品牌精神文化的基础和前提，它决定着品牌精神文化的性质与方向。品牌精神文化是从品牌物质文化中派生出来的，它依附于品牌物质文化。品牌文化是品牌物质文化与品牌精神文化的统一。顾客在消费产品时，不仅在消费该品牌的物质文化，同时也在享用它的精神文化。

品牌服务则具有双重文化的性质，它既有品牌产品的功能性服务，又有来自品牌附加值的服务，如审美属性、情感属性、利益认知及售后服务等。

品牌精神文化是品牌文化的核心，是品牌的灵魂。品牌精神文化包括品牌愿景、品牌精神、品牌情感、品牌伦理道德、价值观和目标等。它决定品牌个性、品牌态度和品牌形象，以及品牌在营销活动过程中的表现等。

（二）品牌精神文化的分类

品牌精神文化分为品牌价值观、品牌伦理道德、品牌个性、品牌情感和品牌制度五个方面。

（1）品牌价值观：品牌的使命、愿景、所奉行的基本信念、利益认知、目标和精神等。品牌的利益认知是指消费者认识到品牌产品的功能特征所带来的利益。

消费者在对品牌的认知过程中，会将品牌的利益认知转化为一定的情感上的利益。

（2）品牌伦理道德：品牌在生产经营活动中应遵守的法律法规、行为规范、道德规范和文化传统。文化传统有时会成为品牌的力量源泉，使品牌有更持久的生命力和竞争力。品牌也代表着一种文化传统。

（3）品牌个性：通过人、物、图等承载与彰显的个性形象，与品牌有关的人格特质组合。品牌有一定的个性形象，这是品牌文化的核心内涵之所在。个性形象越突出，表明消费者对品牌的认知越深。

（4）品牌情感：了解和掌握目标顾客情绪、精神和心理的一种情感属性、品牌承诺、依赖和信仰。消费者在购买产品功能利益的同时，也在购买产品带来的情感属性。情感属性总与一定的品牌联想相联系。

（5）品牌制度：指品牌价值观、伦理道德、个性和情感相适应的组织机构、职责权限、管理制度与操作程序等。

（三）品牌精神文化的主要特征

1. 个性差异化

同行业物质文化（设备可以同款，产品可以同质，包装可以相似）可以相近，但精神文化都各有各的特征。如不贴标签的几部同型号彩电外形几乎没有什么不同，但贴了标签后便各具特色。其中的差异正是来自品牌精神文化，是精神文化赋予了品牌以不同的形象，赋予了品牌以个性化和差异化特征。因此，品牌精神文化具有个性化、差异化的特点。

2. 继承性与时代性

优秀的品牌精神文化永远是对新时代意识（如质量意识、安全意识、文明意识、健康意识、道德意识、环保意识、服务意识、竞争意识等）、思想和理想追求的提炼与概括，永远跳动着时代的脉搏，流动着鲜活的血液，充满了生机与活力。“问渠那得清如许，为有源头活水来。”品牌精神文化的生命正是来自它对优秀传统文化的继承、提炼和对每个时代先进文化、先进理念的不断吸收、融合。

3. 稳定性与动态性的统一

品牌精神文化一旦形成，就具有稳定性、持久性、标志性，不会因个别因素和环节的变化而变化，但它也并非是一成不变、顽固僵化的。它之所以具有强大而持久的力量，正是因为它能够不断反映进步思想和先进文化，随时代的发展而发展，与国际国内环境、形势的变化（如政治环境、经济环境、时空条件、市场竞争、技术创新、观念更新等）相适应。因此，它具有动态性，是稳定性与动态性的和谐统一。

四、品牌行为文化

（一）品牌行为文化的概念

品牌价值是在品牌塑造、运营和营销过程中建立和实现的，离开市场营销活动，品牌就失去了生命力，品牌行为文化是品牌精神的贯彻和体现。品牌文化在品牌运动中建立，品牌价值在营销中体现，它是品牌与顾客关系建立的核心过程，是企业经营作风、精神风貌、人际关系的动态体现，也是企业精神、企业价值观的折射。品牌行为文化关乎品牌的个性彰显和形象塑造，关乎企业营销的成败，关乎企业的生命。一切在行动中产生，一切也在行动中消亡，品牌行为决定了品牌的命运。

（二）品牌行为文化的分类

品牌行为可以分为品牌组织行为和品牌个人行为两个大类，品牌组织行为又可分为组织内部行为和组织外部行为两类，而品牌个人行为又可分为领导者、代言人和普通员工的行为等构成，如图 11-4 所示。品牌行为文化就是在这些品牌相关行为发生的前中后所表现和反映的文化。

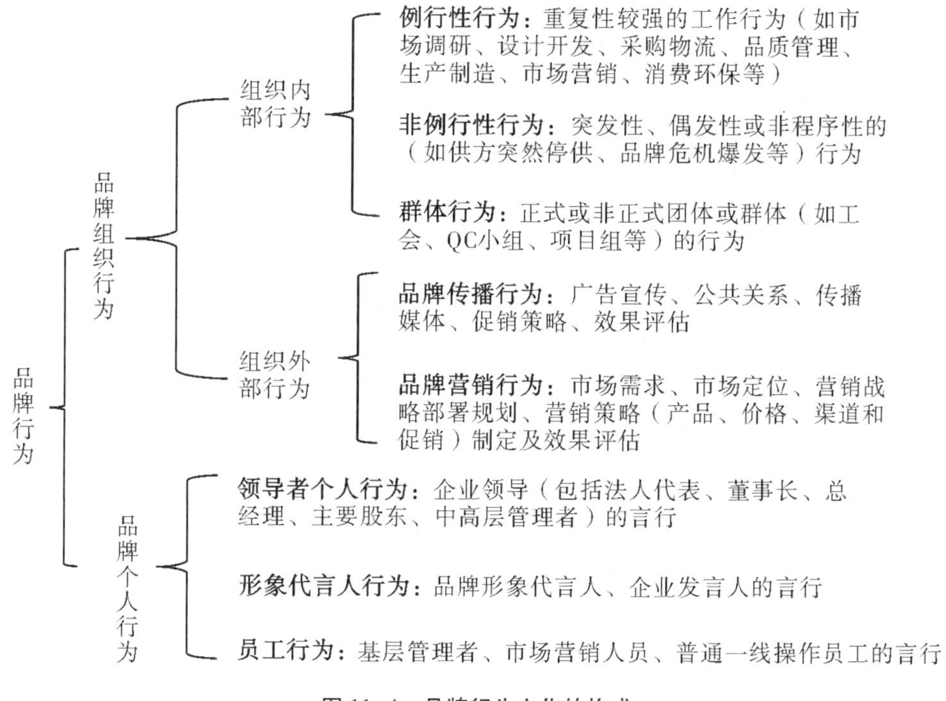

图 11-4　品牌行为文化的构成

（三）品牌行为文化的构建

1. 规范企业的品牌行为

企业品牌行为是企业行为的重要组成部分，一般来说，企业行为所涉及的范围都比较大，如投资行为、生产行为、营销行为、内部管理行为、对外交际行为、社会行为，等等。而品牌行为则指直接体现品牌理念文化的企业行为，如质量行为、服务行为、广告宣传行为、市场营销行为、品牌维护行为等。规范企业品牌行为主要集中在以下三个方面。

（1）规范品牌意识，建立品牌行为标准

建立品牌行为标准的目的在于将品牌意识注入所有员工的行动之中。通过在品牌理念指导下的企业员工对内和对外的各种行为，以及企业的各种生产经营行为来传达和表现。构建企业品牌行为（包括员工行为）标准，对包括职业道德规范、员工行为准则、团队管理、沟通渠道、顾客满意工程及质量管理体系、培训体系、激励机制、员工绩效考核等进行规范设计，统一企业各部门、各环节的品牌行为。例如，海尔OEC 管理法（日事日毕，日清日高）由三个基本框架（即目标系统、日清控制系统和有效激励机制）组成，奠定了海尔“严、细、实、恒”的管理风格。海尔员工在监督机制中工作，为海尔品牌文化奠定了基础。

（2）加强品牌规划，树立品牌体系化思想

品牌的塑造和维护管理是长期的过程，需要有周密细致的战略规划、执行计划和费用预算，需要有组织保障、制度保障和专业人才支撑。如果没有系统性、长期性的品牌战略规划和滚动执行计划，没有专业人才保障和高层领导的坚定支持，则难以保证品牌目标的实现。

（3）加强品牌保护，树立品牌的良好形象

品牌保护指用各种营销、技术和法律等手段来保护品牌形象及品牌自身利益。品牌保护主要包括品牌经营保护、法律保护与自身保护。即采取各种经营手段、技术手段和法律手段与相关措施，塑造和呵护品牌，提高品牌形象。例如：提高技术水平、改善工艺等改进产品质量、提升效率，强化服务、提高服务质量，完善营销策略、提高客户满意度，改善企业文化、提升客户忠诚度等。

2. 引导消费者品牌行为

消费者的品牌行为主要是在认知品牌的基础上进行购买决策，进而形成对品牌的偏好、忠诚与口碑，而消费者对于品牌的认识和选择很大程度上要靠企业的宣传和引导。

（1）推进企业品牌沟通，向消费者传达品牌独特的文化

①选择信息源体和信息受体的“共通区”，使消费者的需求与企业品牌文化共通；②在品牌广告中述说目标对象珍贵的、难以忘怀的生活经历、人生体验和感受，以唤起并激发其内心深处的回忆，同时赋予品牌特定的内涵和象征意义，建立目标对象的品牌联想；③注意对文化背景的分析，找出相通区域，在区域内发展创意，以引起目标顾客的情感共鸣。

（2）加强消费者体验，将消费者纳入品牌运营之中

消费者体验的主角是消费者本身，但主导这一过程的主体则是品牌所有者。因为消费者体验是否愉悦在很大程度上取决于品牌所有者提供的体验场景、内容和过程是否符合消费者的期望。在消费者的体验过程中，向消费者传达品牌产品、品牌文化、品牌形象等相关的信息（如设计、材质、工艺、质量、价格、广告、色彩、包装、接待风格、服务经验、促销活动、投诉处理等），并注意与消费者的双向沟通，这些信息使消费者能对品牌的具体形象进行感知和联想，经过消费者体验品牌的过程，品牌的形象才能在消费者心中建立起来。因此，品牌所有者需要通过不懈的努力去维持品牌形象在消费者心中的持久一致性，使品牌识别成为消费者辨别具体品牌的有力标准。

【思考讨论】

举例说明：品牌的物质文化、行为文化和精神文化三者的关系是什么？三者怎样协调推进？

第三节　品牌文化塑造

一、品牌文化塑造的原则

品牌文化塑造是一项长期而艰巨的任务，它不是哪一个人或哪一项具体行动就可以完成的。它需要按照一定的原则，通过一定的途径，全方位地精心塑造，方能塑造出既体现公司发展理念和核心价值观，又能增强员工的归属感和使命感；既能提升企业宣传软实力，又能够营造乐观向上的公司氛围；既能培养良好的团队合作精神，又

能增强相关方（股东、员工、顾客和供方等）满意度和忠诚度的优秀的品牌文化。

1. 以人为本的原则

以人为本原则就是把人视为企业最主要的资源和管理对象。一方面，企业人力（尤其是人才）资源是企业的主要资源，更是主体和主人。企业品牌文化的塑造要以人为主，充分反映人的意识、观念和需求，通过尊重人、理解人来凝聚人心，通过激发人的热情、开发人的潜能来调动全体人员的主动性、积极性和创造性，使文化在践行中得到升华。另一方面，品牌文化也是一种管理文化、市场文化和营销文化，要得到相关方（如股东、员工、供方和顾客等）的高度认可、认同和称赞，能与他们引起情感的共鸣，便能带来他们的忠诚，并自觉地口碑宣传，实现文化塑造的目的。

2. 领导性原则

不管是企业文化还是品牌文化，从某种意义上说都是企业家文化，更是群体文化。它是企业和企业家思想、理念和核心价值观的升华，也是群体智慧的结晶。企业的各级领导（尤其是高层领导）是其缔造者、带头推进者和率先垂范者。这些文化一是要高度浓缩、精心提炼，使其内涵丰富，显得有文化水准，而且简洁、好记、易行；二是要深入全员（首先是领导）的心理，根植在骨髓，方能长期践行，成为习惯。

3. 系统性原则

企业品牌塑造是一项“筑基铸魂”的战略性系统工程，品牌文化的塑造也是长期的、复杂的、庞大的系统工程，不可能一蹴而就，需要充分利用企业的人财物和信息、荣誉等资源，需要运用系统的方法搞好整体规划、步步推进、层层落实，上下齐心协力，要物质层面、精神层面、行为层面和制度层面四大要素协调推进。我国大多数企业的现状是：在“质量”“品牌”和“文化”方面是缺乏系统性和战略性规划的，很容易“跟风模仿”和“零星修补”。

4. 讲求实效原则

一方面，在品牌文化塑造过程中要一切从实际出发，切合企业实际，符合企业定位，要“求真务实，讲求实效”，不搞形式主义的“高大尚”或“一阵风”。另一方面，品牌文化塑造的起点要高，要与国际接轨，不能只是自身现状的简单总结或是照抄同行的模式。

5. 特色性原则

无论是企业文化还是品牌文化，都是在一定的社会文化背景下的管理文化，它是创新性、应用性、实践性很强的科学。在文化塑造过程中，既要把握历史、又要立足现实，更要符合未来发展趋势。重视总结归纳、挖掘和提炼，要体现行业和企业的特点与优势，要突出鲜明的个性，要有与众不同的差异、内涵和特色，要用心用情、结合其他原则、策略和方法，并长期坚持，方能培育出能够提高企业素质和管理水平、符合新时代特色、促进企业高质量发展、逐步迈向卓越的文化。

品牌文化只有独具个性和特色，才能吸引公众，才能通过鲜明的对比，在众多品牌中脱颖而出。抄袭模仿、步人后尘的品牌形象、品牌文化都不可能有好的效果，也不可能有什么魅力。

6. 统一性原则

统一性原则一是指视觉识别（品牌的名称、标志物、标志字、标志色、标志性包装等）的设计和使用必须标准统一，不能随意变动。例如，同一企业或产品的名称在一个国家或地区的翻译名称要统一，像日本的松下、丰田和美国的通用、微软等的中文名称就不能随便采用其他汉字来代替。二是指品牌的核心理念、价值定位等一旦确立，要一以贯之，长期坚持。三是指向市场发出统一的一个政策（如产品、品质、价格和促销等）。

7. 情感化原则

品牌形象和品牌文化是品牌对公众情感诉求的集中体现。品牌文化塑造过程要处处融入情感因素，使品牌具有情感魅力，以情动人，这样才能缩小其与公众的距离，实现和公众的良好交流。

8. 全员化原则

全员参与品牌形象和品牌文化的塑造是至关重要的。品牌形象要向市场发出一个声音，就是要求企业所有员工都有使命感、荣誉感和责任感，它能够对员工产生强大的凝聚力。英国的营销学者彻纳东尼认为，企业要使所有的员工都理解品牌的含义，使所有的员工都能认识、理解、表达自己的品牌形象，这对实施品牌战略的企业，尤其是实施品牌国际化的企业来说是一个非常重要的问题。只有众多员工达成共识，才能使不同领域的角色融为一个整体，使不同部门的成员向着一个方向努力。美国学者艾克在其《品牌领导》一书中也曾提到，企业应把内部品牌的传播工作放在优先考虑的地位，即在得到外部认同之前，首先在内部推行，达到内部认同，因为内部认知的差异可能误导策略的实施。除了让企业内部全体员工参与品牌形象的塑造之外，全员化原则还有一层含义，就是动员社会公众的力量。企业的营销、服务、公关和广告要能够吸引公众，打动公众，使公众关注品牌形象，热心支持和参与品牌形象的塑造，使品牌形象牢固树立在公众的心目中，产生永久性非凡的魅力。

二、品牌文化体系塑造

（一）品牌文化塑造的流程

创建一个强大的品牌文化，是每一个品牌战略的核心使命，尽管不是所有最终拥有强大品牌文化的企业从一开始就有意识地按照这样一个流程去铸造品牌文化。

1. 整合品牌文化资源

企业外部文化资源主要是指品牌本身积累的一些资源，如企业名称、企业 CIS 系统、商标、名人、供方资源和顾客资源等。企业内部文化资源是指可以反映并影响品牌定位的各种文化因素，它的基础是企业文化、品质文化等。在企业文化因素的整合下得出与品牌文化不一致的企业文化的要素，确保内外部文化的一致性。

2. 建立品牌价值体系

在收集和整合内外部的各种文化资源之后，根据品牌战略定位、战略目标等，对各种文化因素进行提炼、加工和升华，确定品牌的价值体系。

3. 建立品牌文化体系

由于对不同的客户以及同一客户的不同产品会有不同定位的品牌文化，因此要明确本企业品牌的内涵及其价值对客户的承诺、品牌附加值等因素，以及明确客户的特定产品的品牌内涵及其价值，对终端消费者的承诺、品牌附加值等。一般的品牌文化定位要考虑以下因素：确定品牌文化范围；确定品牌文化个性；确定品牌文化价值；确定客户群体；评估、提升客户关系。

4. 建立品牌文化管理体系

品牌文化管理体系包括了品牌文化内部管理和品牌文化外部管理两个体系。品牌文化内部管理体系指的是如何针对品牌文化的定位，通过各种管理的行为，在公司的内部全体成员从认识上进行高度一致的协同。品牌文化外部管理体系是通过各种媒体或载体，围绕品牌文化核心进行传播，但品牌文化的传播与传播品牌的传播着重点不一样，它主要的传播方式不是广告这样的硬性载体，而是借助各种宣传媒体进行长期的潜在渗透，必需多次反复且要潜在无意识地传播，才可能形成，润物细无声是这种传播的高级境界。

（二）品牌文化体系塑造的步骤

按照战略、策略和执行三大步骤，推进构建品牌体系，将品牌价值化，为市场营销赋能。

第一步：制定品牌战略，明确品牌塑造的方向、目标和路径。它包含品牌愿景、品牌理念、品牌影响力、品牌知名度、品牌美誉度、行业影响力、品牌资产、品牌竞争力、品牌塑造与管理的机构和人才引进培养等战略目标和路径等。

第二步：制定品牌策略，进行品牌战略的部署，明确品牌塑造的步骤和方法。它包含品牌命名、品牌设计、品牌定位、品牌架构、品牌体系、品牌 VI 系统、品牌推广、品牌传播、品牌营销、品牌赋能的策略和方法等。

第三步：制订品牌执行计划，将品牌战略和策略落实。它包含品牌传播计划、品牌推广计划、品牌投入预算、品牌工具升级、品牌手册、品牌符号创作、品牌经理管理机制、品牌展示体系、品牌维护管理等。

（三）品牌文化体系塑造的重点

1. 产业文化前期评估

进行产业文化、环境分析和 SWOT（态势）分析，确认自己的强弱点、机会风险，决定“核心”业务。只有对品牌所在的行业文化做一个深度的分析，对市场行情、目标人群画像等都要有个清晰的方向，才不至于后期工作没有条理，不分主次。

2. 定位匹配品牌文化

每个产品都有自己的属性，如功能、性能、使用场景、消费者使用过程中能得到的利益等。

品牌文化要在明确产品属性之后，有一个与其相匹配的文化定位，消费者才更容易接受。假如品牌下有许多种产品，定位的重点就是要抓住这些产品的共性。如连续五年中国坚果销量第一的“三只松鼠”，为什么是“松鼠”不是“老鼠”？而且不是“一只松鼠”或“两只松鼠”？品牌名称与产品、产品定位与其品牌文化高度契合，才容易产生品牌联想。

3. 设置品牌发展目标

对品牌的发展设置短期、中期和长期目标，短期目标可以是一至三年，中期目标可以是三到五年，长期目标可以是五到十年，这有一个前提就是目标必须是大胆的、通过努力是能够实现的。

4. 借助媒体和口碑

第一步：先将产品或（和）服务做到极致。没有好的产品和服务，一切品牌塑造理论和方法都是空中楼阁。第二步：由极致口碑形成忠诚度，由内而外的品牌形象和品牌文化塑造，更有爆发力和穿透性；由忠诚顾客形成的口碑，带动最核心的目标用户，完成最关键的消费群建立。第三步：忠诚度到更大的认知度、知名度、美誉度。这需要社会化传统媒体（如电视、杂志、报纸和新型）和新型媒体（如微信、抖音、小红书等）的参与，特别是借助大型赛事活动、公共事件等免费的宣传和传播，并“引流”到目标消费群上。第四步：需要线上和线下的结合，打造成为一个全社会有影响力的品牌。这个时候需要全国知名的媒体平台的参与。

5. 掌握自身品牌时尚，形成大众对品牌的忠诚

在某个时期内，人们会对特定的语言、行为、思想等事物产生一种集体的追求行为。这种行为即是大众对时尚的追求。往品牌文化上说，深挖消费者的痛点，分析消费者群体的心态，激发消费者的情绪，即是掌握属于自己的品牌时尚的手段，能够让大众迅速积累起对品牌的信心、形成对品牌的忠诚度。

（四）品牌文化体系塑造的方法

1. 围绕品牌核心价值演绎

品牌文化的演绎必须围绕品牌核心价值的主线，改变或偏离这根主线往往使消费者雾里看花，对品牌认知产生错乱，自然难以积淀成深厚的文化内涵。

2. 细小之中见伟大

一颗子弹想打中树上所有的鸟，最终只能是一个也打不着，一个文化想打动所有人的心，最终也只能是一句空话。

大而全的品牌文化就是没有文化，也无法深入人心，引起共鸣。品牌文化从来就是细小之中见伟大。

3. 自然、清新、独特的内涵

打动人心的东西往往是自然、清新、独特的东西，从经典品牌的发展历程可以看出，凡是能够穿越时光，跨越国界的品牌往往都蕴含着自然、鲜明、独特的文化内涵，自然流露，动人心弦，保持长久的生命。

4. 满足消费者的人性需求

在“行销28律”中，“人性律”摆在了第一位，这也说明满足人性需求的品牌文化才是更有生命力的。品牌文化虽由企业建设培育，但却由消费者需求而定，所以品牌文化的演绎应该洞察消费者的内心，满足消费者的人性需求。

5. 多形式的演绎手段

品牌文化的培育应该是点滴积累，循序渐进的过程，全境式的广告“轰炸”只能快速提高品牌知晓度，却很难积淀品牌深厚的文化内涵。除了广告外，品牌文化的培育还需要多种手段，如公益活动、新闻宣传、公关赞助，等等。

三、品牌文化个性塑造

（一）塑造个性差异

品牌文化个性化差异塑造的路径和方法较多，笔者归纳出以下主要的三个：

1. 做品牌的逆向化战略

为简化消费者的选择，在综合功能、性能等方面不做加法，而是做减法。逆向战略看起来好像功能、服务减少了，但是正因为这一点，这些品牌才能从复杂和模糊中脱颖而出，使品牌变得更清晰，变得更具有特色和鲜明的个性，消费者也更加容易识别和选择。

2. 做超越行业的品牌

所谓超越行业的品牌，就是对产品不断细分、不断分化的趋势，试图打破固有的产品分类思维，去整合或混搭，即跨界创新。事实上，人们都喜欢通过分类来简化、清晰某些事物，而超越行业的品牌就是打破这种原有的分类，把看似无关的事物联系起来，形成一种混搭的感觉，这种方式可能就创造了一种新概念、新事物或新产品。借用广告学中的一句经典话语：创意是旧元素的新组合。

3. 让品牌对一部分顾客产生敌意

品牌不应该一味宣扬自己的优点，热情地对待所有消费者，而是敢于公开自己的缺点，不轻易向消费者妥协，不取悦大众，表明只为一部分消费者提供产品和服务的态度，把小众人团结在一起。

（二）塑造品牌的竞争优势

1. 提升产品质量

要想产品（服务）拥有足够的市场竞争力，首先要保证自己的产品（服务）质量是无可挑剔的，可以与任何同行媲美的，能够获得消费者信任的，你的产品（服务）有公众的说服力。只要自己的产品质量过关，用户满意了，就能拥有市场中的硬核实力，所以要树品牌，得先提升质量。

2. 产品要富有特色

产品开发设计的理念是以消费群体和产品特色为主，要突破传统的设计理念，打造一些比较特殊且富有特色的产品，也可以帮助打开市场，赢得消费者的喜爱。比如，将普通的杯子设计成卡通人物形状，在普通鞋子的底部加入闪灯，只要一踩踏，鞋子就会闪亮发光，等等。这些都能够让消费者眼前一亮，打开他们的购买欲望，继而提高产品竞争力。

3. 快速推出适应市场的新产品

随着科技的不断发展，社会大众会对产品产生新的需求和新的渴望，要想提升产品的竞争力，就要结合当下社会的高新技术，不断推出新产品，满足大众对新事物的追求欲望。比如，智能手环，以前就只是可以看时间、记步数，现在不但可以接听电话，还能聊微信，甚至有的还可以测血压等，这就是在智能手环基础上推出的适应市场的新产品。

4. 做好广告宣传工作

没有哪个企业要想打开市场是不做广告宣传的，通过传统媒体（如张贴海报、广播电视、市场问卷等）和新媒体（如微信、抖音、小红书等）方式将自己的产品（或服务）广而告之，让更多人认识、了解自己的产品，并产生兴趣、刺激需求、激发购买欲望。只有知道的人多了，购买的人才可能会多。

5. 促销活动和奖励机制

在销售产品的时候，可以适当构想一些促销活动或奖励机制，如买多少送礼品、累积积分送折扣或者根据数量抽奖等，都可以刺激消费者的购买欲。在消费者的不断购买中，就会慢慢对产品产生信任、满意和依赖，市场占有率和市场竞争力也提升了。

6. 提高产品的性价比

品牌能够带来溢价，但对于大部分消费群体来说，性价比永远都是购买的最重要的指标。产品竞争力就是消费用户的数量和市场占有率，如果能将相同质量的产品卖出更低的价格，一定会有很多消费者青睐。比如在确保质量的前提下，走成本领先策略之路，从设计、原材料采购、生产工艺技术等多方面持续改进，降低产品综合成本，提升性价比。

7. 强强联合形成产品连锁壁垒

在一个产品无法打开市场的情况下，可以采取强强联合的方式，与其他配套产品相互合作，打造一个几乎垄断的产品连锁壁垒。比如快递公司，可以与大型网购平台联合，以极低或免费等方式打开自己在网购领域的知名度和物流领域的市场占有率，这就相当于形成了一个壁垒。当提到网购时就会想到你的物流，就会选择你的物流。

8. 专注一点，毕其功于一役

我们有的企业片面强调多元化，导致涉猎领域众多，但对于一个产品而言，要想提高它的竞争力，就要将自己的所有资源、思维和创新心无旁骛地集中到这一个产品上，打造一个专业的、无与伦比的产品。比如微软，就一心做系统，想方设法把这一个产品设计好，销售好。这样的集中和专注，也成就了其专业龙头和全球知名度。

9. 售后服务要跟上

很多产品之所以拥有一大批固定客户，可能并不是产品有多好，而是其售后服务让用户满意度很高，因为有售后的保证，大家都很放心买这个产品。因此，售后服务要跟上，要切实给客户营造出一种品质有保障、买后不会后悔的感觉。

10. 客户关系管理很重要

建立健全客户档案，必要时使用客户关系管理系统，将客户分类进行管理也是非常重要的，因为你拥有的客户数量和其对品牌的忠诚度，是进行品牌延伸扩张的重要底气来源和成功的基础。

（三）品牌人格化

品牌人格化是指将单调、乏味、冰冷的品牌转向立体、具象、形象、生动、富有情感、拟人化的人格形象。从功能性的用户消费转向情感式的用户体验，更能记住品牌，成为用户心智中忘不了的“她”，从而引起用户情感的共鸣，增强与客户之间的文化连接。人格的建立过程大致可分为以下三个过程：

1. 给品牌赋格

对品牌进行形象化、人格化的描述。例如，二次元、有趣活泼的三只松鼠；知性、稳重、略微年长的黑裙姐；青春、文艺、偶尔迷惘的梵高姑娘，等等。

2. 确立品牌人格与用户关系

品牌要树立尊重、自我实现、自由、好奇、娱乐、自我、地位、荣耀、社交、声望、权威等某一（些）文化和个性理念。

3. 确立人格与品牌的关系

人格包括人格多元、人格反差（80%主人格、20%副人格）、人格未知（赋予更多的人格、进化的人格）。人格的多元对应了不同属性的用户群体，人格反差会让整个人更不可捉摸与惊奇。人格也是会进化的，人格的未知赋予了品牌更加强大、持续的生命力和创新空间。

四、品牌文化塑造的误区

中国的自主品牌之路任重而道远，我们呼唤自己的百年品牌，更希望中国的市场中多一些具有战略眼光和系统思维的品牌经营者，品牌的塑造和管理应该避开以下误区：

1. 塑造品牌即广告宣传

很多企业片面地认为只要把设定好的品牌形象通过媒体广告传播出去即可达到塑造品牌的目的。其实，广告是市场营销的主要工具，但不是唯一的工具，品牌的塑造不仅仅是只靠打广告就可以完成的，产品、价格、渠道、终端、服务，甚至是企业管理、供应商的合作等环节都应体现出统一的品牌形象及内涵。从原料采购、生产、渠道、包装、价格等各个方面都说明了这一定位，很容易使消费者接受并认同。假设其仅仅是广告做得十分华丽并大肆宣扬其品质高贵，但却将产品放在普通超市、便利店出售或包装粗糙、价格低廉，其传播的品牌形象必然大打折扣。广告仅是传播品牌的手段之一，须与营销 4P 相配合，才能发挥更大的作用。

广告万能的神话已经幻灭，不要将广告的作用过分夸大，广告发布费用越来越高，而媒体的高度发达、消费者的日趋成熟却使广告效果越来越差。据统计：企业三分之二的广告费都没有效果。精心设计品牌丰富而独特的内涵，并细致地落实在每一个环节中，塑造与众不同的品质才是塑造一个成功品牌的关键。

2. 过分倚重品牌力量

有些企业认为只要企业有了名气，推出什么产品什么品牌都会有人追捧。比如，宝洁公司新推出的产品，即使没有任何知名度也可以有很好的销路，这种认识多少有些片面。宝洁等企业的知名度也是由一个个优秀的产品及品牌堆积起来的，从未听过哪家企业的产品没出名而企业先出名的，即使是这样也很难有价值回报。

消费者关心的毕竟是能满足其需求的产品，产品品牌是对该产品确实能满足消费者某种需求的一种保证与识别，企业品牌又是对产品及产品品牌的一种保证，这种保证又源于优秀的产品与产品品牌，它们相辅相成，不可分割。三者的结合会产生强大的销售合力。所以，在推广企业品牌前要保证有优质的产品，这样才能打造出优秀的产品品牌。

3. 无品牌意识阶段

有些产品投放广告在一年甚至几年里都不做任何调整，即使变动也不过仅仅是换换表现形式。问及为什么广告总是“老面孔”，回答却是：换了广告片或诉求，统一的品牌形象不就变了吗？长期在消费者头脑中留下的印象岂不慢慢消失了。更有甚者认为，换了新传播内容就是推翻了从前的一切，从新开始塑造品牌。确实有一些产品的广告是常年不变的，有的产品因其自身特殊性或行业市场因素，采用了一段时期内统一不变的广告传播方式。而有些则干脆就是企业没有认识到品牌在不同时期、不同阶段需要不同传播特点。一个产品进入市场后会经历不同的阶段，包括导入期、成长期、成熟期、衰退期等。不同时期其传播的诉求点也有所不同。导入期产品应以理性诉求为主，告诉消费者你的产品能为其带来什么好处。产品度过导入期，进入快速成长阶段后，消费者对产品的用途、功效等基本信息已经了解，此时应加入一些感性诉求，以促进消费者的感性认同，打好品牌基础。产品步入成熟期时，消费者对该产品的需求与认识已上升至感性层面。此时，广告的表现也应迎合消费者的心理，进行全方位的感性诉求，以求在感性层面与消费者达成共识，促进其对品牌的忠诚度。

如果不按照产品周期特点进行诉求必然导致诉求混乱，浪费大量资源，错过时机甚至丢掉市场。比如，产品刚上市就采用大量的感性诉求，说得情真意切但消费者还不知道你的产品是做什么用的，自己又能从中获得什么利益，怎么会购买呢？当产品步入成长或成熟期，消费者对产品上升到感性认知阶段时，广告诉求却大讲产品利益、功效等，严重浪费了传播费用，也错过了大好的市场时机。诉求的语言、形式要不断的改变，以应对这个千变万化的市场。产品生命周期的不同，诉求要变，特定传播时机（新年、节日等）与不确定的时机（突发事件）诉求也要随之改变。时代飞速发展，思想潮流不断更替，诉求也要"与时俱进"，不必怕换了宣传内容、形式而偏离了品牌定位与淡化了品牌形象。不管换多少广告片，只要诉求及表现形式一直围绕品牌的核心价值去表现就不会出现那些问题。如百事可乐产品已有一百多年的历史，其诉求表现、广告语也随时代的发展而不断变化，从1886年至今，百事可乐的广告片已换了无数，广告语也换了100多条，但从未偏离品牌核心价值，也正因如此才成就了其百年的辉煌。

4. 忽视品牌的根基——品质

所有名牌产品都有一个共同的特点——过硬的产品品质。有些企业拿出自己生产的产品打造成名牌，似乎所有产品只要经过传播都能成为知名品牌一样。但当我们深入了解其产品时却发现，有的产品根本不具备成为优秀品牌的素质，原因主要有两方面：①产品无差异；②品质一般，甚至质量低劣。没有特点的产品自然很难在品牌如林的市场中脱颖而出，而更糟糕的却是连市场准入资格都没有的低质或劣质的产品，妄图以这样的产品来打造品牌实在是枉费心机。

虽然现在谈及塑造品牌说的最多是概念、卖点、定位、服务、整合传播等，但消费者最关心的是产品能为其带来的核心利益，保证这种利益的根本就是品质。消费者在强大的传播促销攻势下买了低品质或劣质的产品，发现上了当，还会再买吗？会说这产品的好话吗？品牌传播最有效的一种途径就是口碑传播，口碑对塑造品牌的功效十分明显，但负面的口碑也会毁了一个品牌。过硬的产品品质是成为品牌的最低门槛。

5. 缺乏品牌保护意识

如今企业都知道，企业要发展壮大，产品要有好的销路，就必须有自己的品牌。知道品牌的重要性后，就倾注全力去创造自己的品牌，消耗大量的人力物力都在所不惜。但企业往往对于辛辛苦苦创造出的品牌却缺乏有效的保护，甚至有些企业根本没有保护品牌的意识，以为创造了品牌就可以一劳永逸，品牌将为自己带来不断的利润。理论上品牌的寿命比产品寿命长得多，可以是几个世纪甚至更长，当然也可能是几年或几个月。一个品牌虽然有不可估量的价值，但品牌脆弱的像婴儿一样，必须要品牌管理者精心呵护，并伴其慢慢成长、成熟。因为缺乏品牌保护意识，有些企业轻易断送了自己用汗水和金钱换来的品牌，如无长远品牌规划、品牌延伸不当、品牌形象随意改变、品牌被抢注、被收购等，辛苦创造的品牌可能瞬间即灰飞烟灭。大量精力、物力的浪费，让人痛心疾首。

五、品牌文化塑造应该注意的问题

1. 保证品牌战略和业务战略一致

品牌战略绝非只是一个简单的口号，企业的业务战略一定要和其保持一致。比如，我们看到的汉庭酒店的品牌定位是“爱干净，住汉庭”，那么汉庭的营销策略、业务战略、运营管理等，都应该紧紧围绕“干净”这个主题来进行。

2. 品牌个性要不断变迁，防止其老化

虽然品牌个性具有一定的稳定性，不能随便变。但随着时代的不断变迁，人们的消费习惯和价值观念也都会随之不断变化。即使以前你的品牌个性合乎消费者的心理需求，也不敢断定现在也一样符合消费者的心理需求，甚至被其他品牌替换了都不知道。为了防止你的品牌被替换和被抛弃，那你的品牌个性就要随需而变，随着时代的变迁以及消费者的消费习惯、价值观念的变化做出应有的个性变化。创变求新，不断地更新品牌个性，跟随时代风格的变化而调整变化，以此持续吸引消费者的注意。一定要防止你的品牌个性老化跟不上时代的风格，不然明天站在市场之巅的就是其他品牌。

3. 注重品牌个性的调适性

品牌个性和品牌适用性其实是一对矛盾的统一体，两者是相辅相成的。当你的品牌个性很强的时候，其品牌适用性则会很弱；反之，如果品牌个性很弱，你的品牌适用性则会很强。因此，当我们在塑造企业的品牌个性时，一定要注意其品牌适用性，不能因为品牌个性而给品牌适用性造成太大的损害，不然整体的品牌市场占有率就会很低，这样是很不利于品牌的传播和整体维护的。品牌个性要强化，但同时也要兼顾其品牌适用性，两手都得抓，两手都得硬。

4. 从企业产品形象入手

企业产品形象是品牌形象的代表，是品牌形象的物质基础，是品牌最主要的有形形象。品牌形象主要是通过产品形象表现出来的。产品形象包括产品质量、性能、造型、价格、品种、规格、款式、花色、档次、包装设计以及服务水平、产品创新能力等。产品形象的好坏直接影响着品牌形象的好坏。一个好的产品可以使广大消费者纷纷选购，一个差的产品只能使消费者望而生厌。品牌只有通过向社会提供质量上乘、性能优良、造型美观的产品和优质的服务来塑造良好的产品形象，才能得到社会的认可，在竞争中立于不败之地。

5. 注重打造企业环境形象

企业环境形象，主要是指品牌的生产环境、销售环境、办公环境和品牌的各种附属设施。品牌厂区环境的整洁和绿化程度，生产和经营场所的规模和装修，生产经营设备的技术水准等，无不反映品牌的经济实力、管理水平和精神风貌，是品牌向社会公众展示自己的重要窗口。特别是销售环境的设计、造型、布局、色彩及各种装饰等，更能展示品牌文化和品牌形象的个性，对于强化品牌的知名度和信赖度，提高营销效率有更直接的影响。

6. 注重“以人为本”打造高素质团队

无论是企业品牌塑造的战略、战术，还是产品、品质、环境、个性、形象等，无一不是人在操作，人是最积极、最活跃的因素。人的观念、态度、素质、能力等直接影响品牌的成败。

【本章小结】

本章分为品牌文化概述、品牌文化体系、品牌文化塑造三部分，从文化的概念入手，谈到文化的层次结构、特征，以及文化对个人、组织、国家的作用。是员工、顾客和社会大众能够切实感受到的一种文化氛围，是消费者追求的精神满足感，品牌文化是体现出品牌人格化的一种文化现象。品牌文化由概念层、物质层、行为层和精神层四个层次构成。

品牌文化具有文化表征、市场导向、价值互动、市场竞争和公众传播等特质。品牌文化具有导向、约束、凝聚、激励、辐射和形象等功能，品牌文化能够与民族文化、时尚文化有机结合，能够与品牌定位、品牌个性有机结合，构建属于自己的文化体系。品牌文化的塑造需要以人为本，用心、用情并持之以恒、深入骨髓的贯彻执行，并养成习惯，而不是一时兴起“一阵风”，仅仅背诵几个理念、喊几句口号或贴几幅标语。

【技能训练】

以5~7人为一个小组，每组分别收集不同的行业（企业）在品牌文化塑造方面成功或失败的案例，并分析其成功或失败的原因。讲一讲我们从中可以获得怎样的经验和教训。

练习题

一、判断题

1. 品牌文化与企业文化是一回事，没什么区别。（　　）

2. 塑造品牌文化的核心就是根据企业发展需要，不断地调整品牌核心文化。（　　）

3. 品牌文化是指满足消费建立在物质基础上的精神需求，培养消费者对品牌的忠诚度。（　　）

4. 品牌文化的塑造对社会的整体进步较为重要。（　　）

5. 塑造品牌文化其根本目的是为了满足商业动机的需要。（　　）

6. 文化与文化之间没有可比性，品牌文化之间也没有优劣之分。（　　）

7. 品牌文化是社会物质财富和精神财富在品牌中的凝结，是消费心理和价值取向的高度融合，是品牌经营中的一切文化现象。（　　）

8. 品牌文化是为了提高企业的管理水平和效率，品味文化是企业整体社会形象的

内外体现，是企业凝聚力的核心，是企业发展的动力。 （ ）

二、单项选则

1. 品牌文化分为精神文化和（ ）两部分。
   A. 消费文化 B. 物质文化
   C. 价值文化 D. 形象文化
2. 品牌的名称、标志物、标志字在设计中必须统一，属于（ ）原则。
   A. 系统性 B. 全员化
   C. 情感化 D. 统一性
3. 索尼公司前期的规划是把产品卖到全世界，这属于（ ）。
   A. 文化目标 B. 文化定位
   C. 文化评估 D. 文化建设

三、多项选择题

1. 品牌文化构成的三要素分别是（ ）。
   A. 品牌精神文化 B. 品牌物质文化
   C. 品牌行为文化 D. 品牌价值文化
2. 品牌文化的特征包括（ ）。
   A. 市场导向特质 B. 文化表征特质
   C. 市场竞争特质 D. 公众传播特质
3. 品牌文化塑造的步骤包括（ ）。
   A. 产业文化前期评估 B. 品牌文化要恰当定位
   C. 设置文化发展目标 D. 做好口碑
   E. 形成品牌的忠诚度

四、简答题

1. 品牌文化塑造应该注意的问题有哪些？
2. 品牌个性与品牌形象之间具有什么样的关系？
3. 构成文化的要素主要有哪些？
4. 品牌文化的特征是什么？
5. 品牌文化的传播主要包括哪五个层次？

五、思考题

1. 什么是品牌文化，它的作用有哪些？
2. 品牌文化有哪些部分组成？它的特点是什么？
3. 品牌文化和企业文化的关系是什么？
4. 谈谈品牌文化和民族文化的关系。
5. 品牌培育误区有哪些？
6. 如何培育品牌文化？

第四篇
品牌营销传播篇

第十二章 品牌传播

【学习目标】

· 了解品牌传播的含义、原则、内容与类型。
· 掌握品牌传播的模式。
· 掌握品牌整合营销传播的内涵与特点。
· 熟练掌握品牌传播工具及应用技巧。
· 了解品牌传播工具选择的影响因素。

第一节 品牌传播概述

品牌传播一直都是品牌理论研究和营销实践工作者十分关注的一个概念。在相关学术研究和专业建设中，品牌传播以符号学、传播学和营销学为基础，具有融合广告、公关和市场营销等多个专业的强大势能。作为企业传播行为的一种，品牌传播具有所有传播活动所共有的特征——动态过程。这就决定了企业的品牌传播是一项开放的、系统的、长期的工作，它需要企业做好品牌战略规划，并保持一定的连续性，持之以恒地向目标受众传达品牌信息；还需要企业根据市场变化及时对品牌做出调整，使品牌保持活力。

品牌传播是社会经济、市场环境和营销环境发展到一定阶段的产物。中国经济经历了物质短缺时代，在改革开放初期，海外顶级品牌以高昂的品牌价值和整体优势攻城略地，以及国内企业对核心竞争能力数十年来的曲折探索实践之后，正迈步在品牌强国的康庄大道上。

正如习近平总书记强调，要推动中国制造向中国创造转变、中国速度向中国质量转变、中国产品向中国品牌转变。

一、品牌传播的概念

关于品牌传播的定义和内涵，目前最具代表性的观点分为两类。

（一）品牌资产导向论

品牌资产导向论，即品牌传播的目标是提升品牌资产。国内学者余明阳等所著的《品牌传播学》和舒永平所著的《品牌传播论》明确提出了品牌传播的概念，他们认为：品牌传播就是通过广告、公共关系、新闻报道、人际交往、产品或服务销售等传播手段，最优化地提高品牌在目标受众心目中的认知度、美誉度、和谐度；同时还强调，品牌传播首先应是一种操作性的实务。该定义有三个特点：①品牌传播的主要手段，即广告、公共关系、新闻报道、人际交往、产品或服务销售等；②突出了品牌传播的目的是品牌资产的提高，强调"品牌在目标受众心目中的认知度、美誉度、和谐度"，实质上就是品牌资产的核心构成要素；③在定义中指明包括消费者在内的"目标受众"，而不是单纯的消费者。

（二）品牌形象导向论

品牌形象导向论，即品牌传播的目标是在消费者心目中建立品牌形象。品牌形象论（Brand Image）是大卫·奥格威（David Ogilvy）在20世纪60年代中期提出的创意观念。他认为品牌形象不是产品固有的，而是消费者联系产品的质量、价格、历史等，此观念认为每一则广告都应是对构成整个品牌的长期投资。因此每一品牌、每一产品都应发展和投射一个形象，形象经由各种不同的推广技术，特别是广告传达给顾客及潜在顾客。消费者购买的不只是产品，还购买承诺的物质和心理的利益。在广告中诉说产品的有关事项，对购买决策常比产品实际拥有的物质上的属性更为重要。因此，品牌传播是从建立"感性印象"到巩固"品牌印记"的品牌认知和深化的过程。同时"品牌识别"作为核心概念，被引入品牌传播中，成为统摄品牌传播实践的核心点。

综上所述，品牌传播就是品牌所有者以品牌的核心价值为最高原则。在品牌识别要素系统的整体框架下，选择广告、公关、销售等多种传播方式，将特定品牌推广出去，不断累积品牌资产，从而达到建立品牌人格形象，并促进市场销售的目的。

品牌传播是打造品牌的重要行为或过程，也是品牌化的行为或过程。同时，品牌传播也是一种企业管理的战略思想，而不仅仅是一种整合的手段与方法。品牌具有自己的独特个性、附加和象征着特定的文化，便于消费者识别，能给消费者带来特定的属性和利益，并通过属性和文化传递给消费者利益和价值。可以看到，品牌是依附于消费者的一个概念，而品牌本身就是为企业所有。因此，品牌传播在于解决品牌与消费者的沟通问题，通过对品牌进行长期、系统、积极、有效的传播，积累品牌资产，最终达到打造著名品牌的目的。

二、品牌传播的特点

品牌传播是确立品牌意义、目的和形象的信息传递过程，同样包括了信息传播的所有参与因素和类似流程。品牌传播有着以下独特的特点：

1. 品牌传播信息的复杂性

品牌是由两大部分构成的，即品牌的有形部分和无形部分。有形部分主要包括品名、标志、标准色、标志音、代言人、标志物、标志包装、产品、员工等；无形部分主要是指品牌所要表达或隐含的潜藏在产品品质背后的、以商誉为中心的独一无二的企业文化、价值观、历史传承等。这两部分在组合成品牌含义、参与品牌传播的过程中，会展现出无限的组合可能性和延伸性，这就决定了品牌传播信息的复杂性。

2. 品牌传播手段的多样性

品牌传播手段的多样性主要体现为品牌传播的手段不仅仅包括广告和公关，事实上能用来协助品牌传播的手段非常丰富。在品牌传播中，一个企业或一个品牌的一言一行、一举一动都能够向受众者传达信息。任何一个品牌接触点都是一个品牌传播渠道，都有可能成为一种新的品牌传播途径和手段。

3. 品牌传播媒介的整合性

品牌传播媒介是指所有能用来承载和传递品牌信息的介质。新媒介的诞生与传统媒介的新生，正在共同打造一个传播媒介多元化的新格局。品牌传播媒介的整合要求与传播媒介的多元化密切相关。在大传播观念中，所有能够释放品牌信息的品牌接触点都有可能成为一个载体，如促销员、产品包装、购物袋等。在网络中，接触点更是拥有无限的拓展空间和可能。

4. 品牌传播对象的受众性

首先，从正常的传播流程看，品牌的信息接受者不都是目标消费者，而是所有品牌信息接触者。其次，从品牌传播的影响意图看，品牌传播的对象应该是受众而不仅仅指的是消费者，这是品牌营销与品牌传播的重要区别。如果将品牌传播的对象描述为消费者，强调的是消费者对于产品的消费，体现了营销获利的观念。而将品牌传播的对象表述为受众，强调的是受众对品牌的认可与接受，体现的是传播上的信息分享与平等沟通的观念。

5. 品牌传播过程的系统性

对品牌的感受、认知、体验是一个全方位的把握过程，并贯穿于品牌运营的各个环节中。受众者对于品牌印象的建立是一个不断累计、交叉递进、循环往复、互动制约，并逐步强化和升华的过程。

6. 传播的可信性

传播的可信性是指受众对品牌传播信息的信任程度。在品牌建设过程中，品牌所有者总是要向市场发布关于该品牌的信息，包括新闻、广告等活动。但是，所传播的信息能否获得消费者的信任，就成为能否降低成本的关键。因此，在品牌建设初期，采取广告策略不是最合适的，因为消费者明白广告是厂家自己花钱给自己做的，是厂家主动的宣传。如果是新闻媒体自动地给予大量的客观的报道，则可以迅速取得消费者的信任。因为多家新闻媒体自动的报道，属于第三方行为，对消费者而言具有较高的可信度。

三、品牌传播的意义

大卫·艾克（Aaker）在综合前人观点的基础上，提炼出品牌资产的“五星”概念模型，即认为品牌资产是由“品牌知名度、品牌认知度、品牌联想度、品牌忠诚度和其他品牌专有资产”五部分所组成。大卫·艾克的品牌资产“五星”模型，如图 12-1 所示。

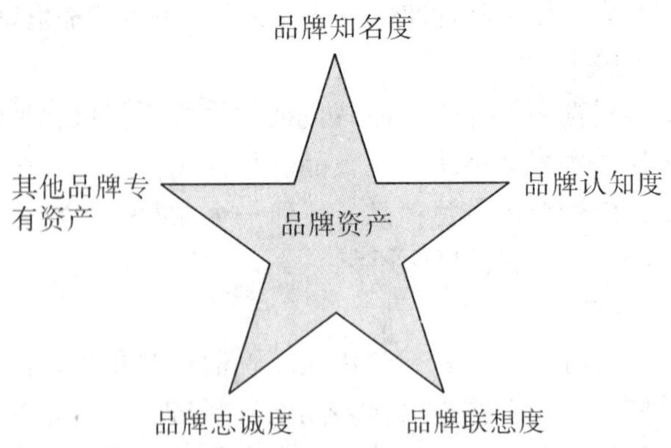

图 12-1 大卫·艾克的品牌资产“五星”模型

品牌传播的作用和意义就是达成某种承诺，积累品牌“五星”资产，主要是：

（1）提高品牌知名度；

（2）确立品质认知度；

（3）扩展品牌联想度；

（4）建立品牌忠诚度；

（5）巩固品牌专有资产。

四、品牌传播的原则

品牌传播是一项具有战略价值的活动，对建立品牌资产具有驱动意义。为了保证品牌传播活动目标的实现，品牌传播应遵循以下原则：

1. 连续保持企业营销策略与品牌战略的一致性

品牌从创建到被市场承认乃至发展需要较长的时间，关注的是长期效益，而营销更多关注的是短期效益。有时，企业为了实现短期利益目标而采取的一些策略和方法可能会伤及品牌的主要特征，导致品牌定位模糊，阻碍品牌战略的实施。

2. 传播企业有能力兑现的承诺

品牌传播应传递企业有能力兑现的承诺，体现诚实守信。如果传播超出企业兑现能力的承诺，最直接的后果将是顾客丧失对品牌的信任，或涉嫌虚假宣传。

3. 围绕品牌核心价值建立传播策略

品牌核心价值是积淀品牌资产的源泉，只有通过品牌传播使品牌核心价值深植于受众（特别是目标顾客）心中，才能形成品牌忠诚，品牌才能具备延伸和发展的空间。

4. 品牌传播演绎鲜明的品牌个性

个性识别造就品牌区别，形成品牌忠诚。无法凸显鲜明个性的品牌传播可能会导致失败。

5. 以积极的态度回应受众的反馈

品牌传播的过程是品牌与受众之间相互沟通的过程，有反馈意味着顾客对品牌的关注。企业尤其要积极回应搜集到的质疑性、否定性意见。

6. 积极推进品牌社会化

全媒体时代，企业要积极主动地邀请目标受众协同传播，并做好信息传播管理。

全媒体是整合营销观念的延伸，这种延伸主要体现在受众拥有和其他媒体进行衔接的自媒体。因此，品牌的社会化程度，将是决定品牌生命力的关键指标。

五、品牌传播的模式

品牌塑造的关键节点之一在于传播推广，品牌形成的过程实际上就是品牌在消费者中的传播过程，也是消费者对某个品牌逐渐认知的过程。

（一）传播的过程与模式

品牌的传播推广，实际上是将品牌的相关信息按照品牌拥有者的意图编码传播给品牌利益相关者，从而构建起品牌资产的过程。由此可见，品牌的传播推广实质上就是特定信息的传播。

1984年，传播学者拉斯韦尔首次提出了传播过程的五要素，即传播者、信息、媒介、受传者、效果。后经过许多学者的不断完善，又添加了反馈与噪音两个要素，如图12-2所示。

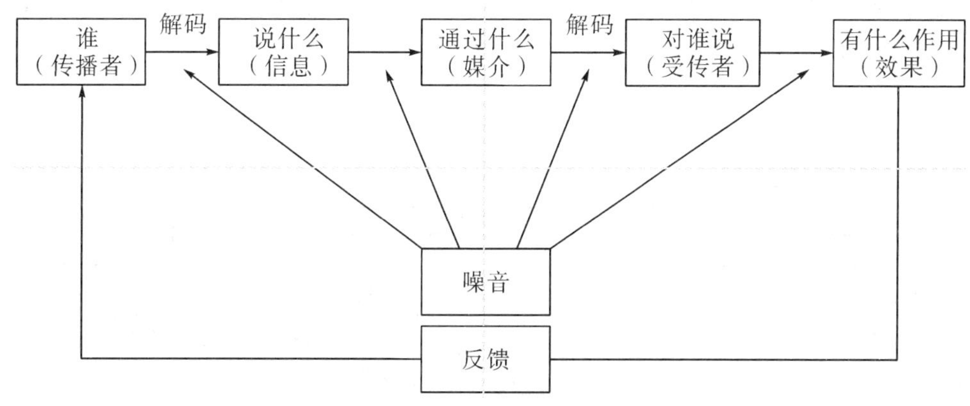

图12-2　拉斯韦尔的五要素传播过程模式

这个模式强调了有效传播的关键因素。传播者必须知道要把信息传播给什么样的受众，要获得什么样的反应。他们必须是编译信息的高手，要考虑目标接受者倾向于如何破译信息，必须通过能触及目标接受者的有效媒体传播信息，必须建立反馈渠道，以便能够及时了解接受者对信息的反应。

要是信息有效，传播者的编码过程必须与受传者的解码过程相吻合。发送的信息必须是受传者所熟悉的。传播者与受传者的经验领域相交部分越多，信息可能越有效。

传播者的任务就是把他的信息传递给受传者。然而受传者不一定能够按照传播者预期的那样对信息进行解码，因为在受传者接受信息时存在着选择性接触、选择性理解以及选择性记忆的现象。

1. 选择性接触

选择性接触是指人们尽量接触与自己观点相吻合的信息，同时竭力避开相抵触的信息的一种本能倾向。信息传播者必须设计能赢得受众注意力的信息。

2. 选择性理解

选择性理解是受众心理选择过程的核心，又称为信息传播的译码过程，是指受众总要依据自己的价值观念及思维方式对接触到的信息做出独特的个人解释，使之同受众固有的观念是相互协调而不是相互冲突。也就是说，同样内容的信息对不同的受众会有不同的理解，有时甚至是相反的。信息传播者的任务就是力争使信息简明、清楚、有趣和能多次反复，使信息的要点内容得以传递。

3. 选择性记忆

选择性记忆是指受众会根据自己的需求，在已被接受和理解的信息中挑选出对自己有用、有利、有价值的信息，然后将其存储于大脑中。人们只可能在他们得到的信息中对小部分维持长期的记忆力。信息是否通过受众的短期记忆而进入其长期记忆，取决于受众接受信息复述的次数和形式。信息复述并不意味着简单地重复信息，从某种层面来说是受众对信息的精心提炼，使得短期记忆转化为了长期记忆。

（二）品牌信息传播的模式

从传播学的角度出发，品牌信息的传播沟通，其实质就是品牌机构运用多种传播方式，通过一定的媒介或直接向品牌利益相关者传播有关品牌的信息。在传播过程中，传播受噪音的干扰，品牌结构通过对品牌资产的评估来反馈传播的效果。品牌信息传播模式如图 12-3 所示。

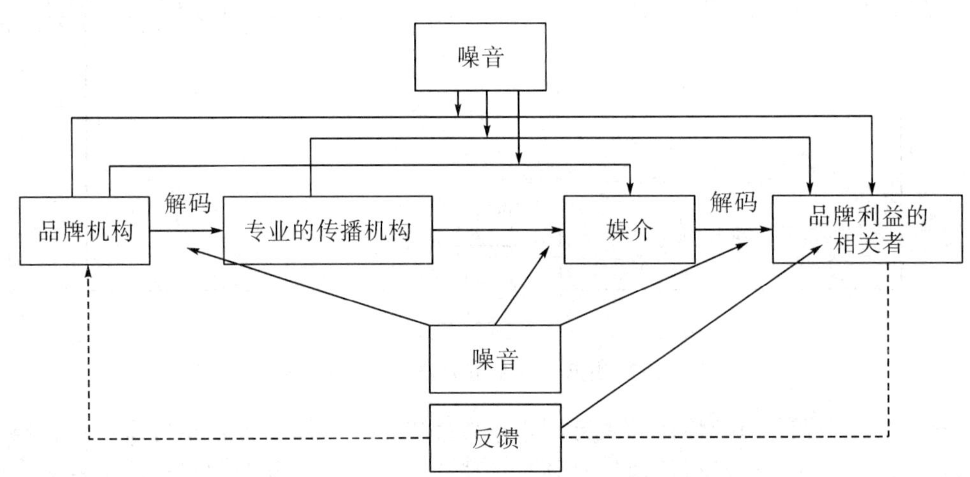

图 12-3　品牌信息传播模式

品牌信息传播是一个复杂的传播过程，包括品牌机构、专业的传播机构、媒介、品牌利益相关者、噪音和反馈六个基本要素。

品牌资产导向论突出了品牌传播的主体是品牌所有者，即企业。品牌机构是指品牌的拥有者，也是传播者。

专业传播机构是指广告公司、公关公司、品牌顾问公司等营销传播机构，按照品牌机构的要求负责信息的编码。

媒介是指报纸、广播、电视、杂志、网络等大众传播媒介以及广告路牌、POP 广告、外包装等一般的信息载体，是信息传播的渠道。

品牌利益相关者是指除品牌所有者之外的品牌利益人，包括员工、消费者、零售商、供应商、竞争者、公众和其他利益相关者，是受众。

噪音除了指信息传播本身的扭曲、衰减外，主要是指品牌竞争者的信息干扰。反馈主要是指对品牌资产的评估，品牌信息传播效果的好坏直接反映为品牌资产的增减。

六、中国品牌传播发展阶段

虽然一些中国老字号品牌历史悠久，但中国的品牌传播真正开始是在20世纪70年代末期。1978年的改革开放成为整个中国经济发展的拐点，企业开始走向市场。随着市场竞争的日渐激烈，中国企业的品牌传播意识逐渐觉醒，并经历了如下三个大的阶段：

1. 商标意识阶段（1978—1991年）

改革开放以前，中国基本处于无品牌意识阶段。1979年，中国开始恢复商标统一注册工作，1983年《中华人民共和国商标法》正式施行，促使中国企业开始了以注册商标为标志的品牌建设行为。但在此阶段，中国企业对于品牌的认识还普遍停留在商标层面，认为品牌只是一种“识别商品的标记”，致使企业在与外商合资的过程中廉价出售大批民族品牌商标权，使许多民族品牌被埋没。

2. 名牌意识阶段（1992—1995年）

1992年后，随着中国经济市场化的全面启动，进入中国的跨国品牌空前繁盛，它们利用贴牌生产（OEM）的方式向中国进行品牌输出，并以此获取高额利润。这种反差促使中国企业认识到品牌的真正价值。与此同时，跨国品牌凭借在媒体上投放大量广告，树立起良好的品牌形象，进而取胜市场。而大批民族品牌则在竞争中纷纷败阵。惨痛的教训让中国企业深切体会到品牌绝非只是商标，品牌知名度决定了市场占有率，只有创“名牌才是出路”。除了企业自发实施名牌战略外，中国政府也给予了企业极大的支持。

3. 品牌经营意识阶段（1996年至今）

20世纪90年代中期以后，中国企业市场化进程加速，消费市场结构不断升级，这些都促使了各行业在品牌数量、品牌集中度、中外品牌份额等方面的格局转变，同时也说明中国开始全面进入品牌竞争时代。特别是我国加入WTO之后，随着更多国外品牌的进入和扩张，中外品牌开始了新一轮的激烈竞争，市场份额面临着重新分配。

七、品牌传播的步骤

品牌沟通与品牌的营销传播是品牌塑造与培育的重要过程与环节，也是品牌塑造与管理的重要组成部分，而掌握品牌传播的步骤是做好品牌传播的关键。菲利普·科特勒认为，开发有效的品牌传播应该包括以下七个步骤：

1. 确定传播目标

品牌传播的目标就是企业希望品牌传播所要达到的反应和效果。品牌传播的目标一般有以下两个：

（1）品牌传播的目的之一，就是通过向目标受众有的放矢地灌输品牌的相关信息（如品质、效用、文化和核心价值等），希望这些信息能够进入市场大众的心里，增强目标消费者对该品牌的了解和认可，改变其态度，激起他们的购买欲望，并促成消费者的最终购买。

（2）品牌传播的目的之二，就是在传播过程中，了解品牌的竞争状态与市场反馈的信息，只有了解这些状态和反馈信息，才能针对产品的特点、不同生命周期、不同的用户群体等，调整自己的产品、传播内容、渠道和方式，来达到与市场需求相契合的，增加市场占有率的目的。

2. 选择目标受众

品牌传播者必须一开始就在心目中有明确的目标受众，这样才能保证企业的传播有的放矢。目标受众可能包括企业品牌的潜在购买者、目前使用者、购买决策者或影响决策者，目标受众也可能是个人、小组、特殊公众或一般公众。针对不同的目标受众，要使用不同的传播策略和接触方式。如针对个体受众，传播者需要了解个体的生活背景、生活方式、个人的价值观和习惯偏好等。这时要根据他们的需要和特点等来选择传播的内容、时间、媒介和方式等。

3. 设计传播信息

在理想状态下，信息应能引起注意，提起兴趣，唤起欲望，导致行动。因而，设计传播信息需要解决四个问题，即说什么（信息内容），如何合乎逻辑地叙述（信息结构），以什么符号进行叙述（信息形式）和由谁来说（信息源）。

信息内容可分为三类：①理性诉求受众自身利益的要求，它们能显示产品产生的一定利益和价值；②情感诉求（包含正面和负面的情感）试图激发某种否定或肯定的感情，以促使消费者购买；③道义诉求用来指导受众有意识地分辨什么是正确的和什么是适宜的，常用来规劝人们支持社会事业或参与公益活动。

信息结构设计主要解决三个问题，即信息点安排的顺序，怎样引导目标受众做出结论和信息内容的两面性。信息形式主要通过文字的、视觉的、听觉的形式来表达，但信息设计的形式必须有吸引力。

信息源的可信度是信息有效与否最重要的因素，被公认的信息源可信度由三个因素构成，即专长、可靠性和令人喜爱性。专长是信息传播者所具有的、支持他们论点的专业知识；可靠性是涉及的信息源被看到具有何种程度的客观性和诚实性；令人喜爱性描述了信息源对观众的吸引力，如坦率、幽默和自然的品质，会使信息源更令人喜爱。

4. 选择传播渠道

从传播方式的角度看，信息传播渠道可以分为人员传播渠道和非人员传播渠道。

（1）人员传播渠道

人员传播渠道就是人们相互之间进行的信息传播，通过个人的宣传和反馈来取得成效。他们可能是面对面，也可能是在电话里，或通过电子邮件、QQ、微信、微博等方式进行传播。人员传播渠道可分为提倡者、专家和社会传播渠道三种类型。①提倡者渠道是由公司的市场营销人员在目标市场上与购买者接触而产生的。②专家渠道则是由具有专门知识的独立个人对目标购买者的交谈构成的。③社会渠道则由邻居、朋友、同学、家庭成员等与目标购买者的交谈构成，此时“意见领袖”具有非常大的影响力。

（2）非人员传播渠道

非人员传播是指不直接面对某一个人的传播方式，它包括媒体传播、销售促进、事件和体验，以及公共宣传四种形式。①媒体传播由印刷媒体、广播媒体、网络媒体、电子媒体、自媒体和展示媒体等组成，是非人员传播的主要形式。②销售促进则包括了针对目标消费者的促销活动（如打折、优惠券等）、贸易促销（如对经销商的相关补贴）和针对销售人员的促销活动（如销售代表竞赛等）。③事件和体验包括运动、艺术、娱乐，以及与消费者互动的故事性活动，有人将现在称为“体验经济时代”，故让消费者参与体验的营销行为逐渐成为发展趋势。④公共宣传则包括公司内部的员工传播和外部消费者、其他公司、政府和媒体之间的传播。

5. 编制传播预算

美国百货业巨头约翰·沃纳梅克曾有一句名言：我认为我的广告费有一半是被浪费掉了，但我不知道是哪一半被浪费掉了。最常见的预算编制方法有四种，即量入为出法、销售百分比法、竞争对等法和目标任务法。这些方法是不同时期的主流策略。

（1）量入为出法

这种方法是基于对公司现有财力负担能力和未来收入的预测而决定传播预算，但在变化万千的市场中，公司的收入往往是难以准确预测的。因而，这种预算安排方法完全忽视了营销传播对销售量的即时影响，导致年度预算的不确定，给制订长期市场计划带来困难，而且不能够根据市场情况拿出相应的反应策略。

（2）销售百分比法

许多公司以一个特定的销售量（现行的或预测的）或销售价格来安排营销传播费用。如汽车制造公司以计划的汽车价格为基础，按固定的百分比决定传播预算；饮料生产企业往往也会计算在每瓶饮料的售价中可以有多大的比例作为营销传播的费用。这种方式考虑了企业的费用承受能力和竞争对手的选择，也有利于鼓励管理层以营销传播成本、销售价格和单位利润作为营销战略的先决条件进行思考。但这种方法根据可用的资金而不是市场机会来安排预算，显得不够灵活。

（3）竞争对等法

用竞争对等法来确定预算水平是以行业内主要竞争对手的传播费用为基础进行的，采用这种方法的企业都认为销售成果取决于竞争的实力。但是，用这种方法必须对行业及竞争对手有充分的了解，而这种资料往往是难于获取的，在通常情况下，得到的资料都只是反映往年的市场及竞争水平状态。而且，不同公司的声誉、资源、机会和目标有很大不同，它们的预算很难作为一个标准。

（4）目标任务法

目标任务法是目前应用最广泛，也是最容易执行的一种预算编制方法。这种方法要求营销人员通过明确自己特定的目标，确定达到这一目标必须完成的任务以及估算完成这些任务所需要的营销费用，以此决定品牌传播预算。它可以有效地分配达成目标的任务，但是要求企业管理层认真研究关于花费、试用率和常规方法之间关系的假设，而且这种方法要求数据充分，工作量相当大。

6. 设计媒体组合

确定媒体组合涉及两个基本决策：采用何种媒体和每一种媒体所占比重。许多品牌媒体传播计划同时包括单向媒体和交互式媒体，大多数品牌传播计划更侧重于单向媒体。品牌接触和品牌传播的种类见表 12-1。

表 12-1 品牌接触和品牌传播的种类

非人接触——单向媒体	个人接触——双向互动
大众媒体广告	人员销售
公共关系	直接销售
销售促进	参与式接触，单向和互动
特别事项	事件和赞助
销售	商业展览
包装	为顾客发起的互动接触

媒体组合单一的优点在于方法简单，而采用多种复杂的媒体则易于产生协同效应。媒体的组合因品牌的状况各异，而且还依赖于媒体和品牌传播的目标。概括来说，影响品牌传播媒体组合的因素主要有以下 10 个方面：

①媒体成本。一般而言，到达率及对目标受众的影响越大，媒体成本就越高；反之，则媒体成本越低。

②筹划时间。决定媒体组合的因素之一是可以利用的筹划时间，它根据制作资讯需要的天数计算。同时，媒体预算还需要保持一定的灵活性。

③关注。比较到达率和频率目标以便做出决定，即使用广泛的媒体组合（注重到达率）还是采取集中的媒体组合（注重频率）。

④关系的建立。集中的媒体组合往往易于同当前的消费者建立牢固的关系，而广泛的媒体组合则易于到达更多的潜在消费者。

⑤媒体受众的数量。传播计划中确认的媒体受众越多，越需要一个更为广泛的媒体组合。

⑥目标的数量。传播媒体的目标越明确，通常越需要各种媒体来为不同的目的服务。

⑦协同效应。通过使用各种不同的信息来说明相同的事物或在各种媒体中采用相同的信息来产生影响。

⑧品牌差异化。集中的组合往往易于使产品或服务为人所熟悉。

⑨成本。成本主要分为制作成本和传播成本，传播工具越多意味着制作和传播的成本越高，因此企业有必要分析媒体预算，并决定可利用的制作成本的金额。

⑩资讯的复杂性。资讯越复杂，企业越应当注重其组合的频率和集中程度；反之，则应当注重在广泛的组合中追求更高的到达率。

7. 测定传播效果

在品牌传播开展一段时间后，就需要衡量传播的效果是否达到了预定的品牌传播目标，也就是测量对目标受众的影响，为下一次传播活动的开展提供反馈信息。如调查目标受众能否识别或记住该信息，看到它几次，记住哪几点，对该信息的感觉如何等。企业还应该收集受众反应的行为数据，如多少人购买这一产品，多少人喜爱它并与别人谈论过它。

对品牌传播效果的测量可以从两个方面进行，其一是直接比较传播活动开展前后的销售业绩，这种以销售为导向的方法，并不能真正反映出品牌传播的效果，但这是一种比较简单的方式，事实上更多的营销传播者把这种方法视为衡量传播效果的唯一方法。然而，对于一个品牌的长期发展而言，更应该关注消费者对这个品牌的认知度和态度的变化，这就是测量的另一方面——态度测量。

第二节　品牌传播媒介

品牌传播媒介在品牌传播中占据着特别重要的地位，可以说，传播媒介是各类组织用以处理公共关系的喉舌。当前品牌传播的媒介主要有三类：第一类是传统媒体（如报纸、杂志、广播、电视和广告牌等户外媒体），第二类是借助网络的新媒体互动平台（如微信、微博、抖音、小红书等），第三类是层出不穷的自媒体或“智媒体”。企业应根据自己的资源实力、产品特点、市场定位、目标顾客等情况，合理选择传播媒介或媒介组合。

一、社会化媒介信息构成

信息的生成和传播都需要消费者的参与。消费者的身份、消费者信息创造、消费者信息传播构成了社会化信息的三要素。

（一）消费者的身份

微博和微信的出现，将消费者在某个领域的专业能力、影响力、人脉关系及消费者的喜好、习惯、职业甚至家庭等信息都“数字化”“网络化”并“量化”。社交的第一要素就是“社交者的身份”，这个身份“量化”“数字化”“网络化”之后，对消费又是非常好的促进。过去无数的线下商家用客户关系管理体系来提高老用户重复消费的比例，为了搜集用户信息绞尽脑汁，但是回头看看，线下商户搜集到的消费者信息仅仅是“联系方式”和本店“消费记录”而已，跟微博、微信上全面详细的消费者信息差距甚远。

（二）消费者信息创造

消费的过程就是信息创造的过程，只是过去从来没有专注在这个细节上，但是内容的生成过程每复杂一步，都会大大地降低消费者的生产动力，这就要求企业在操作容易程度、动机挖掘等方面多做文章。在移动互联网时代，拍照可以生产内容，给商户打分也可以生产内容，甚至将语音转换为文字来降低输入门槛也可以刺激更多的消费相关内容产生。

动机方面，一部分消费者生成信息是为了给自己看，无论是收藏也好，记录也罢，总之并没有分享的目的；也有一部分消费者生成信息是为了参与互动，帮助商家变得更好，如评论留言和打分；还有一部分消费者生成信息的主要目的就是为了分享传播，不管是表扬还是批评，或者仅仅是炫耀，总之就是要分享。

（三）消费者信息传播

说到传播，其动机和动力也不尽相同，或许为了炫耀，或许为了求助，或许为了推荐，或许为了投诉。不管出于何种动机，消费者产生的消费信息的传播有助于“消灭信息不对称”。过去一个不诚信的“黑商户”可以欺骗很多消费者，而在未来，一个商户的生命周期中，只要有过一次不诚信经营，就可能会导致再无消费者进店。

对于那些真正把用户当作“上帝”或“亲人”对待的优质商家，借助微博、微信等社会化媒介的口碑传播，可以迅速名满天下。而优质商户对于消费者传播信息也要有很好的激励机制。

二、新媒体平台

（一）微博

微博是一种基于用户关系的社交媒体平台，用户可以通过个人电脑、手机等多种移动终端接入，以文字、图片、视频等多媒体形式，实现信息的即时分享、传播互动。微博平台的特点如下：

1. 便捷性

首先，微博提供的平台，你既可以作为观众，在微博上浏览感兴趣的信息，也可以作为发布者，在微博上发布内容供别人浏览。

其次，微博开通有多种应用程序接口，使得大量的用户可以通过手机来即时更新自己的个人信息。微博网站的即时通信功能非常强大，在有网络的地方，只要有手机就可即时更新自己的内容。

2. 传播性

在微博上，信息获取具有很强的自主性、选择性，用户可以根据自己的兴趣偏好，依据对方发布内容的类别与质量，来选择是否“关注”某用户，并可以对所有“关注”的用户群进行分类；微博宣传的影响力具有很大弹性，与内容质量高度相关。其影响力基于用户现有的被“关注”的数量。用户发布信息的吸引力、新闻性越强，对该用户感兴趣、关注该用户的人数也就越多，影响力也越大。微博信息共享便捷迅速，可以通过各种连接网络的平台，在任何时间、任何地点即时发布信息，其信息发布速度超过传统纸媒及网络媒体。

3. 原创性

在微博上，120 字的限制使大家在同一水平线上，这一点导致大量原创内容爆发性地被生产出来。

（二）微信

微信是腾讯公司于 2011 年 1 月 21 日推出的一个为智能终端提供即时通信服务的免费应用程序。微信支持跨通信运营商、操作系统平台，通过网络快速发送语音短信、视频、图片和文字，同时，也可以使用通过共享流媒体内容的资料。微信平台的特点如下：

1. 圈子化传播

朋友圈是由微信通讯录上的朋友组成的私密小群体，封闭式的朋友关系使得微信朋友圈的好友关系十分稳定，这是微信不同于微博等新媒体的关键之处。每个人的朋友圈不是相互独立的，而是相互交错纵横的，形成一种由点到面的传播。

在微信朋友圈中，传播者既是编码者也是译码者，个人朋友圈分享的可以是自己生活的记录，也可以是转载的文字、图片、视频等，看到的人可以评论和点赞，但是这种互动只有整个圈子内都是好友才能互相看到对方的评论，这种“圈子化”传播将每个人的圈子连成网状，扩大了信息传播的范围和影响。

2. 精准化传播

集社交、通信、平台多重角色于身的微信，改变了人们的通信方式、社交方式，人们的思维方式、行为方式也受到了一定影响。随着微信功能的健全，尤其是微信公众平台的开通，更是改变了微信的传播属性，使微信成为信息的发布平台。在媒介融合的背景下，媒体纷纷创建自己的微信公众号，使得微信具有了新闻传播的功能。

3. 传播便捷性

微信主打语音聊天，操作简单，它的用户群体更加多元化，下至小学学生，上至中老年人，都可以利用语音功能实现聊天，这迎合了大部分人对于信息交流的要求。

4. 传播私密性

微信与腾讯 QQ、微博相比较可以看出，信息交流的双方关系更为亲密，也就是大部分学者所认为的微信是“强关系连接网”。在微博中，关注同一事件的个人是可以互相看到评论的，而在微信中需互为好友才可以看到互相的评论，这使得人与人之间传播的信息隐私化。

5. 传播选择性

使用与满足理论认为：媒介接触的行为是有着某种特定需求和动机的人使用媒介并得到满足的过程。微信传播内容是根据关系的亲疏选择分享不同的内容，体现个人的主观能动性和选择性。

6. 片面化传播

在信息大爆炸时期，信息的来源不再局限于专业的机构和媒体记者，各种新型社交平台和普通人成为信息的重要来源渠道。

微信用户呈现的信息多是个人日常生活的记录和感受，以文字、图片、视频的形式出现，这些内容具有碎片化的特点，由于受个人心情、习惯的影响，发表的内容往往不够客观，呈现一定的片面性。

7. 偏人际传播

微信好友是经过双方同意后进行交流的，具有圈子性传播的特点。微信传播的私密化和碎片化的自我表达，满足了最基本的社交需求，其发展定势不可挡。

（三）抖音

抖音是一款音乐创意短视频社交软件，于 2016 年 9 月上线，是一个面向全年龄的短视频社区平台。用户可以通过这款软件选择歌曲，拍摄音乐短视频，形成自己的作品。抖音平台的特点如下：

1. 迎合自我价值表达需求

抖音得以如此迅速发展，最重要的原因是尊重了普通人的价值需求，在获得他人点赞、评论或对他人视频进行点赞、评论的过程中交互，并与有共同兴趣的人形成共同体，增强社会认同感和归属感。

2. 迎合快节奏碎片化阅读习惯

人类阅读方式经历了从文字、图画再到视频的变迁，文字和图片信息需要加工才能具有场景性，视频却能在直观地呈现场景的同时还伴以声音的传递，所见即所得，效率更高，让人更轻松。抖音以全屏高清、即时交互的特征迎合了人们快节奏生活下的阅读习惯，实现了人们在时间和空间上对碎片化阅读的需要。

3. 原创内容多样性特征

随着移动互联网和智能手机的普及，抖音以低门槛拍摄制作、民间原创短视频数量呈几何式增长。从内容上看，普通大众为吸引受传者的眼球，力求创新和新奇，传播内容囊括生活百态，从明星活动到普通大众的点滴，从高雅艺术到市井生活，从严肃认真的教程到轻松愉快的搞笑视频等。这相较于传统传播，既没有故事性，也缺乏观赏性，更谈不上技巧性，却满足了人们对多元世界的好奇。

4. 智能算法内容推送特征

抖音依靠智能算法的技术优势，通过用户搜索、关注、评论、点赞、观看时长等因素进行综合分析，将相关内容推送给用户。

5. 去中心化、模仿演绎、养成互动的特征

抖音以低门槛、易模仿、原创短视频的传播形式和去中心化的运营模式，增加了即时互动的深度和效度。抖音尊重个体自我表达的欲求，通过关注、点赞、评价等交互手段，增加创作者的自我创新驱动力，以短视频、高频次互动带动粉丝共同体，满足了养成互动的社交需求。

6. 抖音传播具有本土化特征

随着网络技术的不断发展，全球一体化进程加快，全球化即时传播成为可能。在文化趋同的同时，多元文化传播越来越受到人们的重视，本土化内容传播成为未来发展的方向。抖音以去中心化、草根创作等方式让普通大众传播不同文化，从节日庆典等风俗到生活、饮食、交流方式等习惯，再到书法、绘画等历史文化的本土化，展现了中国的历史文化和发展现状。

第三节　品牌传播工具

从品牌传播的模式来看，品牌传播工具的选择对传播的效果具有重要的影响。本节将分别介绍广告、销售促进、公共关系与宣传、人员推销和直接营销五种常见的传播工具。

信息按照是否经过媒介，可以分为人员与非人员传播。人员传播的途径是一对一的方式，优点是传播的控制度好，信息损耗少，能够迅速得到大量直接、全面的反馈信息，缺点是传播的速度慢，范围窄。非人员传播是一对多的方式，优点是传播速度快、形式多样，缺点是可控性差，信息损耗大，反馈速度慢。也就是说，人员传播与非人员传播各有利弊，品牌机构往往会综合运用两种方式来进行品牌的传播推广。总的来说，主要有以下五种传播工具：

①广告。以付款方式进行的创意、商品和服务的非人员展示及促销活动。

②销售促进。各种鼓励购买或销售商品和劳务的短期刺激活动。

③公共关系。设计各种计划以促进和保护公司形象或它的个别产品。

④人员推销。与一个或多个可能的购买者面对面接触，进而进行产品或劳务的介

绍、问题回答和订单取得。

⑤直接营销。使用邮寄、电话、传真、电子邮件和其他非人员接触工具沟通或征求特定顾客和潜在客户的回复。

一、广告

（一）广告的定义

广告是广告主以付费的方式，通过一定的媒体有计划地向公众传递有关商品、劳务和其他信息，借以影响受众的态度，进而诱发或说服其采取购买行动的一种大众传播活动。自品牌诞生后使用的传统主流传播工具就是广告，尤其是大众传播媒介广告，在品牌资产建设中起着重要的作用。大众传播媒介广告可以准确无误地刊登或安排播放时间，因此能够较容易地计算出它的出现率，并可全面控制品牌特征信息的内容。关于广告的定义，业界比较认可的是5M理论。

任务（Mission）：广告的目的是什么？

资金（Money）：要花多少钱？

信息（Message）：要传送什么信息？

媒体（Media）：使用什么媒体？

衡量（Measurement）：如何评价结果？

从以上定义可以看出，广告主要具有以下特点：

①广告是一种有计划、有目的的活动。

②广告的主体是广告主，客体是消费者或用户。

③广告的内容是商品或劳务的有关信息。

④广告的手段是借助广告媒体直接或间接传递信息。

⑤广告的目的是促进产品销售或树立良好的企业形象。

（二）广告的作用

广告一方面能建立一个产品的长期形象，另一方面也能促进快速销售。广告主要将信息传达给地域广阔而分散的购买者，每个显露点只需较低成本，是一种有效的方法。具体来说，广告能起到如下作用：

一是建立知名度。那些不知道这家公司或产品的潜在顾客可能会拒绝与销售代表见面。进一步说，销售代表也不得不花费时间来描述公司及其产品。

二是促进理解。如果某一产品具有新的特点，那么，对此进行解释的过程可由广告有效地担当。

三是有效提醒。如果潜在顾客已经了解这个产品，但还未准备购买，那么，广告就能不断地提醒他们，它比销售访问要经济得多。

四是进行提示。广告是销售代表进行提示的有效途径。

五是合法性。销售代表采用在有影响的杂志上登载公司广告时，可证明公司和其产品的合法性。

六是再保证。广告能提醒顾客如何使用产品，对他们的购买再度给予保证。

二、不同媒体广告的优缺点

由于媒体本身的特点，广告登载在不同的媒体上，效果会有所不同。常见媒体广告的具体优缺点，如表 12-2 所示。

表 12-2　常见媒体广告的优缺点分析

媒体类型	优点	缺点
电视	①传播迅速，造势功能强 ②具有很强的吸引力和冲击力 ③覆盖范围广 ④地区选择性强 ⑤观众数量多，单位传播成本低 ⑥观众群体选择性强 ⑦直观生动，表现形式多样	①总成本高 ②信息量有限 ③单向沟通
广播	①听众在下意识中接受信息，具有较强侵略性（广播是唯解放眼睛的媒介，并赋予听众无限的想象空间） ②传播迅速 ③覆盖范围广 ④地区选择性强 ⑤听众群体选择性强 ⑥制作简单，发布及时，灵活性大 ⑦总成本小	①遗忘率高，寿命短 ②信息量有限 ③ 没有形象效果
报纸	①传播迅速 ②覆盖范围广 ③地区选择性强 ④信息量大 ⑤制作简单，发布及时，时效性强	①保留时间短，发布成本高 ②印刷粗糙，表现形式单一 ③注目率低 ④文盲或无读报习惯群体无法接受信息
杂志	①覆盖范围相对较大 ②对地区和读者选择性相对较强 ③可保存，传阅率高 ④印刷精美，易于表现色彩 ⑤可在杂志里附上商品样品 ⑥注目率高（90%的读者是在全神贯注的状态下阅读杂志）	①成本费用相对较高 ②发布不及时 ③读者数量相对有限 ④版位编排缺乏灵活性
DM 广告	①发布及时，制作简单，信息量大 ②地区、读者选择性强，市场针对性强 ③单位成本相对较低 ④可配合抽奖、兑奖、样品、优惠券等促销活动	①损耗率高 ②广告一般出自厂家本身主观性较强、可信度差 ③易引起消费者逆反心理
户外广告	①展示寿命长 ②注目率高 ③设计灵活 ④不太受竞争者干扰（电视、报纸干扰大） ⑤费用较低	①信息量有限 ②时效性较差 ③很难有特别的创新 ④修改难度较大 ⑤不易寻找理想地点

三、销售促进

销售促进（简称促销）是指生产厂家或零售商使用各种短期性的刺激工具，刺激消费者和贸易商较迅速、较大量地购买某一特定产品或服务的行为。

（一）销售促进的特征

销售促进的形式很多，但相比其他传播工具而言，有三个明显特征：

（1）传播信息。能引起注意并经常提供信息，把顾客引向产品。

（2）刺激。采取某些让步、诱导或赠送的办法给顾客某些好处。

（3）邀请。邀请顾客来参与目前的互动和交易。

（二）销售促进的实施

企业进行销售促进活动，应重点做好以下工作：

1. 确定推广目标

企业在进行销售促进活动之前，必须确定明确的推广目标。推广目标因不同的推广产品和推广对象而不同。对消费者来说，推广目标主要是促使他们更多地购买和消费产品、吸引消费者试用产品、吸引竞争品牌的消费者等。对中间商而言，推广目标主要是吸引中间商经销本企业的产品，进一步调动中间商经销产品的积极性，巩固中间商对本企业的忠诚度等。对推销员来说，推广目标就是激发推销员的推销热情，激励其寻找更多的潜在顾客，促成销售成功。

2. 选择恰当的销售促进方式

（1）塑造适宜的商业氛围

商业氛围对于激发消费者的购买欲望具有极其重要的作用。因此，商店布局必须精心设计，使其具有一种适合目标消费者的氛围，从而使消费者乐于购买。

（2）选择恰当的销售促进工具

企业可以根据市场类型、销售促进目标、竞争情况、国家政策以及各种推广工具的特点等，灵活选择推广工具。

（3）制订合理的销售促进方案

一个完整的销售促进方案必须包括以下内容：

①诱因的大小。即确定使企业成本/效益最佳的诱因规模。诱因规模太大，企业的促销成本就高；诱因规模太小，对消费者又缺少足够的吸引力。因此，营销人员必须认真考察销售和成本增加的相对比率，确定最合理的诱因规模。

②刺激对象的范围。企业需要对促销对象的条件做出明确规定，如赠送礼品，是赠送给每一个购买者还是只赠送给购买量达到一定要求的顾客等。

③促销媒体选择。即决定如何将促销方案告诉给促销对象。如果企业将要举行一次赠送礼品的推广活动，可以采用以下方式进行宣传：一是印制宣传单在街上派送；二是将宣传单放置在销售终端供顾客取阅；三是在报纸等大众媒体上做广告；四是邮寄宣传资料给目标顾客。

④促销时机的选择。企业可以灵活地选择节假日、重大活动和事件等时机进行促销活动。

⑤确定推广期限。推广期限要恰当，不可太短或太长。根据营销专家的研究，比较理想的推广期限是 3 个星期左右。

⑥确定促销预算。一般有两种方式确定预算：第一种是全面分析法。即营销者对各个推广方式进行选择，然后估算它们的总费用；第二种是总促销预算百分比法。这种比例经常按经验确定。

（4）测试销售促进方案

为了保证销售促进的效果，企业在正式实施推广方案之前，必须对推广方案进行测试。测试的内容主要是推广诱因对消费者的效力、所选用的工具是否恰当、媒体选择是否恰当、顾客反应是否足够等。发现不恰当的部分，要及时进行调整。

（5）执行和控制销售促进方案

企业必须制订具体的实施方案。实施方案中应明确规定准备时间和实施时间。准备时间是指推出方案之前所需的时间，实施时间是从推广活动开始到95%的推广商品已到达消费者手中这一段时间。

（6）评估销售促进的效果

销售促进的效果体现了销售促进的目的。企业必须高度重视对推广效果的评价。评价推广效果，一般可以采用比较法（比较推广前后销售额的变动情况）、顾客调查法和实验法等方法进行。

（三）销售促进的控制

销售促进是一种促销效果比较显著的促销方式，但倘若使用不当，不仅达不到促销的目的，反而会影响产品销售，甚至损害企业的形象。因此，企业在运用销售促进方式促销时，必须予以控制。

1. 选择适当的方式

我们知道，销售促进的方式很多，且各种方式都有其各自的适应性。选择好销售促进方式是促销获得成功的关键。一般来说，应结合产品的性质、不同方式的特点以及消费者的接受习惯等因素选择合适的销售促进方式。

2. 确定合理的期限

控制好销售促进的时间长短也是取得预期促销效果的重要一环。推广的期限，既不能过长，也不宜过短。这是因为，时间过长会使消费者感到习以为常，削弱刺激需求的作用，甚至会产生疑问或不信任感；时间过短会使部分顾客来不及接受销售促进的好处，收不到最佳的促销效果。一般应以消费者的平均购买周期或淡、旺季间隔为依据来确定合理的推广方式。

3. 禁忌弄虚作假

销售促进的主要对象是企业的潜在顾客，因此，企业在销售促进全过程中，一定要坚决杜绝徇私舞弊的短视行为发生。在市场竞争日益激烈的条件下，企业的商业信誉是十分重要的竞争优势，企业没有理由自毁商誉。本来销售促进这种促销方式就有贬低商品之意，如果再不严格约束企业行为，那将会产生失去企业长期利益的巨大风险。因此，弄虚作假是销售促进中的最大禁忌。

4. 注重中后期宣传

开展销售促进活动的企业比较注重推广前期的宣传，这非常必要。在此，还需提及的是不应忽视中后期宣传。在销售促进活动的中后期，面临的十分重要的宣传内容是销售促进中的企业兑现行为。这是消费者验证企业推广行为是否具有可信度的重要信息源。所以，令消费者感到可信的企业兑现行为，一方面有利于唤起消费者的购买欲望，另一方面是可以换来社会公众对企业良好的口碑，提升企业的良好形象。

此外，还应注意确定合理的推广预算，科学测算销售促进活动的投入产出比。

四、公共关系

（一）公共关系的定义

公共关系是指用来促进或保护公司形象及个别产品的做法，包括新闻发布会、媒体采访、介绍性文章、新闻简报、照片、电影等非人际性的沟通方式以及年度报告，筹资、加入某团体、游说、特殊事件管理及公共事务等。

公共关系作为一门现代科学，是市场经济在现代社会发展的产物。它旨在使品牌组织内部环境与外部环境达到和谐统一，是一种通过品牌推广使品牌与公众尤其是消费者或潜在消费者相互沟通、相互了解，树立品牌良好形象的一种传播活动。公共关系是以较低的成本通过公关活动引起新闻媒体和公众的关注，以期达到较大的推广效果的一种手段。它在为品牌“扬名立万”的同时，还通过各种活动与消费者或潜在消费者沟通情感，希望获得消费者心理上的认可，消除心理距离，增大重复购买率。在这里，公共关系扮演的是一个谈心者的角色，以推广沟通为途径，使消费者与品牌“恋爱”，在心中产生共鸣，使消费者在情感上倾斜、欣赏、依恋、追随该品牌。通过与消费者的对话，达到提升品牌魅力、巩固品牌形象、积累品牌资产的作用。

（二）公共关系的特征

与其他传播工具相比，公共关系有以下明显特征：

1. 高度可信度

新闻故事和特写对读者来说要比广告更可靠、更可信。

2. 消除防卫

很多潜在顾客能接受宣传，但回避推销人员和广告。作为新闻的方式将信息传递给购买者要比销售导向的信息传播更有效。

3. 戏剧化

公共宣传像广告那样，有一种能使公司或产品惹人注目的潜能。一个深思熟虑的公共关系活动同其他促销组合因素协调起来将取得极大的效果。

（三）有效公关的要点

有效的公共关系首先要得到社会的认可，公关活动不是凭空想象出来的，而应该从社会的现实情况出发，挖掘创意点，使公关活动自身具有较大的社会意义和社会价值，符合社会情感需要，从而引起公众的注意，使公关活动效果最大化。公关活动有时要通过轰动效应来扩大活动影响，提高知名度。因此，一个有效的公共关系要注意以下九点：

1. 政府同意

公共关系活动必须遵守政府的有关政策、法律和法规，接受政府对品牌管理活动的宏观控制和指导，及时与政府有关部门沟通信息，不可违反政策法规，使自己陷入深渊。

2. 营销主意

公共关系活动的展开，不只是为了活动本身的宣传效果，其主旨是为了品牌营销；否则，公关活动的根本意义将不存在。

3. 深刻寓意

公共关系应该主题鲜明、含义深刻。公关活动的实施和开展，给公众留下了深刻而良好的印象，使之在活动内容之外增加社会附加值。良好的社会关系，推动品牌的增强。

4. 企业愿意

公共关系是一种内求团结、外求发展的职能，所以公共关系活动的实施不能离开企业内部的上下支持，更离不开内部团结和团队精神，只有这样才能更好地进行公关操作。

5. 策划得意

精心的策划是公关活动成功的关键，不经过精心和高质量的策划，策划的效果不理想，公关活动是很难成功的。

6. 顾客乐意

没有消费者的认同和支持，公关活动以及品牌推广活动绝不可能成功，消费者就像水，品牌似舟，无水怎能行舟?

7. 领导留意

领导的支持是公关活动成功的又一重要因素。品牌的公关活动得到领导的支持越大，其所产生的效果越好。

8. 媒体注意

公共关系活动的目的是在公众中树立良好的品牌形象，扩大品牌的影响，以积累品牌资产。如若没有大众媒体的参与，公众不知有此事，何来形象塑造? 只有借助大众媒体，才能拓展公关活动影响的广度和深度，才能深化品牌的内涵。

9. 要有创意

公共关系的艺术成分多于科学成分，尽管它以科学为后盾，但是，公关艺术中创造性的因素大大多于逻辑的因素。

五、人员推销

（一）人员推销的概念及特征

根据美国市场营销协会的定义，人员推销是指企业派出销售人员与一个或一个以上的潜在消费者通过交谈、做口头陈述以推销商品，促进和扩大销售的活动。推销主体、推销客体和推销对象构成推销活动的三个基本要素。商品的推销过程，就是推销员运用各种推销术，说服推销对象接受推销客体的过程。人员推销是指以销售为目的，面对面地与一个或多个购买者进行交流的方式。人员推销在买卖过程的某个阶段，特别是在建立购买者的偏好、信任和行动时，是最有效的工具。

相对于其他促销形式，人员推销具有以下特点：

1. 注重人际关系，与顾客进行长期的情感交流

情感的交流与培养，必然使顾客产生惠顾动机，从而与企业建立稳定的购销关系。

2. 具有较强的灵活性

推销员可以根据各类顾客的特殊需求，设计有针对性的推销策略，容易诱发顾客的购买欲望，促成购买。

3. 具有较强的选择性

推销员在对顾客调查的基础上，可以直接针对潜在顾客进行推销，从而提高推销效果。

4. 及时促成购买

推销员在推销产品时，可以及时观察潜在顾客对产品的态度，并及时予以反馈，从而迎合潜在消费者的需要，及时促成购买。

5. 营销功能的多样性

推销员在推销商品的过程中，承担着寻找客户、传递信息、销售产品、提供服务、收集信息、分配货源等多重功能，这是其他促销手段所没有的。

（二）人员推销的步骤

人员推销一般经过七个步骤：

1. 寻找潜在顾客

潜在顾客是指具有购买力、购买决策权和购买欲望的人。寻找潜在顾客线索的方法主要有：向现有顾客打听潜在顾客的信息；培养其他能提供潜在顾客线索的来源，如供应商、经销商等；加入潜在顾客所在的组织；从事能引起人们注意的演讲与写作活动；查找各种资料来源（工商企业名录、电话号码黄页等）；用电话或信件追踪线索，等等。

2. 访问准备

在拜访潜在顾客之前，推销员必须做好必要的准备，具体包括：了解顾客、了解和熟悉推销品、了解竞争者及其产品、确定推销目标、制定推销的具体方案等。不打无准备之仗，充分的准备是推销成功的必要前提。

3. 接近顾客

接近顾客是推销员征求顾客同意接见洽谈的过程。接近顾客能否成功是推销成功的先决条件。推销接近要达到三个目标：给潜在顾客一个良好的印象；验证在准备阶段所得到的信息；为推销洽谈打下基础。

4. 洽谈沟通

这是推销过程的中心。推销员向准客户介绍商品，不能仅限于让客户了解你的商品，最重要的是要激起客户的需求，产生购买的行为。养成 JEB 的商品说明习惯，能使推销事半功倍。

所谓 JEB，简而言之，就是首先说明商品的事实状况（just fact），然后将这些状况中具有的性质加以解释说明（explanation），最后再阐述它的利益（benefit）及带给客户的利益。熟练掌握商品推销的三段论法，能让推销变得非常有说服力。

5. 应付异议

推销员应随时准备应付不同意见。顾客异议表现在多方面，如价格异议、功能异议、服务异议、购买时机异议等。有效地排除顾客异议是达成交易的必要条件。一个有经验的推销员面对顾客争议，既要采取不蔑视、不回避、注意倾听的态度，又要灵活运用有利于排除顾客异议的各种技巧。

6. 达成交易

达成交易是推销过程的成果和目的。在推销过程中，推销员要注意观察潜在顾客的各种变化。当发现对方有购买的意思时，要及时抓住时机，促成交易。为了达成交易，推销员可提供一些优惠条件。

7. 事后跟踪

现代推销认为，成交是推销过程的开始。推销员必须做好售后的跟踪工作，如安装、退换、维修、培训及顾客访问等。

六、直接营销

根据美国直复营销协会给出的直接营销的定义，直接营销是在非固定的销售场所，以销售人员直接面向消费者销售商品或服务的一种销售模式。常见的直接营销形式有：面对面推销、直接邮寄营销、电话推销、传真推销、电子邮件、电视直销、网络直销等。直接营销在现代社会被广泛应用于消费者市场、企业对企业市场和慈善募捐。

（一）直接营销的特征

直接营销具有以下明显特征：

1. 非公众性

信息一般发送至特定的人，而不给予其他人。

2. 定制特色

信息为某人定制以满足他的诉求并发给他。

3. 及时性

为了发送给某个人，信息准备得非常快捷。

4. 交互反应

信息内容可根据个人的反应而改变。直接营销的最主要特点是它可以提供个性化的服务，可以针对个人设计个人化的信息，且具有可测性。但是它的人工成本过高，只能适用于小范围的群体且要求目标对象清楚。

（二）常见的直接营销方式

1. 面对面推销

这是最基础和最原始的直销方式。一般是公司依靠专业的销售队伍访问预期客户，发展他们成为顾客，并不断增加业务。这种方式多应用于保险业、金融证券业、化妆品业等。

2. 直接邮寄营销

这是指向一个有具体地址的人邮寄报价单、通知、纪念品或其他项目。直接邮寄的好处在于，能够有效地选择目标市场，可实现个性化，比较灵活，比较容易检测各种结果。

3. 电视营销

电视营销的重要性在日益增长。其他的媒体形式，如杂志、报纸和收音机也可以用于直接营销。

4. 网络营销

网络广告为买方提供方便，对卖方来说成本较低。公司可选择创建电子商店前台、参与论坛、信息组合公告牌、网上广告、使用电子邮件。

七、传播工具选择的影响因素

企业在进行品牌传播工具选择和组合时，菲利普·科特勒认为需要考虑以下因素：

销售产品的市场类型，采用推动还是拉动战略，怎样使有所准备的消费者进行购买，产品在产品生命周期所处的阶段等。

（一）产品市场类型

品牌传播工具的有效性因消费者市场和工业市场的差异而不同。经营消费品的公司一般都把大部分资金用于广告，随之就是销售促进、人员推销和公共关系营销。一般来说，人员推销着重于昂贵的、有风险的商品。

（二）推动与拉动策略

品牌传播推广组合较大程度上受公司选择推动还是拉动策略以创造销售机会的影响。如图 12-4 所示，对这两个策略加以对照，推动策略要求使用销售队伍和贸易促销，通过销售渠道推出产品，制造商采取积极措施把产品推销给批发商，以此类推，直至产品推销给消费者。拉动策略要求在广告和消费者促销方面使用较多的费用，建立消费者的需求欲望。如果这一策略是有效的，消费者就会向零售商购买这一产品，零售商就会向批发商购买这一产品，批发商就会向制造商购买这一产品。

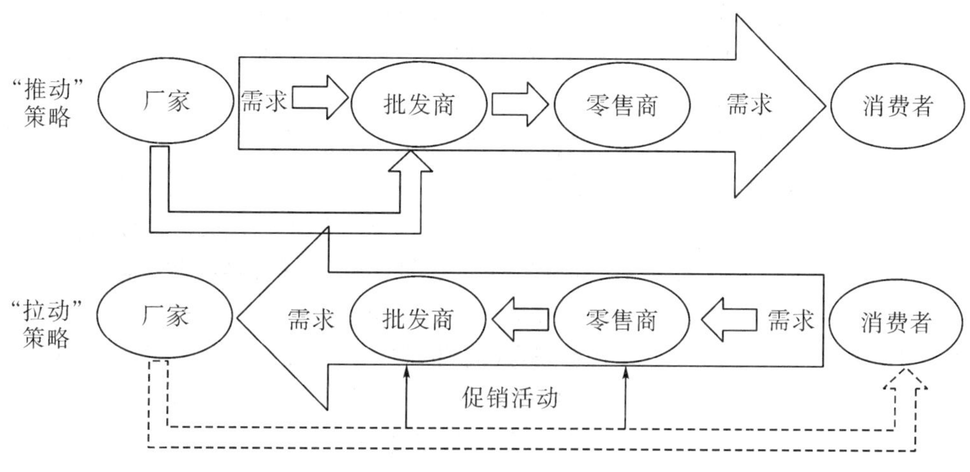

图 12-4　推拉策略对照

（三）购买者准备阶段

品牌传播推广工具在不同的购买者准备阶段有着不同的成本收益。广告和公共宣传在创声誉阶段起着十分重要的作用，远远超过了其他工具。顾客的理解力主要受广告和人员推销的影响，顾客的信服大都受人员推销的影响，而广告和销售促进对他们的影响则较小。销售成交主要受到人员推销和强大促销的影响。产品的重新订购大多受人员推销和销售促进的影响，并且广告的提醒在某种程度上也起了一定的作用。很明显，广告和宣传推广在购买者决策过程的最初阶段是最具有成本效应的，而人员推销和销售促进应在顾客购买过程中的较晚阶段采用，以获得最佳的效应。

（四）产品生命周期阶段

在产品生命周期的不同阶段，促销工具有着不同的效应。

1. 引入阶段

广告和宣传推广具有很好的成本效应，随后是人员推销，以取得分销覆盖面积和销售促进从而推动产品试销。

2. 成长阶段

由于消费者的相互传告，需求自然可保持其增长的势头。因此，所有的促销工具的成本效应都在降低。

3. 成熟阶段

销售促进比广告的成本效应更大，广告的成本效应比人员推销更大。

4. 衰退阶段

销售促进的成本效应继续保持较强的势头，广告和宣传的成本效应则降低了，而销售人员只需给产品最低限度的关注即可。

【本章小结】

品牌传播是创建和发展强势品牌的主要手段，既可以通过品牌传播建立消费者对品牌的认知度和知名度的重要方式，同时也是提高美誉度和忠诚度的重要途径。本章主要讲解品牌传播的概念、特点、原则、模式和传播过程，讲解品牌传播的基础知识，以及品牌传播的媒介与品牌传播的工具选择。品牌传播是指品牌所有者通过广告、促销活动、公共关系、人际沟通等多种传播策略及各种传播媒体，与外部目标受众进行的一系列关于品牌资讯的交流活动。

品牌传播就是利用各种传播媒体进行品牌资讯传递的过程。人员传播的途径是一对一的方式，人员传播主要包含人员推销和直接营销。人员传播作用包括：人员传播具有可信性；人员传播具有针对性；人员传播具有抗风险性；人员传播能够发掘潜在顾客；积极的人员传播有利于缔结品牌忠诚；人员传播能够使企业有效地避开对手的锋芒；人员传播能够有效地节约费用，降低成本；人员传播更具有亲和力、感染力。设计人员传播的关键在于：寻找对品牌满意的目标群体；加深消费者对品牌的印象；提供人员传播的机会和场所；验证人员传播的效果。

非人员传播是一对多的方式，优点是传播速度快、形式多样；缺点是可控性差，信息损耗大，反馈速度慢。也就是说，人员传播与非人员传播各有利弊，品牌机构往往会综合运用两种方式来进行品牌的传播推广。非人员传播主要包括广告、公关关系和销售促进。企业在设计有效的品牌传播媒体计划时，应该首先识别媒体受众，明确品牌传播的目标，然后根据品牌传播的目标来设计媒体组合。

【技能训练】

以5~7人为一个小组，请为某生产白魔芋食品的企业策划品牌传播策略（包括品牌命名、品牌定位、品牌个性、广告语、产品包装、选择传播媒介等）。

练习题

一、单项选择题

1. 在理想状态下，信息应能引起注意，提起兴趣，唤起欲望，导致行动。因而，设计传播信息不需要包含（　　）。

A. 理性诉求受众自身利益的要求

B. 受众的态度

C. 情感诉求（包含正面和负面的情感）

D. 道义诉求

2. 广告是广告主以付费的方式，通过一定的媒体有计划地向公众传递有关商品、劳务和其他信息，借以影响受众的态度，进而诱发或说服其采取购买行动的一种大众传播活动。下列哪一项不是广告的作用。（　　）

A. 建立知名度　　B. 促进理解

C. 有效提醒　　D. 及时促成购买

3. 由于媒体本身的特点，广告登载在不同的媒体上，效果会有所不同。下列为常见媒体广告的优点：（1）传播迅速，造势功能强；（2）具有很强的吸引力和冲击力；（3）覆盖范围广；（4）地区选择性强；（5）观众数量多，单位传播成本低；（6）观众群体选择性强。其属于哪类广告传播媒体？（　　）

A. 电视　　B. 广播

C. 报纸　　D. 杂志

4. 人员传播的途径是一对一的方式，人员传播主要包含（　　）。

A. 广告　　B. 销售促进

C. 公共关系　　D. 直接营销

5. 在产品生命周期的不同阶段，促销工具有着不同的效应。销售促进在（　　）效果最大。

A. 在引入阶段　　B. 在成长阶段

C. 在成熟阶段　　D. 在衰退阶段

二、多项选择题

1. 新时代的精准投放与传统精准投放的不同之处在于（　　）。

A. 更精确化的推送

B. 用户即标签

C. 品牌即标签

D. 通过分析与目标客户需求相近似的群体，并整合起行为，精确推送其喜好的内容

2. 媒介数字对消费者沟通方式的改变包括了（　　）。

A. 社会交往方式的改变　　B. 传播权力的转移

C. 消费者消费习惯的改变　　D. 消费者表达欲望的觉醒

3. 企业应战略规划品牌形象片的创意、表达和传播，企业形象片的作用是（　　）。

A. 建立品牌意识　　B. 对外提升自身影响力

C. 提高营销利润　　D. 对内提升认同感

4. 社群传播的商业价值主要有（　　）。

A. 增加企业的长尾销量　　B. 提高品牌知名度

C. 降低企业宣传成本　　D. 拓宽产品的销售渠道

5. 企业如何更好地进行公益性广告说服、更有效地展示品牌形象？（　　）

A. 以扩大品牌影响力、增加盈利为目的

B. 公益性诉求要与品牌特征、商品功能保持一致

C. 公益项目的选择要符合目标受众的关注点

D. 广告的诉求要平易近人、引起受众的共鸣

三、简答题

1. 品牌传播的含义是什么？
2. 口碑传播的概念是什么？它主要有哪些作用？
3. 品牌传播有哪些渠道？各有何优缺点？

四、案例分析题

海底捞你学不会的口碑传播

“昨天在海底捞，无意中提到自己感冒了，服务员立刻端来了菊花茶，结账时还送来了感冒药！”

这条微博最初的源头已经难以追踪，但在陆续的转发中，阅读量至少超过百万次。并衍生了花样繁多的“海底捞体”，其基本模板是：某天我在某海底捞吃火锅，席间我无意间说了……（包括但不限于愿望、情绪、抱怨、看法），在我结账时，愿望成真（如送海底捞玉米饼、送贺卡文字祝福、送礼物、免单等）这条微博幕后是无心之举，还是推手为之？我们也无法准确判断。但可以肯定的是海底捞紧紧抓住了这次机遇，引发了无数在微博中的口碑传播，甚至打造了“人类已经无法阻挡海底捞”的广告语。

有趣而幽默的段子引来了网友的热情参与，并广泛传播，在“海底捞体”的盛行下，海底捞的品牌知名度得到极大的扩散。好的故事，人人都爱听，听完后自然也会传播，而且在口碑营销中，制造有趣和易于传播的故事是一个非常好的策略，因为想引起口碑，必须要有话题才行，而且故事本身就是非常好、非常持久的话题。

总体来说，海底捞的服务超出绝大部分同行的水准，在此基础上，海底捞利用社交媒体制造段子、宣传口碑，更加令人信服。

思考与讨论：海底捞的口碑传播可以为其他企业带来哪些借鉴意义？

第十三章 品牌营销

【学习目标】

· 了解品牌事件营销的概念。
· 了解整合营销的必要性。
· 了解品牌全球化的优缺点。
· 理解事件营销的借势、顺势、造势。
· 理解品牌情感营销。
· 掌握品牌整合营销的策略。

第一节　品牌事件营销

一、事件营销的概念

事件营销是指企业在真实且不损害公众利益的前提下，通过策划、组织和利用具有新闻价值、社会影响以及名人效应的人物或事件，吸引媒体、社会团体和消费者的兴趣与关注，以求提高企业或产品的知名度、美誉度，树立良好品牌形象，并最终促成产品或服务的销售手段和方式。

事件营销成为近年来国内外十分流行的一种品牌传播与市场推广手段。它正以其“本小利大”的优势逐渐受到国内外企业的青睐，而企业、品牌进行事件营销有三种类型：借势营销、顺势营销和造势营销。

二、品牌事件营销之借势

【案例导入】品牌借势营销案例

案例 1：根据百度发布的《百度热搜·北京冬奥会大数据》，谷爱凌凭借“天才双板少女”等标签拔得头筹，在中国运动员热榜中位列第一。2021 年 9 月，上海通用汽车凯迪拉克品牌正式宣布，谷爱凌出任凯迪拉克品牌代言人。上汽通用称：“谷爱凌以行动打破了外界对于女性从事滑雪运动的刻板印象，其身上的特质与凯迪拉克所倡导的‘所有的伟大，源于一个勇敢的开始’的品牌主张不谋而合。”

案例 2：一年一度的高考，万千莘莘学子奔赴考场，迎接人生中的重要时刻。而王老吉也在 2022 年的 6 月推出“高三班吉罐”“高考学科罐”“万试大吉罐”等罐体，祝福高三学子“科科加吉，万试大吉”。

点评：

借势营销就是企业将品牌与社会热点事件进行关联，通过借助人们关注的焦点，以实现公众对热点话题的关注，转向对企业品牌的关注的营销策略。案例中的凯迪拉克借助冬奥会的“天才双板少女”让更多的人认识和关注自己。王老吉则借高考顺势提高企业和产品的知名度，从而实现公众对热点话题的关注转向对企业和品牌的关注。

善于借势也是善于整合资源，其关键在于发现和挖掘与产品或品牌价值相关联的事件，并对时机进行精准把握。机会可能稍纵即逝，对势的把握是否及时将直接影响最终的势能。

借势营销的方式方法：

1. 借热点营销

借热点营销，即利用当下正在发生的、大众广泛关注的“热点”为自己的品牌进行的营销活动。通过本身自带的流量属性，将用户的关注度快速地转移到自身产品的身上，让用户加深对自己产品、品牌的印象和好感，从而提高品牌知名度。

2. 借节日营销

节假日与人们生活息息相关，节日类借势营销成为品牌必须把握的借势手段。节日大致包括中国法定节假日（春节、劳动节、端午、中秋、国庆等）、西方传统节日（圣诞节、复活节、母亲节、父亲节等）、特定行业纪念日或其他纪念日（护士节、记者节等）、电商购物促销日（618、双 11、女生节等）等，以及其他特殊的日子。

3. 借对手营销

借对手营销，通过幽默等方式，与竞争对手“相爱相杀”，展现自身的品牌价值，吸引受众的注意力。既保持了品牌自身的热度，又产生了新的关注度，一定程度又在潜移默化中影响着消费者的购买诉求，实现销量的转化。

4. 借平台营销

支付宝锦鲤活动以及锦鲤女孩信小呆，支付宝提供平台及为品牌背书，各大商家通过微博互动，纷纷为锦鲤大奖加持，一时间百花齐放，热闹非凡。这次借势营销，支付宝和各大商家都达到了自己的目的，消费者也获得了好处，可谓一举多得。

最后，为了要实现好的效果，借势事件营销必须遵循的主要原则是：相关性原则、知名度原则、美誉度原则以及遵守法律法规和伦理道德。

（1）相关性：社会热点必须与企业、品牌及其自身的发展密切相关，也与企业的目标受众密切相关。

（2）知名度和美誉度：事件必须能有效地提升采用借势事件营销策略的企业和品牌的知名度及美誉度。

（3）遵守法律法规和伦理道德：我们蹭热点一定要保持理智，不能头脑一热涉及法律法规或者道德伦理，不要热点没有蹭到，反而让自己深陷热点舆论之中，对自己的品牌、产品带来不好的影响。敏感话题凡是涉及国家政策、伦理道德的热点请谨慎或者绕道。

三、品牌事件营销之顺势

【案例导入】品牌顺势营销案例

自2018年以来，中国国产汽车品牌——红旗不断锐化积极向上和年轻化的品牌形象，确立了“中国式新高尚精致主义”的品牌理念，传达出产品对品质和审美、细节和品味的追求。2021年，一汽红旗通过创新品牌活动，联合故宫博物院，在中华传统优秀文化基础上融入时代文化内涵，弘扬倡导主旋律，以高声量的传播，向公众传递了新红旗产品的独特魅力。

故宫博物院与一汽红旗汽车集团携手创立“红旗故宫联合创新实验室”，双方将传统技艺与现代创新相融合，将传统文化融入汽车工业和品牌塑造之中，启动了“红旗H9+太和版”定制，重新赋予了红旗汽车作为民族品牌的使用场景和文化意义，为文化与汽车的跨行业合作揭开了新篇章。

点评：红旗汽车之所以能受到年轻人的青睐，就是洞察到了年轻消费者对汽车的新需求，紧紧抓住积极向上年轻化和品牌文化市场的风口，并敢于顺势而为，制定出有效的品牌战略，满足客户的需求。

四、品牌事件营销之造势

【案例导入】品牌造势营销案例

2022年7月17日，首个城市级品牌日——2022“青岛品牌日”。与此同时，7月17日至31日，青岛品牌采购季暨“嗨购一夏”促销活动借势启动，联动青岛“金花”培育企业和百家品牌库企业，整合企业门店、零售电商平台，发起了一场线上线下大规模促销行动。

造势营销就是指以举办活动或制造出事件，再通过大众传播媒介的报道，引起社会大众或特定对象的注意，造成对自己有利的声势，以达到企业宣传的目的，进而提高品牌的知名度。造势营销可以通过以下方式来实现：

1. 明星造势

明星是社会发展的需要与大众主观愿望相交合而产生的客观存在。当购买者不再把价格、质量当作购买顾虑时，利用明星的知名度去加大产品的附加值，可以借此培养消费者对该产品的感情、联想，来赢得消费者对产品的追捧。代言人作为品牌营销的常用手段，向来是品牌的门面担当。品牌和明星气质相似性，企业经营理念、品牌个性、品牌代言人个性以及客户群和粉丝群重叠度都不同程度地影响着品牌的营销效果。

2. 舆论造势

企业或品牌通过与相关媒体合作，发表大量介绍和宣传企业的产品或服务的软性文章，以理性的手段传播自己。

3. 活动造势

企业为推广自己的产品而组织策划的一系列宣传活动，吸引消费者和媒体的注意，以达到传播自己的目的。比如，苹果手机发布会、华为手机发布会等，都会前期做一个宣传和推广，让发布会得到众多消费者的关注。

4. 概念造势

企业自己为产品创造出一种全新的概念，引发新的时尚和潮流的一种造势方式。通过先启动理论市场来传输一种观念，进而做好产品市场。

企业借事件营销的目的是提升知名度和美誉度，在运用事件营销的过程中注意事件与本企业、品牌产品的关联性，并在产品、服务和企业形象塑造等方面求实创新，以发挥事件营销的最佳效果，最终形成品牌忠诚度。

第二节　品牌整合营销

一、整合营销概述

整合营销的理论是 20 世纪 80 年代在美国发展起来的，对广告、公共关系等的战略地位做出估计，对分散的信息加以整合，将各种形式结合起来，达到明确的、一致的、最大限度的推广。整合营销理论的发展包括以下四个阶段：

（1）孕育阶段：20 世纪 80 年代以前 ，这一时期代表性的营销理论是 4Ps 营销理论和定位理论，此阶段的年代、定位和代表性理论如表 13-1 所示 。

表 13-1　整合营销理论的孕育阶段

年代	定位	代表性理论
20 世纪 50 年代	产品时代	独特销售主张（UPS）理论，强调产品的特性和利益，以物质和物理特性来沟通
20 世纪 60 年代	形象时代	品牌形象理论，塑造形象作长远投资，以艺术和视觉效果感染来沟通
20 世纪 70 年代	定位时代	品牌定位理论，占据心理位置是第一的，心里认同，心心相印

（2）产生阶段：20 世纪 80 年代 ，对理论进行描述和定义，并从企业营销战术的角度研究整合营销传播，研究的出发点仍然是站在企业的角度上来考虑。

（3）发展阶段：20 世纪 90 年代，以 4Cs 营销理论成为整合营销传播的支撑点和核心理念。将“关系利益人”这一概念引入整合营销传播理论的研究体系。如图 13-1 所示。

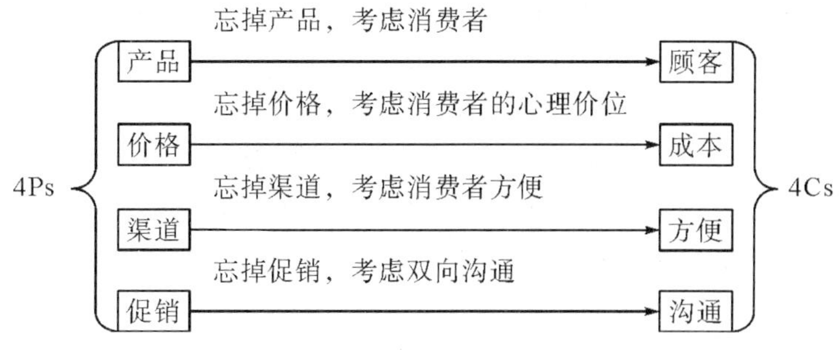

图 13-1 整合营销理论的发展阶段

（4）成熟阶段：21 世纪。

唐·舒尔茨教授分别对内容整合与资源整合进行了表述。其中，内容整合包括精确区隔消费者，即根据消费者的行为及对产品的需求来区分；提供一个具有竞争力的利益点，指的是根据消费者的购买诱因，确认目前消费者如何在心中进行品牌定位；建立一个突出的、整体的品牌个性，以便消费者能够区分本品牌与竞争品牌，关键是“用一个声音来说话”。资源整合应该发掘关键“接触点”，了解如何才能更有效地接触消费者。

整合营销需要品牌在不同维度平台上进行整合，以消费者喜爱的方式进行整合，准确地传递品牌信息，并逐个促销。所以，整合营销侧重于消费者、品牌定位和策略的精确性与整合，差之毫厘，谬以千里。

二、品牌整合营销策略

品牌整合营销（integrated marketing communication，IMC）是指把品牌等与企业的所有接触点作为信息传达渠道，以直接影响消费者的购买行为为目标，是从消费者出发，运用所有手段进行有力传播的过程。这一过程对于消费者、客户和其目标中的或潜在的目标公众来说，通常应该是协调权衡的，并且具有说服力。

IMC 不是将广告、公关、促销、直销、活动等方式的简单叠加运用，而是了解目标消费者的需求，并将其反映到企业经营战略中，提出合适的对策。为此，应首先决定符合企业实情的各种传播手段和方法的优先次序，通过计划、调整、控制等管理过程，有效地、阶段性地整合诸多企业传播活动；其次，将这种传播活动持续运用。

从广告公司的角度看 IMC，不仅是广告，而且灵活运用必要的促销、公共关系、包装等诸多传播方法，把它们整合起来，给广告主提供服务。从研究者的角度看 IMC，使用资料库，以争取更多的消费者。从消费者立场出发进行企业活动，并构筑传播方式，以容易接受的方法提供消费者必要的信息。唐·舒尔茨教授指出，在当今竞争激烈的市场环境下，只有流通和传播才能产生差异化的竞争优势，传播能创造较高利益关系的品牌忠诚度，使组织利润持续成长。

（一）品牌整合营销的特点

1. 目标性

IMC 是针对明确的目标消费者的过程。IMC 的目标非常明确和具体，它并不是针对所有的消费者，而是根据对特定时期和一定区域的消费者的了解和掌握，并根据这类目标消费者的需求特点而采取的措施和传播过程。虽然 IMC 也能影响或辐射到潜在的消费者，但不会偏离其明确的目标消费者。

2. 互动交流性

IMC 旨在运用各种手段建立企业与消费者的良好沟通关系。这种沟通关系不是企业向消费者的单向传递信息，而是企业与消费者之间的双向交流。

沟通是以消费者需求为中心，每一个环节都是建立在对消费者的认同上，它改变了传统营销传播的单向传递方式，通过传播过程中的反馈和交流，实现双向沟通。有效的沟通进一步确立了企业、品牌与消费者之间的关系。

3. 统一性

在传统营销传播理论的指导下，企业在广告、公关、促销、人员推销等企业行为都是由各部门独立实施的，没有一个部门对其进行有效的整合和传播。在这种情况下，有很多资源是重复使用，甚至不同部门的观点和传递的信息都无法统一，造成品牌形象在消费者心目中的混乱，影响了最终的传播效果。

IMC 就在于对企业的资源进行合理的分配，并按照统一的目标和策略将营销的各种传播方式有机地结合起来，表现同一个主题和统一的品牌形象，使企业的品牌形成强大的合力，推动企业品牌的发展。

4. 连续性

品牌整合营销是一个持续的过程，通过不同的媒体重复宣传同一个主题，统一形象的信息，并且这个过程是一个长期的过程，以达到累积消费者对企业品牌形象的注意力和记忆度的目的。

5. 动态性

IMC 改变了以往从静态的角度分析市场、研究市场，然后再想方设法去迎合市场的做法。强调以动态的观念，主动地迎接市场的挑战，更加清楚地认识到企业与市场之间互动的关系和影响，不再简单地认为企业受限于市场自身的发展，而是告诉企业应该更努力地发现潜在市场，创造新的市场。

（二）整合营销的步骤

品牌整合营销能帮助企业形象的推广发挥最大的效用，整合营销强调消费者导向，大部分品牌以消费者为核心重构产品与服务，而品牌需要及时把握市场动向，捕捉受众的需求的同时也应聚焦全面的顾客体验。舒尔茨认为，进行整合营销传播分 7 个步骤：

（1）建立用户资料库；

（2）细分用户；

（3）开展接触管理；

（4）制定传播战略；

（5）明确营销目标；

（6）设计营销传播工具；

（7）确定营销媒介与战术的组合。

第三节　品牌情感营销

一、情感营销简介

《2021 中国消费趋势报告》提出一个观点：在消费 1.0 时代，消费者在消费商品前，会更加关注商品本身的“性价比”，选择最为经济实惠的商品；在消费 2.0 时代，消费者的商品消费发生进阶，在关注商品自身功能属性的同时，也会关注商品的“颜值比”；而今天已经进入了消费 3.0 时代，消费者愿意为一个产品花多少钱，取决的更多是这个产品能给内心带来的体验和对于“自我”的价值。中国消费正在经历从“性价比”到“颜值比”再到“心价比”的跃迁。

现代营销学之父菲利普·科特勒将消费者行为的成长分为量的消费、质的消费和情感消费三个阶段，在第三消费阶段需由企业立足于消费者情感与心理视角提供产品与服务。“心价比”便属于情感消费阶段，随着功能性消费需求的满足，更深层次的情感需求正在等待着品牌来挖掘。因此，从经济发展形式和消费发展阶段的角度来看，情感营销对品牌而言就非常必要了。

在情感消费时代，品牌想要留住用户，就要学会从用户的情感需求出发，达成心灵上的共鸣。一个优秀的品牌能够从用户的爱好偏向出发，打造符合用户理念的美好人设，用品牌魅力吸引顾客的购买和忠诚。比如，理想汽车致力于为家庭用户打造更安全、更便捷、更舒适的智能电动车，以“创造移动的家，创造幸福的家”为理念，在理想汽车的驾乘空间中描绘出一家人其乐融融的美好画面。在传统的消费观念下，品牌与消费者之间的营销主要是“企业以利润为主，消费者以产品为主”的交换过程。而随着消费阶段的进阶，情感经济时代的到来，消费者的消费观念也从理性走向感性，逐渐将消费目光聚焦于产品之外的细节上，如更注重环境、气氛、美感，追求品味、要求舒适、寻求享受等。因此，情感营销在品牌与消费者买卖关系建立的基础上，也更强调相互之间的情感交流，通过细腻的情感表达触动消费者的内心，使消费者对品牌产生良好的印象与更深刻的记忆，这也降低了消费者对品牌后续营销与广告的排斥抵触心理。

二、品牌情感营销的利益

（一）实现差异化营销

差异化营销可以产生一段时间的品牌关注点，个性化的营销方式能够给消费者带来长久的品牌体验。

（二）提升品牌的忠诚度

消费者对品牌产生较高忠诚度的一个必要条件是“消费者对品牌产生正向的、积极的态度与情感”。而情感营销正是采用了“攻心为上”的营销策略，通过与消费者进行情感交流，使消费者在心理上产生对品牌的认同，进而形成消费者对品牌的偏爱与忠诚。

（三）提升品牌的竞争力

情感营销可以将消费者的关注度放在产品之外的因素上，企业也可以通过将这些元素塑造形成与其他品牌的差异化优势，从而提升品牌竞争力。

三、品牌情感营销方式分类

（一）情感产品的研发

近年来，各类以爱为主题的情感产品不断上市，品牌从与消费者的社交关系角度入手，研发一系列能触动消费者情感的产品，如亲子装、情侣对戒、闺蜜手链，以及理想的“奶爸车”，等等，从产品的使用场景入手，使产品本身具备强社交功能与情感沟通属性。此外，部分品牌从产品功能角度体现了品牌对消费者的关爱，如婴幼儿防摔帽等。这些产品在设计上将消费者的情感作为基础，在产品开发的过程当中逐渐将情感融入进去，最终达到促进销售的目的。

（二）情感品牌的建立

新时代消费者在品牌选择上有深刻的见解，期待与喜欢的品牌形成互动，有自己的想法，也敢于表达。当品牌能够让新时代消费者有身份认同时，他们就会去主动购买、维护、传播。因此，抓住新时代消费者群的特征，部分品牌在品牌的商标、定位等要素的创建与设计上突出个性、自我意识等要素，打造成“我懂你”的品牌，寻求与消费者产生价值共鸣。

（三）情感价值的产生

随着生活质量的提高，人们对产品的要求早已超出了使用价值的追求，因此，为产品附加情感价值就有了必要性。一方面，品牌通过设计来提升情感价值，在产品及包装上体现出文化内涵、时尚元素等特色，来与消费者进行情感对话；另一方面，品牌通过创牌来提升品牌情感价值，在与其他品牌的差异化发展中形成自己独特的品牌文化，一旦这种文化触动了消费者的内心，情感价值随之产生。

四、品牌全球化营销

（一）品牌全球化营销的优点

1. 有利于彰显领导地位

当一个品牌发展成为全球化品牌，这意味着它有较大的潜在市场、广阔的顾客群和良好的品牌形象。

2. 具有很强的品牌亲和力

品牌全球化创造了有益的品牌联想，让人感到该品牌实力雄厚。随着顾客在国家之间的旅行日渐频繁，全球化品牌在获得品牌认知度方面的优势也就越大，广告对跨国游客有很大的影响。新闻媒体的广泛传播范围和互联网的发展已涵盖了全世界各个国家，正因为这一点，全球性品牌可以获得更大的展示度。全球品牌可能引发许多有益的品牌联想，仅仅“全球化”这一概念就表现出产品的竞争力。因为在这些产品的市场上，顾客要冒质量不可靠、技术落后的风险，顾客购买支出大，因而需要所购产品质量有所保证。全球化的品牌，在世界各国已建立了良好的品牌形象，有较高的知名度，有一批忠实的顾客群，已有品牌的忠诚度和信誉度，易使顾客产生联想，增强其购买力。

3. 具有规模效益，能降低成本

由于世界经济一体化的逐步加深，各国之间的贸易壁垒逐步缩小，促进了资本、技术的进一步流通。由此，世界性经营范围带来规模经济效益，在许多行业，这被认为是获得竞争力的决定性因素。全球化品牌策略使得广告、促销、包装以及品牌的其他方面的设计宣传获得规模效益。全球化品牌能获得更大的市场。

4. 是竞争力的标志

全球化品牌还经常让人想起它最初被确定的国家，使人想到品牌的发源地。这是品牌基础的一部分。

5. 具有创新优势

这里不仅指技术创新，还包括机制和品牌营销创新。技术永远是一个企业赖以生存和发展的必要条件。超前的开发技术，获取核心创新能力，拥有核心技术的自主权，就能在同行业中保持技术上的领先优势，是企业核心竞争力提高的标志。在技术不断创新的同时，还应有机制和营销方法的创新。没有创新的企业机制，企业就不能在市场竞争中具有持久的生命力，企业内部组织结构要适应时代的变化，进行不断调整和改革，如转变观念。扩大科研和对国际市场调研力量的配置，这些是企业内部组织结构适应国际环境的前提条件。品牌的传播和企业信誉的提高都必须有赖于一定营销手段和品牌创意的提升，创意营销是品牌永葆青春的根本所在。但是，这创意的源泉必须能使消费者产生联想，带来实际的利益，赢得消费者的认同及企业目标实现。

6. 具有较高的市场份额

全球性品牌无论是在区域性市场还是在全球市场都具有较大的市场覆盖面，有较大规模的销售额和市场份额。

出色的品牌能了解顾客的想法。对不同文化环境中的消费者的洞察力，能很好地促进品牌全球化。一旦品牌了解到顾客的想法，必须确保客户对品牌的认知在全世界范围内都是一致的。

（二）品牌全球化营销的缺点

（1）经济全球化加剧了世界经济的不平衡，使贫富差距拉大；

（2）经济全球化使世界经济不稳定性加强；

（3）现行的全球经济运行规则不尽合理，大多有利于发达国家；

（4）经济全球化还可能导致发展中国家生态环境遭到破坏。

【本章小结】

事件营销是指企业在真实且不损害公众利益的前提下，通过策划、组织和利用具有新闻价值、社会影响以及名人效应的人物或事件，吸引媒体、社会团体和消费者的兴趣与关注，以求提高企业或产品的知名度、美誉度，树立良好品牌形象，并最终促成产品或服务的销售手段和方式。企业、品牌进行事件营销有三种类型：借势营销、顺势营销和造势营销。

借势营销就是企业将品牌与社会热点事件进行关联，以实现公众对热点话题的关注，转向对企业品牌的关注的营销策略。顺势是指企业或品牌需要顺势而为，如顺应市场的发展等。造势营销是指以举办活动或制造出事件，再通过大众传播媒介的报道，引起社会大众或特定对象的注意，造成对自己有利的声势，达到企业宣传的目的，进而提高品牌的知名度。

品牌整合营销是指把品牌等与企业的所有接触点作为信息传达渠道，以直接影响消费者的购买行为为目标，是从消费者出发，运用所有手段进行有力的传播的过程。

情感营销在品牌与消费者买卖关系建立的基础上，也更强调相互之间的情感交流，通过细腻的情感表达触动消费者的内心，使消费者对品牌产生良好的印象与更深刻的记忆，这也减少了消费者对品牌后续营销与广告的排斥抵触心理。

品牌全球化又称品牌的全球化经营，是指将一个品牌以相同的名称（标志）、相同的包装、相同的广告策划等向不同的国家和地区进行延伸扩张的一种品牌经营策略。

【技能训练】

以 5~7 人为一个小组，每组分别选择一个在品牌整合营销方面成功或失败的案例，结合本章内容，分析其成功或失败的原因。

练习题

一、单项选择题

1. 事件营销是指企业整合自身的资源，通过借用社会关注焦点，策划富有创意的活动或事件，使之成为大众关心的话题、议题，从而吸引媒体的报道与消费者的参与，进而达到提升企业形象或销售产品的目的。根据上述定义，下列不属于事件营销的是（　　）。

A. 某电视剧续集投放之前，影视公司将续集的拍摄花絮放在网上，网友大量点击，导致该续集播出后收视率很高

B. 某选秀节目的策划团队有意地制造一些参赛者的“绯闻”，吸引了广大媒体报道，使该节目收视率在短期内迅速提高

C. 某科技公司新开产品专营店，欢迎客户进店体验，店员帮助讲解功能和应用，赢得很好的口碑，提升了产品销量

D. 某企业在 M 市受灾后第一时间捐出巨额善款，当地媒体纷纷报道，较好地提升了企业形象

2. 下列关于事件营销的说法正确的是（　　）。

A. 企业能够利用好热门事件进行营销，企业的口碑营销就会获得成功

B. 企业利用热点事件进行营销时，要注意将热点事件与企业文化、品牌或者产品关联起来

C. 事件营销要求企业树立战略观念

D. 事件营销要求企业通过研究和制定市场营销战略，提高企业随机应变能力

3. 品牌全球化实质是（　　）的全球化。

A. 产品　　B. 思想

C. 用户　　D. 服务

4. 属于事件营销类型的是（　　）。

A. 借势营销　　B. 软文营销

C. 主动营销　　D. 口碑营销

5. （　　）是指企业从内容和时间上整合所有可能影响消费者的接触点，持续传递统一的品牌识别，最终建立品牌资产的一切营销活动。

A. 整合消费传播　　B. 整合品牌传播

C. 整合促销传播　　D. 整合营销传播

二、多选选择题

1. （　　）是市场导向的营销观念。

A. 产品为主的观念　　B. 关系推销观念

C. 市场营销观念　　D. 社会营销观念

2. 影响消费者购买行为的心理因素包括（　　）。

A. 需要和动机　　B. 感觉和知觉

C. 学习和态度　　D. 受教育程度

E. 记忆

3. 分析营销环境的根本目的是（　　）。

A. 扩大销售　　B. 对抗竞争

C. 寻求营销机会　　D. 避免环境威胁

4. 消费者对品牌相关信息的来源主要有（　　）方面。

A. 宣传广告　　B. 朋友圈

C. 大众　　D. 经验

5. 企业营销战略通常有（　　）基本形态。

A. 稳定战略　　B. 拓张战略

C. 收割战略　　D. 收缩战略

三、简述题

1. 简述什么是品牌情感营销，并举例说明。

2. 简述全球化营销有什么优势。

四、论述题

请举例说明品牌如何借势和造势。

第五篇
品牌资产保护篇

第五章

[illegible]

第十四章 品牌资产

【学习目标】

· 掌握品牌资产的概念。
· 了解品牌资产的特征。
· 理解品牌资产的构成。
· 理解创建品牌认知度、知名度、美誉度、联想度、忠诚度的内容。
· 了解品牌评估的意义、作用和特点。
· 了解品牌评估的主要模型和方法。
· 掌握品牌评价标准化的主要内容。

第一节 品牌资产概述

一、品牌资产的概念

资产是滚滚利润的创造者，特别是当资产资本化，并出现在资产负债表中时。品牌资产是20世纪80年代在营销研究和实践领域新出现的一个重要概念。特别是戴维·阿克《管理资产品牌》一书出版之后，品牌资产就成为营销研究的热点，极大地影响了管理者的思想和行动。

从品牌概念的内涵中得知品牌具有资产性，它是企业的一种无形资产，它的图形、标记、文字、声音等所代表的意义、个性、品格和特征是企业独有的一种符号，具有某种价值，能给品牌拥有者带来利润和财富。对于品牌资产概念经历了一个从不同视角认知到不断完善发展的动态演变过程。首先，品牌资产最初来源于消费者的认可，没有消费者认可的品牌是没有任何价值；其次品牌资产必须在市场中有一定的影响力或品牌强度，这样才能成功抵御其他竞争品牌的入侵；最后，要把品牌资产的内容通过财务指标反映出来。现在依然众说不一，综合起来有以下主要观点：

1. 消费者视角界定品牌资产

现代品牌理论认为，品牌是一个以消费者为中心的概念，没有消费者，就没有品牌。如果品牌对于消费者而言没有任何价值，那么它对于企业也就没有任何价值，所以营销界对品牌资产的界定倾向于从消费者角度加以阐述。即使用与不使用某一品牌，消费者对某一特定产品或服务有不同的反应。把两双一模一样的鞋放在客人面前，一双没有标签，一双贴上品牌的标签，两双鞋的价格和销量会有天壤之别。也就是说，品牌能给消费者带来超越其功能的附加价值，也只有品牌才能产生这种市场效益。

市场是由消费者构成的，品牌资产实质上就是一种来源于消费者的资产。而消费者的品牌购买行为又是受其品牌心理驱动的，所以戴维·阿克认为品牌资产之所以有价值，并能为企业创造巨大利润，是因为它在消费者心中产生了较高的知名度、良好且与预期一致的产品感知质量、强有力且正面的品牌联想（关联性）以及稳定的忠诚消费者四个核心特性。

品牌资产价值是反映消费者根据自身需要对某一品牌的偏爱、态度和忠诚程度，特别是指消费者赋予一个品牌超越其产品功能价值之外，在心目中的形象价值部分，是消费者对企业产品或服务的主观认知和无形评估。

凯文·莱恩·凯勒（Kevin Lane Keller）提出了以顾客为基础的品牌资产概念，认为品牌之所以对企业或经销商有价值，根本原因在于品牌对顾客有价值。品牌资产已被看作消费者行为的结果，是消费者对那些具有积极品牌联想的品牌的偏好行为。他认为品牌的价值基于顾客的认知，品牌资产价值概念应主要从消费者对品牌的心理反应，而非从财务方面去衡量的价值和企业的营销业绩。这种观点为自主品牌的塑造提供了关键途径。

基于顾客的品牌资产（customer-based brand equity ，CBBE）的定义为：顾客品牌知识所导致的顾客对营销活动的差异化反应。定义有三个重要组成部分：①差异化反应；②品牌的认同；③顾客对营销的反应。首先，品牌资产源于顾客差异化反应，若没有差异产生，该品牌产品就会被看作普通商品或者该产品的同类产品，如此，竞争更有可能建立在价格的基础之上。其次，这种差异化反应来源于顾客对品牌的知识，也就是顾客在长期的经验中对品牌的所知、所感、所见和所闻。因此，尽管品牌资产受公司营销活动的影响，但最终还是取决于顾客和潜在顾客对品牌的认知程度。最后，这种差异化反应表现在与该品牌营销活动各方面有关的顾客观念、喜好和行为中（如品牌的选择、对广告的回想、对促销活动采取的相应行动）或对建议的品牌延伸的评价。

从消费者行为和品牌认知心理角度来看，品牌必须使消费者相信它是强大的、有利的、独特的。有研究认为，品牌资产的关键利益主要有品牌产品性能的改善、有更高的忠诚度、在竞争性市场行为中和在市场危机中有较少的弱点，以便有更大的利润空间等。

消费者视角下解释了品牌资产的来源以及品牌的内部运营机制。其对品牌战略、品牌的日常管理，特别是在如何提高品牌的忠诚度方面有一定指导作用。但这种视角对市场竞争者、企业发展战略、融资市场中的因素考虑得比较少。

2. 财务视角界定品牌资产

将品牌资产作为企业的无形资产进行考虑，并把品牌资产货币化，符合企业把品牌作为资本进行运作的需要，便于向企业、投资者或股东提交财务报告，说明企业经营业绩，同时便于企业并购或投资中的运作。这是目前世界上主要品牌价值评估公司进行品牌评估的基础。

保罗·斯图伯特认为：关于品牌的一个重要问题不是如何创建、营销，而是如何使人看到它们的成功以及在财务上的价值。这种视角的产生背景是公司必须对股东负责。一家规范的企业必须在一定的时期内向股东报告其所有资产（包括有形资产或无形资产）的价值。因此，如果不给每一个品牌赋予货币价值，公司管理人员与公司股东就无法知道公司的真正总的价值，甚至导致价值的低估，从而给企业造成损失，尤其是在收购或兼并行动中，更需要知道包括品牌价值在内的总价值。

这种视角认为，品牌资产本质上是一种无形资产，因此必须为这种无形资产提供一个财务价值，即提供一个可衡量的价值指标。品牌资产也就涉及现金流、现金流量、利润、成本、股价等概念，且多利用金融或者财务模型来评估品牌资产的价值，从而较好地解决了企业在兼并、收购、租赁及融资活动中的具体问题。

3. 市场的角度界定品牌资产

该视角主要是从品牌资产的长期发展进行考虑，从管理者如何管理品牌资产的操作角度进行定义。该视角认为，一个强势品牌应该具有良好的市场表现和市场潜力，主要是从品牌的市场业绩、市场竞争力、市场发展潜力等因素来理解品牌资产，力图反映品牌资产在市场上的表现。

无论如何定义，品牌资产的价值显而易见，企业的总资产可以分为无形资产和有形资产，品牌资产是企业无形资产的重要组成部分，是不可忽略的。资产是由企业过去经营交易或各项事项形成的、由企业拥有或控制的、预期会给企业带来经济利益的资源，美国品牌资产委员会认为：品牌资产就是品牌向顾客提供的一种值得信赖的承诺。

国家标准《品牌 术语》中对品牌资产给出的定义是：品牌资产是指与品牌、品牌名称或标志相联系，能够增加或减少品牌所有者销售产品或服务的价值的一系列资产与负债。品牌资产一般包括品牌忠诚度、品牌认知、感知质量、品牌联想度及其他专有资产。

品牌资产是一种无形资产，与特定的产品或企业紧密联系在一起，能够彰显企业及其产品或服务的独特属性和利益，这些属性和利益可包括产品的功能与性能、情感因素及社会影响，是企业的经营能力和潜在的资源，能为企业带来未来的经济利益。它也具有扩张力、延伸力和影响力，同时也具有一定的风险性及不确定性，既有财务特性，又有营销特性（即消费者特性和市场特性）。营销特性是财务特性的基础，财务特性是营销特性的绩效表现。有人拆分品牌资产，那么品牌是路径，资产是归途。

二、品牌资产的特征

品牌资产作为企业资产的重要组成部分，主要有以下基本特征：

1. 品牌资产是一种重要的无形资产

虽然品牌资产是客观存在的，但毕竟同厂房、设备、商品等一切有形资产不同，是一种客观存在的、没有物质形态的无形资产。在企业兼并、并购、合资、资产重组、核算企业资产的种种活动中品牌资产更成为企业关注的重要无形资产，越来越受到企业管理人员的重视，并把它反映在企业财务之中，以无形资产形式出现在企业的会计账上。

我国实行的《企业财务通则》第二十条规定："资产是指企业过去的交易或者事项形成的、由企业拥有或者控制的、预期会给企业带来经济利益的资源。"资产是指一定主体即所有者（企业或个人）拥有或能够控制的，可以用货币计量的，并能为所有者带来效益的经济资源。有形资产是以物化形式（包括实物和货币等形式）存在的资产，它主要包括固定资产、流动资产、长期投资和专项资产。品牌不同于厂房、设备等有形资产，不能使人凭借感官直接感受到它的存在及大小，品牌资产是一种特殊的无形资产。

《企业会计准则第6号——无形资产》第三条明确规定：无形资产，是指企业拥有或者控制的没有实物形态的可辨认非货币性资产。

资产满足下列条件之一的，符合无形资产定义中的可辨认性标准：

一是能够从企业中分离或者划分出来，并能单独或者与相关合同、资产或负债一起，用于出售、转移、授予许可、租赁或者交换。

二是源自合同性权利或其他法定权利，无论这些权利是否可以从企业或其他权利和义务中转移或者分离。

品牌资产虽为无形资产，但无形胜有形，无形生有形，没有品牌赋能的加持和助力，企业很难在激烈的商战中单独依靠产品力量脱颖而出。

2. 品牌资产依附企业而存在

品牌资产没有实际形态，并需要依赖一定的载体来实现，品牌资产的存在，需要依赖于一定的物质载体来表现，这些载体包括图形、标记、色彩、质量、性能、服务、价格、形象等。这是一个企业所独有的、与企业品牌名字不可分割的。这个品牌资产是专属的，或者是带有印记的。

企业品牌资产是由企业品牌形象所驱动的资产，它形成的关键在于消费者对企业品牌的认知而产生出来的消费行为。而要使消费者对企业品牌所标识的产品或服务进行购买和消费，则需要投资于企业品牌形象，使消费者取得认同和亲近，从而接受这一企业品牌，购买这一企业产品和服务。品牌资产的价值源于产品（服务）品质或企业信誉以及企业的技术开发能力所创造的价值，这种价值通过品牌溢价表现出来，以获得持续的收益或超额利润。

说到某个品牌，人们往往对其企业形象及其总体质量有一个感知，这种感知不一定建立在详细了解企业和经营管理的基础上，最为直接相关的就是产品。企业品牌与产品有诸多联系，但两者毕竟不同。产品是具体的，消费者可以触摸、感觉或看见、体验；而企业品牌是抽象的，是消费者对产品和服务的感受总和。没有好产品，企业品牌必然不会在市场上经久不衰。但是，有了好产品却不一定有好品牌，两者既有区别又有联系。

不同行业的顾客对质量的感知是不一样的。感知质量可以直接影响顾客的购买决定和品牌忠诚度。特别是购物者不想或者不能进行详细分析时，感知质量还可以支持品牌的高价优势，高价优势反过来又能创造高毛利。如果一个品牌能在一个环境中得到广泛的认可，顾客有理由认为该品牌在其他类似环境中具有同样优秀的质量。

3. 企业品牌资产在利用中增值

品牌资产可通过一系列的企业活动进行叠加。对一般有形资产而言，其投资与利用往往存在着明显的界限，投资会增加资产存量，利用会减少资产存量，而企业品牌资产则不同。企业品牌作为一种特殊的无形资产，其投资与利用常常是交织在一起，难以分开的。企业品牌资产的利用并不必然是企业品牌资产的减少，而且，如果企业品牌管理利用得当，企业品牌资产非但不会因利用减少，反而会在利用中增值。如企业对已成功的企业品牌不失时机地扩展到其他产品上，企业品牌的影响力就会扩大，品牌资产不但没有因此下降，反而会有所增加。

4. 企业品牌资产难以准确计量

品牌资产是公司整体资产的一种溢价资产，虽然有了品牌产品的价值立刻会高出同类杂牌产品的售价，并由此为品牌所有者带来溢价的收益。但是，如果不发生所有权变更，品牌资产无法在财务报表中独立体现。从这个意义上讲，品牌资产比一般的无形资产更无形，甚至是虚无的。正因为品牌资产的虚无性，公司不可能指望拿一个无价之物到银行贷款，一般品牌资产不具有可抵押性。一个好的品牌可以为公司带来市场、客户和利润。银行在整体评估企业偿债能力上，可能会考虑到这种品牌的优势，但是品牌本身不能作为资产作信用抵押物。

企业品牌资产评估需要用一系列指标体系进行综合评估，是一项全新而又复杂的工作，它的计量难于有形资产，甚至可以说是难于准确计量。企业品牌作为一种无形资产，是由复杂的脑力劳动创造的高智力的成果。因此，企业品牌的货币表现，其数值相对较高，其计量也很复杂，具有测量的不准确性和不确定性。

由于品牌所反映的是一种企业与顾客的关系。企业品牌资产是由品牌认知、品牌品质形象、品牌忠诚等构成，其深度与广度通常需通过品牌知名度、品牌联想、品牌忠诚和品牌品质形象等多方面予以透视，这些构成要素相互联系、相互影响、相互融合、彼此交错，难以分开，而且，有些构成要素具有共享性，可以转移，可能为多个控制主体所利用，这些都使得企业品牌资产难以准确计量。况且企业品牌的潜在获利能力具有很大伸缩性和不确定性，如企业品牌在消费者中的影响力、企业品牌投资强度、企业品牌策略、产品市场容量、产品所处行业及其结构、市场竞争的激烈程度等。这些都增添了准确计量企业品牌资产的难度。

5. 品牌资产是企业的一种长期资源

做品牌，需要长线资金投入，周期长，见效慢。而品牌知名度作为品牌的一个代表性指标，更是很难进行定量衡量。企业品牌难做，难在短期可能看不到回报。重复记忆是最基础的手段，品牌只有通过不断重复才能加深消费者的认知，这一特征与无形资产中的长期性相一致。每年花费在生产或销售产品上的资金，不应被认为是开支，而是投资，是在顾客的认知程度或品牌前景上的战略投资。

从企业品牌资产构成上可以看出，无论是企业品牌品质形象的改善、品牌知名度的提高，还是企业品牌忠诚度的增加，都不可能一蹴而就。企业品牌从无到有，从消费者感到陌生，到消费者熟知并认同、产生好感，是企业品牌运营者长期不懈努力的结果，是企业以往投入的沉淀与结晶，品牌资产是企业长期逐步培育、积累而形成的。品牌建设是企业一项长期性的工作，品牌资产是随着科研与创新共同的开展，通过与有形资产的结合创建并发展起来的。

6. 企业品牌资产价值具有波动性

企业具有生命周期，企业发展具有波动性，尽管企业品牌资产是企业以往投入的沉淀与结晶，但这并不意味着企业品牌资产不产生波动，实践证明，知名企业品牌的价值并非像人们想象的那样单向直线上升，而是上下波动的。企业品牌决策的失误、竞争者品牌运营的成功，都有可能使企业品牌资产发生波动，甚至可能是大幅度下降。

在企业品牌发展的过程中，会出现企业品牌自然老化现象，也可能遇到突发事件对企业品牌产生灾难性的打击，此时，如果企业不能正确的危机公关，企业品牌的资产价值就急剧下降。如果能采取行之有效的措施，企业品牌资产价值不但不会下降，反而会大幅增加。企业品牌的资产都是在不断变化的，有的上升，有的下降，甚至出现负面价值。这种波动与内外部环境变化有关，由于技术创新、产业升级以及市场环境多变等因素会造成品牌资产未来波动。企业的经济利益具有不确定性，这是市场的根本规律。拥有世界知名企业品牌的企业也不可能高枕无忧。

企业营销推广的过程，就是品牌资产运营管理的过程。如果策略正确且执行得当，企业可以较好地提升品牌资产。如果策略失误或者执行不当，企业则可能很难提升品牌资产。

7. 企业品牌资产是营销绩效的主要衡量指标

企业品牌资产的实质是企业品牌经营者对交付给消费者的产品特性、功能、利益和服务等方面的一贯性承诺，为了维系和发展企业与消费者之间互惠互利的长期交换关系，需要做好营销，积极开展营销活动，并切实履行各种承诺。企业品牌资产就是企业不断进行市场投入或开展营销活动（如市场调查、市场细分、目标市场、市场定位、产品开发、广告宣传、公关和促销等）的结果。每一种投入或营销活动都会对企业品牌资产存量的增减变化产生影响。正因为这样，分散的、单一的营销手段难以保证企业品牌资产获得增值，必须综合运用营销手段，并使之有效地协调与配合。世界著名企业品牌之所以能够长盛不衰，与企业有丰富的营销经验和娴熟的营销技巧是密不可分的。因此，企业品牌资产的大小是各种营销技巧和营销手段综合作用的结果，它在很大程度上反映了企业营销的总体水平，企业品牌资产是营销绩效的主要衡量指标。

三、品牌资产的构成

企业品牌资产是由企业品牌形象所驱动的资产，它形成的关键在于消费者看待企业品牌的方式而产生出来的消费行为。而要使消费者对企业品牌所标识的产品或服务进行购买和消费，则需要投资于企业品牌形象，使消费者取得认同，从而接受这一企业品牌，购买这一企业产品。因此，企业品牌资产有别于有形的实物资产，它是一个系统概念，由一系列要素构成。品牌资产是顾客心智中关于品牌的所有知识。

品牌管理大师戴维·阿克（David A. Aaker）在《管理品牌资产》一书中阐述了品牌资产主要包括以下五个方面，即品牌资产五度（五星）模型，如图 14-1 所示。

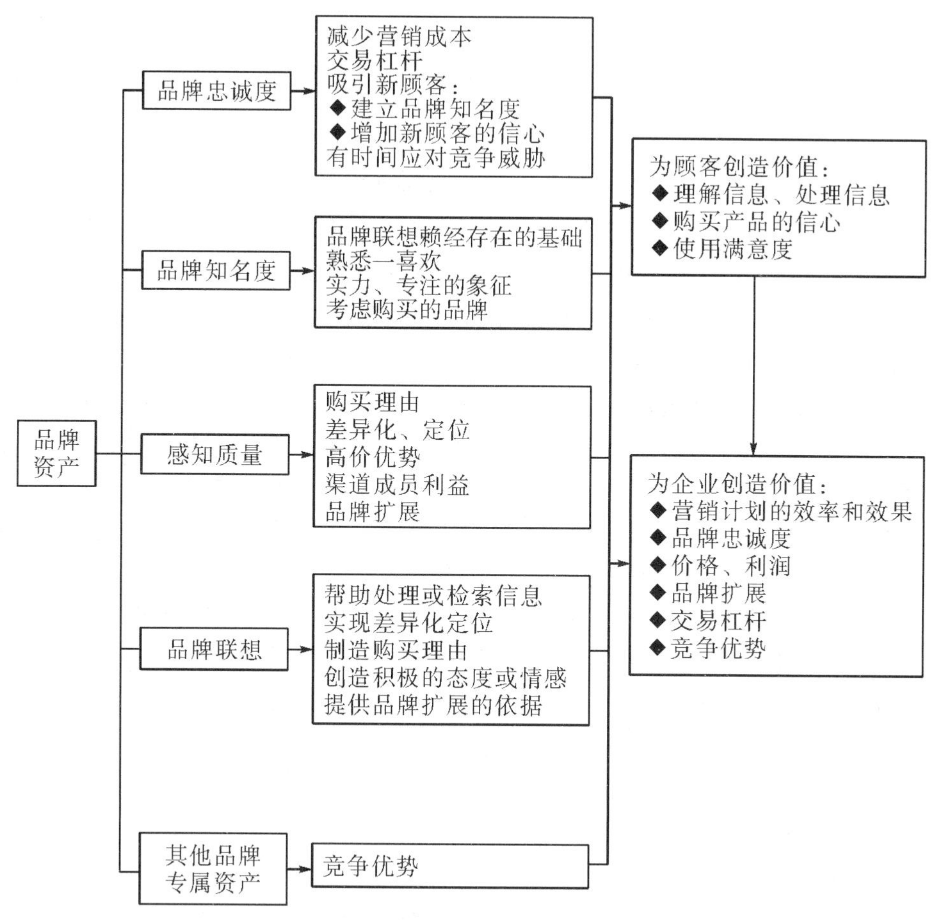

图 14-1　品牌资产五度（五星）模型

品牌名称和品牌标识物是企业品牌资产的物质载体，从管理者角度看，企业品牌资产是一系列财产的组合，品牌忠诚度、品牌知名度、品牌认知度、品牌美誉度、品牌联想度和附着在企业品牌上的其他资产（如商标、专利等知识产权）是企业品牌资产的有机构成，为消费者和企业提供附加利益是企业品牌资产的实质内容。这些都是与品牌名称及其标志联系在一起的。

（1）品牌资产是由品牌名字与产品类别、产品评价和关联物的联想构成的。

（2）品牌名字与产品类别的联想比较具体，是其他联想建立的基础。

（3）在品牌名字与关联物的联想中，关联物可以分为三类，即有利的、不利的和中性的。

（4）在品牌名字与关联物的联想中，也可将关联物分为独特的或共同的。

（5）品牌资产与产品类别等概念之间的联想是双向联想关系，而且这种双向联想关系常常是不对称的。

（6）品牌名字与各种概念的联想有强度之别。强势品牌与某些重要概念的联想强度一般要大于弱势品牌与这些概念的联想强度。

第二节　品牌资产的建立

20 世纪 80 年代，戴维·阿克提出了“品牌价值”的概念，同时也推出了多个品牌建设的方法和理念。他认为，成功产品建立的优秀品牌内涵因素是品牌认知度、品牌知名度、品牌美誉度、品牌忠诚度、品牌联想度五大因素，这五个关键要素是一个整体，是相辅相成、相互依存的。企业如果想打造一个成功的品牌，就需要紧密地围绕这五个关键要素进行，缺一不可。

在行业内被广泛认同的是品牌建设的四段里程，即品牌知名、品牌认知、品牌联想、品牌忠诚。这个理论为品牌建设提供了可复制的模式。一个成功的品牌，首先应该具备比较高的知名度。其次是受众对该品牌的内涵、个性等有较充分的了解，并且这种了解带来的情感共鸣是积极的、正面的。最后，在使用了产品以及认可了产品价值后，还会再次重复购买，成为忠诚的消费者。

凯文·莱恩·凯基于顾客的品牌资产（CBBE）模型，以品牌战略营销为导向，以认知心理学为理论基础，模型的核心是品牌联想，建立基于顾客角度的品牌资产。理解顾客的需求和要求，并设计产品或项目来满足他们，是成功营销的核心所在。创建基于顾客的品牌资产，如图 14-2 所示。

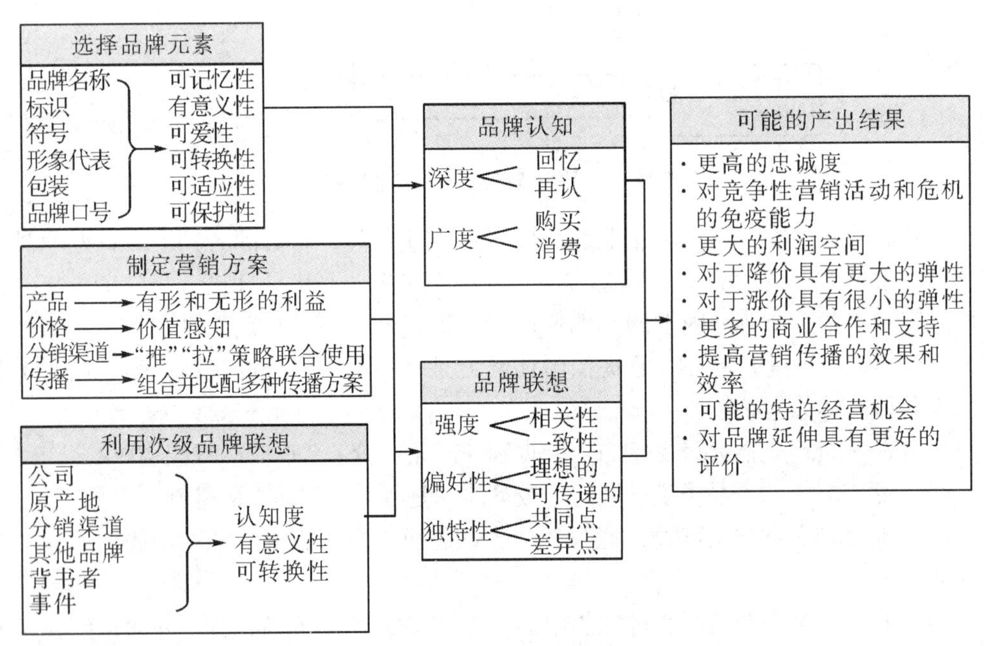

图 14-2　创建基于顾客的品牌资产

一、创建品牌认知度、知名度、美誉度

（一）提升品牌认知度

品牌认知度是品牌资产的重要组成部分，它是衡量消费者对品牌内涵及价值的认

识和理解度的标准。品牌认知是企业竞争力的一种体现，有时会成为一种核心竞争力，特别是在大众消费品市场，各家竞争对手提供的产品和服务的品质差别不大，这时消费者会倾向于根据品牌的认知程度来决定购买行为。

研究表明，大多数消费者是在销售点做出购买决策的，在销售点产品的品牌名称、标识、包装等元素清晰可见。在一些低介入度情况下进行品牌认知，就足以引起顾客产生偏好性的反应。设计师们往往是通过品牌内核去塑造品牌标志、符号和视觉元素。通过产品设计和营销活动去展现和传递品牌元素（即品牌表现层）和理念（即品牌的内核）。而顾客识别品牌的路径却刚好相反，他们通过产品、活动传递的品牌理念和品牌元素去了解品牌，熟悉品牌，记忆品牌。

品牌认知度是指消费者通过品牌来认知、了解和选择企业产品和服务的熟悉程度，包括消费者对品牌的产品认知、企业认知、符号认知等。通常我们说“这件东西很好，就是太贵了”。“这件东西很好”是知名度，“太贵了”就是认知度。这属于两个不同层次的概念，认知度的运作可以带动消费者对品牌知名度的认识。品牌知名度只是反映了顾客对品牌的了解程度，并不代表顾客对品牌的理解。

当今市场上物质丰富，很多产品处于成熟阶段，同类别的名牌产品甚多，这个时候消费者不会根据知名度去做选择，而是根据对谁的产品概念更认同、对谁的品牌更有好感去进行选择。当顾客对品牌有较高的认知度和熟悉度，并在记忆中形成了强有力的、偏好的、独特的品牌联想时，就会产生基于顾客的品牌资产。

认知度是消费者对品牌的了解程度，是消费者对品牌产生的一种整体感觉。由于消费者性别、年龄、文化、个性等的差异，要提升消费者对某一品牌的认知度并不是一件容易的事。关系到消费者体验的深度，是消费者在长期接受品牌传播并使用该品牌的产品和服务后，逐渐形成对品牌的认识。其中差异性、相关性、尊重度、认知度四个基础元素尤为重要。

建立深度的品牌认知有印象优势、入围优势和入选优势三方面，品牌认知影响品牌联想的形成及强度，而品牌联想是构成品牌形象的因素。创建基于顾客的品牌资产，需要在顾客记忆中建立品牌认知或积极的品牌形象和强有力的、偏好的或独特的品牌联想，这两者相辅相成。为了创建品牌形象，首先需要在消费者记忆中建立品牌节点，在顾客心智中树立品牌。如果选择了合适的品牌元素，这个任务就会变得更加容易。

（二）塑造品牌知名度

知名度指一个组织被公众知晓、了解的程度，是评价组织名气大小的客观尺度，侧重于“量”的评价，即是组织对社会公众影响的广度和深度。

品牌知名度就是品牌被公众知晓的程度，是潜在消费者认识到或记起某一品牌是某类产品的能力，涉及产品类别与品牌之间的联系。它反映的是品牌影响范围或影响广度，对某一特定的品牌来说，品牌知名度反映了消费者总体中有多少数量或者多大比例的消费者知道它，是评价品牌形象的量化指标。知名度是品牌的基础，但只有知名度的品牌是肤浅的。

研究显示，品牌知名度不仅仅是一种认知测量，它与很多有价值形象方面的因素相关。知名度传递一个可靠的信息，虽然品牌知名度是在个体层面上被测量的，但它其实是一个集体现象。如果一个品牌名气大，那么每个人都知道它有名，这就导致了自发的推断。品牌知名度与高品质、信任、可靠性、与人们关系的紧密性、高性价比、可获得性和传统风格有很大的关系，而与创新性、优越性、风格、魅力没有多大关系。如果这些是区分品牌的关键因素，那就应该依靠产品自身的优点来获得。

品牌的确要有知名度，但有知名度的不一定是品牌。品牌知名度是关键的品牌资产，但是仅凭知名度却无法增加销售额，对新产品而言更是如此。在竞争激烈的细分市场中，提升品牌知名度并使其产生实际的销售收益对企业至关重要。

从不认识品牌到坚信某类产品只有一个品牌，品牌知名度就在这一连续区域中变化。品牌知名度可以划分为如图 14-3 所示的四个不同的级别。品牌知名度在品牌资产中的作用取决于具体环境和知名度的级别。

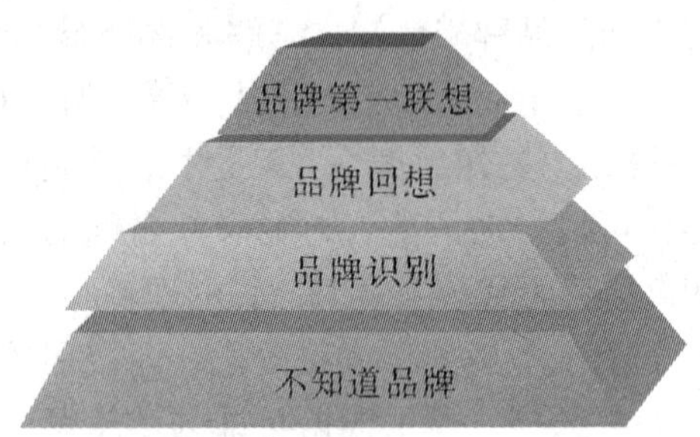

图 14-3　品牌知名度的四个级别

不知道品牌：基本未做宣传广告，人们从未见过或听说过，谈不上知名度。

品牌识别：这是品牌知名度的最低层次，它可以让消费者找到熟悉的感觉。但在顾客购物、选择品牌时会起到至关重要的作用。研究表明，品牌识别对消费者进行适度的产品信息暴露与消费者的喜欢程度呈正相关关系。现代广告通过对各类传播媒介进行组合运用来传递信息，具有广泛的信息覆盖面和高接触频度，可以在短时间内让消费者熟悉品牌。

消费者接触次数与喜欢程度的关系，如图 14-4 所示。研究表明，无论消费者接触到的是抽象的东西还是具体的东西，接触的次数与喜欢程度之间呈正相关关系。品牌重复，增加了记忆中品牌内涵的强度或品牌的可认知性。

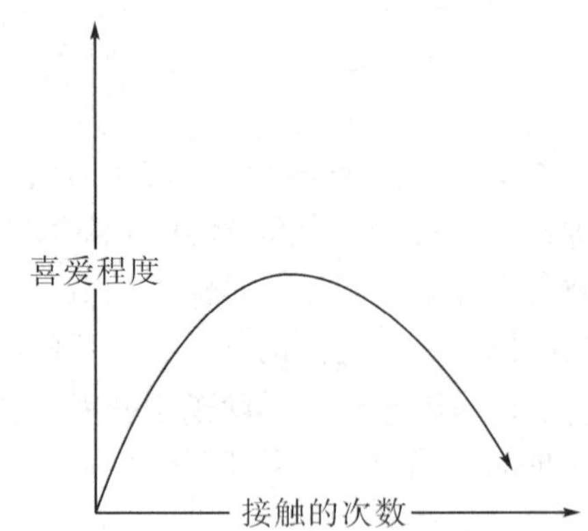

图 14-4　消费者接触次数与喜欢程度的关系

品牌回想：这是品牌知名度的第二层次，通常给出一个产品的类别，然后让受访者说出他所知道的关于此类别的产品品牌，从而来确定品牌回想。品牌回想与确定品牌识别是不同的，即不向受访者提供具体的品牌名称，所以要回想品牌的难度更大。品牌回想的重要作用在于其往往能够影响潜在购买者的购买决策。顾客首先想到的品牌往往是知名度最高的品牌，这类品牌在顾客心目中具有一定的特殊地位。这就是品牌意识，是建立在不断接触、感知、熟悉基础之上的。

品牌第一联想：这是品牌知名度一个特殊的状态，是其最高层次。这意味着品牌在消费者的心目中拥有远高于其他品牌的优势地位。

一些机构进行品牌调查时，调查对象中大部分都能想到的几种品牌，即为主导品牌，拥有主导品牌是一种强大的竞争优势。在很多情况下，有了主导品牌，顾客购买产品就几乎不再考虑其他品牌了。

企业实施品牌战略，提高品牌知名度是首要任务。知名度的提高，除了依靠必要的广告宣传，主要得靠过硬的产品质量、优质的售后服务、不断的技术创新、员工的品牌意识等因素，除此之外，还要注意以下两个问题：

（1）市场细分准确。在产品同质化的今天，强化市场细分，突出产品鲜明特色尤为必要。通过细分市场，能够发现进而填补市场空白，做到人无我有。发现已有产品的缺陷和不足，按照顾客的消费需求加以改进、提高，做到人有我精。同时创造出有特色、有个性、受广大顾客青睐的高质量产品，树立不同于竞争对手的品牌形象，在激烈的市场竞争中立于不败之地。细分市场、选择目标市场、精准定位（产品和品牌）是营销战略的三部曲和制胜法宝。

没有市场细分，就没有明确的目标市场，就无法准确地为产品和品牌定位。国产品牌在国内外的竞争实践也充分说明，只有深谙市场细分之道，并针对目标市场打造产品和品牌，塑造特色化、个性化品牌形象的企业，才能在与国际品牌的角逐中占有一席之地。

（2）品牌定位要突出品牌的核心价值。品牌要锁定目标消费者，并在消费者心目中确立一个与众不同的差异竞争优势和位置，突破消费者心目中的种种屏障，实现有效的市场区隔，使品牌在激烈的竞争中脱颖而出。品牌的核心价值是品牌的精神内涵，代表着品牌对消费者的意义和价值，牵引着消费者选择某一品牌的原动力和驱动力。

品牌的定位不是宣传产品，而是要挖掘具体产品的理念，突出其核心价值，使消费者明白购买此产品的利益点。如此，让消费者明确、清晰地识别并记住品牌的个性和价值，使产品和品牌在消费者心目中占有无法替代的特定位置，从而扩大品牌知名度。全力维护和宣扬品牌的核心价值已成为国际知名企业创造金字招牌的秘诀。有些品牌广告过分强调创意，却忽略了品牌核心价值的定位和渲染，致使品牌形象模糊不清。

（三）塑造品牌美誉度

商业成功的唯一标准，是能否掌控行业定价权，而定价权属于强势品牌，它在顾客心中具有美誉度。知名度和美誉度并不是分开的，在传播知名度的同时收获美誉度，但纯粹为了知名度打广告，是企业最得不偿失的行为。美誉度才是品牌建立的核心，知名度只是起点而已，是一个必要条件。知名度是被公众知晓、了解的，但未必说你好。而美誉度，是大家给你点赞。品牌美誉度是指社会公众对品牌的信任和赞美程度，反映的是消费者在综合自己的使用经验和所接触到的多种品牌信息后对该品牌价值的认定程度。

一些企业总是想靠权威的媒介广告和无休止的促销战拉动销售，可产品的销量波动很大，这时候才意识到：品牌知名度只是品牌美誉度的一个组成部分。通过媒体以及各种营销载体建立的企业及产品知名度，往往不是企业所想得到的品牌美誉度，品牌美誉度是品牌力的组成部分之一，它是人们对某一品牌的好感和信任程度，是现代企业形象塑造的重要组成部分。

人们选择品牌的原因是因为人们信任品牌，品牌给人们带来了超越于产品本身的价值，购买者认为产品物有所值或得到了超值享受。品牌的知名度往往可以通过广告宣传等途径来实现，而美誉度反映的则是消费者在综合自己的使用经验和所接触到的多种品牌信息后对品牌价值认定的程度，美誉度往往是消费者的心理感受，是形成消费者忠诚度的重要因素。

品牌美誉度来自消费者之间的口碑传播，因此，为了更高的品牌美誉度，不仅要提高消费者的满意度，同时还要注意传播产品的正面信息，将负面效应降到最低程度，要精心呵护，因为创品牌容易，保品牌难，品牌维护无小事。因此，可以说美誉度攸关品牌的生命。要打造强势品牌，一定要注意品牌的口碑建设。

品牌的知名度不等于美誉度，知名度侧重外延，美誉度侧重内涵。通常知名度可以通过广告的大量投入来快速获得，而美誉度除了要有知名度，更要靠品质、时间和优质、过硬的服务一点一点积累，要靠媒体的正面报道来塑造。

品牌知名度是指公众对品牌的知晓、了解程度，是品牌影响力的基础。品牌美誉度是指公众对品牌的好感和信任程度，是企业社会责任的集中体现。中国品牌影响力指数考察品牌的知名度与美誉度，选拔“声量”与“声誉”俱佳的品牌。中国品牌影响力研究报告（2019）显示，42 个品牌的知名度较高，但美誉度较低。研究表明：中国品牌影响力（知名度、美誉度）呈散点分布，如图 14-5 所示。

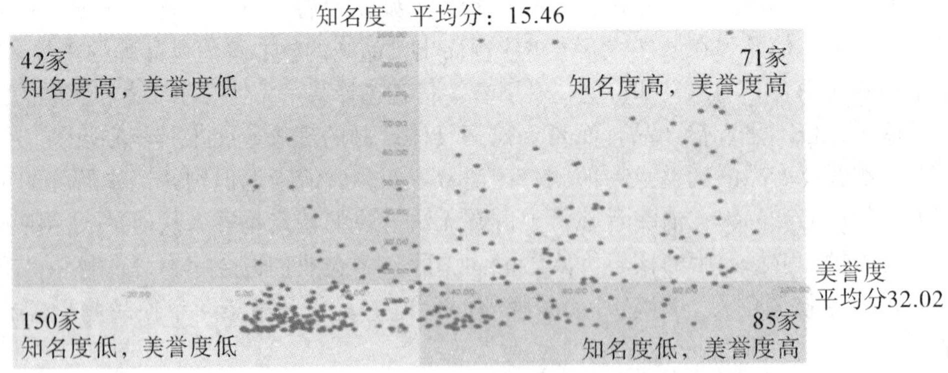

图 14-5　中国品牌知名度、美誉度分布图

消费者的美誉度大多数来源于自身消费的经验和体验，另外一小部分来自朋友推荐和广告。所以品牌机构做产品，是要做品质的，品质是品牌的基础。否则，消费者是不认可的。品牌的美誉度是经过认知度、知名度、满意度一层一层累积而成的，所以当品牌拥有美誉度时，说明它在消费者心目中已经有了较好的形象，更要无时无刻以消费者为核心，全心全意服务于消费者，维护并提高品牌的美誉度。

很多企业产品质量很好，广告投入也很大，市场占有率在短期内迅速上升，但在与强势品牌的角逐中却败下阵来。究其原因，主要是企业在具有一定知名度后，忽视了品牌美誉度的提升，在消费者心目中形象不完美，缺乏吸引力。

企业品牌塑造的一般逻辑顺序是打造品牌知名度，然后产生美誉度，维护忠诚度。在移动互联网、自媒体、多媒体时代，信息分散、碎片化，但是传播效率高，所以把个别客户打造成忠诚顾客，美誉度爆棚，忠诚度建立了，由他们在平台上传播。所以这个时代，也可以直接从美誉度来思考企业的营销策略。

二、创建品牌联想度

（一）品牌联想的概念

品牌联想是指记忆中与品牌相连的每一件事。它包括顾客的想象、产品的归属、使用的场合、企业联想、品牌个性和品牌符号等。

品牌联想度也是品牌建设范畴的一个概念，是指提到某一品牌时消费者大脑中会浮现出来的所有与这一品牌有关的信息，从他的记忆中所能被引发出对该品牌的任何想法，包括感觉、经验、评价、品牌定位等，它能影响消费者对该品牌产品的购买决策。领导品牌、强势品牌的一个重要特点就是能引发消费者丰富多彩的联想。品牌联想包括产品类别、产品属性、使用情形、消费者利益等易于清晰、明确表述的显性联想，也包括心理感受层面的不易清晰表述的隐性联想。而品牌的隐性联想对形成品牌气质与个性，提升品牌价值的作用往往不亚于显在联想。特别是产品同质化严重的行业及心理感知价值成为主要购买驱动力的产品，如名表、香水、时装等，隐性品牌联想往往决定一个品牌的成功与失败。

任何一种与品牌关联的事件都能扩展品牌联想，产品或服务的特点和优势、包装、分销渠道、品牌名字、标志和口号、广告、促销、公关等都能成为创造品牌联想的途径和工具。

品牌形象被认为是顾客对品牌的感知，反映顾客记忆中与品牌相关联的其他信息节点，也包含顾客心目中的品牌含义，这就是品牌联想。尽管有不同的形式，它可能反映产品的性能，也可能与产品本身毫无关系。

通过顾客的丰富联想形成了良好的品牌形象，如提到苹果电脑，你会联想到什么呢？你可能会联想到“创新的产品”“设计美观”“使用方便”和“饥饿营销”等。图14-6列出了消费者关于苹果电脑的品牌联想，当这些联想浮现在你的脑海里，就会形成“苹果”在你心目中的品牌形象。

品牌联想分为属性联想、利益联想、态度联想，包括其产品特征、使用场景、地域国家、属性用途等。记忆在人的一生中扮演着重要角色，同样也反映在产品定位、消费者购物的过程中，记忆是一个品牌联想的前提。当消费者寻求某一方面的利益或情感需求时，会有意或无意的由相关需求联想到特定品牌，如防蛀牙膏就想到佳洁士，提到咖啡，星巴克就浮现在眼前。对于定位理论来说，把品牌打造成品类的代名词，也就占据了消费者心理认知的高地。

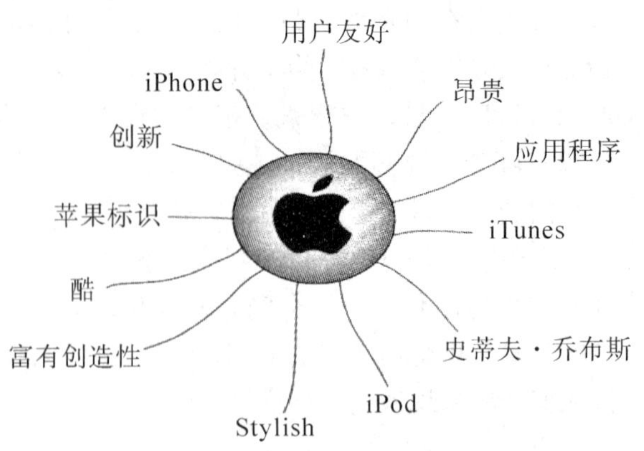

图 14-6　消费者关于苹果电脑的品牌联想

（二）品牌联想的价值

品牌联想的价值主要体现在差异化产品（服务）、提供给消费者购买的理由、给消费者留下正面印象和态度。品牌联想的价值（作用）主要有：

1. 信息筛选

面对产品过剩、信息爆炸的今天，一方面，信息饱和给人造成选择困难，加之产品功能、质量、服务趋同，很多时候消费者往往不是专业人士，无法准确地判断商品正真的性能指标和价值，这时候品牌联想至关重要；另一方面，对消费者来说时间有限，"淘"在社会节奏加快的今天显得奢侈，这也是买手经济崛起的原因。现在的年轻人网购或用餐、旅游、住店，首先看用户网评，认为好评指数高就好，这就是品牌联想起到了累积产品（服务）质量与事实决策依据、唤起感性记忆的作用。

品牌联想是引发和增进消费者记忆的关键所在。消费者从身处的环境当中获取的商品、品牌信息往往是零散的，是未经思维加工整理的。因此，消费者对于品牌信息往往是回头就忘，这就要求这些通过不同渠道传递的同品牌信息之间只有存在某种联系，才可能在消费者的潜意识状态下得以加工整理，从而使得消费者最终对品牌有一个清晰的认识。这种相关的联系就是品牌联想。

如果品牌联想涉及具体的顾客利益或产品特征，对于目的性很强顾客来说，这无疑提供了充足购买的理由，尤其在价值市场。没有品牌的刺激，顾客的记忆是不可能被突然唤起的。"天天低价"的联想很容易让人们意识到，在沃尔玛要比在其他超市能买到更便宜的商品。

2. 实现差异化

品牌联想是品牌个性化之源。品牌存在于市场上，需要体现其差异性，这种差异性的长期累加便形成了品牌个性。而这种差异性是通过与品牌的各种活动、物品、信息来彰显的。这些活动、物品、信息之间必须有共同的基调、传递一致的理念和核心价值，这种一致性也就是品牌联想。

对于服装、食品等大众消费品，大多数消费者是无法区分和辨认品牌的，品牌联想就发挥了作用，是实现差异化的重要前提，是一种关键的竞争优势，如果一个品牌在核心特性上或者产品具体用途上具有优于竞争对手的定位，就能让品牌在该品类中脱颖而出，构建强大竞争壁垒。

3. 购买的理由

愿意购买某一个品牌的主要动因，理所当然应该是品牌联想中让消费者记得最清楚，并且能一提到品牌马上能联想到的信息。一旦品牌核心价值成为最强劲的联想，就为占领市场奠定了坚实基础，品牌联想是购买决定和品牌忠诚度的基础。

4. 引起情感共鸣

品牌联想对于信息筛选和差异化的作用往往停留在产品层面，如果品牌联想能够深入人心，引起消费者的情感共鸣，促使人们把情感转移到品牌上，那么品牌也就具备了人格魅力。

（三）品牌联想的类别

目标消费者产生的品牌联想可能是多种多样的，提到某类产品，我们首先想到的可能是产品原产地、生产组织和使用者，品牌联想的类别如图 14-7 所示。原产地联想，对有些品类来说，原产地几乎就是命脉，如汽车中的大众、通用、丰田，家电中的海尔、美的，手机中的华为、小米等，这些大公司给你非常丰富、正面的联想和保证，这也是很多企业不遗余力宣传企业形象的原因。

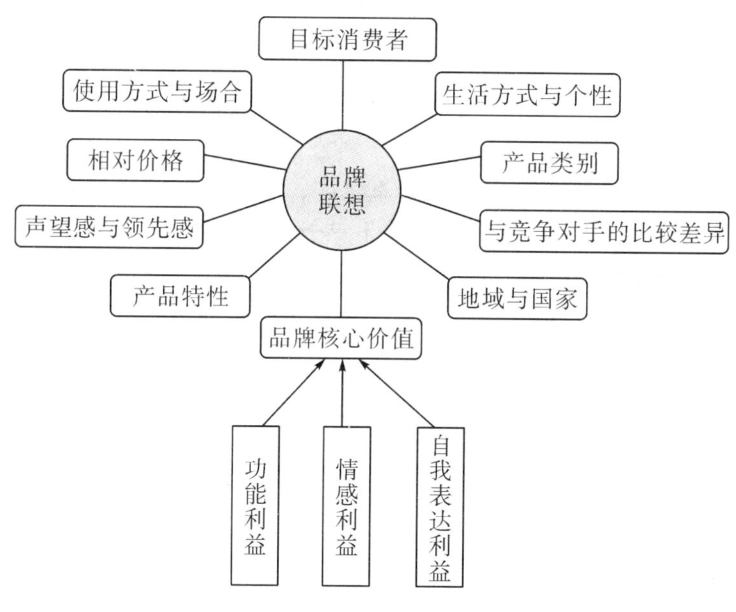

图 14-7　品牌联想的类别

1. 产品特征

产品以物理属性为基础，往往有着特定的功能，食物是用来吃的，衣服是用来穿的。至于你喜欢吃什么，如何着装搭配，那就属于个人问题了，这也就给品牌提供了生存的机会。对于任何品牌来说，主要是提炼出产品的核心价值（关键特征），从而触发尚未满足的需求。不过，很多时候消费者自己也不清楚想要什么样的产品，在福特公司推出 T 型汽车之前进行需求调查，人们希望有更快的马车，汽车根本没有市场，惯性思维让人觉得没有必要，也买不起。

2. 国家地域

产品与国家地域、民族、文化、气候等密切相关。我国幅员辽阔，地域特色产品丰富，如宁夏枸杞、陕北大枣、新疆葡萄、东北大豆、阳澄湖大闸蟹等。不同国家、地域给人以不同的联想，这为品牌定位提供了独特的视角，当产品在价格、性能、包装趋同的情况下，还可以从原产地这一个角度发现品牌的独特联想，占据消费者心智的高地，不同国家地域会赋予品牌独一无二的正宗性。这也是我国多年来大力推进产品地理标志认证、原产地认证、四川开展“天府名品”品牌评价的意义所在。

3. 无形特征

除了有形的产品特征，还有至关重要但又无形的服务质量。这些夹杂着消费者主观评价的品牌认知，很难准确衡量。比如，IBM、华为等大型企业，因其涉足了多个领域，品牌联想可能会是创新型企业、科技型公司等，很难涉及具体的产品，更多的则是品牌的感知质量、技术先进性。

4. 产品品类

很多品牌容易陷入“更好的产品、更好的服务”陷阱，以为凭借产品质量的优势或者热情的服务就能战胜竞争对手，实际并非如此。尤其是对于刚刚进入市场的品牌，寻找差异比追求更好更重要。当从品牌角度无法找到竞争对手的致命弱点时，那么就很有必要上升到品类的层面进行思考。

5. 使用场景

场景源自影视用语，是指在一定的时间、空间内发生的一定的任务行动或因人物关系所构成的具体生活画面，伴随着H5（一种新的网页）页面、元宇宙等的兴起，成了营销的新宠。人们生活在不断变化的场景之中，不同的使用场景可以传递不同的品牌形象，场景的使用为品牌联系提供了视觉化表达出口。

（四）创造品牌联想的途径

1. 创造个性促联想

一般来说，鲜明的、独特的个性容易给人以深刻的印象。要想一个品牌有价值，就要使其有个性。一位营销大师曾说：“品牌主张要么在左边，要么靠右边。但是你站在中间，就没有人追随你！”

2. 借助名人促联想

名人往往引人注意、强化事物、扩大影响，给人以强烈的联系，当一个人成名后，他身边的名人朋友也更促使了他有名。当一个品牌成功后成为名牌，自然会受到名人的青睐，在名人和品牌之间建立联系，可以把这些强烈的联想转移给品牌。这种通过名人效应或代言人的方式建立品牌与消费者的相关性，使之成为品牌传奇的一部分。

名人品牌联想有助于更快地将潜在客户转化为客户，并实现更快的销售。但是，明星代言也有风险，如果客户不喜欢与该品牌相关的特定明星，即使产品质量优异，他也不会购买该产品。最难做的是让别人相信其产品的设计和产品制造像名人一样，比竞争对手优秀，而一个品牌必须具备的重要特征是企业的社会责任感和研发创新能力。

3. 竞争对手促联想

选择参考对象是定位策略的主要内容之一，竞争对手经过多年经营，一般都有稳定且深入人心的形象，这如同纽带，有助于传达另外一种形象，有时候你有多好对消费者来说并不重要，重要的是他们相信你和竞争对手一样好，甚至比竞争对手更好。

企业只要看到同类产品一般就认为是竞品，特别是会把行业中的顶级企业当成自己最大竞争对手。比如，做洗发水就参考宝洁、做瓶装水就参考农夫山泉，其实多数消费者也是如此，购买时做比较性选择。

三、创建品牌忠诚度

（一）品牌忠诚度的概念

品牌忠诚度是指消费者在做出购买决策的过程中，表现出的对某个品牌的心理偏好，对品牌信息做出积极解读的认知倾向。品牌忠诚体现为习惯性、重复性的购买行为，与消费者头脑中已经建立的认知密切相关。品牌忠诚度的形成不完全是依赖于产品的品质、知名度、品牌联想及传播，它与消费者本身的特性密切相关。因此，品牌忠诚度的形成还依赖于消费者的产品使用经历。品牌忠诚使用者的价值在于：

第一，忠诚使用者在营销成本上最低廉，而为企业赢来的利润却最丰厚。有证据表明，品牌忠诚度提高一点，就会导致该品牌利润的大幅度增长。

第二，带动、吸引新的消费者。品牌忠诚度表明每一个消费者都可以以其亲身的品牌使用经验来说服周围的潜在消费者（即口碑），成为免费的广告宣传员。

第三，使企业面对竞争有较大的弹性。即忠诚使用者会对品牌产生依赖感，他们重复购买、重复使用，而对别的品牌的类似产品表现出不自觉的抵抗力。

品牌的经济价值是由预期回报与相应风险共同决定的。品牌只有拥有较大数量的忠诚顾客才能成为强大的品牌。企业应不再简单地与竞争对手抢夺顾客，而是竭尽所能提升顾客满意度和忠诚度，以留住自己的顾客。企业都希望能达到这一点，但由于产品供应充足，购买者总会从一个品牌换到另一个品牌，从一家制造商换到另一家制造商。相对于零违约，企业的目标是零背叛。

将品牌视为资产，但实际上真正的资产是品牌忠诚。如果没有忠诚于品牌的消费者，品牌不过是一个仅用于识别的符号。忠诚的顾客是企业最宝贵的财富，而且忠诚顾客更有利可图。

（二）提升顾客忠诚度的意义

品牌忠诚度是衡量品牌资产的一个重要指标，甚至是构成品牌资产的核心元素。品牌忠诚度是消费者对品牌偏爱的心理反应，作为消费者对品牌感情深浅和偏爱的度量，反映了对该品牌的信任和依赖程度。品牌忠诚度越低，消费者转向另一品牌的可能性就越大；品牌忠诚度越高，抵御竞争品牌攻击的能力越强，消费者转向另一品牌的可能性就越小。品牌忠诚度高是企业的最大财富。

顾客忠诚是企业核心竞争力的重要组成部分，也是品牌资产价值的集中体现。市场竞争，从某种意义上讲就是对顾客的竞争，争取和维持顾客是企业生存和发展的主要使命。然而，在企业实际经营中经常出现这样的情况：一方面新顾客源源而来，另一方面许多现有顾客悄然而去，营销界将其称为“漏桶”现象。顾客的生命周期如图14-8所示。因此，建立顾客忠诚对企业的经营和发展具有至关重要的意义。

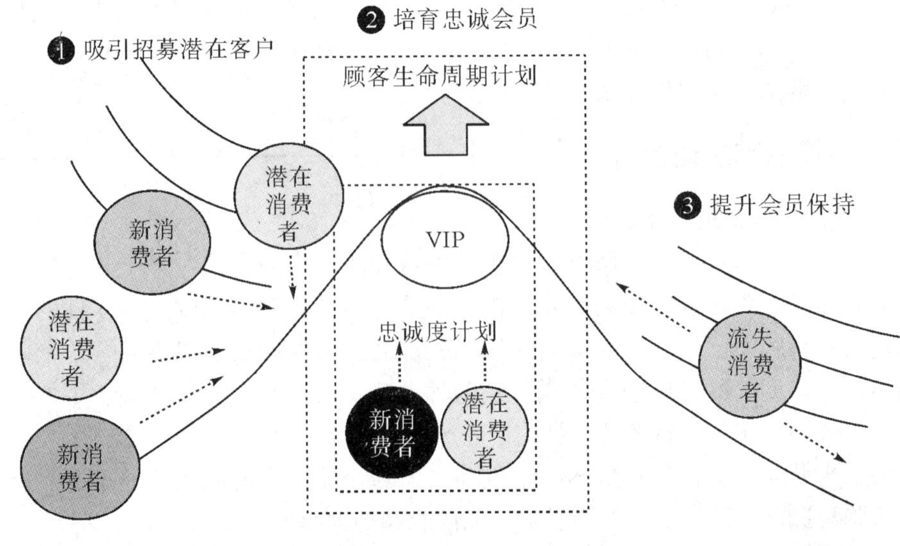

图 14-8 顾客的生命周期

由于数字渠道的便捷性、信息的透明化，用户更换产品和服务越来越便捷，从而导致消费者的品牌忠诚度下降，换言之，消费者越来越倾向于频繁地更换产品和服务供应商。调查表明，69%的中国消费者愿意尝试新品牌；85%的中国消费者至少在一个行业中因不满服务质量而更换了供应商，高于全球平均水平（66%）。对品牌的频繁更换，已形成了一种所谓的“换商经济”。在互联网时代，信息数量呈现几何级增长，信息传播渠道日趋多元化，用户随时随地都暴露在各种商业广告之中，每天吸收的信息量几近饱和，这让用户很容易感觉到信息过载和审美疲劳。

有关数据表明，留住顾客的难度比争取新顾客的难度要小很多，而且还能提高相关产品的购买率并带来新的顾客，能为企业带来更高的利润。留住顾客，提高顾客对品牌的忠诚度成为品牌竞争的重点和目标。所有强势品牌都在推动顾客忠诚计划，需要注意，没有任何计划可以弥补不适合或不够完善的服务。客户忠于品牌的最大条件，就是品牌背后为他们创造的价值。

（三）提高品牌忠诚度的方法

提高品牌忠诚度，必须有忠诚的员工、有优质产品和服务、有忠诚的客户，三者缺一不可。研究表明，员工对顾客有着很大的影响，顾客会由于对购买价值的满意而反复购买，而顾客的满意又增强了员工的士气和自豪感。受到激励的员工在为企业服务过程中，知识和经验的积累，又会为顾客提供更加满意的产品和服务，从而形成良性循环。顾客有时乐于接受某一特定的员工所提供的产品和服务，甚至顾客就是针对某位员工而来，这一点在服务业尤其明显。即使在制造业，尽管员工不直接面对顾客，但长期员工因技术和业务熟练，所以能比短期员工生产更优质的产品，为顾客提供更高的价值。因此，善待员工、保持员工的士气，实际就是善待顾客、保持顾客的忠诚。顾客、产品和服务、员工，三位一体，构成了维护品牌忠诚度的完整的系统。任何一方面被忽视或被误解，就会影响系统的整体运作。

提高品牌知名度常常被定为品牌传播的短期目标，而巩固品牌知名度则被视为企业品牌传播的长期目标。提高品牌的忠诚度，对一个企业在竞争激烈的市场中求生存、谋发展，不断进行市场开拓极其重要。而广告就是塑造品牌忠诚度的有效方式之一。余明阳教授认为成功的广告能极大地增加顾客的品牌忠诚度。广告对品牌忠诚的影响，国内外学者的研究很多，结论也差不多，即广告不但能产生试用，而且会强化品牌忠诚。对成功的品牌来说，由广告引起的销售量的增加中，只有30%来自新的消费者。剩下70%的销售量是来自于现有的消费者，这是由于广告使他们对品牌变得更忠诚。余明阳提出了品牌忠诚形成的作用模式：认知、试用、态度、强化、信任、强化、忠诚。即是说，由认知产生试用期望，导致试用行为，试用经验形成决定性的态度。这种态度经品牌的广告而强化，被强化的态度如果总是肯定的，就会增加重复购买或重复使用的可能性。如果继续强化，重复购买或重复使用就会转化为对品牌的信任，形成品牌忠诚。

（四）忠诚度与知名度、美誉度的关系

企业知名度、美誉度、忠诚度三者互相联系、互相制约。知名度、美誉度的提高有助于扩大忠诚度，而忠诚度的提高反过来又促进了知名度、美誉度，成功企业无不注重三者良性循环的整体效果。加强品牌整体运作，在提高知名度的同时，提升美誉度和忠诚度，已经成为国产品牌的制胜根本，这是企业生存的需要，也是国际化竞争中胜出的必然要求。

市场竞争在经历了价格、质量、服务等各方面的较量后，进入了一个新的阶段——品牌竞争阶段。品牌不等于产品，它是一个系统概念，是企业各方面优势如质量、技术、服务、宣传等的综合体现。所以，实施品牌战略要求企业系统地改善整体运作以促进品牌的段位升级。从品牌知名度到品牌美誉度，再到更高级的品牌忠诚度。也就是说，通过提高品牌知名度、提升品牌美誉度发现并吸引新的潜在顾客，通过拓宽品牌忠诚度留住顾客。这样，企业才能进一步扩大并牢固地占有市场，从而在品牌竞争中获胜。

第三节　品牌资产评估

一、品牌资产评估概述

（一）品牌资产评估的作用

自20世纪80年代以来，西方营销界一个广为流传的概念是品牌资产，它将古老的品牌思想推向新的高峰。在企业运营中，品牌资产发挥的作用越来越大，品牌资产作为公司最有价值的无形资产，品牌资产价值评估也日益被社会各界所关注，有关的研究大量展开，国际上已形成的权威机构，每年或每两年发布的全球品牌评估报告，受到广泛关注。

现在越来越多的企业开始使用品牌资产进行融资活动。资产负债表是银行贷款、股市的依据，品牌资产评估使得企业资产负债表结构更加健全。评估品牌将品牌资产化，使得企业负债降低，贷款的比例大幅降低，显示企业资产的担保较好，获得银行大笔贷款的可能性大大提高。

对品牌资产价值进行科学、公正的估算，有利于企业弄清品牌资产状况，考察品牌塑造的成败，吸引消费者的关注，提高企业的品牌竞争力；有利于企业采取积极措施不断提升自身品牌的价值；有利于企业合理、有效地保护品牌资产。

（二）品牌资产评估意义

对品牌资产价值进行评估，对企业的发展有着十分重要的意义，主要表现在：

（1）提高企业的声誉。品牌是面向消费者的首要展示标志，一旦被消费者熟知或认可，品牌就会成为强有力的无形资产。品牌对于商品和服务的增值方面有着积极的意义。品牌经过评估，告示企业品牌价值多少，以此可以显示企业品牌在市场上的显赫地位，从而加以宣传，提高品牌知名度、美誉度，展示企业实力。企业也以此来推动或扩大品牌的市场影响。品牌评估是对品牌价值的界定，就是分析企业信誉的一个衡量标准，其结果来自品牌的现实市场竞争力，同时它又借助于其市场影响力，进一步提升品牌声誉，增强企业在未来的市场竞争力，如果企业愿意出售，就可以提高价格。

对于经过评估的品牌，消费者可通过多种渠道来了解企业的品牌价值。品牌就是品质保障，品牌资产评估是品牌评估。资产评估是对品牌价值的界定，是公平公正的评估，品牌的价值是评估的根本属性，评估结果是品牌声誉的保证。

（2）增强投资者的信心。品牌评估可以让金融证券市场对企业的整体实力有比较正确的看法，发挥品牌号召力，激励投资者踊跃参与投资，提高投资、融资的交易效率。在品牌特许经营、品牌许可使用、品牌质押贷款等经营活动中，品牌评估尤为重要。有助于摆脱竞争攻击或恶意兼并企业企图。

（3）品牌运营和资本运营的需要。品牌价值评估为品牌并购、合资、特许试用等活动提供依据。品牌评估便于企业进行收购时对品牌作价，使收购操作更加可靠，不至于遭受损失。此外，品牌特许使用费用的确定，常常以品牌价值为契约基础，只有在特许方或受特许方均认可品牌价值的基础上，才能确定出合理价格。

将品牌从其他资产中分离出来，作为一项独立的资产去投入甚至控股新的合资公司，此时需要评估品牌的价值。以前很多国内品牌未经品牌资产评估在与外商合资时，就以低廉的价格甚至无偿让给对方，造成国有资产的流失。同样，在与国内公司合资时，也不应忽略本公司的无形资产价值。另外，在重组、改制、上市等过程中也应对无形资产做出评估。

（4）摸清家底。这有利于合理分配资源，评估品牌的资产价值，从而有利于企业高层管理人员对品牌投资发展做出明智的决策，合理分配资源，提高资源的利用率，减少投资浪费。企业能掌握品牌价值的变动状态，找出品牌当前存在的价值，并制定措施，有针对性地加以改进，不断提高企业的品牌价值。

（5）增强品牌凝聚力。不但向企业外部传达品牌发展的健康状态，而且向内部员工传达企业的信念。让员工了解自己的品牌以及品牌的价值或企业的实力，增强员工的信心，提升品牌的凝聚力。而稳健积极的团队，更有利于企业的长远发展。品牌经过评估后，许多媒体会进行报道宣传，消费者了解到品牌实力之后也会增加对品牌的忠诚度，产生新的消费欲望。

（6）提高交易效率，规范交易行为。在信息社会和高科技时代，同类商品间的差异性减少，同质性增加，不同商品的功能和质量乃至外形上的差异度越来越小，这时品牌的价值就凸现出来了。对大多数理性的消费者来说，一般不会选择自己不太熟知的品牌，不会拿金钱来冒险。据研究，有96%的人们购物中的选择行为是由群众心理决定的。消费者的从众心理决定了他们希望延续别人对某一品牌的美好印象，消费者会将错选商品引起的一系列后果、浪费的时间精力、不良的情绪反应均计算为成本。广为人知的名牌会给消费者的一个明确的购买信号和信心。也就是说，品牌让消费者节约了大量的交易成本。

（7）适当调节交易过程中信息的不对等性。在市场上，消费者属于弱势群体。面对着市场上各种各样的商品，消费者对于商品的设计过程、生产过程及商品的核心技术等都一无所知，而且对于商品的成本也只是通过自己的估计而略知一点。即使商家以产品说明书的方式，或用广告方式透露一些技术与成本信息，消费者也未必有能力识别。趋利避害的消费者为了自我保护，更愿意选择知名品牌，以降低风险。消费者同时相信，更多人所信赖的品牌，其技术一定是过硬的，其成品也会是货真价实的。而品牌资产评估结果是消费者评判品牌的依据，品牌资产评估能够适当调节交易过程中信息的不对等性。

总之，研究品牌资产评估的原则和方法，对于建立和管理品牌资产是非常有价值的。品牌资产是一个战略性问题，它是竞争优势和长期利润的基础，必须由企业的高级管理层亲自决策。品牌领导模式的目标不仅要管理品牌形象，更要建立品牌资产。

（三）品牌资产评估的特点

品牌资产评估是通过企业品牌价值量化，测定企业品牌的市场竞争力。这已成为国际上通行的做法。但还没有统一的标准，不同的企业品牌资产评估体系并存也属于正常现象。可是，许多人对企业品牌资产评估缺乏正确的认识，甚至将企业品牌资产评估与有形资产评估、商标评估、名牌评定等混为一谈。

1. 企业品牌资产价值评估不同于有形资产

（1）相对性。企业品牌这种无形资产的形成不同于有形资产，它具有不确定性、虚幻性和可变动性，因而其主观色彩较浓厚。不同的评估者因掌握或运用的评估标准、方法、分寸不同，对同一企业品牌资产进行评估时，往往得出很不相同的结论，评估只具有相同的意义，也不可能进行精确计算。人们为此进行了多方面的努力，但直到目前为止，还没有一个确切或完全一致的计算方法。因此，各个不同的企业品牌估价机构在对企业品牌资产价值进行评估时，虽然可以大致得出相对近似的结果，但具体的估价数字或顺序是很不相同的。

（2）市场性。企业品牌资产价值的评估以市场为基础，在当时条件下对它的价格进行评估和确认，且其评估结果也直接受到市场的验证。尤其在资产重组、资本运营过程中，企业品牌资产价值应该作为无形资产进行评估和成交（或作价入股）。这种市场交易成交的价格就是以无形资产价值为基础，充分考虑市场供求关系的状况来确定的，在企业品牌资产价值一定时，其价格受企业品牌资产供求双方的实力和讨价还价的具体操作情况而定。一般说来，企业品牌供给方实力越强，在讨价还价中越处于优势地位，企业品牌资产价格就会高于其价值，因为企业品牌供给方总是千方百计抬高其价格。即使不进行市场成交，企业品牌资产也可参照市场因素评估其价值。

（3）模拟性。企业品牌资产价值的评估是基于企业品牌这一无形资产在市场上的地位以及预测它在未来的预期收益，通过模拟市场的运作方式确定下来的，具有很明显的模拟性。由于企业品牌资产价值是无形的又是可变的，买卖双方很难取得一致，这就要求评估机构作为中介。通过专家按照法定的程序和科学的方法，根据市场动态变化的情况，模拟市场运作，选定合理的参数，计算出模拟价格，对企业品牌资产价值进行评估。市场的多边性以及许多难以测定或测不准的因素，使得企业品牌资产这种无形资产的评估比有形资产评估的难度要大得多，而准确性又低得多。企业品牌资产评估值的模拟性，使其误差允许值较大，在一般情况下，评估相对误差在±20%也被认为是允许的和可以接受的。但它并不意味着评估完全由评估师主观意志来决定，恰恰相反，评估师必须根据市场各种因素的客观规定性进行计算，以得出模拟市场的模拟价格，以尽可能真实地反映企业品牌资产的价值。

（4）公证性。企业品牌资产价值的评估必须具有公证性，因为这样才具有权威性。这种公证性主要表现在：一是评估中介组织人员的公证性，评估机构和评估师必须具有法定资产评估资格，并与被评估的企业品牌资产业务没有利害关系，能根据客观实际，公正、公平地操作评估业务。二是评估业务的规范性，企业品牌资产评估应按法定的准则和规程进行，具有公认的行为规范和业务范围。三是企业品牌资产评估的收费额不应按其评估值的一定比例收费，而应按评估的工作量收取固定评估费，这样可以避免因高估企业品牌资产价值而多收评估费的随意性。公证性可以最大限度地降低企业品牌资产价值评估中的主观性，尽可能地增加其客观性。

2. 企业品牌资产价值评估不同于商标评估

企业品牌与商标在内涵上有许多重合的地方，这是导致企业品牌资产价值评估与商标评估混同的主要原因。但企业品牌与商标的外延是有很大区别的，商标属于法律范畴，而企业品牌是市场概念。商标是受到法律保护的企业品牌，企业品牌注册形成商标，获得商标专用权，就受到法律保护。商标是企业品牌的一部分。而企业品牌不仅比商标的外延宽泛，更重要的是，企业品牌与市场密切关联。企业品牌是产品通向市场的牌子，它强调企业与消费者的关系，是企业在产品及其相关的质量、服务等方面对消费者的承诺。可见，企业品牌与商标在概念上的不同，是企业品牌资产评估与商标评估不同的根本原因。

企业品牌资产的构成内容包括企业品牌知名度、企业品牌形象、企业品牌联想度、企业品牌忠诚度和附着在企业品牌上的特殊技术等其他资产。而商标资产的构成内容则有所不同，它主要包括设计生产商标的劳动（包括设计图形、制作印刷等过程中所花费的劳动量），在法律上取得商标专用权的费用（包括申请费、注册费、变更费和续展费等），商标所有人为了使自己的商标标定的产品的内在质量优于他人的同类产品而使用的特殊技术、配方、款式设计等方面的劳动和费用等内容。

由于商标评估的主要目的是交易，所以商标评估强调交易性，在商标评估过程中要遵循与评估目的相适应的原则，无论采用什么方法，其评估结果都是满足交易的需要。按照国际惯例，评估值与最终估值误差在10%内视为是公正与准确的。可见，商标评估强调满足个别需要，商标之间价值不具备可比性。而企业品牌资产评估是为了研究企业品牌的市场竞争力，这种竞争力只能通过比较研究的方法来进行，所以，企业品牌资产评估强调可比性，在评估实践中必须遵循同一适用标准、同一基准时间、同一评价方法，对一组企业品牌群体进行比较研究。也可以说，企业品牌资产评估真正的价值在于各个企业品牌之间的比较性。

3. 企业品牌资产评估有别于名牌评定

企业品牌和名牌是经常被使用的概念，两者有很强的关联性。一般认为，名牌是指有较高的知名度和美誉度的企业品牌，但却无人为名牌评定创立一整套指标体系。

（1）企业品牌资产评估是市场经济产物

企业品牌资产评估最早问世于西方发达资本主义国家，通过一系列指标体系来研究企业品牌的市场竞争力，进而揭示企业品牌及其标定下的产品适应市场的状况。因此，企业品牌资产评估是适应市场经济的实用做法。

（2）企业品牌资产评估是中介行为

企业品牌资产评估则是由第三方中介机构来组织评估的，不存在对评估结果的倾向性，加之评估指标完整、科学，因此，企业品牌资产评估的结果是公正的，也是可信的。

（3）企业品牌资产评估侧重于市场

在市场经济条件下，市场已由过去的卖方市场转变为买方市场，企业的产品质量的好坏，企业品牌有无感召力，已经不完全取决于企业自身的内部管理。

二、品牌资产评估方法

（一）品牌资产评估方法概述

各国学者对品牌资产价值评估方法进行了大量的研究，发展出了众多各具特色的品牌资产价值评估方法。迄今为止，理论界对于品牌价值的内涵还没有形成统一的观点和认识，对于如何合理的、有效的评估品牌价值，仍然是各抒已见。对品牌价值的研究不同的人有不同的目的，或受个人背景的限制，赋予其不同的含义，给出了不同的评价方法。

品牌事实上是一种不可辨认的无形资产，品牌价值是与商誉价值浑然一体的，品牌价值评估存在先天性的困难。无论采取什么评估方法，品牌价值评估都只能相对合理，而无法做做到绝对的准确。

事实上，品牌价值是一种可以反映在经济财务上的无形资产，许多专家学者们认为，杰出的品牌管理始于是否有一个评估品牌价值的有效方法，同时应该发展出将价值量化的一套过程，理由是：

（1）品牌可以出售或并购，所以必须将其价值量化。

（2）强化品牌价值的任何投资必须将其合理化。

（3）品牌价值量化是新产品开发的核心元素。

（4）品牌可以是连接商业下游系统和财务系统的一种正面优势。

评估品牌价值时，通常要面临两个问题：一是“企业”，二是“消费者”。企业提供的是产品或服务，顾客购买的则是品牌，而品牌是一连串的想法与感觉，连接了产品，赋予了产品一种意义，存在于顾客心中，并在顾客的购买行为过程中物质化、具象化。就企业的角度而言，可以用不同的量化元素去评估，如利润、市场占有率、价格差异；

而对于消费者，则偏重于质化元素的评估，如心中的知名度、品牌联想、认可度、满意度等。

关于品牌资产评估的方法有很多，但归纳起来，因其出发点不同，有六种路径：

（1）以品牌开发费用为依据，投入越多，品牌价值越高；

（2）以价格为依据，同类产品价格越高，品牌价值越高；

（3）以市场价值为依据，利用品牌的股市价格或市场占有率来计算品牌价值；

（4）以消费者的认可度或忠诚度作为衡量品牌价值的指标；

（5）以未来收益为依据；

（6）以其他相似品牌的价值来推算。

（二）品牌资产评估模型

基于对品牌资产内涵的三种不同理解，构成各种品牌资产评估方法的基本要素，可以分为三大类模型：基于财务要素（成本、溢价、附加现金流）模型、基于市场要素（市场表现、市场业绩、竞争力、股价）模型和基于消费者因素（态度、行为、信仰、认知、认同、购买意愿）模型。

1. 基于财务要素的品牌资产评估模型

品牌是企业的无形资产，但是从财务的角度来说，这笔无形资产应有据可查，必须为这种无形资产提供一个财务价值。品牌的财务资产即品牌的溢价收益，或者说是其提供未来收益的能力。在资本并购、产权变更、募集资金、特许权许可等资本运作交易中，都要求企业出具品牌财务资产的测评报告，以使股东确切知晓品牌的真实资产总量。财务会计要素的品牌资产评估模型着眼于对公司品牌提供一个衡量的价值指标，主要看重的是企业未来的现金流量，它以价值标准作为最佳标准，通过对未来收益现金流的折现来进行评估。在此模型下的方法主要有成本评估法和收益现值法。

（1）成本评估法

成本评估法将品牌价值看成是获得或创建品牌所需的费用，包括所有的研究开发费、试销费用、广告促销费等。具体分为历史成本法和重置成本法。

历史成本法是依据品牌资产的购置或开发的全部原始价值估价，即计算品牌运营的原始会计成本。它包括设计、创意、广告、促销、研究、开发、分销、注册、商标相关的专利创造和申请等一系列现金开支。

重置成本法即假设重新创建一个相同的品牌所需付出的成本，它是目前国际上公认的资产评估三大基本方法之一。重置成本是第三者愿意出的钱，相当于重新建立一个全新品牌所需的成本。企业自创品牌资产目前一般没有账面价值，只能按照现时的成本费用标准估算其重置的价格额度。品牌资产原则上不受使用年限的限制，但存在经济性贬值（外部经济环境变化）和形象性贬值（品牌形象落伍）。其基本计算公式为：

品牌评估价值=品牌重置成本×成新率

品牌重置成本=品牌账面价值×（评估时物价指数/品牌购置时物价指数）

品牌成新率=剩余使用年限/（已使用年限+剩余使用年限）×100%

品牌资产价值大小与投入成本的相关程度较低，投入成本高不代表品牌资产价值大，投入成本低也不代表品牌资产的价值小。这两种成本法的缺点很明显，历史成本法难以反映品牌当下的实际价值。而重置成本法的评估对象有一个前提条件就是必须是能够复制、再生或可以重新建造或购买，适用于企业车间、房屋、桥梁等有形资产评估，而品牌的无形资产则往往容易被忽视。但使用成本法评估品牌资产价值的计算过程较为简单，且易于操作。

（2）收益现值法

收益现值法认为，品牌价值在于其提供了源源不断的未来收益的能力，测评品牌价值时应从其直接收益或净现值出发。收益现值法又叫收益还原法、收益资本金法，是通过估算未来的预期收益，并采用适宜的贴现率折算成现值，然后累加求和，得出品价值的一种评估方法。根据市场风险、企业经营风险等风险因素确定折现率，将预期收益进行折现并剔除非品牌资产要素的贡献收益，得到的超额收益即为品牌资产的价值。其中，主要影响因素有超额利润、折现系数和收益期限。

品牌价值=该品牌资产预期各年收益折成现值之和

在品牌资产评估的方法中，收益现值法应用最为广泛，因为对于品牌的拥有者来说，未来的获利能力才是真正的价值。尤其适用于投资决策、产权变动时的资产评估及无形资产转让，应用收益现值法得出的品牌价值容易被各方所接受。但此法建立在预测的基础之上，受主观判断影响较大，而且未来收益存在很多未知因素的影响。况且单纯由品牌带来的价值的估算有一定的难度，采用何种适用折现率也有值得讨论的地方。

2. 基于财务和市场要素的品牌资产评估模型

该模型将产品市场和金融市场的指标相结合，通过品牌的现有利润推算出未来利润潜力，进而估算出品牌价值。财务分析是为了估计某个产品或某项业务的沉淀收益，包括品牌所创造的全部收益。市场分析是确定品牌产品的沉淀收益中，有多大部分应归功于品牌，多大部分应归于非品牌因素，从而综合产品和业务所产生沉淀收益和品牌在产品和业务中的作用，确定品牌的未来收益。

国际上两种著名的品牌评估方法为 Interbrand 法和 Financial World 法。

（1）Interbrand 法

Interbrand（品牌咨询）成立于 1974 年，是全球最大的综合性品牌咨询公司，2002 年 Interbrand 在上海设立办事处。Interbrand 从 1988 年起开启品牌价值研究，并且其品牌价值评估体系第一个通过了 ISO 国际认证，在 Interbrand 的概念中，“品牌之所以有价值，不全在于创造品牌所付出的成本，也不全在于有品牌产品较无品牌产品可以获得更高的溢价，而在于品牌可以使其所有者在未来获得较稳定的收益”。这点出了品牌价值评估中的三个重要元素：成本、溢价、收益。

应用该方法主要需进行三个方面的分析。一是财务分析，其目的为估计某个产品或某项业务的沉淀收益，即产品或业务的未来收益扣除有形资产创造的收益后的余额。二是市场分析，确定品牌对所评定产品或产品所在行业的作用，以此决定在产品沉淀收益中，应归功于品牌部分占多少，应归功于非品牌因素占多少。三是品牌强度分析，确定被评估品牌较之同行业其他品牌的相对地位。

该方法根据企业市场占有率、产品销售量以及利润状况，估算确定品牌资产的价值。Interbrand 品牌资产价值计算步骤如图 14-9 所示。

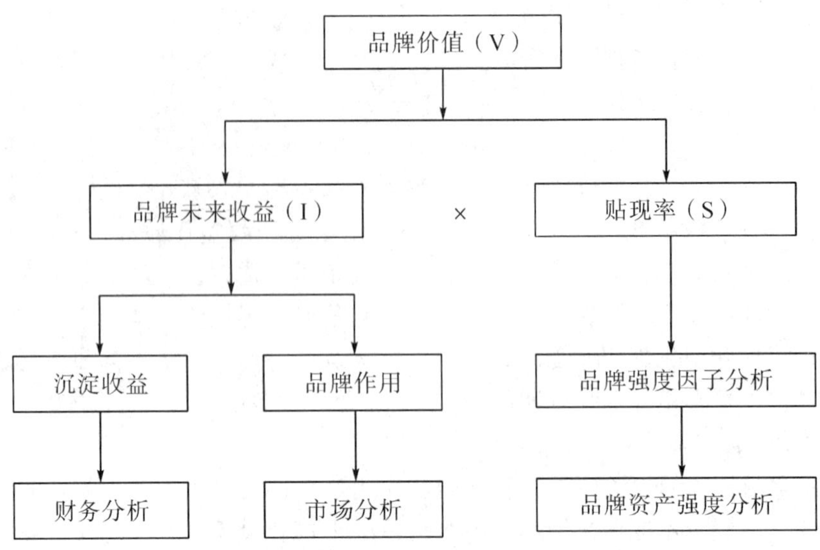

图 14-9　Interbrand 品牌评估法计算步骤

计算公式是：

品牌价值（V）＝品牌未来收益（I）×品牌强度因子转化的贴现率（S）

品牌收益反映品牌的获利能力。品牌收益的计算可以从品牌销售额中减去品牌的生产成本、营销成本、固定费用和工资、资本报酬以及税收等。

品牌强度决定品牌未来的现金流入的能力，Interbrand 先后提出了两套计算品牌强度的模式：七因子加权综合法和四因子加权综合法。

①七因子加权综合法。其从市场领先度、稳定性、市场特征（行业增长能力、进入障碍等）、国际化能力、发展趋势（与消费者的相关性）、品牌支持、法律保障七个因素确定品牌的强度，如表 14-1 所示。

表 14-1　品牌强度影响因素分之表

品牌强度影响因素	最大分值
领导力：品牌的市场地位	25
稳定力：品牌维护消费者特权的能力	15
市场力：品牌所处市场的成长与稳定情况	10
国际力：品牌超越地理文化边界的能力	25
趋势力：品牌对行业发展方向的影响力	10
支持力：品牌所获得的持续投资和重点支持程度	10
保护力：品牌的合法性和受保护的程度	5
合计	100

②四因子加权综合法。它的四个因子是：比重（同类产品中的市场占有率）、广度（市场分布）、深度（顾客忠诚度）、长度（产品延伸程度）。

（2）Financial World 法

美国《金融世界》（*Financial World*）自 1992 年起每年公布一次全球最有价品牌排行榜。Financial World 法与 Interbrand 法基本接近，主要不同之处是更多地关注专家意见，更为强调品牌的市场业绩。

Financial World 法是以专家意见来确定品牌的财务收益等数据，强调品牌的市场业绩。首先从公司销售额开始，根据专家对行业平均利润率的估计，计算出公司的营业利润；其次从营业利润中剔除与品牌无关的利润额；再次根据 Interbrand 法品牌强度的七因子模型估计品牌强度系数，品牌强度系数的范围为 6~20；最后，计算出 Financial World 品牌价值=纯利润×品牌强度系数。

Interbrand 法和 Financial World 法两种方法发表了多年的品牌评估结果，在这一领域已经具有一定的国际地位，具有较强的权威性和通用性。特别是在品牌收购、兼并或租赁等市场行为中用途较广。但这两种方法也存在不足，只提供品牌总体业绩指标，却没有揭示品牌资产内部的因果关系，对品牌指引不够，过于简单化，同时难以确定品牌资产中多少价值来源于母品牌，又有多少价值来自子品牌。

3. 基于消费者模式的品牌资产评估模型

人、经济状况、经济理论、公司、竞争对手等因素在经济发展上尽管很重要，但实际上它们起着暂时的作用。而消费者对价值的追求以及品牌和消费者建立起来的关系却能对经济增长产生长期的作用。消费者心智模式的品牌资产评估模型主要评估顾客或消费者对品牌的知名度、态度、联想、情感依附和忠诚。这种评估模型认为，顾客或消费者是品牌资产的源头，顾客对品牌的心理认知能够预测市场潜力。

（1）以消费者概念进行的评价

以消费者概念进行的评价体现的是消费者对品牌的认知态度以及对品牌的忠诚度。消费者要素包括消费者对品牌的态度、行为、认知、认同、购买意愿等。基于消费者概念的这种评价模式，主张品牌价值主要体现于品牌与消费者关系的程度，把消费者看作是品牌形成和品牌评价的焦点。1996 年，美国品牌专家大卫·艾克教授提出了从消费者概念出发的衡量品牌价值的五个方面：忠诚度、认知度、品牌联想、知名度与市场状况。并提出了品牌资产评估的五个维度、十个要素，如表 14-2 所示。

表 14-2　品牌资产评估的五个维度、十个要素

五个维度	品牌资产评估十个要素	
忠诚度	价格优惠程度	价格优势是衡量品牌资产最佳的单个指标，用一种关联性最强的方式直接反映了顾客的忠诚度
	满意度或忠诚度	顾客满意度是直接反应愿意坚持购买某一品牌的指标
认知度	感知质量	感知质量可以成为品牌形象元素的替代指标
	品牌对产品潮流的领导性/受欢迎程度	考察一个品牌是不是某产品类别中的领导者，是不是越来越受欢迎，是不是因为创新而受到尊重

表14-2（续）

五个维度	品牌资产评估十个要素	
品牌联想	价值主张	品牌形象的角色之一是创造一种价值主张。而价值主张通常要涉及功能利益
	品牌个性	品牌个性联系品牌的情感利益与自我表达利益，奠定了品牌与消费者之间联系和差异化的基础
	企业联想	当品牌在有些属性上非常相似以及当组织比较知名时，或者当牵扯到企业品牌时，这个维度的作用就更加重要
知名度	品牌知名度	
市场状况	市场分额	一个品牌的市场占有率，很大程度上决定了这个品牌在这个品类的影响力
	市场价格、分销区域	一个品牌的市场价格，包括了通路价格和消费者的购买价格，是否强势，具有定价权与否，也是这个品牌是否强势的主要表现，同时，其覆盖的范围也很重要

这十个要素也可以被归纳为五个维度，分别是忠诚度、认知度、品牌联想、知名度和市场状况，前4组代表消费者对品牌的认知，第5组则是两种市场状况，代表其来自市场而非消费者的信息。品牌资产的十要素模型为经营者提供了有效、可信及系统化的测量手段，通过对一系列要素的评估测量，企业可以很清晰地了解到自己的品牌价值。

（2）溢价法

溢价法的基本思路是品牌价值的大小可以通过消费者选择这一品牌时愿意额外支付多少货币来加以衡量。在其他条件相同的情况下，如果消费者为选择某一品牌而愿意支付的额外费用越多，则表明该品牌越有价值。用溢价法评价品牌，要解决的问题是溢出价格的确定。即确定消费者所使用此品牌与其不使用品牌相比，愿意额外支付的货币金额。

三、品牌价值评估方法分析

（一）基于财务会计要素的品牌资产评估模型的方法分析

财务会计模型采取的成本途径看似在实际操作中比较便利，但品牌在市场上的重复性是很小的，因此，新品牌创建的平均费用难以确定。这就使得这一方法存在着先天缺陷。而且基于财务会计模型的品牌评估方法过于关心股东的利益，集中于短期利益，很可能会导致公司只追求短期利益最大化，从而忽视品牌的长期发展。品牌资产的内容十分丰富，绝不是一个简单的财务价值指标所能概括的。这种品牌评估方法对于品牌管理没有任何帮助，只能提供品牌的一个总体绩效指标，没有明确品牌资产的内部运行机制。

（二）基于财务和市场要素的品牌资产评估模型的方法分析

基于财务和市场要素的品牌资产评估模型采用的 Interbrand 方法的优点是显而易见的，认为品牌资产符合资产的传统财务定义，资产是品牌所能为企业带来的未来收益的现值，契合无形资产评估常用的实际操作思路。这一方法对品牌收益的界定和计算方式比较科学，考虑了企业超额收益的多来源性和稳定性，防止了品牌收益评估泡沫出现，符合资产评估稳健性的原则。同时，这考虑了多种市场因素对未来收益流入带来的影响。

但这一方法在衡量市场强度倍数的时候，其本意是要准确评估未来收益变动的风险，可在因子的选择上过于重视产品所在行业的市场结构性和政策性因素，如行业增长能力、市场进入障碍、市场领先度、市场的长度等因子，而对影响未来品牌收益最重要的品牌关系考虑不足，只是在市场因素中设置了一个与品牌关系相关的指标发展趋势来反应，并且没有考虑消费者差异导致的品牌关系衡量指标的区别。

（三）基于消费者心智模式的品牌资产评估模型方法分析

基于消费者心智模式的品牌资产评估方法的优点是揭示了品牌价值的构成要素，能够诊断品牌的现状并预测未来发展，从而对企业营销决策具有指导和借鉴价值。但是，这种资产评估方法要以消费者调查数据为基础，不易计算，多指标模型，评估工作繁多，难以对品牌提供简洁明了的评价指标，不能直接转化为品牌资产的财务价格，难以满足企业对品牌财务价格评估需求。因而，对品牌经理人而言没有吸引力，也无法引起金融市场的关注。

上述三种品牌资产评估模型表达了对品牌价值来源的不同理解，代表着不同的品牌理论研究视角，决定着品牌塑造实践的理念与管理行为。这也恰恰说明品牌资产并非是单一的，而是一个完整的体系或系统。

不论是以上哪种价值评估方法，品牌价值的推算过程都包含对企业财务表现的假设和品牌作用力的估算，以及对品牌长期竞争力的分析。因此，品牌价值的大小和企业的资产规模没有直接的联系。一个资产庞大的企业的品牌价值并不一定会高于一个资产规模相对较小的企业和品牌。在同等资产规模的情况下，不同行业品牌之间的品牌价值，有可能也会相差很大。比如石化企业品牌，其资产规模巨大，但是石化产品是标准化的产品，其品牌作用力非常小，因而品牌价值的基础便相对较低。

另外，资产本身也是有成本的。Interbrand 使用了 EVA 的概念，即企业的价值应该建立在净收益和资本成本的差额基础上。如果企业的存货和厂房占用了太多的资产，企业的利润即便微有盈余，也不够抵消资产使用的机会成本而没有真正为股东和投资人创造价值。因此，品牌价值并非只是让管理者看到一个无形资产的价值变化，而是要从财务和运营上确保企业在净资产收益和资本成本管理上是创造价值的。以此为基础的品牌价值才是企业真正创造的价值，否则便会虚化或夸大品牌的实际价值。

四、品牌评价标准化

（一）品牌评价概述

品牌评价作为将品牌价值量化展示，从而提升品牌竞争力、推动品牌建设的有效手段，日益受到国内外的重视，其标准化工作也随之从萌芽开始逐渐壮大。

改革开放 40 多年来，我国经济社会发展取得举世瞩目的成就，已经成为世界第二大经济体。然而，与此形成鲜明对比的是我国国际知名的品牌数量却寥寥无几。这说明中国企业的核心竞争力距离全球一流公司还有很大的差距，这与我们对品牌评价国际规则的认知不足、缺少国际话语权有关。

随着经济社会的发展和全球化的市场竞争加剧，我国已充分认识到品牌建设对提升企业乃至国家核心竞争力的重要性，以及掌握品牌评价国际话语权对我国企业参与国际市场公平竞争的重要性。2012 年，国家标准委批准成立了全国品牌价值及价值测算标准化技术委员会，后更名为全国品牌评价标准化技术委员会（SAC/TC 532），统一归口管理品牌领域标准化工作。SAC/TC 532 以及 2013 年正式成立的中国品牌建设促进会，为推动我国自主品牌建设、建立品牌评价制度，搭建了以标准化为支撑的组织框架和技术基础。

2006 年，德国标准化协会向国际标准化组织提交提案，牵头成立了项目委员会 ISO/PC 231，2007 年开始起草品牌货币价值评价要求的国际标准。彼时正逢我国“十一五”时期，各行各业品牌建设全面提速，从上至下加快培育国际知名品牌的呼声很高，我国于 2008 年主动参与到这项国际标准的制定中。2010 年，该国际标准 ISO 10668《品牌评价 品牌货币价值评价要求》正式发布。这是品牌价值评价领域第一项国际标准，意义非同凡响。

ISO 10668 发布后，起草该国际标准的项目委员会解散，而我国的相关工作不仅没有止步，反而继续深入研究。一方面，我国经试验验证，决定等同采用该国际标准，转化为国家标准。另一方面，鉴于该标准只是对品牌货币价值评价提出了框架性要求，为了保证标准真正落地，切实发挥作用，适时建立国内标准体系。2012 年，由中国标准化研究院、中国资产评估协会等单位组成的标准起草组，同步研究制定了《品牌价值 术语》《品牌价值 要素》《品牌评价 多周期超额收益法》等标准。

品牌评价已经成为国际品牌竞争的重要领域，品牌评价涉及国际话语权。ISO 10668规范的是品牌货币价值的评价，强调的是品牌的财务表现。而中国以及众多发展中国家，更迫切需要的是“以评促建”，需要以科学的品牌评价引领品牌发展。为此，我国深入研究了影响品牌价值的关键要素，经与美国、德国等充分沟通，联合美国于 2013 年向国际标准化组织（ISO）提出了成立品牌评价标准化技术委员会的提案，2014 年 1 月 8 日获批成立，编号 ISO/TC 289，中国承担秘书国。

我国于 2015 年 3 月提交了《品牌评价 原则与基础》国际标准提案，成立了由中国和奥地利专家牵头的工作组。在中国、奥地利、英国、法国、美国、俄罗斯、墨西哥等十余个国家几十位专家的积极参与下，经过多年努力，历经国际标准化组织品牌评价技术委员会（ISO/TC 289）6 次工作组会议和 4 次全体会议，该国际标准于 2019 年最终被国际标准化组织（ISO）批准并正式发布。

我国通过科技支撑计划项目、品牌价值提升工程等经济类研究项目，不断深化研究和实践，逐渐形成了较为成熟的品牌价值发展理论，支撑了国内品牌评价标准体系的建立。

（二）主要标准简介

1. GB/T 29187—2012/ ISO 10668：2010《品牌评价 品牌价值评价要求》

我国在 2012 年 12 月发布了国家标准 GB/T 29187—2012/ISO 10668：2010《品牌评价 品牌价值评价要求》，为品牌价值评价提供一致且可靠的方法，包括财务、行为和法律等方面。该标准为建立中国品牌价值评价标准体系奠定了基础，明确了评价人员应采用收入、市场或成本途径评价品牌价值，以及决定使用哪一种或几种途径计算品牌价值。

2. GB/T 31041—2014《品牌价值质量评价要求》

国际上对品牌价值的评估主要以货币价值评价为主，国际标准 ISO 10668 就对货币化品牌价值评价提出了原则性和具体操作方面的要求。此外，一些国际知名咨询公司也都开发建立了自己的品牌货币价值评估方法和模型。但是，对于质量等影响品牌价值的重要要素的评价以及品牌价值综合评价却鲜有涉及。

我国在 ISO 10668 品牌评价国际标准的基础上，进一步研究了影响品牌价值的重要因素，提出从有形资产、质量、技术创新、服务和无形资产五个方面对品牌价值进行综合评价，以帮助组织全面掌握品牌建设情况，采取有效措施提升品牌价值。因此，制定《品牌价值 质量评价要求》（GB/T 31041—2014）国家标准。

3. GB/T 39654—2020/ISO 20671：2019《品牌评价 原则与基础》

品牌竞争是当前国际经济竞争的主要焦点。如何有效评价品牌，进而提出品牌管理改进建议是全球品牌所有者及管理者关注的核心问题。为推动建立全球统一的品牌价值评价标准体系，提升我国品牌建设水平，我国于 2014 年推动国际标准化组织成立了品牌评价技术委员会（ISO/TC 289），并于 2015 年提出了该技术委员会首个国际标准项目 ISO 20671《品牌评价 原则与基础》。ISO 20671 作为品牌评价领域的基础标准，已于 2019 年正式发布。我国专家团队在牵头制定 ISO 20671 的同时，对该项国际标准进行了同步等同转化。

GB/T 39654—2020《品牌评价 原则与基础》作为一项纲领性标准，将为制定和实施品牌评价系列标准提供指导。

（1）对品牌、品牌价值、品牌评价的核心内涵给出了清晰的说明，给出了从输入要素到输出维度、从品牌建设到品牌价值评价持续改进的框架图。对于追求品牌价值提升的实体而言，品牌评价为品牌持续改进建立了反馈环路，为企业规划和治理提供了基础。

该标准虽聚焦品牌评价，但也综合考虑了与品牌价值评价的关联关系。品牌价值评价是从持有人和（或）实体视角，品牌评价是从利益相关方视角，两者相互关联，协同作用。该标准阐述了分析和报告品牌价值的基本原则，以及本框架下关于输入、输出的具体内容。

品牌评价依据品牌建设要素（输入）、品牌强度或品牌绩效维度（输出）两方面的评价指标测算品牌价值。品牌价值评价是指估算品牌对公司所具有的经济价值，它是品牌持有人的财务权益。品牌评价既包括品牌价值评价，也包括非货币因素考量。

品牌评价和品牌价值评价的整体框架，如图 14-10 所示。

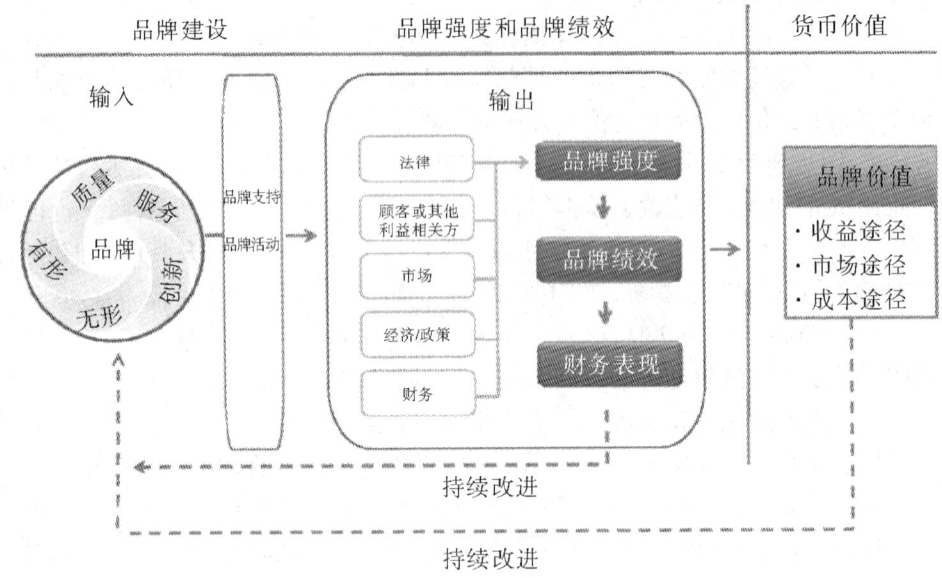

图 14-10　品牌评价和品牌价值评价的整体框架

该框架由三个部分组成，每一部分都从特定角度确定品牌价值。各部分相互关联，承上启下，评价视角涵盖了持有人和（或）实体和利益相关方。该框架包括品牌建设的要素（输入），衡量品牌强度、品牌绩效、财务结果的维度（输出），以及品牌价值评价。

（2）明确了品牌评价的原则性要求，指出品牌评价应使用适宜的指标，采用定性与定量相结合的方法，从要素和维度两个方面评价品牌。品牌评价应保持透明性、一致性和客观性。

（3）提出了品牌建设的“五要素”，包括有形要素、质量要素、创新要素、服务要素和无形要素。“五要素”是品牌成功的关键，也是品牌强度的决定因素。维度能够衡量外部对品牌的反应，包括法律、顾客及其他利益相关方、市场、政治经济环境、财务等。要素、维度及其可能的评价指标构成了品牌评价活动的基础。同时，标准还给出了品牌评价活动需要考虑的其他因素，包括评价人员、评价过程与实践、评价审核、数据来源以及结果应用等，并以附录形式给出了企业品牌、城市和地区品牌两类常见品牌可能使用的要素、维度指标示例，供标准使用者开展品牌评价时参考采用。

4. 品牌价值要素评价相关标准（GB/T 29186.2—2021）

“有形资产、质量、服务、技术创新、无形资产”五要素的品牌价值发展理论是我国的创新，已形成国际共识，并形成了系列国家标准。

GB/T 29186.2—2021《品牌价值要素评价　第 2 部分：有形要素》如图 14-11 所示。

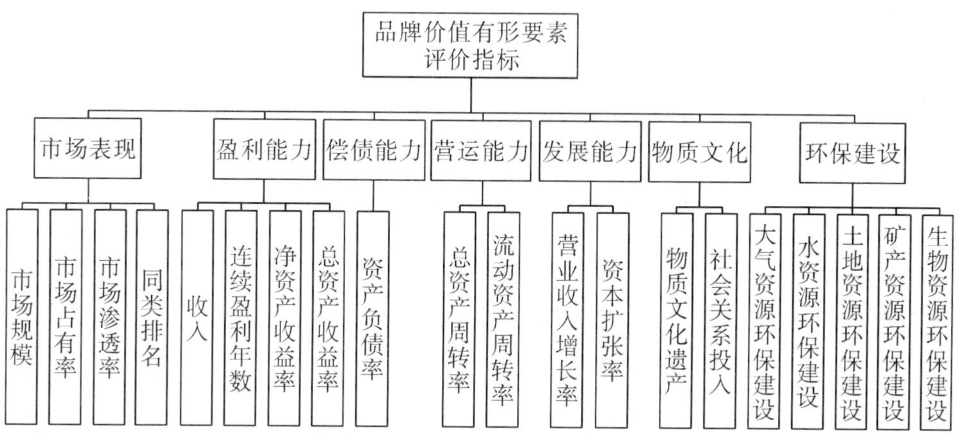

图 4-11 品牌价值有形要素评价指标

GB/T 29186. 3—2021《品牌价值要素评价 第 3 部分：质量要素》，如图 14-12 所示。

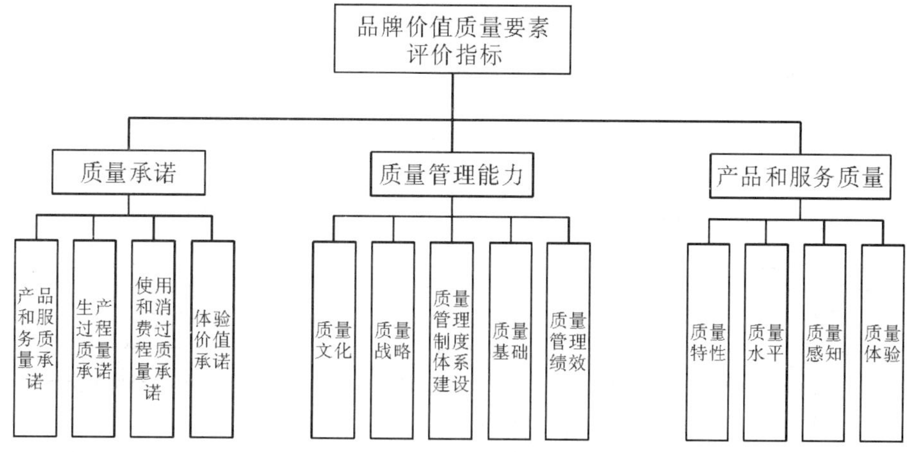

图 4-12 品牌价值质量要素评价指标

GB/T 29186. 4—2021《品牌价值要素评价 第 4 部分：创新要素》，如图 14-13 所示。

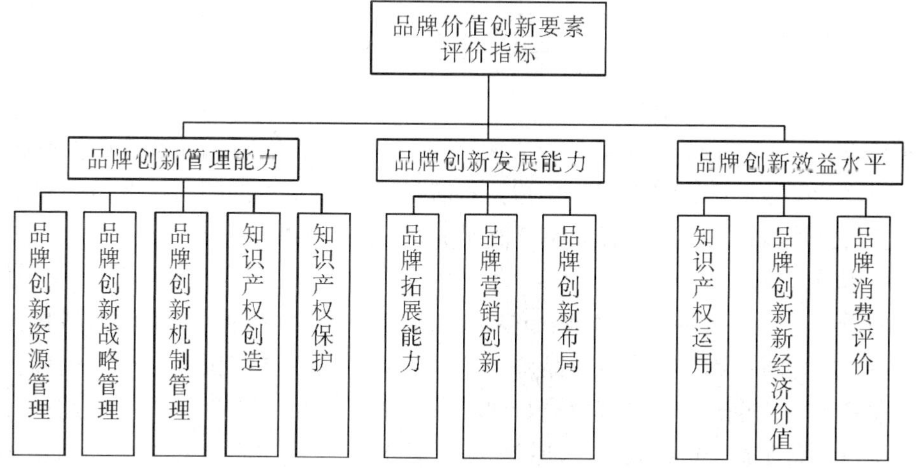

图 4-13 品牌价值创新要素评价指标

GB/T 29186.5—2021《品牌价值要素评价 第5部分：服务要素》，如图14-14所示。

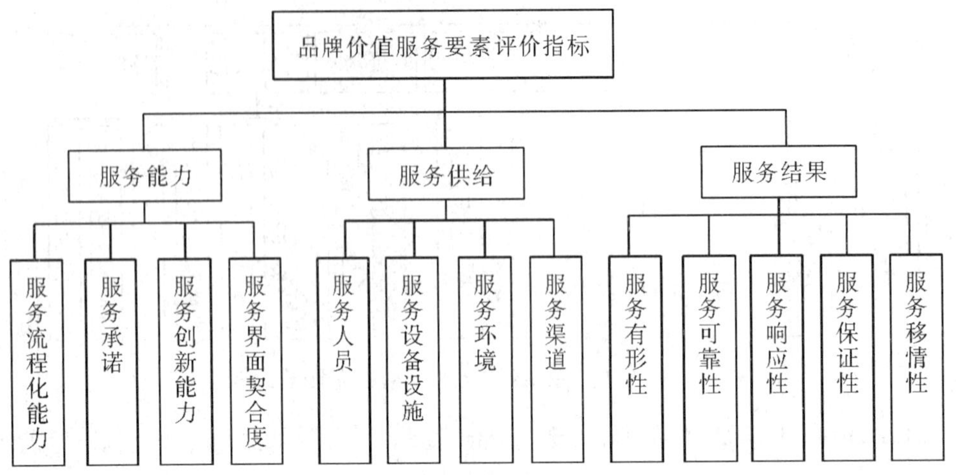

图 4-14 品牌价值服务要素评价指标

GB/T 29186.6—2021《品牌价值要素评价 第6部分：无形要素》，如图14-15所示。

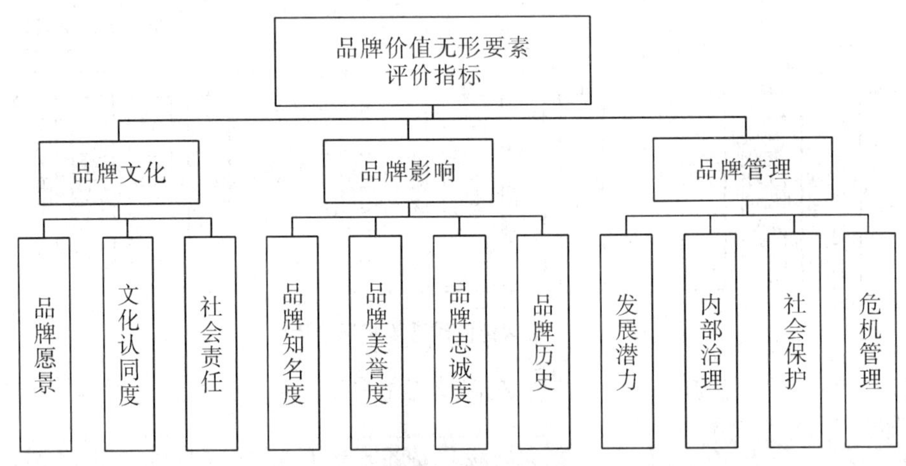

图 4-15 品牌价值无形要素评价指标

（三）我国开展品牌价值评价

2013年，中国制造业自主品牌价值评价结果发布后，中国品牌价值评价遵循“名牌要在市场竞争中产生，名牌最终要被消费者认可”的基本准则，旨在引领中国品牌价值评价方式的规范化，与国际品牌价值评价方式进一步接轨。

1. 评价范围与对象

品牌价值评价覆盖一二三产业，包括企业品牌、产品品牌、自主创新品牌、中华老字号品牌、区域品牌。其中企业品牌、产品品牌主要面向我国具有产业优势、占国民经济生产总值比重较高、品牌建设基础较好、品牌评价条件成熟的相关行业，包括：农业、机械设备制造、能源化工、纺织服装、轻工、电子电气、电梯、食品加工制造、建材建筑装饰、医药健康、冶金钢铁、汽车及配件、餐饮业、金融业等行业。自主创新品牌主要面向中小企业。中华老字号品牌主要面向历史悠久的老字号企业。区域品牌主要面向地理标志产品、旅游目的地和产业集聚区。

2. 评价方式

按照自愿参与、不收费的原则，中国品牌建设促进会会同有关单位组织符合条件的企业、区域参加评价工作。

3. 评价方法和指标体系

依据GB/T 29187—2012/ISO 10668:2010《品牌评价 品牌价值评价要求》、ISO 20671:2019《品牌评价 原则与基础》、GB/T 29188—2012《品牌评价 多周期超额收益法》以及其他品牌评价相关标准。

在建立中国特色的品牌价值评价机制的实践探索中，实现了四个方面的创新：第一个创新是品牌价值评价要素的科学化、完整性。经我国提议，基于“有形资产、质量、服务、技术创新、无形资产”五要素的品牌价值发展理论已形成国际共识。第二个创新是实施分类评价和产品品牌价值评价。目前国际上很多品牌价值评价，不分行业、不分类别，缺乏一定的合理性，不能科学地体现不同行业品牌的价值。而分类开展产品品牌价值评价将是未来我们进行国际发布的一个强项。第三个创新是区域品牌价值评价，主要是对以地理标志保护产品、旅游目的地、产业集群等为代表的区域品牌开展价值评价。第四个创新是以发明专利为切入点的自主创新企业的品牌价值评价，目的是推动大众创业、万众创新，支持有核心技术的中小微企业健康发展。利用品牌价值要素培育品牌的过程，实质上就是质量提升的过程，服务改善的过程，技术创新的过程，有形资产和无形资产增值的过程。科学公正的品牌价值评价给企业带来了明显的益处，评价结果将成为企业有力的品牌背书，成为企业诚信的有力证明，成为企业发展的内在动力，成为企业全员的工作信心。

【本章小结】

品牌资产是近年来最流行和最有潜力价值的营销概念之一。品牌资产提升了品牌在营销策略中的重要性，同时为企业经营管理活动提供了重心。可目前还没有对品牌资产进行概念化和评估形成一致的观点。大多数学者和专家都认为品牌资产应该是品牌所具有的独特的市场影响力。本书从消费者、财务、市场的视角对品牌资产赋予了不同的定义以满足不同的目的。品牌资产是一种重要的无形资产，依附于企业而存在，是企业的一种长期资源但难以评估。

正确衡量一个品牌实力的真正标准是消费者对该品牌的考虑、感觉和行动方式。品牌创建无捷径，伟大的品牌绝非偶然建立的，而是通过一系列紧密相关的步骤精心打造而成的。本书结合戴维·阿克（David A. Aaker）提出的品牌资产五度（五星）模型和凯文·莱恩·凯勒基于顾客的品牌资产模型，阐述了品牌资产建立，创建品牌认知度、知名度、美誉度、联想度和忠诚度的路径和方法。

要对品牌资产进行评估，最理想的方案是建立一个品牌资产指数。这样，评估者只需要进行简单计算，就可以了解品牌的健康强度，并可获得品牌资产的准确数值。但是，就像血压计测量人体血压，仅从一个方面反映人们的身体状况一样，任何资产的评估方法也只能反映品牌某一个方面的健康程度。品牌资产是一个多维的概念，其内容非常复杂，需要用多种不同的方法进行评估。本章概述了国内外资产评估的常用方法和实践，定性研究法是一种可能的品牌联系方法。定量研究法能更好地估测品牌认知的广度和深度、联想的强度、偏好性或独特性以及品牌关系的性质。这两种方法比较而言，定性法的结构较弱，要想得到更精确、全面的信息，还是需要使用定量法。

练习题

一、单选题

1. 品牌资产中，消费者对某一品牌在品质上的整体印象是指（　　）。

A. 品牌知名度　　B. 品牌认知度

C. 品牌联想度　　D. 品牌忠诚度

2 品牌资产是一种特殊的（　　）。

A. 有形资产　　B. 潜在资产

C. 附加资产　　D. 无形资产

3. 戴维·阿克认为品牌资产主要包括五大方面，下列哪一项不属于这五大方面？（　　）

A. 品牌忠诚度　　B. 品牌知名度

C. 品牌认知度　　D. 品牌联想度

4. 提到海尔就联想到质量好，就会习惯的认为海尔的质量是有保障的，这体现品牌联想类别（　　）。

A. 品牌的功能　　B. 品牌的外观

C. 价格　　D. 企业文化

5. 品牌资产不是（　　）。

A. 企业的一种长期资源　　B. 无形资产

C. 难以估算　　D. 财务报表中重要指标

6. 我国《品牌价值要素评价》中，下列（　　）不属于有形要素。

A. 盈利能力　　B. 产品合格率

C. 环境保护　　D. 市场占有率

7. 下列不属于品牌强度影响因素的是（　　）。

A. 影响力　　B. 保护力

C. 领导力　　D. 市场力

8. 世界上最著名的品牌资产评估公司是（　　）。

A. Interbrand 公司　　B. 麦肯锡公司

C. 罗兰公司　　D. 德勤公司

9. 品牌知名度与（　　）没有多大联系。

A. 高品质　　B. 高性价比

C. 可靠性　　D. 魅力

10. 使用场景是品牌联想的一种，下列（　　）不属于此。

A. 工作场景　　B. 音乐

C. 华为公司　　D. 生活场面

二、多选题

1. 品牌知名度与（　　）有很大的联系。

A. 高品质　　B. 可靠性

C. 高性价比　　D. 优越性

2. 品牌建设的“五要素”，包括（　　）。

A. 品牌文化　　B. 有形要素

C. 无形要素　　D. 创新要素

3. 品牌价值质量要素评价指标，包括（　　）。

A. 品牌文化　　B. 体验质量承诺

C. 质量管理能力　　D. 质量水平

4. 品牌资产，包括（　　）。

A. 品牌忠诚度　　B. 质量水平

C. 感知质量　　D. 品牌联想度

5. 品牌资产依赖于一定的物质载体来表现，这些载体包括（　　）。

A. 图形、标记　　B. 色彩

C. 质量　　D. 形象

6. 品牌的美誉度，是经过（　　）一层一层累积而成的。

A. 图形、标记　　B. 认知度

C. 满意度　　D. 形象

7. 下列哪些属于品牌资产评估十要素？（　　）

A. 品牌忠诚度　　B. 优越性

C. 感知质量　　D. 市场份额

8. 品牌联想包括（　　）。

A. 品牌忠诚度　　B. 原产地联想

C. 品牌文化　　D. 名人

9. 企业品牌资产价值评估不同于有形资产，它具有（　　）。

A. 不确定性　　B. 计划性

C. 市场性　　D. 不可变动性

10. GB/T 29186.5—2021 中规定品牌评价“服务要素”，是（　　）。

A. 服务承诺　　B. 服务环境

C. 顾客满意　　D. 服务可靠性

三、简答题

1. 简述我国对品牌资产的定义。
2. 简述品牌资产的主要特征。

3. 简述品牌资产的主要构成。

四、论述题

1. 阐述品牌联想的主要类别。
2. 阐述 Interbrand 法。
3. 阐述我国《品牌价值要素评价 第 3 部分：质量要素》中主要指标。

五、案例分析

举例分析一个知名品牌是如何创建美誉度的。

第十五章 品牌保护

【学习目标】

- 了解品牌保护产生的原因和背景。
- 了解（注册）商标的概念、功能和种类。
- 了解品牌危机的概念、特点和分类。
- 理解品牌保护的概念、分类和意义。
- 理解知识产权保护的概念和内容。
- 理解品牌危机的成因、内涵和周期。
- 掌握品牌的法律保护策略和方法。
- 掌握品牌保护的机制和具体做法。
- 掌握品牌危机管理的原则和流程。

【导入案例】

先礼后兵争夺“蓝月亮”通用网址

2009 年 4 月 4 日，通用网址“蓝月亮（含繁体）”就已经被个人抢先注册。广州蓝月亮实业有限公司有意向个人赎回“蓝月亮”通用网址，没想到，竟被开出了 48 万元的天价。几经波折，沟通无效，只能对簿公堂。最终，广州蓝月亮实业有限公司拿回“蓝月亮（含繁体）”的通用网址，但是案件耗时之久以及恶意抢注对企业品牌所造成的负面影响，付出了巨大的机会成本，给所有知名企业的品牌保护敲响了警钟。

案例点评：企业花大量时间成本摘得“蓝月亮”究竟值不值？赎买也是一种不错的选择，毕竟时间就是金钱。

第一节　品牌保护概述

一、品牌保护的背景和概念

（一）品牌保护的产生背景

品质是企业的生命，品牌是企业的灵魂。品牌作为企业的一种无形资产，代表了企业的品质、文化、形象、承诺以及企业的软硬综合实力。

随着经济的全球化，我国市场与国际市场的深度融合，市场竞争日益激烈，使得品牌的“安全感”降低。因此，品牌塑造很重要，品牌保护也越来越重要，品牌保护时不我待，品牌保护迫在眉睫。

恶意抢注商标、盗用品牌商标、仿货、假货等现象所产生的品牌问题，如不能得到解决，则可能会给消费者、品牌拥有者和社会三方面都造成重大的损失。

1. 消费者损失

不法商家盗用品牌商标的目的是冒充品牌产品，使消费者对品牌产品产生混淆，以获取暴利。据不完全统计，每年全球制药厂因假药蒙受的损失达几十亿美元，在非洲每年有成千上万的人因服用假药而死亡，假冒伪劣产品使广大消费者蒙受了经济上、精神上和肉体上的多重伤害。

2. 品牌自身损失

品牌问题会直接影响到品牌在消费者心目中的形象，消费者会逐渐遭流失。如在法国，各大名牌公司因假冒商品每年损失 50 亿法郎，并约有两万人失去就业机会；在东南亚和中东出售的零件中，近一半是假冒货，在假冒汽车零件的冲击下，美国汽车工业每年损失 30 亿美元。

3. 社会损失

品牌问题一定会给品牌市场造成冲击。尤其是假货、仿货又以低价作为卖点，这让品牌产品及旗下的分销商的市场和利益都受损失。假冒商品品种多、数量大，从生活日用品到生产资料，从一般商品到高档产品和耐用消费品，从普通商品到高科技产品，从内销商品到外贸出口商品，假冒伪劣几乎无所不在，无所不有。

（二）品牌保护的定义

品牌保护又称品牌维护，是指用各种法律和经营管理等手段来保护品牌形象、品牌自身利益及消费者利益。品牌保护的主要手段包括：品牌法律保护、经营保护与品牌自我保护三个方面。

1. 品牌法律保护

品牌法律保护是指依据各种法律、法规，采取法律措施等来保护自身利益和消费者利益。它包括商标注册、申请专利、打击假冒伪劣、提供质量担保、质量承诺、质量保险等一系列措施与手段。

2. 品牌经营保护

品牌经营保护是指采取各种经营管理的手段与措施，保护和提高品牌生命周期的质量和品牌形象。这些手段和措施包括（但不限于）：加强人员教育训练、提高质量与品牌意识和能力，建立健全相关管理体系、获得相关认证，提高技术水平、改进产品质量，改善工艺流程、改进工艺配方，强化服务、提高服务质量，完善营销策略，改善企业文化等。

3. 品牌自我保护

品牌自我保护是指企业努力提升全员的质量意识、环保意识和品牌保护意识，规范全员（尤其是高层）的着装和言行，采取措施（如保密等级、保密认证）保护品牌的技术和商业秘密、保护企业自身利益、不损坏自身形象等。

（三）品牌保护的意义

品牌是企业重要的知识产权和无形资产，品牌保护就是保护品牌企业、消费者的合法权益，品牌保护就是保护创新，品牌保护就是保护品牌资产，品牌保护有利于为企业创新注入活力、提高企业的核心竞争力、巩固品牌的市场地位、保证企业产品（或服务）的市场占有率和市场利润等。

品牌的市场竞争力、市场占有率和品牌的价值来之不易。但是，市场不是一成不变的，变化的内外部环境和不断变化的市场，也需要企业不断地对品牌进行维护。

1. 品牌保护有利于巩固品牌的市场地位

企业品牌在竞争市场中的品牌知名度、品牌美誉度下降以及销售额、市场占有率降低等品牌失落现象使之成为老化品牌。对于任何品牌都存在品牌老化的可能，尤其是在当今市场竞争如此激烈的情况下。因此，不断对品牌进行维护，是避免品牌老化的重要手段。

2. 品牌保护有助于保持和增强品牌生命力

品牌的生命力取决于消费者的需求。如果品牌能够满足消费者不断变化的需求，那么，这个品牌就在竞争市场上具有旺盛的生命力，反之就可能出现品牌老化。因此，不断对品牌进行维护，维持其旺盛的生命力，以满足市场和消费者的需求是很有必要的。

3. 品牌保护有利于预防和化解危机

商品过剩，消费者有更多的选择，市场风云变幻，消费者的维权意识也在不断增强，品牌面临来自各方面的威胁。一旦企业没有预测到危机的来临，或者没有建立健全应对危机的策略和机制，品牌就面临极大的危险。品牌维护要求品牌产品（或服务）的质量不断提升，可以有效地防范由内部原因造成的品牌危机，同时加强品牌的核心价值，进行理性的品牌延伸和品牌扩张，有利于降低危机发生后的波及风险。

4. 品牌保护有利于抵御竞争品牌

在激烈的竞争市场中，竞争品牌的市场表现将直接影响到企业品牌的市场价值。不断对品牌进行维护，才能够在竞争市场中不断保持竞争活力。同时，对于假冒品牌也会起到一定的抵御作用。

（四）品牌保护的分类

人们通常将品牌的保护分为硬性保护和软性保护两大类。

1. 品牌硬性保护

品牌硬性保护又称法律保护，主要是指对品牌的注册保护。它包括纵向和横向全方位注册，不仅对相近商标进行注册，同时也对相近行业甚至所有行业进行注册。比如，在注册“老干妈”的同时，把相近的“老干爸”“老干爹”等，也注册确保了品牌。

2. 品牌软性保护

品牌软性保护又称运营保护，是指企业在品牌塑造、运营管理过程中，严防与品牌核心价值不一致的行为。它需要通过协调统一的管理手段和营销方式来实现，并且需要整个组织各个系统的体系化、周密的计划和执行力的配合。不应推出与品牌核心价值不吻合的产品或产品概念，不应推出与品牌核心价值不一致的传播与活动等。

软性保护从类别上又分为纵向保护和横向保护两种。

软性纵向保护是指在时间上，品牌应该坚持以品牌核心价值为主题去设计开发产品（或服务）和传播，不要轻易改变主题，推出与主题不一致的产品或宣传广告。

软性横向保护是指在同一时期，品牌的产品（或服务）在开发、生产及广告、公关、促销推广等行为应该协调一致，不能各行其是，甚至相互冲突、相互抵消。

人们知道，只有万众一心、一齐发声，声音才会整齐洪亮、响彻云霄，如果大家发出的声音不一致，只能是嘈杂无比的噪声。比如某公司，因总部没有统一的营销规划，使得各地的营销活动呈现出五花八门的局面，即使同一个活动，也会出现许多不同的声音和不同的做法。

二、品牌保护机制

（一）品牌保护要从源头抓起

1. 抓好组织建设

企业应成立品牌塑造与管理的组织机构，如品牌委员会或品牌管理小组等，并明确职责权限，提供所需资源，以便统一领导、规划、实施、评价品牌塑造与管理的全过程。为此，企业必须有一个甚至一批对品牌塑造与管理全过程熟悉的专业人士，如品牌塑造师、品牌首席执行官、品牌总监等。

2. 抓好品质塑造

品牌保护很重要的一点在于企业内部，质量和品牌相辅相成，在“提质量”的同时，不忘“树品牌”，在“树品牌”的同时，更不忘“提质量”。而且因为产品（服务）质量也具有时效性，随着时间的推移，人们对产品（服务）质量就会提出新的、更高的要求。“提质量，树品牌”我们永远在路上。

塑造品牌难，保护品牌更难，企业只有自始至终坚持“质量第一，品牌为先”的理念，把提高产品（服务）质量摆在企业一切工作的首位，才能保证产品（服务）的市场占有率，从而良性循环达到品牌保护的目的。

质量提升、品牌塑造和品牌保护不可能一劳永逸，需要打持久战。我们只有视质量为生命，视品牌为灵魂，以创新求发展，才能更好地塑造和保护品牌。

3. 抓好意识培养

企业及员工应该树立质量意识、安全意识、环保意识、服务意识、品牌意识、改进意识和危机意识等。

任何一个族群、一个企业或一个人，如果缺乏足够的危机意识是很危险的。《伊索寓言之野猪和狐狸》的故事，告诉我们如果不提前有所准备，当危机真正来临时就来不及了；比尔·盖茨有“我们离破产永远只有18个月”的观念，才缔造了微软的电子帝国；张瑞敏的永远“战战兢兢，如履薄冰”，才成就了当今的海尔；任正非以“华为的冬天”为题对员工进行危机意识教育，从意识上保障了华为的可持续发展。

4. 抓好防范系统

品牌塑造、品牌保护和危机防范均需有战略规划、有实施计划、有系统的进行。建立一个危机监测、识别、防范的预警信息系统，以便把危机消灭在萌芽状态，防止危机的形成和爆发，对危机进行超前管理是至关重要的，也是最经济的。

5. 抓好教育训练

战略再好，意识再好，系统再完善，还是需要人去贯彻执行。对全员有计划、有目的、持续地进行基于意识、经验和能力的教育训练和应急预案的演练，以及有效的激励是不可或缺的。

6. 构建良好的公共关系

现代企业主要的公共关系可能因行业或规模的不同，存在一些差异，但政府主管部门、行业协会、媒体机构、顾客和供方是共同的、不可或缺的、重要的公共关系。建立并维持长期良好的公共关系也不是一朝一夕的事情，更不是一劳永逸的事情，那些危机发生后，急需用到某部门某人员时才去临时抱佛脚，效果可想而知。

（二）保护自己的商标不被侵犯

目前，大多数国家的商标都实行注册在先的原则，即谁先注册谁就拥有该商标的商标权，并得到该国的法律保护。在国际上，商标被公认为最重要的知识产权，名牌（或著名）商标更是如此。跨国公司和许多知名企业视名牌商标为“国宝”，采取一切可能的手段保护名牌。但我国企业对品牌商标的重视却极为不够，使我国一些经过几十年甚至上百年的不懈努力树立起来的品牌被人抢注或假冒。

因为商标保护意识淡薄，国内许多名牌产品的著名商标成为国外一些心存不良之徒的觊觎对象和掠夺目标。据报道，“同仁堂”“英雄”“红塔山”“大白兔”等商标在国外被不同程度的恶意抢注。

（三）尽量使用高新技术和专利技术

为提高产品的仿制难度，应在包装材料、标签等产品特殊标记之处应用科技含量较高的防伪技术，如激光全息图像防伪、荧光或磷光防伪、金属隐形防伪、特种制样印刷防伪和区块链技术等，并有消费者查询真伪的办法。

如果产品容易被假冒、风险小、成本低，很多不法者就可能会尝试制造假冒伪劣产品；但如果产品的假冒难度很大、成本高、风险大，不法者就会知难而退。为此，还要注意品牌在设计（如产品设计、商标设计、包装设计和防伪设计等）方面的技术性、独特性，并注重相关专利的申请，以利于与法律配合，从而获得良好的法律保护效果。

（四）积极发动群众，主动打假、维权

为了持续、有效的打击假冒行为，企业要坚持“持久战”和“人民战争”的思路，要建立调动和激励广大消费者和广大员工发现、举报假冒伪劣积极性的机制，发动他们明察暗访收集证据，并主动与全国各地的市场监管部门协同配合，让制假、贩

假者无所遁形。

（五）品牌延伸中也应注意对品牌的保护

营销研究发现消费者对自己喜爱的品牌有“爱屋及乌”的心理，消费者会有意无意地将对原产品的信任感传递到新产品上，在生活中有优先使用心爱品牌多种产品的心理依赖性。企业为了充分用活、用足品牌资源这一无形资产，实现企业的跨越式发展，多数企业都会充分利用原有的技术、管理、资源（如人才资源、仪器设备资源、供方与顾客资源、营销渠道资源等）优势和品牌的影响力，实施品牌延伸与扩张战略，以大幅度缩短新产品（服务）接受期、降低营销成本。

当品牌每新增加一种产品，势必增加一类使用人群或满足原有人群的更多需要，使顾客多产生一次品牌体验和品牌联想，从而增加一次品牌传播的机会。企业应具备科学的态度与高超的智慧来规划、实施品牌延伸战略，通过理性的品牌延伸实现企业的跨越式发展。

课堂思考：商标和品牌的区别和联系是什么？如何进行保护？

第二节　品牌的知识产权保护

【导入案例】

在2021年4月26日“世界知识产权日”来临之际，浙江省通报了知识产权保护十大典型案例。2021年，浙江查办、审理各类知识产权案件4.8万起，维护企业合法权益110.3亿元，挽回直接经济损失12亿元。

2021年度浙江省知识产权保护十大典型案例简述如下：

案例一、侵犯注册商标专用权商品案

2019年8月，约翰迪尔（中国）投资有限公司举报称浙江某农机装备有限公司侵犯其“小鹿图形”和“奔野”注册商标专用权。新昌县市场监管局经调查，于2021年4月认定所举报侵权行为属实，责令侵权人立即停止侵权行为，没收违法所得，并处罚款1 055万元。该案是浙江省知识产权领域罚没额最高的案件，起到了较好的警示和震慑作用。

案例二、公司不正当竞争纠纷案

2021年12月8日，经金华市中院一审、浙江省法院二审，判定三快公司经营的“美团”外卖平台强迫商户与其达成独家交易，构成《反不正当竞争法》第二条所规制的不正当竞争行为，判决赔偿拉扎斯公司经济损失100万元。本案是全国第一起涉及互联网平台“二选一”不正当竞争的诉讼，为维护平台经济市场公平秩序起到了积极示范作用。

案例三、“330”王某等人假冒知名品牌润滑油案

2021年3月，婺城分局在走访重点企业时发现一条假冒润滑油犯罪线索。经侦查，专案组先后赴河北等地开展集中收网行动，成功侦破“330”王某等人假冒注册商标案，抓获犯罪嫌疑人44人，查扣假冒品牌润滑油500余吨，商标10 000余个，涉案金额高达1亿余元。该案为全国集群战役，实现了经销商、储存窝点、加工窝点、包材供应商的全链条打击。

案例四、冯某某等12人侵犯机构著作权案

2021年5月27日，丽水市人民检察院认为冯某某、杨某某等人通过网盘形式传播他人作品，涉嫌构成侵犯著作权罪予以审查起诉。同年12月10日，冯某某等4人被判处有期徒刑三年缓刑三年六个月至有期徒刑三年十个月不等刑期，并处相应罚金。本案准确突出打击重点，是浙江省首例打击通过网盘分享形式侵犯著作权犯罪行为案件，起到了惩治与教育相结合的良好效果。

案例五、出口侵犯“HUAWEI及图形”商标权电池案

2021年4月8日，金华海关查验发现一批夹藏涉嫌侵犯“HUAWEI及图形”商标权电池1 632块以及其他侵权商品共15 999件后，会同公安机关抓获犯罪嫌疑人14人，采取强制措施9人，捣毁制假窝点5个，现场扣押各类侵权产品10余吨，涉案价值达1.6亿元。本案系海关与公安机关联动，推进“两法衔接”，对进出口环节侵犯知识产权行为实施精准打击。

案例六、未经著作权人许可，向公众发行其作品案

2021年4月8日，苍南县文化和广电旅游体育局执法人员到某文具公司检查其存在未经著作权人许可，发行印有“庆祝中国共产党成立100周年”相关文字图案的笔记本。同年5月12日责令其停止侵权，没收商品并处3万元罚款。该案是全国首例建党百年庆祝标识著作权侵权案，相关单位和人员获评2020—2021年度全国文化市场综合行政执法重大案件办案单位和办案人员。

案例七、侵犯“甬优”系列水稻种子知识产权案

2021年年初，宁波市农业农村局、公安局联合协作，查处黄某某、王某某等未经许可，擅自将“甬优”系列杂交稻种转卖他人非法获利违法行为，抓获犯罪嫌疑人9名，查获侵权种子3.6万余千克，涉案金额180余万元，并移送检察机关审查起诉。该案系浙江省首起侵犯水稻种子知识产权系列案，为种子知识产权保护树立了典型样板。

案例八、“增氧机浮体（高效）”外观设计专利侵权纠纷案

2021年4月2日，温岭市知识产权局在“2021浙江泵与电机展览会”上受理1起“增氧机浮体（高效）”专利侵权纠纷，并开展快速调查处置。温岭市知识产权局于2021年4月23日做出行政裁决。该案聚焦展会期间短、维权需求急的特点，高效快裁，是浙江省首例展会专利侵权纠纷行政裁决。

案例九、郑某、丘某侵犯商业秘密案

2021年4月22日，宁波市中级人民法院依法判决市人民检察院公诉的郑某等四人构成侵犯商业秘密罪，判处相应有期徒刑并处罚金，扣押在案的相关犯罪工具、侵权产品予以没收。本案系浙江省首例“法检”两院一把手院长同庭审理的商业秘密刑事案件，彰显了司法机关严格保护知识产权、打击侵犯商业秘密犯罪行为的鲜明态度。

案例十、假冒“修正”注册商标商品案

2020年12月4日，淳安县公安局走访发现，犯罪嫌疑人靳某以天猫修正集团官方旗舰店经营商为掩护，违法生产假冒杭州千岛湖修正健康科技有限公司的修正牌烟酰胺精华液400余万瓶，涉案金额达数千万元。2021年，该团伙7人被判处一年至五年

有期徒刑，总共被判处罚金2 000余万元。该案是公安机关主动走访查办的假冒注册商标案，并在主要嫌疑人不配合调查的情况下，利用间接证据组成完整证据链条，有力维护了知识产权权利人合法权益。

【思考讨论】

请从上述十大典型案例中，选择1~2个最感兴趣（或感触最深）的案例，分组讨论，并重点谈谈你对知识产权保护的体会和感悟。

【小知识】知识产权的法律内容

知识产权通常包括：专利权、商标权、著作权（版权）、商业秘密、货源标记、厂商名称（商号）、其他智慧成果、原产地名称、植物新品种等。

从中国目前的立法现状看，知识产权法仅是一个学科概念。随着知识产权领域制度的创新、法律修订以及理论研究的深入，知识产权保护的新问题、新案件不断出现，极大地丰富了知识产权法学研究的内容，知识产权法学获得了长足的发展和厚实的积淀。知识产权法律制度一般包括：专利权法律制度、版权法律制度、商标权法律制度、商号权法律制度、产地标记权法律制度、商业秘密权法律制度以及反不正当竞争法律制度等。

一、品牌知识产权保护

【知识拓展】商标在我国早期的发展

我国最早使用商标的厂（商）家，可以追溯到北宋时期，山东刘家“功夫针”铺的“白兔”商标，其中心图案是一只白兔，旁刻文字是“济南刘家功夫针铺，认门前白兔儿为记”，图形下方还有“收买上等钢条，造功夫细针，不误宅院使用。客转与贩，别有加绕，请记白兔”。它图文并茂，且用于“功夫针”铺上的“白兔”标识（商标），与提供商品的“刘家铺子”（商号）均存在，已具备了现代商标的大部分特征。如图15-1所示。

二、品牌的法律保护

品牌的知识产权形态主要是商号权、商标权和专利权。

（一）商标和商号注册

由于商标权具有专有性，商标从法律性质上讲是企业的一种垄断优势。这种垄断优势的强弱，与商标的知名度成正比，商标知名度越大，垄断优势越强，拥有该商标的企业越能获得超额利润。驰名商标由于信誉卓著，在消费者心目中具有普遍的影响力，是企业的一笔巨大财富。

然而，一些企业对品牌缺乏保护意识，导致许多知名品牌被抢注。当前品牌发展面临的主要问题是假冒名牌、商标抢注。商标被抢注，给企业的无形资产造成了重大的损失，也使开拓市场步履维艰，还可能因此背上侵权的罪名。

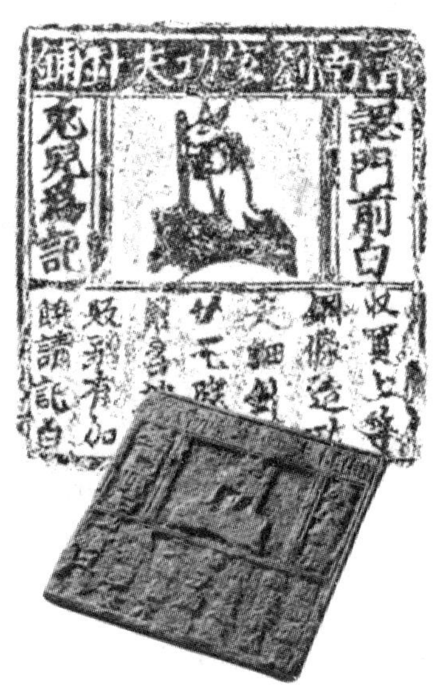

图 15-1　山东济南“刘家功夫针铺”的“白兔”商标

企业品牌法律保护，首先要做的就是商号注册，商号主要是指从事生产或经营活动的经营者在进行登记注册时用以表示自己营业名称的一部分，是工厂、商店、公司、集团等企业的特定标志和名称，依法享有专有使用权。商号权属于《保护工业产权巴黎公约》所定义的工业产权范畴，经过依法登记而取得的商号，受到法律的保护。

在进行企业法律保护时，我们要注册的不只是企业名字，还应包括企业中英文简称、字体、图案、标准色、辅助色，以及网络域名、微信公众号等。因为世界上大多国家都采用的是注册优先的原则，所以在本国注册商标后，为防在国外遭抢注，还要应考虑在不同的国家注册，防止被侵权，以免日后企业国际化时造成困扰和损失。

（二）珍惜商号和商标权

企业依法取得商号、商标专用权后，还要注意以下四个问题：

（1）注册商标具有时间性，注意续展。商标权具有时间性，仅在法定的存续期内有效，受法律保护，一旦有效期届满，就会丧失商标权，不再受法律保护。因此，企业应在商标有效期届满前进行续展。注册商标的有效期为 10 年，以后每次续展的有效期均为 10 年，续展次数不限。

（2）定期查阅商标公告，及时提出异议。商标公告是商标注册的必经程序，也是企业进行权力救济的一个途径。我国《商标法》第 30 条规定：“对初步审定的商标，自公告之日起三个月内，任何人均可以提出异议。公告期满无异议的，予以核准注册，发给商标注册证，并予以公告。”因此企业应定期查阅商标公告，一旦发现有侵权行为，就应及时提出异议，收集异议的证据，最大限度地保护自己的合法权益。

（3）商标权转移和变更时，要依法注册。

（4）合资企业转制时，保护好商标尤为重要。东方电气集团、中化集团、通用技术集团、中国航材等企业建立了比较完整的商标战略，积极推进商标管理专业化、制度化、规范化。中储粮总公司、中钢集团、中国外运长航、中国航油等企业建立了有效的商标商号监测机制，保护商标商号权益不受侵犯，是在商标保护方面的典型。

（三）商标与商号使用权许可

商标与商号是品牌的重要组成部分，此类使用权许可，是指拥有商标、商号和品牌的所有权者，通过合同、协议等方式的法定程序，允许他人使用其商标、商号和品牌的行为。其拥有者称为许可人，被许可使用的一方成为被许可人。许可他人使用其商标、商号或品牌，是许可人的一项重要权利内容。与此同时，遵守合同、协议等，也是许可人和被许可人的重要法律义务。

（四）维护品牌合法权益

依法维护商标、商号和品牌的权益，是品牌塑造与管理的重要内容。例如，南航集团针对商标在境外被恶意抢注的情况，迅速反应，成功制止侵权行为。华润集团与地方工商机关建立工作联系机制，对全国范围内使用“华润”字号的企业进行清查，有效维护了“华润”品牌的安全与合法权益。

（五）品牌的专利权保护

在品牌塑造与管理的过程中可能会有新发明、新创造和新技术的发明或发现，这时就应及时申请国家专利保护。根据《中华人民共和国专利法》第 59 条第 1 款规定：发明或者实用新型专利权的保护范围以其权利要求的内容为准，说明书与附图可以用于解释权利要求。

专利权人的权利有独占实施权、实施许可权、转让权和标示权等。

总之，正如业界流行的“四化”说法：技术专利化、专利标准化、标准产业化、产业国际化。

第三节　品牌危机管控

一、品牌危机概述

（一）品牌危机的概念

品牌危机是指企业在生产经营管理活动过程中，由于受到内部和（或）外部因素的影响，而引发的突发性事件，并被媒体广泛报道，引起社会公众（尤其是消费者）的广泛关注，使企业陷入舆论压力和困境之中，企业正常的生产经营活动被干扰和破坏，使社会公众和消费者对该品牌的隐忧和不信任感增加，销售量急剧下降，品牌形象和美誉度遭受严重打击等现象。

品牌危机是“危险”与“机遇”并存的，是组织命运“恶化与转机的分水岭”，是对组织的领导艺术、管理水平和公关能力的挑战性考验，如果品牌拥有者不能及时、正确的管理和控制，品牌市场将被吞噬、毁掉，甚至销声匿迹。如果能及时、正确、坦诚的处理和化解危机事件，便能取得社会公众和消费者的同情、理解、谅解和支持，则可转化为塑造和强化品牌形象、提升品牌价值的难得契机。

（二）品牌危机的特点

（1）突发性。所谓“千里之堤，毁于蚁穴”，无论是内部因素还是外部因素所导致的危机，在爆发前都会有一些征兆，但可能因为人为疏忽，对这些事件的隐患习以为常、视而不见，因此危机的爆发经常出乎人们的意料，其爆发的具体时间、态势、规模和影响深度与广度是始料未及的。

（2）破坏性。由于危机常具有“出其不意、攻其不备”的特点，不论什么类型、性质和规模的危机，都必然会不同程度地给企业造成破坏和损失。而且由于可供决策的信息以及时间有限，往往可能会导致决策失误，进而产生不可估量的损失，甚至企业从此销声匿迹。

（3）机遇性。所谓危机，是“危险”与“机遇”并存，危机其实是危险和机遇的分水岭。危机也是商机，如果对危机予以正确、及时的处理，可能能孕育着新的发展机遇，快速化解危机，是危机管理的精髓。

（4）不确定性。危机并不是一种静态的存在，而是动态发展的，其潜伏、爆发、发展、结束的规律和趋势并不能被准确的把握。一方面 ，事情的开端通常无法进行常规预测；另一方面，事件的发展也瞬息万变，影响巨大而深远。

（5）紧迫性。对企业来说，危机一旦爆发，其破坏性的能量就会被迅速释放，并呈快速蔓延之势，如果不能及时控制，危机会愈演愈烈、急剧恶化，将会使企业遭受更大损失。尤其是当今万物互联的自媒体时代，信息传播速度非常快，加上危机的连锁反应，如果给公众留下反应迟缓、漠视公众利益的形象，势必会失去公众的同情、理解和支持，严重损害品牌的美誉度和忠诚度。因此，危机一旦爆发，可供做出正确决策的时间和信息是极其有限的，而这也正是对决策者最严峻的考验。

（6）社会性。由于危机的破坏性、不确定性及紧迫性，当危机发生后，影响是广泛而深远的，对不同的社会公众所造成的心理和行为等方面的影响和改变也不同。如造成重大人员伤亡事件，遇害（难）者及其亲属有心理恐慌和畏惧情绪，其他公众有隐忧和害怕的心理阴影，进而影响整个社会，影响人们的“三观”变化。

（7）关注性。中国进入高质量发展的新时代，人们更加关注健康、安全和人类赖以生存的环境问题，一旦与人们日常生活息息相关的企业出现质量、安全、健康和环保等问题，人们的关注度会更高，更容易成为众矢之的，成为各大媒体、平台和自媒体热炒的焦点。

（三）品牌危机的内涵

根据研究品牌危机的角度和重点不同，我们将品牌危机分为形象危机、信任危机和公共关系危机三个方面，其实，三者之间并没有严格的区别和界定，品牌危机一旦发生，可能三者会同时并存。

（1）品牌危机是形象危机。企业在生产经营管理活动中，由于企业行为或企业家自身言行、形象等问题，在社会公众和消费者中产生负面影响和评价，降低其在社会公众心目中的声誉、信任度和威信。在品牌危机这个名词出现之前，声誉危机、形象危机经常被提及，即使现在，形象危机仍可以作为品牌危机的代名词。

（2）品牌危机是公共关系危机。一个企业的品牌与公众的关系，包括品牌与其相关方（如社会、政府、供方、顾客、股东、员工和媒体等）的关系。任何一个方面的公众对组织的形象、质量、行为等都可能产生质疑、不信任等，任何一方产生的不良影响，都可能演化为品牌公共关系危机。

（3）品牌危机是信任危机。信任危机表示社会人际关系产生了大量的虚伪、虚假和不诚实，人与人的关系发生了严重危机，彼此都无法相信对方的真诚、诚信和忠诚的现象。品牌信任危机是消费者对该品牌的产品（服务）质量、安全、诚信等产生质疑、怀疑、不信任，认为企业并没有按照相关法规、标准或品牌宣传的那样真诚对待社会公众和消费者，甚至认为该企业提供的产品或服务是不合格的、对公众和消费者是有害的、不负责的，企业是缺乏诚信的、不可靠的、不可信的，进而成为对企业甚至对整个行业的信任危机。

二、品牌危机的成因

（一）导致品牌危机的外部因素

（1）自媒体的因素。互联网等新媒体为企业品牌提供了广泛、快速和持久传播的平台和发展机遇。与此同时，互联网自媒体信息的广泛传播，也会为企业的品牌危机管理增加了难度。一方面，互联网媒体信息复杂、传播速度快、传播面广等特点，会使得网络舆情、品牌危机更难以控制；另一方面，新媒体和自媒体时代，媒体信息多样化，真实度降低，甚至传播虚假信息、恶意抹黑企业品牌，都会伤害到企业的信誉和形象，进而引起企业品牌危机。

（2）自然灾害因素。这是指非人为原因造成的品牌危机的总和，既包括天气、地质灾害以及瘟疫等自然现象带来的灾害，还包括迫于其他自然规律非人力所能控制的原因造成的伤害，如企业领袖或其关键人物的突然死亡、突然发生的自然灾害等。

（3）假冒品牌产品的影响。名牌产品备受消费者青睐，因其市场份额大、信誉高、拥有较高品牌溢价，也成为首当其冲的造假对象，各种假冒产品肆意充斥市场、身影无处不在，践踏着大街小巷的每一处角落，严重程度令人触目惊心。

【假冒品牌案例】

假冒品牌案例：假冒品牌手机案

抚州市公安机关成功侦破一起假冒品牌手机案，捣毁隐匿在居民小区内从事非法生产假冒品牌手机的窝点，查扣品牌手机 2 000 余部，涉案价值 90 余万元。经查，自 2020 年 4 月以来，犯罪嫌疑人姚某某在未获得手机品牌方的授权，购买假冒的品牌手机配件，组织人员对收购来的旧手机的后盖、边框、屏幕等进行更换、翻新，然后通过电商平台将翻新后的手机冒充原装机对外销售。

（二）导致品牌危机的内部因素

1. 产品（服务）质量存在缺陷

已经投放市场的产品，设计、材料或制造工艺、管理疏漏、工作的失职失误等方面的原因，而造成产品（服务）质量不符合相关法规、标准或存在某些质量缺陷、安全隐患，可能导致安全与健康等问题，从而引发消费者的不满，这是导致品牌危机的主要原因之一。

2. 品牌产品不适应市场变化

一些企业甚至是国际化的大企业创新不足，产品单一、老化、技术落后，在新技术革命面前反应迟钝，有的成功化解危机，有的则最终被市场淘汰。

3. 品牌战略规划缺失

部分企业缺乏品牌发展战略规划和战略实施的深耕细作，为了获得短期利益，不顾营销 4P 策略（产品、价格、渠道和促销）是否跟得上，就盲目加大广告投入，甚至依赖炒作手段，期望品牌能在一夜之间成熟，虽然短期内能在一定程度上增加产品的知名度和销量，但由于忽视品牌成长的客观规律和成熟的必要条件，造成品牌畸形发展，生命力极其脆弱。

4. 管理机制不健全

企业要更好的发展，必须有一套健全的管理、监控和激励体系，它对企业的健康、稳定发展非常重要，因没有有效的管理体系和监控体系而引发危机的企业不是少数，主要表现有：

（1）缺乏监控系统。管理体系和监控系统是企业管理必备的良药。如果企业没有健全的管理体系，就会是“人治”而不是“法治”。对于一个企业而言，领导的决策、制度的实施、员工的工作等都必须监控，如果一个企业缺乏有效的监控体系，领导、员工的工作偏离正常轨道，流程不合理，那么危机隐患就不会被发觉，从而导致更难以进行有效的预防和控制。

（2）危机管理体系不健全。危机管理体系是危机管理的基础，是企业更好发展的保护伞。如果危机管理体系不健全，企业就不会对危机有敏锐的反应、有效的预防和控制，更不会对具体危机及时、准确的应对和有序的处置。

（3）缺乏激励机制。企业的薪酬与激励机制是鞭策、激发全员的压力和动力，如果它不健全，员工行为就会懒散、随意和放纵，员工就没有改进和创新的动力，对各种乱象视而不见，从而为危机种下祸根。

5. 品牌内涵设计错误

品牌内涵是企业创建品牌时赋予的核心价值观念和个性化差异，它既是企业经营思想的集中反映，又是企业战略思维的高度概括，对企业的发展起着重要战略引领作用。有的品牌从设计之初就缺乏内涵（如形象模糊、定位不清、个性不鲜明等），在品牌塑造和管理的过程中也未及时得到修正。有的品牌从命名就带有丰富的内涵，为其成为著名品牌奠定了基础。

6. 企业品牌文化薄弱

品牌不仅是产品的标志，也是文化的载体，优秀的品牌通常都有深刻的文化内涵。品牌文化是企业围绕品牌塑造全过程所体现出来的企业文化及经营哲学的综合体，只有将产品当作一种文化形象来宣传，借助文化传递产品，将品牌文化紧紧地与消费者关注的焦点联系在一起，才能提高产品的价值，增强产品的市场亲和力和粘合力，从而引起顾客的情感共鸣。然而，我国很多企业忽视了品牌文化的建设，因此导致品牌忠诚度、美誉度和品牌市场价值不高，品牌危机抵御能力弱。

7. 品牌核心价值缺乏

一种产品为消费者带来的价值是多方面的，品牌应该塑造其核心价值，因为核心价值是消费者选择的主要理由，更是品牌个性、忠诚度和美誉度的基础。国内很多品牌未突出其核心价值，只注重商品显性特征的差异化，而对品牌核心价值缺乏应有的赋予、理解和重视，“同质化”与“同值化”严重。

8. 品牌延伸策略失误

企业要扩张，就很可能会进行品牌延伸，但一定要注重品牌延伸的安全，否则就会进入品牌延伸误区，导致品牌危机。这主要有三种情况：一是品牌本身还未被广泛认识就急于延伸到新产品上，结果可能是新老产品一起死亡；二是品牌延伸到的新产品的品牌形象与原产品的品牌形象定位互相矛盾，使消费者产生认知冲突和心理障碍，从而导致品牌危机；三是品牌延伸速度太快、太多，超过了品牌的支持力。

三、品牌危机的分类

危机管理的本质是在稳定、客观的环境下对组织内外部各种危机因子的识别，便于寻找危机根源、本质以及表现形式，便于对危机进行有效的识别、预防和管控。

（一）突发性与渐进性危机

1. 突发性品牌危机

突发性品牌危机又分成形象、质量、技术和服务四种类型：

（1）突发性形象类品牌危机。突发性品牌形象类危机有两种情况：一种是对品牌企业情况的属实报道；另一种是针对品牌的歪曲事实的报道或竞争对手的恶意抹黑。

（2）突发性质量类品牌危机。这是指企业在生产经营过程中，由于自身的失职、失误或者内部管理某环节出现的缺失、疏漏，而造成产品在质量上出现问题或隐患，从而引发的突发性品牌危机。

（3）突发性技术类品牌危机。这是指已经投放市场的产品，由于设计、制造、检验等方面的技术原因，而造成的产品存在缺陷，不符合相关法规，从而引发的突发性品牌危机。

（4）突发性服务类品牌危机。这是指企业在向消费者提供产品或服务的过程中，由于其受到外部条件限制或内部管理疏漏、失误等因素，造成了消费者的不满，从而引发的突发性品牌危机。

2. 渐进式品牌危机

渐进性品牌危机的发展是循序渐进的，在爆发前不容易被发现，因量变引起的质变，一旦爆发品牌将受到毁灭性的打击。

（1）品牌战略制定和执行失误。它包括品牌战略规划的失误、目标体系建立的失误以及品牌策略执行的失误等。

（2）品牌延伸策略失误。此类失误通常有三种情况：一是品牌本身还未被广泛认识就急于推出该品牌的新产品；二是品牌延伸后出现新老产品形象定位相互矛盾的现象；三是延伸速度太快超过品牌支持力。

（3）品牌扩张策略失误。品牌扩张策略主要有三种情况：一是收购品牌；二是自创品牌；三是品牌特许或品牌连锁。品牌扩张的风险受国家及地方政策、消费者需求重心的转移和内部实力（如技术水平、管理水平和人才资源、财务资源等）的影响。

（4）品牌内外部环境变化。内部环境指品牌持有公司的内部技术、管理、营销和财务等状况。外部环境主要包括宏观与微观环境，如政治环境、经济环境、法制环境和消费者、竞争对手、中间商、市场秩序、舆论等因素。

（二）核心要素和非核心要素的品牌危机

1. 核心要素的品牌危机

由于品牌的某些核心要素被爆出影响品牌形象的负面信息，使消费者对品牌的认同、信任和联想发生变化，导致品牌危机。真实或者虚假的品牌主张都会造成品牌危机，跟危机的核心越相关造成的危害性就越大。

2. 非核心要素的品牌危机

即与品牌资产无直接相关的负面因素导致的品牌危机，如品牌延伸的失败、新产品开发延期，以及企业违背社会责任等问题给企业品牌带来的危机。若企业能及时采取相应策略，则有可能会中止或者消除危机对品牌的负面影响。

（三）主动性和被动性品牌危机

1. 主动性品牌危机

主动性品牌危机是指企业自身原因，如企业经营管理不善、虚假宣传广告、不遵守社会责任、商业道德伦理混乱等，导致产品（或服务）质量存在问题，从而引发的危害品牌的负面事件。正是因为主动性的品牌危机是企业能够控制而且应该承担的责任，这类危机一旦爆发，如果不能及时、真诚、正确的处理，很容易让消费者失去对品牌的信任、信心和耐心，消费者甚至会反感、厌恶。如果是企业“有意”或“故意”而为，消费者更会认为是不可原谅的，会坚决唾弃。

2. 被动性品牌危机

被动性品牌危机是由于企业外部环境的变化（如自然灾害、战争爆发、政府的限制性法规出台等）、竞争对手的恶意造谣中伤、媒体的不实报道等因素引发的危机。消费者认为企业是值得同情和理解的，会选择继续保持或者暂时放弃与该品牌之间的关系。如果企业能采取积极的应对策略，将有可能尽快恢复和重塑消费者与品牌之间的关系。

（四）行业性和非行业性品牌危机

1. 行业性品牌危机

行业危机的发生将导致消费者对整个行业的怀疑和不信任，有可能会造成整个行业的损害。

2. 非行业性品牌危机

非行业性品牌危机是单个企业的危机事件，只对单个发生危机的企业造成影响，对整个行业没有造成影响。这种危机的影响范围小，局限在企业局部范围之内，对行业的破坏性非常小，对社会的影响性也很小。

（五）产品质量和非产品质量危机

1. 产品质量危机

产品质量危机是指因产品（服务）质量问题而导致的，对企业运转和信誉乃至生存产生重大威胁的紧急或灾难事件。由产品（服务）质量问题引起的品牌危机是各种危机中最为常见的一种，可能主要是由于质量（服务）意识欠缺、法律意识淡薄、生产技术落后、生产条件简陋、生产流程不科学、质量管理体系不规范或质量管理体系未得到严格执行等原因造成的。产品（服务）质量危机的出现，可能直接引发消费者的不信任和不购买，直接影响企业的销量和市场占有率。

2. 非产品质量危机

非产品质量危机是指由非产品质量问题引发的危机，会导致消费者对品牌关注度的降低，模糊消费者的品牌认知。非产品质量问题主要是企业在生产经营管理过程中，对生产的品种、包装、结构、生产经营的程序、技术、布局、规范等方面与市场需求脱节或市场营销、售后服务等不给力等因素造成的，短时间内造成产品大量积压，使企业生产经营的运转发生严重问题。

（六）品牌危机的生命周期

品牌危机的生命周期通常有潜伏期、爆发期、持续期和痊愈期四个阶段。

1. 潜伏期

由于企业内外部经营环境的复杂性、多变性，对每个企业来说“出错”都是有可能的。“潜伏期”又称“孕育期”，是指危机从无到有、再到大，直到爆发前的这一时段，这是理想的危机管理阶段。此阶段的管理重点是危机因子的识别，要想不让危机发生或发生后将影响降到最低，企业要建立敏感的“危机因子”识别机制，以便能及时、准确地找到企业的危机因子所在，以便采取“防患未然”的措施，对症下药，及早预防或根除，以避免危机的爆发。

2. 爆发期

危机爆发是一种表现，也是一种结果，它的爆发是一种从量变到质变的过程。它始于小问题，不经意间越变越大。所以，如果管理层没有认识到并且把它有效控制，到一定程度后，就会爆发危机事件，会使企业处于危机状态。此期间所有的矛盾都集中到一起，企业应按照危机处理的原则和程序，快速启动危机应对机制，防止危机恶化。

3. 持续期

危机爆发经过一段时间的缓冲后，其程度可能会有所降低，但影响范围可能仍在持续扩大，甚至波及其他相邻领域或同行业。该时期也是努力消除危机的时期。随着处理措施的有序推进，危机处理者逐渐掌握了更丰富、更准确的信息，可对对已经采取的措施的有效性进行评估和适当的调整，同时开始着手准备品牌危机后的恢复工作。

4. 痊愈期

通过危机爆发期和持续期的处理，危机逐步得到解决，事态逐步得到控制和平息。但并不意味着危机完全消除和结束，这一时期同样需要高层的重视，管理层做很多善后工作，此时期一旦被忽视，有可能错过转危为安、化危为机的最佳时机，甚至不排除引发新一轮危机的可能性。

不管什么样的危机，企业或多或少都会在商誉、金钱上受到损失，真正将危机作为机遇是很少的，重要的是总结经验教训。危机的出现说明了企业在运作、管理上是有瑕疵的，要以危机的发生为契机，彻底审视企业的战略、营运，总结经验和教训，使企业焕发新生。这些经验都是非常宝贵的财富，要把这些经验运用于危机后的企业管理中。因为谁也不能预料下一次危机什么时候到来。

四、品牌危机管理

（一）品牌危机管理的概念

中国台湾学者邱毅认为，危机管理是组织为降低危机所带来的威胁而进行的长期规划与不断学习反馈的动态调整过程。为了使这个过程能高效率地进行，危机管理小组的编制是绝对必要的。

罗伯特·希斯认为，危机管理包含对危机事前、事中、事后所有方面的管理。他认为，有效的危机管理需做到转移或缩减危机来源、范围和影响，提高危机管理的地位，改进对危机冲击的反应管理，完善恢复管理，以能迅速有效地减轻危机造成的损害。他认为通过寻找危机根源、本质以及表现形式，并分析它们所造成的冲击，人们就能通过降低风险和缓冲管理来更好地进行危机管理。

总结以上各位专家学者的观点，本书对品牌危机管理定义为：品牌危机管理是指对可能（或已经）发生危机的根源、形式、本质以及其损害等进行有效的识别、监测、分析、评估和应对，尽可能地避免（或减轻）其对品牌形象、品牌价值的危害，使品牌能尽早从危机中恢复过来（或者为了某种目的而让危机在有效可控的情况下发生和发展等）的全过程。

企业为有效进行品牌危机管理，应建立品牌危机管理的组织（如委员会或小组），明确其原则、职责、权限、制度和程序等，建立并演练危机应急预案，使危机对品牌造成的显性和隐性损失最小化。品牌危机管理是有助于控制不良事态发展的职能管理，应该包括对危机的事前、事中和事后所有方面和危机全过程的管理。有效的危机管理应该是一个有规划、有预案、有始有终的过程，而不仅仅是对某个单独的危机事件的反应。

（二）品牌危机处理原则

1. 预防为主原则

企业要始终坚持“以预防为主，防治结合”的危机防范意识和基本策略，积极进行危机防范准备、危机征兆识别、关键点控制和警示机制、应急预案的建全，有计划地进行危机演习、员工应急状态教育等活动，力求将危机发生的概率降至最低，将危机发生后的损失减到最小。对危机的积极预防是控制潜在危机中花费最少、最简便的一种方法。对待危机要像奥斯本所说的“使用少量钱预防，而不是花大量钱治疗”。

2. 快速反应原则

危机往往是突发事件，发展势态难以预料，破坏性强，影响范围大，所以，一旦危机爆发，采取果断措施的速度是关键。无论是对受害者、消费者、社会公众还是新闻媒介，都应尽可能成为首先到位者，从而减缓（或消除）危机蔓延，降低危机对品牌的伤害。加拿大化学公司的唐纳德·斯蒂芬认为：危机发生的第一个 24 小时至关重要，如果你未能很快地行动起来，并已准备好把事态告知公众，你就可能被认为有罪，直到你能证明自己是清白的为止。

3. 真实性原则

“家丑不可外扬”这种观念被应用到企业危机管理中，则会造成比危机本身更为严重的后果，使企业不但继续受到危机的影响，而且还会“失信于民”。当危机爆发后，公众最不能忍受的事情并非危机本身，而是企业故意隐瞒事实真相，不与公众沟通，不表明态度，使公众不能及时地了解与危机有关的一切真相。因此，发生危机后，企业应该及时、真诚、主动地向公众讲明事实真相；否则会增加公众的好奇、猜测甚至反感，延长危机影响的时间，增强危机的伤害程度，不利于危机局面的控制和消除。

4. 全员性原则

企业危机处理不仅是危机管理组织中几位领导、专家的事，企业的员工也不只是危机处理的旁观者，而应是参与者。让所有员工了解危机的性质、规模、影响及处理方法，并参与危机处理，不仅可以发挥其宣传作用，减轻企业的内部与外部的压力，也可以让员工在企业危机中经受特殊的锻炼，特别是经验教训的反思和总结，有利于提升产品（服务）质量意识，增强企业凝聚力，化危为机。

5. 统一性原则

危机处理必须冷静、果断、有序，以及切实做到三个统一，即统一指挥协调、统一宣传解释、统一行动步骤，而不可失控、失序、失真。尤其是对外更不能有多个不同声音，否则只能造成更大的混乱，使局势恶化。

6. 创新性原则

危机处理既要充分借鉴成功的经验，也要根据危机的性质、发生发展等实际情况（尤其要借助新技术、新信息和新思维等）进行大胆创新。

品牌危机管理者在遵循以上六大主要原则进行危机处理时，应根据危机在不同生命阶段的特点，灵活应用这些原则，并体现真实、真诚、歉意和改进的决心，同时把企业文化、决策力、执行力等优秀面巧妙地展现给社会大众和消费者，这样才能强化（或重塑）品牌形象、品牌魅力，从而“化危为机”。

（三）品牌危机管理的组织

企业面对复杂多变的内外部环境和品牌可能出现的各种危机，都必须迅速决策、快速执行，才有可能转危为安，甚至化危为机。而一个系统化、专业化的危机管理组织机构则是成功进行品牌危机管理的保障，它应该具备职责明确、训练有素、行动迅速、配合默契等要素，以便在品牌危机发生时快速启动危机管理程序，井然有序地开展应对和处理危机的工作，最大限度地避免、减少和挽回损失。

品牌危机管理的组织模式虽然有临时组织和常设组织两类，它不应是“临时救火队”，而应成为“专业消防队”，其构成通常包括：

1. 权威的组织领导者

企业一般都是依据品牌危机发生的影响范围及严重程度来确定由哪一层级的管理者负责危机管理的组织协调，而消费者却通常期望更高层的管理者给予权威和明确的答复。因为品牌危机实质是消费者对品牌及企业形象的信任危机，而稍低层级的管理者由于受到职责、权限和经验的限制，难以作出让消费者认可和相信的决策，也不可能调配足够的资源来补偿消费者的损失，并取得其他利益相关者的认同。所以，企业的高层管理者加入品牌危机管理的组织，有利于在关键时刻做出正确权威的决策，有利于企业各部门和人员的协调及资源的整合，使危机应对措施得到快速、准确的执行。当然，这也对品牌危机管理组织的领导者提出了除权威外的素质、能力要求。

尽管企业的高层管理者已经具备了领导者的个人素质能力（如领导能力、指挥协调能力、演讲沟通能力、管理团队能力、果断决策能力、对情景进行评价的能力、制订计划和执行的能力以及沉着镇静的风范等），但在品牌危机状态下，会超越以往其所面临的管理情景，因为需要唤起消费者的响应、理解和支持而相对有所提高。在危机时刻能否力挽狂澜，首先取决于危机管理的领导者在本组织及关键利益相关者中的地位、权威性和影响力，及其所倡导的价值观、企业文化的社会化程度等。

2. 专业的公关人员

公关人员在品牌危机管理中的作用十分重要，在“全员性原则”前提下，专业公关人员的加入更有助于管理程序的优化和棘手问题的处理，他们对沟通中出现的问题更敏感，对组织及利益相关者关系的异常更具洞察力，对危机信息的加工、处理也相对更科学、规范和专业。

有专业公关人员对消费者的各种诉求做出积极的回应和解释，使公众和消费者不会倍感冷落，同时将企业的正面信息或客观情况及时和正确地传达给目标受众及相关组织，如政府与行业的主管部门、新闻媒体等。尤其对于谣言或其他不正当竞争所造成的品牌危机，公关人员所建立的社会关系网络此时就能发挥“净化器”和“保护膜”的作用，使品牌形象得以尽快修复或免受更大的损失。

3. 统一的新闻发言人

相对于公关人员宽泛的社会影响而言，新闻发言人则更为“官方化”，新闻发言人制度较为充分地体现了信息一致性原则，其核心任务是将企业应对品牌危机的原则、措施及当前的进展和成效等及时地传播给媒体、社会公众和消费者。

对已经造成损失的顾客，发言人应表明企业的赔偿和安抚方案，努力消除他们的焦虑或对立情绪；对存在观望或对企业表示关注的社会群体，发言人应表明企业在品牌危机管理上的体制机制和总体部署，以争取他们的认可和肯定。对于不明真相的其他社会公众，及时告知他们客观真实的信息（必要时借助于权威或官方机构、检测报告、著名专家等），以避免危机的蔓延和扩散。

新闻发布会或媒体见面会是比较常用的方式，也是很多组织机构常态化的沟通渠道，品牌危机管理中的信息传播更应加以充分利用，企业应该非常慎重地选择其新闻发言人，因为其一言一行都代表和展示着企业对品牌危机的态度和形象，其任何不当的表述或承诺，都可能会使品牌危机恶化或扩散蔓延。最好由企业的分管领导或最高领导者亲自出面，甚至充当新闻发言人的角色。

4. 专业的法律顾问

品牌危机一旦发生，部分消费者的利益就会受到损害，通过法律途径维权是消费者及其他相关方经常采取的正当行为。对于企业而言，也需要配备专业法律顾问或律师团。一方面，为制定下一步的危机管理措施提供法规指导和建议，避免不当行为加重危机；另一方面，在维护消费者及其利益相关方正当权益的同时，保护企业不受额外索要的威胁或者某些对企业的恶意侵害。寻找法律保护和支持，可以使危机处理过程更客观公正、公开、透明、合法、合情和合理，对舆论的引导和化解矛盾纠纷都有很大的帮助。但企业及其法律顾问，不要把消费者或其他利益相关者放在完全对立的一面。这也对法律顾问的专业性及经验丰富程度提出了更高的要求。

5. 后勤支持人员

组织文化和价值观的社会化程度会影响整个企业应对品牌危机的能力和效果。在品牌危机处理的过程中，领导机构和执行团队是核心，其他各职能部门可视为“后勤支持”。例如：行政人员要通过高效、规范的运作，及时传达上下、内外信息，承担繁琐但必不可少的文案等工作；人力资源部门配合领导机构甄选、委任、激励危机管理组织中的各个成员，对企业员工进行危机管理决策的宣传教育；财务部门提供紧急财务分析报告和危机应对财务建议（如快速调整资源利用方案，为应对危机筹备各项经济资源）；其他职能部门也都应该在危机管理领导机构的指挥协调下，快速有效地执行危机应对方案和计划。任何运转不力的机构或部门，都可能成为整个企业的“短板”，这无疑会增加品牌危机应对的困难程度。这就警示企业，在危机意识的培养上，应该未雨绸缪，把预防和应对危机当成经常性的工作来开展和训练。

6. 消费者代表

品牌危机管理也应该遵循群众路线，好的管理决策从消费者中来，到消费者中去。但是，让消费者代表参与品牌危机管理组织，对企业来说是一件比较困难的事情。首先，当品牌危机发生后多数消费者短期内难以再相信企业。其次，消费者认为自己没有义务和必要参与企业的品牌危机管理过程，除非消费者是危机当事人或品牌忠实的拥护者。虽然消费者不会全程参与企业的危机管理组织，但在品牌危机管理的任何阶段都可以诚挚地邀请消费者代表甚至“意见领袖”的加入。因为“意见领袖”可以成为沟通的纽带，传达化解危机的正面信息，也可以成为阻碍沟通的屏障，或者制造流言成为危机的扩散者。因此，加强对“意见领袖”的管理、引导和控制是进行品牌危机管理的关键。消费者代表或“意见领袖”不仅是信息传播的纽带和节点，也可以邀请其作为企业的“质量监督员”，他们可以提供符合消费者需要的针对性建议，为危机管理决策提供支持和帮助。

（四）品牌危机的处理流程

品牌危机的处理流程包括以下八个方面：

（1）迅速组成处理危机的应变总部，以便权威、快速、正确决策；

（2）设立一个专门负责的发言人，统一对外发出一致声音；

（3）迅速召回不合格（问题）产品，承诺承担相应赔偿责任；

（4）搞好内部公关，取得内部员工的理解，消除恐惧和担忧；

（5）搞好外部公关，主动与媒体沟通，取得消费者、公众的谅解；

（6）迅速查清事实真相，分析原因，坦诚公布，并真诚致歉致谢；

（7）危机中谣言的处理，迅速提供权威信息、权威发布，及时辟谣；

（8）总结经验教训，采取纠正和预防措施，杜绝类似事件重复发生。

【本章小结】

“凡事预则立，不预则废。”品牌塑造是一个技术和艺术相结合的、长期的系统工程，品牌塑造难，品牌保护或许更难，品牌危机或许无法预测。

本章第一节是品牌保护概述，通过相关案例的导入，介绍了品牌保护的产生背景、品牌保护的定义、品牌保护的意义和品牌保护的方法等内容。第二节是品牌的知识产权保护，通过导入案例——浙江省知识产权十大典型案例，简单介绍了“商标”“商号”和“品牌”等概念，引出品牌的知识产权种类、知识产权保护的方法，要求建立健全品牌保护的组织和长效机制。第三节是品牌危机管控，介绍了品牌危机的概念、特点、内涵和不同的视觉下危机的分类，分析了品牌危机产生的内外部、主客观原因，以及品牌危机的生命周期、品牌危机的处理原则和危机处理流程、品牌危机管理的组织和各类角色等内容。要求建立健全危机预警应急组织、机制，以便防范或杜绝危机的发生，一旦发生也能化危为机。

【技能训练】

以 5~6 人为一个小组，分别收集一个国内外在“品牌保护”方面成功或失败的案例，并结合本章知识分析它成功或失败的原因。

练习题

一、单项选择题

1. 品牌有利于保护（　　）。
   A. 商品所有者　　B. 生产商
   C. 品牌所有者　　D. 经销商
2. 品牌保护实质上就是对品牌所包含的知识产权进行保护，其关键在于（　　）。
   A. 注重宣传性　　B. 注重商业秘密的保护
   C. 及早注册域名　　D. 注重商标和专利的保护
3. 品牌保护的重点或核心是下列哪一项？（　　）
   A. 对一切产品进行保护
   B. 对一切商标进行保护
   C. 对商标专用权进行保护，就是依据法律，并用法律手段制止、制裁一切侵犯注册商标专用权的行为，以保护商标注册人的合法权益
   D. 对包装进行保护
4. 我国商标法不保护（　　）。
   A. 集体商标　　B 组合商标
   C. 立体商标　　D. 气味商标
5. （　　）是品牌保护的核心。
   A. 产品保护　　B. 设计保护
   C. 商标保护　　D. 包装保
6. 对品牌的保护首当其冲的就是（　　）的保护。
   A. 自我　　B. 社会
   C. 经营　　D. 法律
7. 品牌资产的经营保护不包括（　　）。

A. 技术保护
B. 商标保护
C. 生产保护
D. 营销保护

8. 商标法保护的商标是（　　）。

A. 驰名商标
B. 注册商标
C. 所有商标
D. 注册的驰名

9. 品牌注册保护即是品牌（　　）保护。

A. 硬性
B. 软性
C. 自我
D. 经营

10. 对品牌的保护，首当其冲的就是（　　）的保护。

A. 自我
B. 社会
C. 经营
D. 法律

11. 在危机的混乱局面中的人们有一种强烈的希望回到原来状态的心理，这体现了危机特点中的（　　）。

A. 突发性
B. 破坏性
C. 不确定性
D. 信息不充分

12. 外部来源的危机风险是（　　）。

A. 技术环境的变化
B. 生产过程中的危机
C. 人力资源管理不当产生的危机
D. 竞争导致的危机

二、多项选择题

1. 品牌危机产生的原因有（　　）。

A. 产品、服务出现明显问题
B. 企业运营管理存在较大漏洞
C. 企业高层个人出现不当言行
D. 广告传播有违受众接受

2. 品牌维护可分为（　　）。

A. 常规维护
B. 特色维护
C. 重点维护
D. 以上都不是

3. 品牌主要包括下列哪些因素？（　　）

A. 名称
B. 标志
C. 商标
D. 创意

4. 品牌管理中保护品牌包括（　　）。

A. 同一商标注册策略
B. 混合商标注册策略
C. 联合商标注册策略
D. 防御商标注册策略

5. 人们通常所说的对品牌的保护分为（　　）。

A. 硬性保护
B. 商标保护
C. 软性保护
D. 品牌要素保护
E. 品牌名称（标志）的保护

6. 品牌法律保护的内容主要包括（　　）。

A. 硬性保护
B. 商标保护
C. 软性保护
D. 品牌要素保护

E. 品牌名称（标志）的保护

7. 史蒂文·芬克提出的危机管理四阶段生命周期模型，四阶段是指（　　）。

A. 潜伏期　　B. 持续期

C. 爆发期　　D. 痊愈期

E. 控制期

8. 企业进行品牌保护时，可以选择以下哪些做法？（　　）

A. 及时注册　　B. 类似商标注册

C. 跨行业、跨品类注册　　D. 国际注册

三、简述题

1. 品牌危机的表征有哪些？
2. 品牌危机处理的原则有哪些？
3. 简述品牌危机管理的组织与职能。
4. 简述品牌保护的内容。
5. 简述品牌危机的内涵。
6. 简述品牌保护的内涵。
7. 简述企业品牌维护的控制包括哪些。

四、论述题

1. 论述如何进行品牌保护。
2. 论述如何进行品牌危机管理。

第六篇
品牌研究创新篇

第十六章 品牌研究

【学习目标】

· 了解品牌研究的概念、范围和目的。
· 理解品牌检测的概念和方法。
· 理解品牌价值链和价值链研究。
· 理解行业、区域和原产地品牌。
· 了解品牌营销从 1.0 到 4.0 的变化。
· 了解第四消费时代、元宇宙概念及其品牌营销模式。
· 理解 POM 影响力模型和 DTC 品牌的核心。
· 了解 chatGPT 和 AI 对品牌塑造与管理的影响。
· 掌握品牌研究的内容、程序和方法。

第一节 品牌研究概述

品牌作为组织（包括国家、地区、行业和企业）的重要标志和无形资产，远远不只是外显因素表现的一个（中文或英文）名字、字母或符号，它代表着组织的形象、承诺和价值。它的内涵极其丰富，包括消费者对品牌定位、品质、个性、形象、文化和品牌利益等的全面感知和评价，以及品牌拥有者与消费者之间的互动及情感共鸣程度等。

一、品牌研究的定义

品牌研究包含品牌理论研究和品牌运用研究两个大类。品牌理论研究是指专业的品牌研究机构或专家学者对品牌发展的新方向、新理论、新趋势、新方法进行的研究。品牌运用研究是指由专业的品牌公司或市场调研机构，采用科学的市场评价指标和价值观评价等方法，洞察消费者对品牌的全面体验、感受与评价。

因为品牌研究涉及的范围广、变量众多，已成为品牌理论研究与品牌运用研究领域最复杂的范畴之一。

二、品牌研究的目的

品牌理论研究是为了发现或总结在品牌塑造和品牌管理领域新理念、新理论、新趋势和新方法等，为品牌塑造、品牌管理和品牌消费过程提供理论支撑；开展品牌运用研究是为了给品牌塑造和品牌管理进行诊断，掌握品牌的健康状况与顾客的态度变化，发现市场发展变化的趋势，帮助企业在品牌塑造、品牌管理与市场营销过程中做出科学的调适决策。

三、品牌研究的意义

品牌相关研究不仅能帮助其了解自身及竞争对手的品牌形象、品牌定位、品牌价值及消费者的品牌利益点等，从而确定（或重新确定）品牌定位、形象及价值。品牌研究不仅为组织“提质量，树品牌”提供理论支撑，也为组织提供持续发展的动力和活力，而且还能够为强化国际间政治共识、促进文化交流、深化经济合作等提供思路和支撑。

四、品牌研究的范围

品牌研究的范围十分广泛，其研究的对象可能是品牌塑造与管理的全过程、全生命周期的理论与实践，包括品牌战略、品牌命名、品牌设计、品牌定位、品牌个性、核心价值、品牌形象、品牌文化、品牌表现（如品牌知名度、品牌美誉度、品牌忠诚度等）、品牌的市场价值、品牌传播、品牌营销、品牌维护、品牌价值链及其宣传广告的效用，等等。国内已出现了诸如《品牌研究》的专业学术期刊和杂志、人民日报中国品牌发展研究院，另外，广东和河南有卓越质量品牌研究院、四川有天府质量品牌研究院等专业的研究机构。

五、品牌研究的基本方法

品牌研究的方法比较多，而且正在逐步丰富、发展过程之中，这里简单介绍品牌跟踪和品牌监测研究。

（一）品牌跟踪

1. 品牌跟踪的概念

品牌跟踪研究就是对某品牌的品牌定位、品牌形象、品牌表现以及品牌资产等进行时间与空间的跟踪调查，并在与行业标杆、竞争品牌的比较分析中，探测品牌相关数据和品牌生态的变化趋势，建立品牌取向与消费者属性之间的关系模型，为决策者提供相应的品牌塑造、品牌维护与市场策略建议。

在时间上的品牌跟踪需全面监测和分析品牌接触点数值按时间序列的变化情况和趋势。在空间上的品牌跟踪需要截取一个时间点或时间段，全面检测品牌母体的各个结构（包括品牌树冠、树干、树根）“健康状况”，评估品牌所处的生态环境状况（如国家产业政策、行业现状、竞争态势等），描述处于同一个生态群落的竞争者和合作者的生态位，并评估其对品牌母体的影响。

2. 品牌跟踪研究的内容

品牌跟踪研究的主要内容含如图 16-1 所示的六个方面。它们分别研究其现状、变化趋势，并和行业标杆、主要竞争对手对比，以便做出科学决策。

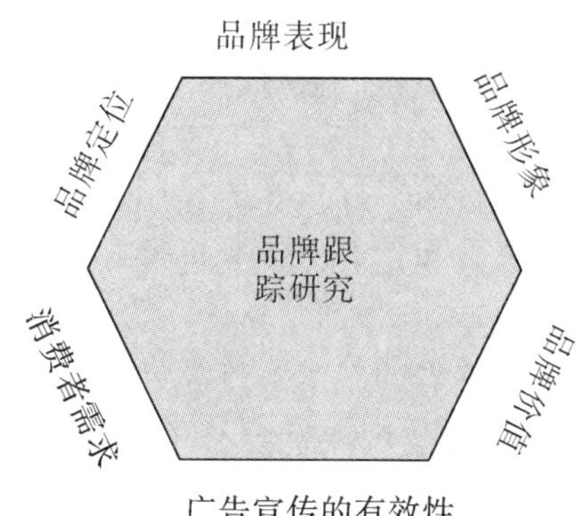

图 16-1　品牌跟踪研究的主要内容

（二）品牌监测

1. 品牌监测的概念

品牌拥有者为提升品牌竞争力、规避品牌企业的经营风险、保证企业品牌持续健康发展，（或委托专业机构）运用科学方法，系统地检测其品牌在成长过程中相关因素的变化趋势，以预测和发现可能存在的不足与问题。

2. 品牌监测的作用

为使品牌维护更具有针对性，需对影响品牌战略和实施效果的相关因素进行必要的检查测量，以便对品牌成长环境的变化做出前瞻性调适，对企业品牌资源进行平衡性匹配，为品牌选择合适的竞争策略、为品牌未来发展提供决策和实施的支持。

3. 品牌监测的内容

品牌监测的内容主要有以下五个方面：

（1）品牌感知监测：检测消费者对品牌品质、知名度、美誉度、满意度、忠诚度和品牌联想度等方面的感知，以供品牌战略的决策者和执行者进行必要的调整，以维护品牌持续健康成长，促进品牌价值的提升。

（2）竞争品牌监测：市场上的竞争性品牌（尤其是主要竞争对手）对自身品牌战略和结果有不可忽视的影响，对竞争品牌进行检测，以便了解竞争性品牌的优缺点、竞争地位、对自身和消费者的影响等。

（3）目标市场监测：目标市场及其需求如果发生了变化，企业的品牌定位、品牌战略及战略的实施也应该随之做出相应的调整。

（4）政策环境监测：某些行业对于政策环境（包括法治环境、经济环境、营商环境等）及变化趋势的监测是十分重要和必要的。如对于房地产行业及与之相关的企业来说，有关的土地政策、信贷政策和房地产销售政策等对其发展的作用是十分巨大的。

（5）口碑信息监测：适时收集、分类整理用户的各种评价信息是品牌口碑监测的重点。同时，如何最快发现负面（舆情）信息是公司口碑信息监测的难点。品牌口碑信息监测主要了解的信息包括：原因、对象、地点、时间、人员、方法和多少投入产出七个方面。

在海量信息的自媒体时代，首先要了解和评估用户相关的评论内容是什么？是谁发表这样的意见？为什么要发表这样的意见？针对哪个主题进行讨论？发布在什么媒体上？什么时候发布？哪些是真实信息，具有监测和反馈意义？信息的正负面属性是什么？传播和转载量（扩散）是多少？信息的重要性如何？等等。

4. 品牌监测的方法

利用定性研究（如拟人化的拼图练习、关联图、品牌画廊等）和定量研究（如因子分析、判别分析、对应分析等）相结合，线上与线下调查相结合的多种方式方法对品牌进行监视和测量。

如针对品牌形象可以改变消费者的态度，消费者对企业、品牌或产品（服务）的态度不同，对产品（服务）所持有的观点就会不同。为此，一些专业品牌（或市场）机构往往为客户提供专业的品牌形象分析方法，帮助客户了解自己的品牌在消费者头脑中是怎样的形象，应该形成什么样的形象，要树立这种品牌形象，还需要做些什么、应该怎么做，等等。

5. 品牌监测的步骤

科学开展品牌监测的步骤主要有以下六步：

（1）定义问题：界定研究范围，清晰地定义每一个问题。

（2）确定研究方法：根据研究内容、研究目的不同，选择制定适宜的方法或方法组合，拟定检测方案。

（3）方案执行：对品牌检测者教育训练，保证方案和方法在规定的时间得到有效的执行。如用恰当的抽样方法抽样、预备充足的后备样本、进行不低于25%复核等。

（4）数据分析：信息筛选（去掉不符合要求的无效样本）和数据分析处理，拟定措施。

（5）撰写报告：撰写检测研究报告（包含数据、执行及其他原始作业附件等）。

（6）总结反馈：进行总结性陈述，将情况和问题反馈给决策者。

第二节 品牌研究的内容

品牌研究的内容十分广泛，传统的品牌研究可能包含了品牌塑造和品牌管理维护的全过程，如品牌定位研究、品牌核心价值研究、品牌个性研究、品牌成本研究、品牌传播研究、品牌发展研究、品牌价值链研究及行业或区域品牌研究等。新兴的品牌研究领域包括品牌生态系统研究、品牌管家（托管）研究、卓越质量品牌管理体系研究、品牌研究新视野等。

一、品牌定位研究

（一）品牌定位研究的概念

品牌定位是品牌战略的基础和核心内容，也是创建品牌价值的基础和保障，准确的品牌定位是建立强势品牌的必要前提。品牌定位研究包括品牌定位理论研究、品牌定位原则研究、品牌定位策略研究和品牌定位市场评价研究等方面的内容。

（二）品牌定位研究的方法

使用度量表技术及模糊评价技术测试目标消费者对品牌定位、品牌形象、品牌价值的评价。使用判别分析法对目标品牌及其主要竞争品牌的属性评价值进行分析，形成品牌定位图。

图 16-1 所示是品牌定位的原理图，包含品牌理念、人群定位、市场定位、价格定位、渠道定位、形象定位和地理定位、品牌基因等。

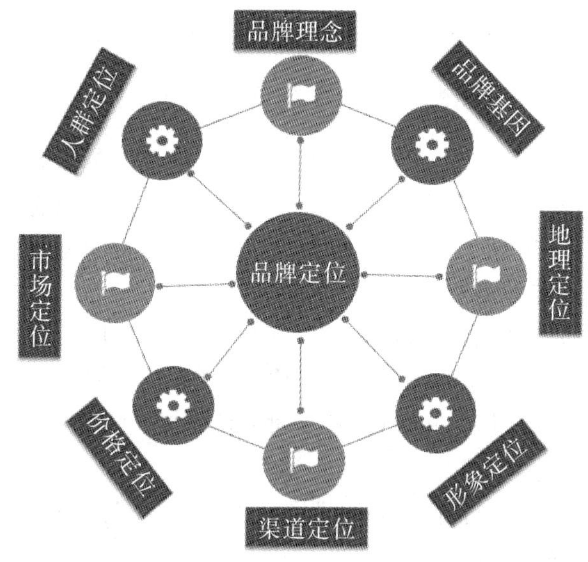

图 16-1　品牌定位原理示意图

二、品牌核心价值研究

（一）品牌核心价值的概念

图 16-3 所示的品牌核心价值（包括理性价值、感性价值和象征价值），也可称为品牌的价值主张，它是品牌的核心竞争力。它不仅是品牌内涵和品牌资产的主体部分，也是一个品牌区别于其他品牌的独特性，是品牌的核心诉求、核心卖点和核心优势，凭借这些优势给消费带来功能、性能、生理和心理的主要利益，并使之与企业、产品和客户紧密联系在一起。

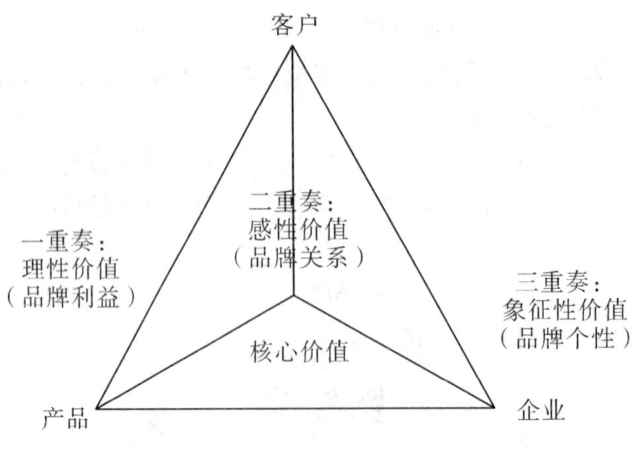

图 16-2 品牌核心价值三重奏

品牌核心价值一旦确定后，应矢志不渝，并以水滴石穿的定力加以维护，在十年、二十年，乃至上百年的品牌培育与建设过程中“不忘初心，砥砺前行”，以品牌核心价值统帅组织的所有设计开发、生产经营活动和营销传播活动的全过程。

（二）品牌核心价值体系

品牌核心价值研究就是结合品牌核心价值产生的内外部环境因素，对品牌核心价值各组成部分的关系及其与外部环境的相互作用机制进行探讨，建立品牌核心价值体系和品牌核心价值体系模型，并运用该模型对如何调整与完善品牌核心价值进行分析和运用。

图 16-4 所示是品牌核心价值体系原理图，图 16-5 和图 16-6 分别是班布品牌核心价值体系和小红书的品牌核心价值定位。

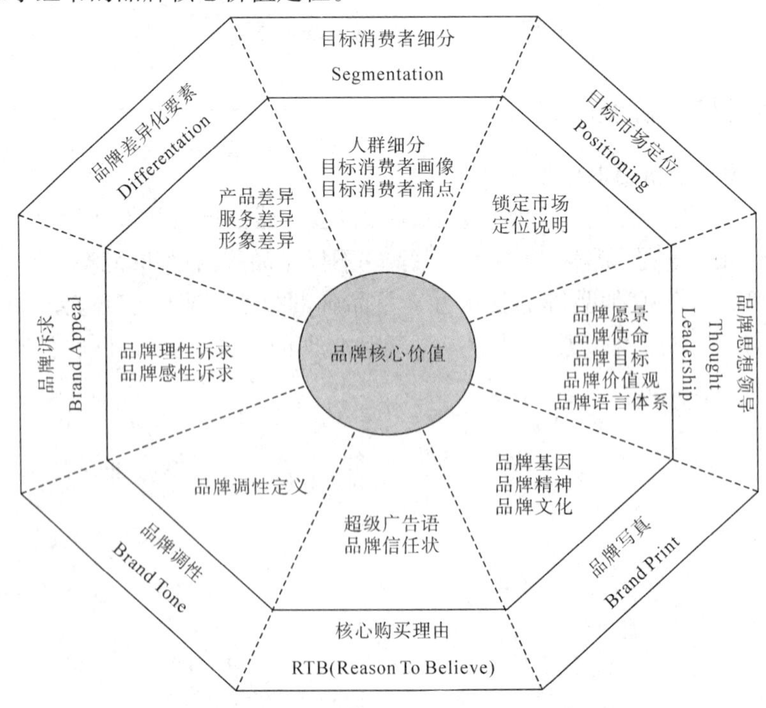

图 16-4 品牌核心价值体系原理图

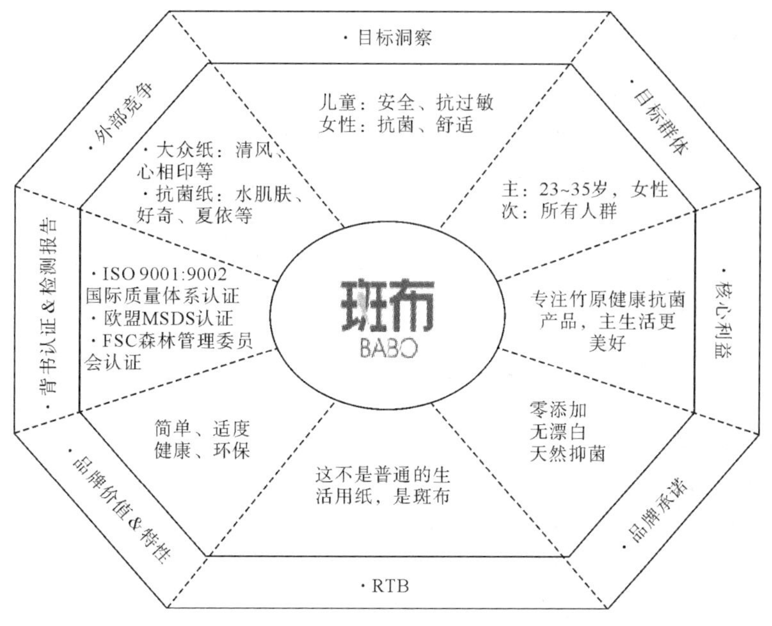

图 16-5　班布品牌核心价值体系

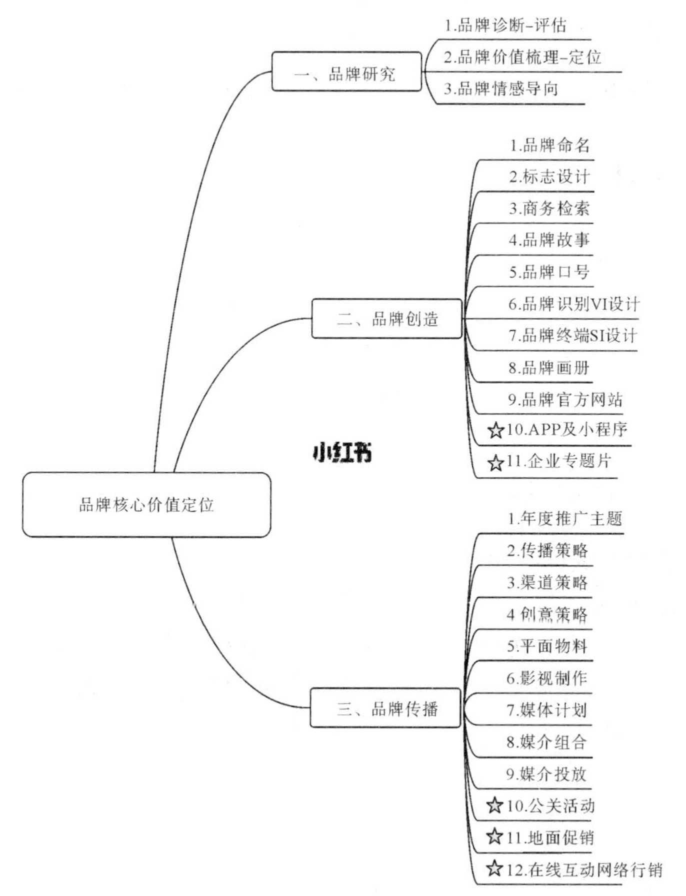

图 16-6　小红书的品牌核心价值定位

三、品牌个性研究

国内外关于品牌个性的研究主要集中在拟人化品牌的心理学人格特征、品牌个性维度和量表开发三个方面。专家学者们基于人格类型和人格特质开发出代表性的“大五模型”，它有五个品牌个性维度、15 个层面、42 个品牌人格。

进行品牌个性研究的目的就是要全面了解所有竞争对手的个性，发现他们的优缺点或空白点，从而建立鲜明的、目标顾客群喜爱的品牌个性，使之与同行竞争性品牌明确区分。

四、品牌成本研究

（一）品牌成本的概念

品牌成本包含品牌拥有者的投入成本和消费者的消费成本两个部分。

投入成本通常包含开发成本、原辅材料成本（如采购、仓储、搬运等费用）、加工制造成本（如能源资源消耗费、人工费等）、管理成本（如管理人员费用、培训成本、资金成本等）、质量成本（如内外部损失成本、鉴定检测成本等）、营销成本（如广告宣传费、促销费和业务费等）和税收等。

而消费者的消费成本分为显性成本（指消费者直接付出的价格、维修保养费用等）和隐性成本。隐性成本又包括信息搜寻成本（时间成本、信息收集费、机会成本和精力等）、道德危机成本（防止受骗沟通、签约与监督等）和专属陷入成本（对品牌的依赖程度）三部分。

（二）品牌成本研究的目的和意义

企业要考虑投入产出比，要追求企业的利润最大化。而绝大多数消费者（尤其是理性消费者）还是要考虑产品的性价比。品牌虽然可以获得一定的品牌溢价，但品牌成本越高，竞争力越低；品牌成本越低，越容易吸引消费者，也容易赢得更多竞争优势。故应在确保品质前提下推行成本领先战略，优化、降低品牌各个环节的成本（包括企业成本和消费者成本），这不仅能赢得竞争优势、赢得顾客忠诚，而且还可以实现可持续的高质量发展。

五、品牌传播研究

（一）品牌传播研究的概念

品牌传播关注外部效应，对品牌传播的研究最早是广告学和市场营销学，大多关注其传播的重要性、特点、传播媒介和传播有效性等方面。现在品牌传播研究范围更广，以探究更加有效的品牌双向沟通传播策略、传播内容、传播渠道、传播方式、传播时机、传播成本和传播效果评价等。品牌传播研究的内容，如图 16-7 所示。

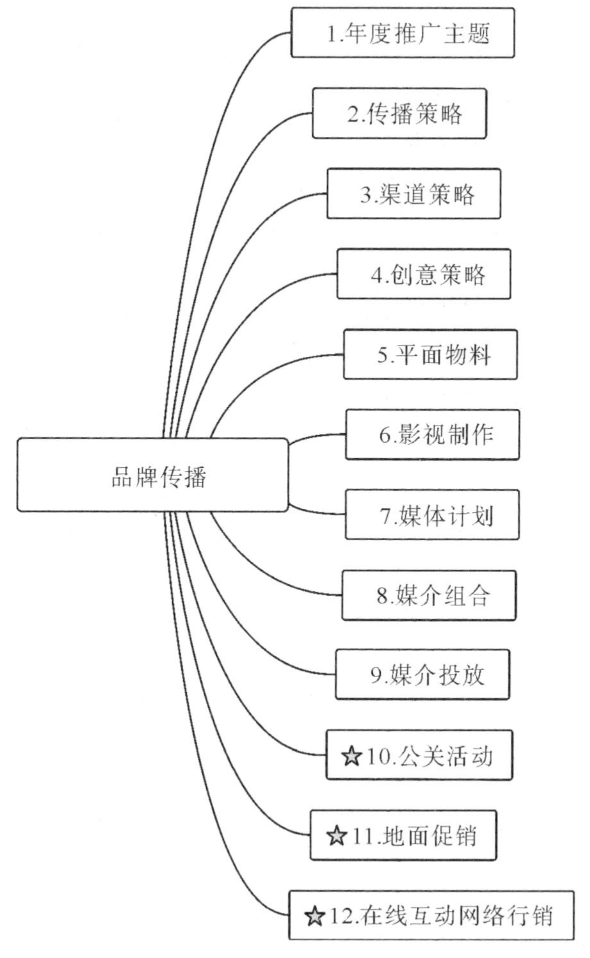

图 16-7　品牌传播的内容

（二）品牌传播研究的发展

随着移动互联网的迅速普及，尤其是具有互动性、个性化和体验性的新媒体（如微信、抖音、小红书等）的出现和迅速流行，以及大数据的广泛应用，给传统媒体（如广播、电视、报纸、杂志、户外广告牌等）带来了巨大冲击的同时，也改变了传统的单向传播模式，还改变了企业品牌传播的策略，品牌传播研究有了新的思路和新的活力，学者们开始进行基于企业文化的品牌传播研究、新媒体条件下的品牌传播研究等，也开始探索品牌传播路径的演变和传播效果评价的方式方法等。

六、品牌发展研究

人民日报中国品牌发展研究院的“中国品牌发展指数”，通过“创新引领、综合实力、市场认同、盈利能力、社会责任和用户美誉”六个维度的结果性指标，建立宏观指数、企业指数和诊断体系三位一体的指数系统，改变了一般意义上的指数重宏观趋势轻微观的状况，在凸显宏观经济分析价值的同时，重视对微观经济主体的价值引领和问题诊断。

（一）宏观指数

该指数由人民日报中国品牌发展研究院编制发布，以2017年1月1日为基准日，每季度发布一次，是动态评价中国企业品牌创建能力和竞争能力的指数体系，反映了中国品牌经济作为市场经济高级形态的发育程度，是中国经济高质量发展和建设美好生活的量化表现。该机构发布的2019年第一季度至第四季度指数分别为：104.16、101.51、107.82和111.69，连续四个季度高于基期标准，趋于绿色稳定发展区间。

（二）企业指数

通过企业指数，对企业品牌创建能力和效果进行评价。必须指出的是，企业指数既要与自己进行纵向对比，也应与竞争品牌进行横向对比，以进一步分析品牌在各个细分市场的发展状况和发展阶段，以及面临的最主要问题。

（1）创新引领：以品牌所在企业的创新成果为参考，量化反映品牌发展的内部创新驱动力量。

（2）综合实力：以品牌所属企业的资产规模、营收规模为参考，反映品牌的整体实力。

（3）市场认同：以品牌在市场竞争中的销售收入类指标为参考，反映品牌被市场认同和接受的程度。

（4）盈利能力：以品牌的利润规模、增速为参考，反映品牌可持续增长能力。

（5）社会责任：对品牌在践行企业社会责任方面的具体表现进行量化分析，体现企业对社会发展做出的贡献水平。

（6）用户美誉：以用户的口碑评价为基础，反映品牌被用户认可、传播和品牌忠诚的程度。

（三）诊断体系

针对企业指数结果，对数值进行影响因子“关键要素”拟合，抽象提炼出包括“资本力、市场力、传播力、创新力、贡献力”在内的“五力”模型，汇总形成提升品牌发展水平的操作体系。人民日报中国品牌发展研究院构建的“五力”模型，如图16-8所示。

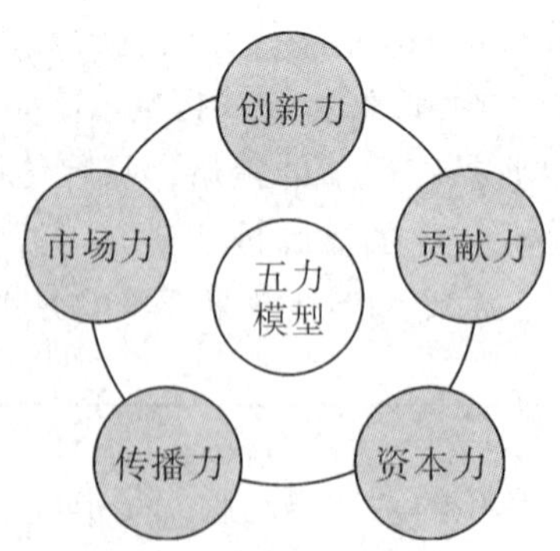

图16-8　品牌发展“五力”诊断体系模型

（1）资本力。这是品牌的综合经济实力的代表，是一个品牌保持健康发展的经济基础，强大的资本实力保证了健康的财务表现和可持续投入的能力，使得品牌得以持续、健康、有序的发展。

（2）创新力。这是品牌发展的内核驱动力量，是一个品牌保持旺盛生命力的源泉。品牌的持续创新能力是企业可持续发展的根基。

（3）市场力。这是品牌发展阶段成果的外在表现，代表了品牌在市场上的竞争优势和获利能力，是衡量一个品牌竞争实力的重要表征，预示着品牌未来发展的潜力和预期。

（4）传播力。这是推动品牌营销的重要手段，有效的传播能够帮助品牌迅速进入市场，建立与用户之间的紧密联结和认知关系，进而实现品牌美誉和品牌忠诚。

（5）贡献力。这是品牌在发展过程中回馈社会的力量，是品牌承担社会责任的表现。品牌的贡献力越大，越有可能与生态中的其他成员形成良好的互动合作关系，为品牌的发展提供助力和保障。

七、品牌价值链研究

（一）品牌价值链的概念

价值链概念是由美国哈佛大学的迈克尔·波特提出的，而品牌价值链是由凯勒和莱曼提出的。所谓品牌价值链，就是以企业向用户承诺的最终品牌价值为导向和目标，从企业经营的整个业务链入手，梳理和改善每一个环节，使之符合品牌价值的要求。这样的价值链贯彻到企业经营的基本和辅助活动（或过程）的所有环节。如图 16-9 所示。

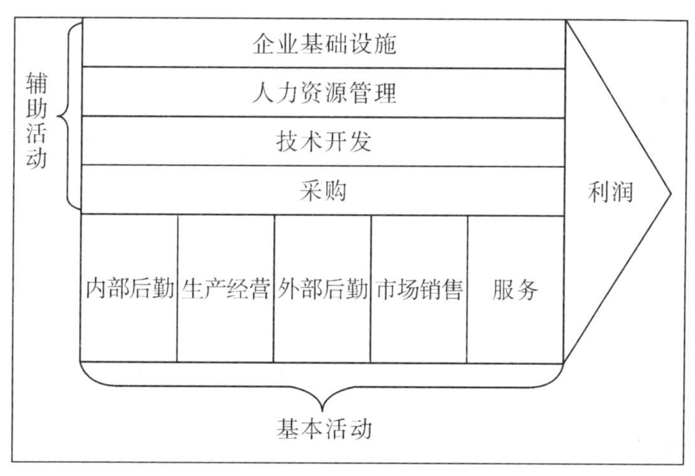

图 16-9　品牌价值链示意图

（二）构建品牌价值链的步骤

第一步是定义向顾客承诺的品牌价值。广义的品牌价值不仅仅是一系列有形的、功能、性能方面的特性，更有其无形的服务、情感方面的利益以及“身份”标识，它们都是长期竞争优势和持续忠诚度的基础。

例如：哈雷摩托的产品具有独特的外形设计、强大的引擎和发动时震撼的轰鸣声，这一切都让用户感觉哈雷摩托物超所值，值得拥有。更重要的是，拥有哈雷摩托会让消费者表达出内心的某种深层次的情感或欲望——渴望自由、追求速度的冲动和欲望，非同寻常。

第二步是实现定义好的品牌价值体系。这就需要企业从工业设计、采购、制造、包装、物流、营销、售后服务等的所有业务环节进行梳理，建立一整条品牌价值链，链上的每一个点都能为客户创造价值。

（三）打造品牌价值链的注意事项

现代商业社会的竞争已经从单一能力的竞争进入企业整体综合实力的竞争，即品牌价值链的竞争。但在打造品牌价值链时应注意：

（1）你所定义的品牌价值是否代表了目标顾客的长期需求？是否有稳定的发展趋势和足够盈利空间？如果答案是否定的话，那你的投入可能不会带来预期的回报。

（2）你所定义的品牌价值是否得到了利益相关方的认可？供应商、顾客、股东、员工及社会相关方（如政府相关部门、银行等）都是品牌价值链条上的重要利益相关方。如果企业的品牌价值没有得到他们的认同，那就意味着你的链条存在着随时断裂的危险。因此，与利益相关方一起讨论制定品牌价值是十分必要的。

（3）你的资源实力（如资金、人才、技术和管理等）是否足够支持你的品牌价值链？因为构建品牌价值链需要有长远战略、需要系统支持、需要整合资源、需要企业所有业务环节的通力配合。但企业的资源往往是有限的，不能等到什么条件都具备才去做相关工作。比较有效的建议是从最不符合品牌价值的环节做起，逐渐延伸到其他环节。这样才能保证企业的品牌价值链能够平稳地建立起来。

八、行业或区域品牌研究简介

（一）行业或区域品牌的概念

如果把品牌的所有者从企业扩展到国家、地区或行业等组织，就有了行业品牌、区域品牌、国家品牌和原产地品牌等概念，品牌研究的视野、范围和内容也就更加广泛。

（二）行业或区域品牌研究的意义

（1）为行业或区域品牌的创建、维护、发展提供支撑；

（2）有利于国家、地方政府、行业组织对品牌的精准施策；

（3）有利于引导某些行业的产业结构调整、促进产业转型升级；

（4）有利于更好创建和塑造行业品牌或地区集群品牌。

（三）行业品牌研究

行业品牌研究就是为了更好地树立行业品牌，促进行业持续、健康、稳定的发展，站在全国（甚至全球）的角度，对某个或某些行业（如餐饮、调味品、日化、饮料、电子、机械、汽车等）的品牌进行研究，包括其品牌发展的历史与现状（如品牌数量、名称、主打品牌）、市场情况（如市场环境、市场潜力、市场竞争、市场占有率、市场价值等）、顾客情况（如顾客投诉、顾客满意度、顾客忠诚度等）、发展动态（如收购、兼并、重组及新产品、新技术等）、广告投入（如资金、渠道、代言人等）、盈利能力（如毛利率、资金周转率、资产负债率等）等方面进行综合分析研究，最后形成《××行业品牌发展研究报告》。

行业品牌研究还应与世界主要发达国家（或地区）同行业的现状和趋势进行对比研究，找出差距、发现问题，对行业更好地发展提出建设性、策略性的意见和建议，以便政府相关部门、行业组织和企业决策参考，并实施持续不断的改进、逐步实现对先进发达国家或地区的赶超。

（四）区域品牌研究

区域品牌研究可以细分为：区域品牌战略研究、区域品牌形象研究或区域××产品品牌研究等内容。

行业品牌研究和区域品牌研究，有时也结合进行，如四川白酒行业品牌研究、郫都区郫县豆瓣行业品牌研究等。

（五）原产地品牌研究

有些产品由于受到当地自然环境和人文条件的影响，具有独特性、不可替代性。原产地品牌往往具有独特的历史传承、资源禀赋和市场声望，能够兑现品质承诺、满足消费者的情感需要。消费者往往对原产地情有独钟，在选购产品时有明显的原产地倾向。

原产地品牌还彰显出超乎一般的高品质、可信度，甚至能帮助消费者自我表达。

我国原产地品牌缺乏系统的理论研究和系统性整体规划，其价值尚未得到很好的体现，也有原产地品牌保护不力等问题。

总之，一个企业、一个行业、一个地区，甚至一个国家的品牌竞争力，关系到这个企业、行业或地区、国家的形象、综合实力、格局和地位，需要明确目标、战略规划、系统整体推进，并久久为攻，才能真正塑造出消费者喜爱、钟情和忠诚的品牌。

九、品牌研究新领域简介

品牌研究的新兴领域包括：品牌塑造模块化研究、品牌管理（或评价）软件系统研究、品牌生态系统研究、卓越质量品牌管理体系研究、品牌塑造与管理人员职业能力评价标准研究和品牌管家（或品牌托管）研究等。

（一）品牌塑造模块化研究简介

这就是类似品牌人格化研究提炼出的 5 个大类、15 个层次、42 个人格，把品牌塑造的各个阶段做出若干个模块，以供使用者按需选择和任意组合。

（二）品牌管理（或评价）软件系统研究简介

现在组织的各个职能系统，如设计开发、生产制造、行政办公、人力资源、质量管理、市场营销及财务管理等组织的各个职能系统几乎都有软件系统，随着品牌塑造与管理的发展，品牌评价标准日益增多，急需有一套品牌管理或品牌价值评价的软件系统。

（三）品牌生态系统研究简介

安格尼斯嘉·温克勒在其著作《快速建立品牌：新经济时代品牌策略》中提出和系统探讨“品牌生态系统”的概念和管理问题，并指出品牌生态环境是一个复杂的充满活力的、不断变化的有机组织，有着极其复杂的层次和结构。我国学者王兴元提出“名牌生态系统”的概念，名牌生态系统是指以名牌为龙头的品牌生态系统，由环境、名牌、企业、供应商、中间商、顾客、公众、相关组织与群体等成员组成、各个成员依赖名牌获利而得以生存与发展。它是社会商业生态系统的核心组成部分。此外，黄昌富、王新新、陆娟和张锐等人也对品牌生态系统特征进行了探讨。

（四）卓越质量品牌管理体系研究简介

ISO 9001 质量管理体系是一个基本要求的合格水平，ISO 9004 和卓越绩效都不是认证标准。有的大中型企业开展了质量、环境、职业健康与安全和行业特殊要求等多项认证，存在多套文件体系，给企业造成了较大困扰，市场急需一套整合了所有相关要求的整合体系认证。据悉，结合我国"提质量，树品牌"和"高质量发展"的需要，中标恒瑞国际认证有限公司联合相关行业单位，正在研究一套新的、整合体系的高端认证团体标准，即卓越质量品牌管理体系。

（五）品牌塑造与管理人员职业能力评价标准研究简介

要实现"提质量，树品牌"和"高质量发展"，培养和造就一大批精通质量和品牌管理的中高级专业人才是核心的关键，因此，开发质量工程师、品牌塑造师职业能力水平鉴定培训专业教材，研究其评价标准成为其焦点。

（六）品牌管家（或品牌托管）研究简介

针对广大中小企业缺乏质量和品牌专业人才等资源，质量管家（托管）和品牌管家（托管）将逐步走向台前，并成为一种趋势，急需研究探索质量（品牌）托管的模式、内容、方式、双方的责权利等，以赋能中小企业"提质量、树品牌"。

第三节 品牌新视野

品牌营销属于社会科学范畴，社会在不断变化，因此品牌营销也是随时代的变化而变化的。在数字化的时代，在越发碎片化的营销环境下，在强调以人为"主体"的品牌营销 4.0 时代，为赢得消费者心智，品牌营销有哪些变化？本节将做一些有限的探寻，以打开品牌营销新视野。

一、品牌新视野 1：营销 1.0 到营销 4.0

（一）品牌营销 1.0

品牌营销 1.0 就是工业化时代以产品为中心的营销，品牌营销 1.0 始于工业革命时期的生产技术开发。当时的营销就是把工厂生产的产品全部卖给有支付能力的人。这些产品通常都较初级，其生产目的就是满足大众市场需求。在这种情况下，企业尽可能地扩大规模、标准化产品，不断降低成本以形成低价格来吸引顾客。

（二）品牌营销 2.0

品牌营销 2.0 是以消费者为导向的营销，其核心技术是信息科技，企业向消费者诉求情感与形象。20 世纪 70 年代，西方发达国家信息技术的逐步普及使产品和服务信息更易为消费者所获得，消费者可以更加方便地对相似的产品进行对比。品牌营销 2.0 的目标是满足并维护消费者，企业获得成功的黄金法则就是"客户即上帝"，企业眼中的市场已经变成有思想和选择能力的聪明消费者，企业需要通过满足消费者特定的需求来吸引消费者。

（三）品牌营销 3.0

品牌营销 3.0 就是合作性、文化性和精神性的营销，也是价值驱动的营销。和以消费者为中心的品牌营销2.0时代一样，品牌营销3.0也致力于满足消费者的需求。但是，品牌营销3.0时代的企业必须具备更远大的，服务整个世界的使命、远景和价值观，它们必须努力解决当今社会存在的各种问题。换句话说，品牌营销3.0已经把营销理念提升到了一个关注人类期望、价值和精神的新高度，它认为消费者是具有独立意识和感情的完整的人，他们的任何需求和希望都不能忽视。品牌营销3.0把情感营销和人类精神营销很好地结合到了一起。在全球化经济震荡发生时，品牌营销3.0和消费者的生活更加密切相关，这是因为快速出现的社会、经济和环境变化与动荡对消费者的影响正在加剧。品牌营销3.0时代的企业努力为应对这些问题的人寻求答案并带来希望，因此它们也就更容易和消费者形成内心共鸣。在品牌营销3.0时代，企业之间靠彼此不同的价值观来区分定位。在经济形势动荡的年代，这种差异化定位方式对企业来说是非常有效的。因此，科特勒也把品牌营销3.0称之为"价值观驱动的营销"。

（四）品牌营销4.0

品牌营销4.0是实现自我价值的营销，在丰饶社会的情况下，马斯洛需求下的生理、安全、归属、尊重的四层需求相对容易被满足，于是客户对于自我实现变成了一个很大的诉求，品牌营销4.0正是要解决这一问题。随着移动互联网以及新的传播技术的出现，客户能够更加容易的接触到所需要产品和服务，也更加容易和与自己有相同需求的人进行交流，于是出现了社交媒体和客户社群。企业将营销的中心转移到如何与消费者积极互动、尊重消费者作为"主体"的价值观，让消费者更多地参与到营销价值的创造中来。而在客户与客户、客户与企业不断交流的过程中，由于移动互联网、物联网所造成的"连接红利"，大量的消费者行为、轨迹都留有痕迹，产生了大量的行为数据，我们将其称为"消费者特化"。这些行为数据的背后实际上代表着无数与客户接触的连接点。如何洞察与满足这些连接点所代表的需求，帮助客户实现自我价值，就是品牌营销4.0所需要面对和解决的问题，它是以价值观、连接、大数据、社区、新一代分析技术为基础来造就的。

二、品牌新视野2：互联网时代

在互联网时代前，消费就像是在赌。一件商品质量好不好，售后服务好不好，一家餐馆的环境、口味如何，没有亲身体验过消费者无从得知，只能根据品牌、产地、价格、广告或者营销人员提供的有限信息去猜测。

然而，随着媒体传播的去中心化，以往依赖于电视、报纸、广播的大传播时代的结束。网络购物平台的普及，微信、微博、小红书、抖音、大众点评、知乎等新兴的社交媒体的出现，以前所未有的速度改变了商业环境。

消费者可以在购买前查看交易记录和消费者评价，通过便捷的专家渠道听到专业意见，利用比价工具找到最便宜的商品，消费者的购买模式彻底改变了。消费者不再忠诚于品牌，不再被企业的营销、企业的品牌所左右，并且开始能够判断某件具体商品的绝对价值，它用起来会是什么样子，它的价格是否虚高。要什么，不要什么，如今消费者决定得更快、更理性。

美国学者伊塔马尔·西蒙森和艾曼纽·罗森在《绝对价值》一书中提出了基于互

联网时代的影响力组合 POM 模型。

P（prior）：个人原先的偏好、信念和经验（模糊而不稳定）

O（others）：其他人评价和信息服务（可信而多样）

M（marketers）：营销者（通常值得怀疑）

在营销上，会把产品和服务分为：搜索类、体验类、信任类，靠近左端的商品，越依赖于个人先验，越靠近右端，越依赖于其他人的评价。

POM 三者相互作用，不同类型的商品比重不同，不同的认知驱动，品牌的资源投入比例应该有所倾斜。按照不同的比重，可以分为以下三类模式：

1. 营销驱动模式 MPO、MOP

MPO：企业营销—个人先验—他人信息

搬家、开锁等生活服务类，它的决策时间很短，快速获取企业信息后取得认知就会产生决策。

MOP：企业营销—他人信息—个人先验

大型设备、医疗、招商加盟等需要用 MOP 模式，这类需要考察企业的营销信息，听取他人评价进行对比。

2. 认知驱动模式 POM、PMO

POM：个人先验—他人信息—企业营销

服装、珠宝等产品依赖于消费者的个性喜好更高。

PMO：个人先验—企业营销—他人信息

个人培训等行业，自我有需求，然后获取企业的营销信息，再进行口碑验证。

3. 口碑驱动模式 OPM、OMP

OPM：他人信息—个人先验—企业营销

产品单价不高，尝试后果不严重，就会采信他人的意见，自己体验。对企业的营销信息不太看重，如餐饮、外卖等更多采用这个模型。

OMP：个人先验—他人信息—企业营销

产品单价高，尝试后果严重，如汽车等产品，就需要更多的了解企业营销的信息。

三、新视野 3：DTC 品牌 直接面向消费者

DTC 是 direct to consumer 的缩写，指直接面向消费者的品牌，以消费者为终端进行生产、销售、营销传播、零售、售后服务和体验等活动，整个运营模式更加高效、灵活。国内较为出名的 DTC 品牌包括：Shein（希音）、完美日记、三顿半等。借助自建电商渠道、社交媒体等线上媒介传播，DTC 品牌极大节省了成本，让利给消费者以此来获得高性价比。另外，因为去除了中间商等环节，直接接触消费者，所以 DTC 品牌在消费者数据和体验端有更大的掌控力。

DTC 品牌天生具备以消费者为中心的思维。在顾客服务方面，它们并不把“顾客是上帝”挂在嘴上，并不乐于说要把顾客当作上帝，那似乎太遥远且不切实际，它们更愿意说“把顾客当亲戚”，为自己“亲戚”“朋友”服务，那么，提供出的服务将会更真切、更极致。

DTC 品牌技术与数据并重，品牌方有自己的私域商城，并开展会员营销互动，打

造“爆款”、塑造品牌个性、生成内容、坚持创新互动等，这打破了传统公域平台建立的壁垒，全面采集消费者行为习惯和消费大数据，有利于进一步的营销决策，甚至对公司的产品研发也提供清晰的数据洞见。

DTC品牌缩减或者去掉了中间渠道，降低了商品流通和营销成本，能为企业提供更高的利润率。缩减中间渠道，品牌方直接和消费者沟通，让企业更加精准、及时地把握市场行情，迅速了解用户消费习惯的变迁，最终则有利于提升消费体验和品牌体验。

DTC也许是未来的趋势，在市场环境和消费者的变化下，很多本土品牌的确要从渠道品牌转变到消费者品牌。DTC创造了以更低的价格生产更高质量、更好的设计的商品的可能性，真正关心如何拓展和加深与用户的关系，让用户获得更好体验。DTC模式正在革新零售和消费品领域，尤其食品、饮品、美妆护肤、母婴、宠物、家居等领域。

四、品牌新视野4：元宇宙

（一）可口可乐元宇宙“律动方块”

2022年5月，可口可乐全球创意平台“乐创无界”在中国市场推出了第二款限定产品——以元宇宙概念为灵感的“律动方块”。该产品是继“星河漫步”后，“乐创无界”创意平台的又一得意之作，旨在以虚拟世界的创意体验对话更多年轻消费者。

作为可口可乐首款以元宇宙为灵感的限定产品，“律动方块”从虚拟世界的无限创造力中汲取灵感，通过跨越数字世界和现实世界的创新方式，带领消费者探索“元宇宙”的神奇味道。除了产品风味上的创新，“律动方块”采用了极富创意的包装设计，利用像素方块的形状来绘制其经典标志，呈现出复古怀旧的电子游戏风格，渲染“元宇宙世界”的奇幻美妙。

（二）元宇宙：品牌营销风口来临

“元宇宙”现在指通过AI技术、云计算技术、VR（虚拟现实）技术、AR（增强现实）技术、区块链技术等技术构建的虚实相融的互联网应用和社会生活形态。元宇宙中的“人”，无论是虚拟数字人还是数字孪生人，他们在元宇宙中，就像我们处于现实的世界中一样。元宇宙意味着人们的工作、生活、休闲、交友、理财等活动在虚拟世界的比重将不断增加。微信、哔哩哔哩、拼多多、抖音等平台已经实现了数字技术与现实世界的无缝融合。

（三）元宇宙中的品牌营销

元宇宙中的品牌营销有以下四种模式：

1. 通过广告牌传播

在元宇宙中使用广告牌广告，类似于真实世界中的路牌广告和其他媒介（如海报和小册子）上的广告。在元宇宙中投放广告是让全球消费者关注你的产品和品牌的好方法。在元宇宙中，你只需点击几下鼠标就可以在全球展示你的品牌，任何正在元宇宙中逗留的人都可能看到你的广告，并点击它获取更多的信息：品牌的详细信息、产品的使用方法、其他人的评价、访问者的地理位置、访问者的语言、访问者的兴趣部落，等等，比在真实世界中的广告牌具有更强的互动性。广告牌是元宇宙中最简单、最快的广告营销策略之一。

2. 品牌公关活动

在元宇宙中举办品牌的发布会、老客户答谢会等，比在真实世界中拥有更多便利条件，不用在乎天气，场地大小可以自由选择，活动方式自由度更高，可以实现更多的更大胆的创意。

在元宇宙举办活动让受众与品牌方更好互动，这不仅会吸引经验丰富的元宇宙用户，还会吸引渴望体验虚拟世界的新用户。

3. 品牌沉浸式体验

“不是在元宇宙中做汽车广告，而是在虚拟空间中开着汽车跑。”元宇宙商业研究者马修·鲍尔这样描述元宇宙中的品牌沉浸式体验。

提供强互动和沉浸式体验是元宇宙中全新的广告类型。元宇宙给广告商提供了应用场景，元宇宙中的每一名参与者都能自主创造内容，元宇宙所提供的的沉浸式的社交体验也能提升用户间的互动频率、改善互动体验。

4. 创建品牌的虚拟展厅

更好地在元宇宙中展示品牌的方法是创建品牌的虚拟展厅，元宇宙沉浸式展厅满足不同行业多元场地风格、面积、展示数量和规格的个性化需求，在画质、模型、场景、氛围感、沉浸感和交互性上带来了超预期的全新震撼享受。

参观者也不再只是虚无缥缈的孤身一人，借助元宇宙制作专属虚拟形象，并实时模拟控制其面部表情、肢体动作和动态行走，与其他虚拟形象打招呼、语音交流和击掌等，实时分享对展品的看法及意见，完全重现线下参展热闹场景。

元宇宙沉浸式展厅制作还打通了活动预约、展品搜索、数据分析等营销管理全链条，为企业提供多维活动数据分析、可视化展示和便捷管理，方便后面复盘和跟进。

元宇宙沉浸式展厅制作彻底打破了现实和虚拟的界限，让人人都能来到数字经济虚实融合的“新世界”进行花样式虚拟体验，无阻碍地自由探索产品亮点，也为主办方和参展方提供了长久可观的办展效益。

元宇宙中的品牌营销对营销者来说是一条全新的道路，有大量的机会和实验空间，这是一个发挥创造力，尝试不同策略的好时机！

五、品牌新视野 5：AI 人工智能对品牌塑造与管理的影响——机遇与挑战

人工智能领域的技术和运用均取得了许多重大突破，主要包括：

（1）深度强化学习技术的快速发展：通过人工智能系统的深度学习和与环境互动的自我学习和优化，它可以更好地理解和处理大量数据，并能够在各种复杂任务中实现更高的准确性和效率。

（2）大规模数据集的普及：随着互联网和物联网的发展，产生了海量的数据，这些数据为训练和测试人工智能模型提供了充足的资源。

（3）算力和算法的提升：随着处理器性能的不断提升，以及分布式计算技术的应用，人工智能系统的训练、运算和推理速度得到了大幅的提升。

（4）自然语言处理技术的突破：人工智能系统可以更好地理解和生成自然语言文本，并在各种自然语言处理任务中实现更高的性能和效率。

（5）计算机视觉技术的进步：人工智能系统可以更好地分析和理解图像和视频数据，并在各种计算机视觉任务中实现更高的性能和效率。

在这些关键点的共同作用下，使得AI（人工智能）已经深入影响到我们学习、工作和生活的方方面面。AI技术的应用使得品牌塑造和营销更加精准、高效和个性化，同时也带来了一些新的机遇、挑战和问题。

（一）AI对品牌的积极影响

1. 数据分析和预测

AI技术在数据分析和预测方面的应用已经非常普遍。通过机器学习和深度学习等技术，人工智能可以处理大量的数据，并从中挖掘出有价值的信息。品牌营销人员可以利用AI技术进行市场分析和预测，了解消费者的需求和行为，从而制定更加精准和有效的营销策略。

2. 品牌创建和传播

AI技术也可以帮助品牌塑造与管理人员更好地进行品牌命名、品牌定位、品牌设计等，更好地了解品牌形象、品牌声音和品牌价值。通过自然语言处理和计算机视觉等技术，人工智能可以分析大量的文本和图像数据，从而提取出有价值的信息。这些信息可以帮助品牌塑造、品牌管理和品牌营销等人员制定更加精准和有效的品牌策略，从而提高品牌竞争力、市场占有率和品牌价值。

3. 预测和优化广告投放

人工智能在预测和优化广告投放方面也发挥着重要作用。通过机器学习和深度学习等技术，人工智能可以分析大量的广告数据，从而预测哪些广告会对消费者产生最大的影响。这些信息可以帮助品牌营销人员制定更加精准和有效的广告策略，从而提高广告投放的效率和效果。

4. 聊天机器人和虚拟助手

聊天机器人和虚拟助手是人工智能在品牌营销领域的另一种应用。通过自然语言处理和技术，聊天机器人和虚拟助手可以识别消费者的意图和需求，无论是售前、售中还是售后，都可以与消费者进行实时互动，回答问题、解决问题、提供更加个性化和智能化的服务，提高客户满意度和忠诚度。

（二）AI对品牌的潜在负面影响

1. 数据安全和隐私问题

AI技术的应用需要大量数据的支持，这其中涉及许多个人隐私和商业机密。在数据收集、存储和使用的过程中，可能会发生数据泄露和滥用的情况，给品牌营销带来潜在的风险和损失。因此，品牌营销人员需要认真考虑数据安全和隐私问题，采取有效的措施保护用户隐私和商业机密。

2. 算法歧视

AI技术的决策过程是基于算法进行的，如果算法存在偏见或者歧视，就会对品牌营销产生不良影响。因此，品牌营销人员需要认真评估算法的公正性和透明性，避免出现歧视的情况。

3. 过度依赖AI技术

虽然AI技术可以提高品牌营销的效率和效果，但过度依赖AI技术也可能会带来一些问题。如果品牌营销人员过于依赖 AI 技术，而忽略了人类的情感和感性因素，那么就可能会影响品牌形象的塑造和传播。因此，品牌营销人员需要适度使用 AI 技术，结合人类的情感和感性因素，制定更加全面和有效的品牌策略。

（三）AI 对品牌未来发展趋势

1. 个性化营销

随着 AI 技术的发展，个性化营销将会成为未来的趋势。通过分析消费者的需求和行为，品牌营销人员可以制定更加精准和个性化的营销策略，提高消费者的购买率和满意度。例如，根据用户的浏览历史和购买行为，我们可以为其推荐更加个性化的产品和服务。

2. 智能客服

智能客服将会成为品牌营销的重要工具。通过自然语言处理和技术，智能客服可以与消费者进行实时互动，提供更加个性化和智能化的服务。例如，一些银行和电商网站使用了智能客服来提供客服服务，这些机器人可以根据用户的提问进行智能回复，提供快捷和便利的服务体验。

3. 多渠道整合

随着社交媒体和移动设备的普及，消费者可以在不同的渠道（平台）进行购物和体验。因此，品牌营销人员需要整合多个渠道的数据，了解消费者的完整购物路径和体验过程，制定更加全面和有效的品牌策略。例如，通过整合线上和线下的销售数据，我们可以了解消费者的完整购物路径和体验过程，从而制定更加精准和有效的营销策略。

4. 对品牌营销从业者的影响

人工智能也对品牌营销从业者产生了影响。一方面，人工智能可以帮助品牌营销从业者更好地分析和预测市场趋势和消费者需求，提高营销效率和效果。另一方面，人工智能也替代了一些重复性和机械性的工作，这就要求品牌营销从业者不断提高自己的技能和能力，以适应新的工作环境和需求。

总之，人工智能在品牌塑造、品牌营销和品牌保护中的应用已经非常广泛，它为品牌塑造与管理带来了新的机遇和挑战。在未来的发展中，我们需要更好地理解和应用人工智能技术，制定更加精准和有效的品牌策略，提高品牌的竞争力、市场占有率和市场价值。

【课堂讨论】

1. 除了上述内容外，你认为还有哪些 AI 技术取得了重大突破？还有哪些正面和负面的影响？

2. 你认为 AI 对你所在的行业（企业）还有哪些现实和潜在的影响？

【本章小结】

品牌营销从 1.0 产品导向转为 2.0 消费者导向，表明企业不光注意产品，还向消费者诉求情感与形象，并以满足和维护消费者为目标，这是一个巨大的改变。

品牌营销 3.0 在同样以消费者为中心的基础上，把情感营销和精神营销结合到一起，企业生产出来的产品更容易满足消费者需求，和消费者形成内心共鸣，这也就是科特勒说的值观驱动的营销。

品牌营销 4.0 共创导向是实现自我价值的一种营销，企业通过社交媒体、客户社群，让消费者和与自己有相同需求的人群积极互动，让消费者更多地参与到营销价值的创造中来，帮助客户实现自我价值。

从第一消费时代到第四消费时代，是一个从物质消费转向服务消费再到去品牌化理性消费的过程。从特定消费人群到家庭消费，最后转向个人消费，出现消费个性化、高品质、多元化特征的一种自我满足、体验式消费。

人们的消费理念也终将褪去浮华，崇尚简约，表现为去品牌化的理性消费行为。

互联网时代的影响力组合 POM 模型的三种驱动模式：营销驱动模式、认知驱动模式和口碑驱动模式。

DTC 是指直接面向消费者的品牌，从消费者的需求出发，以消费者为中心的思维，为终端进行生产、销售、营销传播、零售、售后服务和体验等活动。DTC 品牌方有自己的私域商场，开展会员营销互动，打造"爆款"、塑造品牌个性、生成内容、坚持创新互动等。DTC 品牌缩减或者去掉了中间渠道，降低了商品流通和营销成本，能为企业提供更高的利润率，DTC 也许是未来的趋势。

元宇宙的营销旨在以虚拟世界的创意体验对话更多年轻消费者，沉浸式展厅制作彻底打破了现实和虚拟的界限，元宇宙意味着品牌营销风口来临。

练习题

一、单项选择题

1. 根据品牌的（　　）将品牌划分为地方品牌、国家品牌和国际品牌。

A. 主体　　B. 自主性

C. 市场占有范围　　D. 产品生产经营环节

2. 消费者对品牌产品（或服务）识别的核心要素是（　　）。

A. 用途　　B. 质量

C. 属性　　D. 价值

3. 下列品牌要素中，稳定性最强的要素是（　　）。

A. 品牌名称　　B. 品牌标志

C. 企业名称　　D. 品牌口号

4. 被称为沉默的推销员的是品牌的（　　）。

A. 名称　　B. 广告

C. 包装　　D. 品质

5. 下列属于品牌感知检测的是（　　）。

A. 品牌定位　　B. 满意度测评

C. 宣传广告　　D. 品牌价值评估

二、多项选择题

1. POM 三者相互作用，不同类型的商品比重不同，不同的认知驱动，品牌的资源投入比例应该有所倾斜。按照不同的比重，商品可以分为以下几类模式？（　　）

A. 营销驱动模式　　B. 认知驱动模式

C. 品牌驱动模式　　D. 口碑驱动模式

2. DTC 是指直接面向消费者的品牌，以消费者为终端进行（　　）等活动，整个运营模式更加高效、灵活。

A. 营销传播　　B. 生产、销售

C. 售后服务　　D. 体验

3. 元宇宙中的品牌营销有（　　）。

A. 通过广告牌传播　　B. 品牌公关活动

C. 品牌沉浸式体验　　D. 创建品牌的虚拟展厅

4. 关于品牌下列描述正确的是（　　）。

A. 一种识别标识　　B. 一种精神象征

C. 价值理念　　D. 品质优异承诺

三、简述题

你还知道哪些第四消费时代的品牌，简述其品牌核心本质特征。

四、论述题

请论述你对 DTC 品牌趋势的看法，举例说明一个本土品牌怎样从渠道品牌顺利转变到消费者品牌。

第十七章 品牌创新升级

【学习目标】

· 理解品牌创新的概念、目的和意义。
· 理解品牌创新的原则、环境和阶段。
· 了解品牌老化的概念、表现和原因。
· 理解品牌创新升级的概念、动因和步骤。
· 理解品牌创新升级的契机和困难。
· 掌握品牌创新升级的具体策略和方法。

第一节 品牌创新升级概述

一、品牌创新概述

创新是当今社会个人和组织最重要的能力。如果你的品牌是你的核心资产，那么创新就是你如何在不断变化的市场中发展和利用这些资产。诸如市场调研、设计开发、产品制造等商业活动都可以通过与其他公司的合作来实现。

（一）品牌创新的定义

品牌创新，实质就是赋予品牌要素以创造价值的新能力的行为，以增强品牌的生命力。品牌创新是企业战略的重要组成部分，品牌需要不断突出其独特的品质和价值。品牌需要迅速响应、灵活反映不断变化的市场环境，品牌创新可分为质量创新、技术创新、管理创新、商业模式创新和企业文化创新等。

狭义的品牌创新是指品牌名称、品牌视觉、品牌形象和品牌战略与策略等的创新。广义的品牌创新是指运用新元素（如新技术、新理念、新战略、新资源、新的组织形式、新生产管理方式、新商业模式等）对品牌的战略层面、组织层面、产品层面、文化层面等进行重新定位、重新设计，来增强品牌的核心竞争力，从而达到厚积品牌资产的各种创新行为和创新过程。

（二）品牌创新的意义

企业在战略规划过程中应清晰定义品牌创新，明确创新策略和创新目标，以便支持更高的愿景、使命。企业通过品牌创新至少可获得三个方面的利益：

首先，可以和知名企业同台竞技。企业无论大小，都可以通过品牌发展战略和营销活动等的创新，从激烈的市场竞争中脱颖而出，有机会与老企业、大企业或知名品牌竞争。

其次，可以防止品牌老化。通过品牌创新活动和实践，可以发现和预防品牌老化，让品牌青春永驻，充满活力。

最后，可以获得更多的顾客、更高的市占率和更高的顾客满意度与忠诚度，以及更多的利润。

（三）品牌创新的原则

（1）消费者原则：品牌是活在消费者心中的，品牌创新要以顾客需求、顾客关注为焦点，在与消费者的互动中获得创新灵感，让品牌内涵根植于消费者心中。

（2）全面性原则：品牌的创新要在品牌战略基础上全面、系统地谋划，并整体、协调推进，才会产生更好的效果。

（3）成本性原则：品牌经营过程、创新过程必须考虑成本，所谓“人无我有、人有我精、人精我低”。只有产品不断创新、品质比别人的好、成本比竞争对手的低，才更有市场竞争力。

（4）持续性原则：品牌的塑造、管理和创新是一项长期的系统工程，不可能一蹴而就，需要长期坚持、整体推进，方能见到好的成效。

（四）品牌创新的阶段

品牌如同动物植物一样有其生命周期，品牌的生命周期也就是品牌的市场寿命。它一般包含导入、成长、成熟、衰退四个阶段。

（1）品牌导入期：重点是打好品牌基础。一是为品牌起一个好的名字，进行商标注册，设计品牌的标识，进行市场定位、提炼品牌理念和广告语，等等。二是塑造出与竞争对手明显区别的、鲜明的品牌个性和无与伦比的产品（服务）品质，将品牌的价值宣传广告传递到消费者，快速提升品牌的知名度，适当建立和引导品牌联想。

（2）品牌成长期：进一步提升品牌知名度、提升品牌形象、完善品牌联想、加强顾客沟通、塑造品牌文化，检查品牌状态，不断调适和运用创意策略，提升品牌忠诚度。

（3）品牌成熟期：根据市场变化，改进产品和服务，在不失原有风格的基础上大胆突破，预防和控制品牌危机，防止品牌老化，确保品牌的青春和活力。

（4）品牌衰退期：认真辨识衰退的原因，创新产品和服务，必要时果断开发新产品，淘汰老产品，让老品牌焕发新的生机和活力。

（五）品牌创新的环境

组织所面临的环境是复杂的、变化的，环境可分为外部环境和内部环境；也可将环境又分为宏观环境、中观环境和微观环境。

宏观环境也称为一般环境，包括政治、经济、法治、人口、文化和自然等方面的环境。

中观环境也称为行业环境分析，包括行业集中度、发展阶段、规模、技术、管理水平、行业自律和竞争态势等。

微观环境包括企业的资源（如财务资源、技术资源、客户资源和供应商资源等）、管理水平、品质状况、盈利状况、发展阶段及行业地位等。

二、品牌老化概述

（一）品牌老化的概念

由于某些原因，品牌在市场竞争中的知名度、美誉度下降，以及销量、市场市场占有率降低，市场人气严重下滑，使得品牌“受冷落”。品牌专家大卫·爱格说：“品牌老化如同进入墓地地带，在这个境地的品牌，有一定的知名度，但在消费者购买时，并不在考虑之列”。

（二）品牌老化的表现

品牌老化的结果是市场人气下降、市场占有率下滑、顾客忠诚的下降等，可分为未老先衰、虚张声势、盛极而衰、一蹶不振等表现形式或类别。

（1）未老先衰：市场定位不准、产品（服务）缺乏特色、品牌形象未建立起来，无论怎么宣传、营销，都好比是“昙花一现”。

（2）虚张声势：有的品牌采用密集广告策略、声势浩大，虽然知名度较高，但市场认可度却低，好比是“外强中干”。

（3）盛极而衰：销售额迅速增加，但由于产品（服务）质量不佳或核心竞争力的缺乏，又迅速衰落。

（4）一蹶不振：由于技术和（或）管理等方面创新不足，市场份额被竞争对手蚕食或遭遇品牌危机处置不当等原因，致使品牌逐步被公众淡忘。

（三）品牌老化的原因

1. 外部原因：

（1）消费者“喜新厌旧”：随着产品越来越丰富，消费者选择余地越来越大，新生代“尝鲜”和“求异”的心理，对品质和品牌个性化的追求趋势越来越明显。

（2）科技发展日新月异：在知识经济、信息化时代，科学技术突飞猛进，各种新材料、新工艺、新产品、新概念等层出不穷。

（3）市场竞争激烈：全球化的经济、全球化的市场、全球化的竞争，越来越激烈。

2. 内部原因：

（1）品质问题：有的企业销量增加了，却忽视了产品（服务）品质的保障和不断的改进和提升。

（2）形象问题：有的企业品牌定位模糊、缺乏鲜明的品牌个性和品牌形象。

（3）宣传问题：有的企业还片面停留在“只要我肯打广告，你就会买单”的时代，因此，广告内容、广告媒介和广告时机等与目标消费群体不契合。

（4）管理问题：有的企业品牌塑造与管理维护缺乏战略、不成系统或投入不足，有的则是执行不到位。

三、品牌升级概述

（一）品牌升级的定义

品牌升级是指按照公司的战略规划，在品牌发展的每一个阶段来提升品牌的内涵与品牌的身份地位，并使品牌内涵围绕目标市场消费升级的同时同步（甚至提前）不断升级，并由此带动企业进行技术与管理的手段创新及水平提高，促进经济效益和品牌价值的提升。品牌创新升级是企业建立和维护品牌资产的重要战略和战术手段，通常包含以下四个部分：

1. 品质管理与生产规模的升级

围绕产品这一部分，产品、成品线和产能会有一个升级，在质量保障方面因此或因新版本质量管理体系标准的发布也会有一个升级。另外，各级员工队伍（尤其是技术和管理人员）也需要不断扩张、培训和优化。

2. 市场销售网络及组织结构的升级

产品越来越复杂，人员和设备越来越多，营销队伍也在不断扩大，功能和规模都在升级，组织机构、营销网络、管理模式也应随之进行变革。升级不仅是看表面上人数的增加或规模的扩大，还要看每一个人的素质、能力和效率的提升。

3. 企业形象提升与设计的升级

企业重新定位核心价值或重新设计品牌形象、商标、包装、广告语等。

4. 产品开发与品牌文化的升级

产品的开发设计、更新换代，对品牌形象是有拉力的。其中，生产和市场是可见的、物质的，文化和形象是精神的，这两个方面相互独立又相互统一。

（二）品牌升级的驱动因素

品牌创新升级的驱动因素主要有外部的推力和拉力，还有重要的内生动力。

品牌创新的动力包括如图 17-1 所示的六个方面：

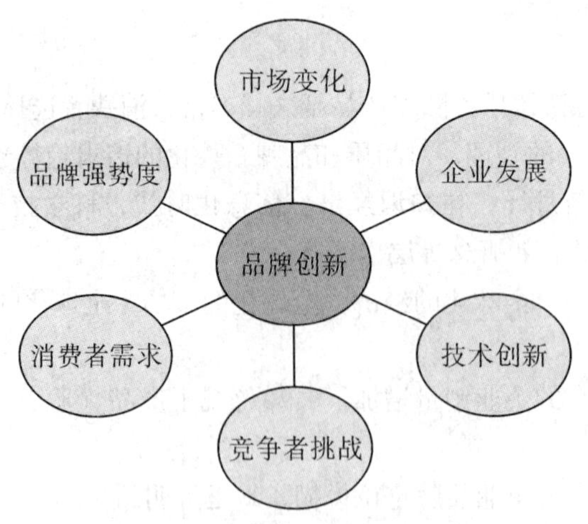

图 17-1 品牌创新的动力

1. 市场变化

以品牌为核心的市场竞争代替了以产品为核心的市场竞争，要求品牌方把握市场变化的态势和趋势，以品牌创新为主线，适应或引领市场的变化。当出现以下情况时就需要进行品牌的创新升级：

（1）当品牌与消极情绪有关时；

（2）当产品存在的较弱、质量较差时；

（3）品牌的发展与公司的发展不同步时；

（4）品牌的形象有过时的迹象时；

（5）公司的业务与竞争对手没有区别时；

（6）业务有重大变化时。

2. 消费者需求。

随着品牌生命周期越来越短，消费者消费偏好也更加多样化，企业要提高品牌形象，形成品牌优势，就必须赢得消费者的忠诚，品牌的维系与消费者的意愿和偏好紧密相关，消费者通过各种媒介提供的信息以及亲身的体验去感受品牌。再者，新奇性是消费者行为的主要驱动因素之一。然而，消费者的新奇消费方式正变得越来越复杂。另外，消费者通过他们的偏好和需求来推动创新。因此，品牌正在培育不断改进的文化，以满足这些期望。在社交媒体上，客户服务代表可以与客户或潜在客户发起对话，并鼓励他们访问行动号召页面。也就是说，导向一定是温暖的。如果它是一个客户，那必须是一个满意的客户。把一个不开心的客户引导到行动号召页面是很尴尬和令人不快的。

3. 竞争者挑战

品牌在成功后会引来无数竞争者，如果一个品牌没有持续的技术和服务的创新升级，那么品牌就很难具有强大的反击力。

4. 品牌强势度

其基本特征是知名度高、信誉度高、市场份额高、获利能力强。企业要实现这些特征，就必须维护品牌的流入期和稳定期，否则无法构建强势品牌。品牌创新就是一个很好的办法。品牌更新将帮助你以一种更积极的方式改善你的业务。如果你的品牌没有定期更新，你肯定会失去你的忠实顾客。

5. 技术创新

当今社会科学技术日新月异、各种新技术层出不穷、市场环境变幻莫测，无论是企业、产品和品牌，平均寿命都在缩短。

6. 企业发展

企业要保持和增长自己品牌的价值，就必须保持或提升市场份额、降低成本费用，必须依靠不断的品牌创新（产品创新、经营创新和管理创新），增强企业生命力和可持续发展、高质量发展。

（三）品牌创新升级的步骤

品牌升级是全局的系统工程。先制定发展战略和产品规划，与消费者、合作伙伴、员工共同策划、整体推进，方能成功。品牌升级不是一蹴而就的，需要长期投资，信守对消费者的承诺。

品牌创新三大步骤：先定义需求，再凝聚共识，后长期布局。

品牌升级三步法：定义价值、实现价值、传播价值。

（1）品牌升级首先就是要清晰的定义提供给顾客的价值。只有清晰的定义这个价值的时候，品牌创新升级才有方向，品牌才找到了属于自己的道路。

（2）打造以产品（服务）为核心的价值体验场景，定位我们的产品，定位店面，定位服务，并输出相应的价值体验，记录对顾客的深入洞察，与顾客形成强烈的共鸣。通过定义顾客价值、打造以产品（服务）为核心的价值体验，形成顾客的共鸣和口碑，并通过营销去放大这个共鸣，放大这个口碑，最终让顾客成为品牌的忠实用户。以顾客价值为始终的品牌观念，就是品牌的光明正大、浩气长存的正道和大道。我们去研究商业史会看到，所有成功的、优秀的、令人尊敬的品牌都是如此。

品牌升级的路径和方法其实不难，但让顾客体验到价值，让顾客自发的传播价值，这样的一个路径本质上是一个系统工程。也正因为它是一个系统工程，反而使品牌升级这样一件看似复杂的事情变得简单化，我们只要界定出来品牌升级的关键要素，在这些要素上不断持续发力，我们就能够不断地升级，持续获得顾客的选择，持续取得市场成长，即使是一个老化的品牌，也可以重获新生。

（四）品牌创新升级的困难

随着中国经济的发展，居民的收入迅速增长，中等收入群体持续扩张，消费结构升级，消费者对产品和服务的要求更高，更注重质量和品牌消费，普遍表现出个性化、多样化、高端化、体验式消费等特点。

品牌创新升级是有困难的，主要有四个重要原因：

（1）企业定位发生变化，品牌形象需要根据企业总体战略进行重塑。

（2）当前设计趋势发生改变，品牌形象需要根据趋势进行调整，保持新鲜，跟上时尚，拉近与消费者的距离。

（3）品牌标志不够扩展，需要设计一套多维使用的形象，能够很好地反映品牌核心价值和特征的形象。

（4）保持与竞争对手的距离。竞争对手也在抓市场，也在进行品牌的创新升级，就看谁能够抵御竞争对手的威胁。

第二节　品牌创新升级的契机

【导入案例】互联网背景下的品牌创新

在现代高科技（如移动终端、物联网、人工智能、大数据等）背景下，政府主管部门如何创新性开展质量监管？企业如何进行品牌创新？四川省市场监管局于2021年推出“质量基础设施一站式服务平台”，简称“川质通”。这个平台将计量、标准化、认证认可、检验检测（简称国家质量基础，NQI）和特种设备、知识产权、品牌建设、体系建设等纳入主要服务项目，截至2022年10月底，已有200余家机构、200余专家入驻，成交14 000多单，服务项目5 000多个。其首页界面如图17-2所示。

【讨论思考】你认为在当今高科技背景下，质量与品牌的政府主管部门和企业还有哪些可行的品牌创新升级措施？

图 17-2　川质通“一站式”服务平台首页界面

一、市场契机

消费升级浪潮带来品牌创新升级机会。消费者开始愿意花更多的钱买更好的产品或服务。消费升级的背后，其实是人们的需求在升级，对企业来说，这既是一种挑战，也是一个提升自己的产品（服务）质量、品牌价值的新契机。

二、技术契机

随着人工智能、第五代移动通信技术（5G）、非同质化通证（NFT）、Web 3.0、物联网、人工智能、区块链、元宇宙等技术的发展和应用，品牌需要进行创新升级。

通过面向消费者、交互式和沉浸式的虚拟平台与“元世界”进行互动。社交游戏空间正在为未来的线上和线下体验铺平道路，为品牌创造巨大的机会，进而扩大他们的在线存在，以达到更多样化和参与的受众。

成功的品牌创新将不会简单地复制它们当前的产品和服务，而是更有创造性地思考它们能提供的价值。

三、人才契机

据官方统计：我国 2022 年高校毕业生已经突破了一千万，我国拥有中级职称的人员在 8 000 万以上，分布在各个专业领域。

但是，我国的质量管理专业人才和品牌管理专业人才还较缺乏，尤其是既拥有专业技能，又有大中型企业质量和品牌管理经验的成熟人才更是缺乏。据了解，我国高校目前尚无“品牌管理”专业，仅部分高校的市场营销专业开设有“品牌管理”的课程，品牌管理相关从业人员主要来自广告设计、艺术设计或市场营销等专业，而这些专业（除市场营销专业外）几乎都没有开设“品牌管理”的课程。

据中国质量协会和中国品牌促进会等的调查研究得知，我国的质量管理人才和品牌管理人才严重不足，绝大多数从业人员都没有系统的学习过“质量管理”和“品牌管理”，基本都是边干边学，这种局面严重影响我国“质量强国”和“品牌强国”的实现。

第三节　品牌创新升级的策略

一、品牌定位创新升级

品牌定位创新升级就是企业根据自己的核心业务，进行品牌价值的重新定位。品牌价值创新的入口是从用户出发。满足用户需求最核心的能力是洞察市场需求，然后迅速规模化。根据竞品、市场、销售数据、用户需求的调研结果，进行策略性的需求分析与判断，使产品可以根据需求变化迅速迭代。同时对于各类品牌打法和商业模型都要有一定研究，尤其对市场需求、商业机会、品类痛点要具备高敏锐度。

品牌应从四个层次去做品牌价值的定位提升：

1. 以使用价值定位品牌价值

以产品使用价值作为核心价值的品牌不在少数，它们往往具有很强的感召力与包容性，深深地吸引住消费者，并让其付出高价买单。

2. 以情感诉求定位品牌价值

这是常见的，可拉近企业与消费者之间的距离感，用亲情、友情、爱情的方式表达出来，让消费者对品牌产生一种信任与情感寄托。

3. 以核心优势定位品牌价值

确立品牌的核心优势，寻求突破点。从产品定位、包装设计、传播运营等方面，每个企业能够生存下来都有其各自的优势和特色，如何找到自身优势并定位是企业需要考虑的问题。

4. 以文化价值定位品牌价值

品牌的文化价值有时也承载着某种民族习俗和地域文化，如具有深厚历史底蕴的艺术品，以及带有异域风情的建筑设计等，每个人对于文化的喜爱和解读截然不同。文化价值将会带来更高的品牌附加值。

二、品牌产品创新升级

产品创新是指开发或改进产品，试图为消费者、客户、公司或整个社会解决问题。无论是新产品还是改进的产品，成功的公司总是找到了一种利用创新和获得竞争优势的方法。

优秀的公司利用产品创新，在三个方面领先于同行：

（1）开发能够满足消费者需求或创造新需求的新产品。

（2）不断改进其核心产品，使渐进式创新成为其第二性。

（3）通过将现有的产品带到新的渠道或市场来重新定义竞争对手。重新定义竞争对手也是重新定义一个产品的价值。

（一）产品创新的类型

（1）开发新产品或新服务。

（2）持续改进现有的产品或服务。

（3）研发产品的新功能。产品改进是对产品进行重大和有意义的改变的过程，这也可以通过新特性来实现。但新功能可能和推出新产品一样危险。在产品创新中通常涉及哪些类型的特性？开发这些功能是为了改进产品，增加使用频率或增加采用度。由于并不是所有的功能都能得到赞赏，所以决定哪种功能与你的产品最相关，以及它所追求的目标是很重要的。

最佳选择是平衡新产品、改进和瞄准新市场这三种方法。

（二）产品创新的主要途径

1. 新产品开发

在一个如此容易大规模获取技术和信息的时代，任何人都可以制造和推出产品。激烈的竞争导致了更高的标准，所以如果你想在市场上拥有一个成功的产品，标准实际上会更高。

新产品开发是公司将产品从概念带到市场的过程。它可以指全新的产品或对现有产品的改进。当然，根据行业或公司的不同，这个过程可能会有所不同。

2. 持续改进

持续改进在产品创新中发挥着的重要作用。产品创新中的持续改进，很自然只会创造更好的产品并赢得竞争优势。

3. 协作战略

管理和统一团队以实现特定目标的能力对于任何类型的创新都是必不可少的。

（1）证明产品的可行性

产品生存能力是指一种特定产品的商业潜力。不幸的是，许多公司都错过了这一点，因为它们未能创造出真正满足客户需求的相关产品。为了克服这个挑战，一定要问自己对你的产品是否有需求，它是否提供了问题的解决方案，如果有，你能否以有竞争力的价格出售？

有时候，仅仅问问自己是不够的，因为你的偏见可能会妨碍你的判断。进一步深入研究要做的工作理论，确保你的产品可以完成客户需要完成的工作。

（2）定价

为创新设定正确的价格总是具有挑战性的，对于消费品尤其如此。定价可以使你受益，并决定更多的人购买你的产品。你可能有 个很棒的产品，但如果没有人想买，你会发现自己处境困境。定价是早期确定创新可行性的一个非常强大的工具。

（3）复杂性

当产品添加过度扩展或特性时，会发生特性蠕变。它主要发生在计算机软件、消费类和商业类电子产品上。通常，增加现有产品的新功能，其增加的价值略低于以前的产品，不久之后，您可能会发现每个新功能的成本都超过了它增加的价值。更重要的是，每一个新特性都会增加复杂性，而复杂性会降低您的速度，并使额外的开发更加困难。所以，最好的产品总是简单的，而简单可能是最难实现的事情。为了防止反效应，请始终根据数据做出决定，执行测试，验证你的想法。

三、品牌形象创新升级

品牌形象创新是指对品牌形象所包含内涵和外延的创新。它是品牌创新中对消费者最直接的影响部分，也是消费者对品牌追随的根本所在。

品牌形象外延的创新是指品牌的名称、标志、包装等方面进行创新。它是品牌创新最直接的体现，是对消费者视觉冲击、影响最大的方面，也是“瞬间消费”的重要决定因素。

1. 品牌名称创新

品牌名称对品牌在消费者心目中的印象影响很大，因此，在品牌设计中要求品牌名称要简洁、上口、易记、符合风俗习惯等。但是，若在最初的品牌设计中考虑不周，没能兼顾设计品名的各有关影响因素，致使品牌名称不利于品牌传播，那就应该对此予以更换新名。及时更新品牌名称是品牌运营实践中非常重要的阶段性调整工作。

2. 品牌标志更新

品牌标志作为品牌的重要组成部分，它直接关系到品牌传播的效果。事实上，品牌的易辨性、易记性主要体现在品牌标志上。

3. 品牌包装更新

品牌包装的及时更新也是品牌运营实践中提高品牌竞争力的富有成效之举。因为，新包装下的产品数量以及包装本身的视觉形象的改变都是影响消费者需求的重要因素。还需补充说明的是，品牌名称和品牌标志的更新一般都涉及品牌包装更新。

四、品牌营销传播创新升级

营销传播为品牌提供了改善形象和影响力的机会，从而有助于增加品牌资产。营销传播研究为企业提供了与客户和目标市场互动的新方式。通过社交媒体进行的营销传播可以提高品牌资产、品牌忠诚度和感知品牌质量。因此，许多大公司使用社交媒体来推广产品、与消费者互动并推广其品牌。通过数字广告和社交媒体使用，以及传统电视或海报广告，使品牌能够在目标市场中占据更大份额，并通过提高品牌召回率和忠诚度来影响潜在消费者。

智能手机等移动终端的推广普及，人类进入了数字时代，在全新的时代背景下，提高数字媒体的利用率。引入与培养专业的技术人才，提高品牌信息的更新速度、丰富内容，加大对数字化媒体的投入，进行微博营销、视频营销、新闻营销、微信营销、软文营销、问答营销等全网营销。

总之，基于互联网时代的品牌营销传播创新，要具备消费者思维、流量思维、竞争思维、差异化思维、精准化的营销思维、元宇宙全球营销思维，如图 17-3 所示。

【技能训练】

5~6 人为一个小组，讨论在新时代新技术背景下，还有哪些品牌研究、品牌创新和品牌升级的有效方法、手段或举措（请以案例说明）。

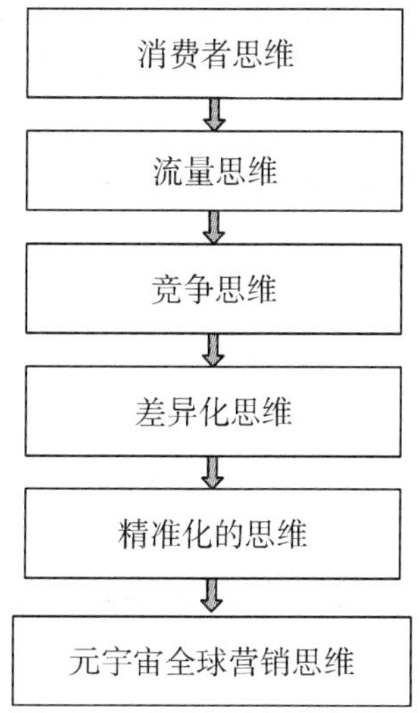

图 17-3 互联网时代下的品牌营销创新新思维

【本章小结】

品牌研究、品牌创新和品牌升级是相辅相成的，其中研究是基础、创新是手段、升级是目的。通常是在研究的基础上进行创新或（和）升级，研究本身需要有创新、升级也需要有创新，如果没有研究，就没有创新，更谈不上升级。

因品牌的主体比较的广泛，可以是企业品牌、行业品牌、地区（区域）品牌，甚至国家品牌。品牌研究、品牌创新和品牌升级等涉及的变量众多、范围广、过程复杂，加之专业人员缺乏、领导认识不足等，所以其难度较大、投入较多、见效也可能较慢。不过近年来，随着 5G、人工智能、元宇宙、虚拟现实等新技术的运用，给品牌研究、品牌创新和品牌升级创造了广阔的想象的空间。

学习和掌握品牌研究、品牌创新和品牌升级的理念、概念、原理和方法是十分必要的，同时也是应用型、创新型人才必须要了解和掌握的。

练习题

一、判断题

1. 发展品牌创新的五个关键阶段。通过分析和创造性思维、严格的治理和直觉相结合，品牌可以开发出一种战略性的促销方式，突出其产品的独特的价值主张。（ ）

2. 品牌创新就是培养新的想法，鼓励创造力，并帮助市场营销部门将它们的组织提升到一个新的层次。（ ）

3. 品牌升级要使品牌内涵围绕目标市场升级的同时不断同步升级，并由此带动企业进行管理手段创新、管理水平提高，促进经济效益的发展。（ ）

4. 如果品牌没有与客户建立情感联系，那么是时候改变了。当品牌与消极情绪有关的时候，当产品存在的较弱、质量较差时候，当品牌的发展与公司的发展不同步的时候，当品牌的形象有过时的迹象的时候，当公司的业务与竞争对手没有区别的时候，当业务有重大变化的时候等，这些时候都需要进行品牌创新升级。（　　）

5. 品牌升级不是一蹴而就的，需要长期投资，信守对消费者的承诺，但不是一个系统工程。（　　）

6. 成功的品牌创新将不会简单地复制它们当前的产品和服务，而是更有创造性地思考它们能提供的价值。（　　）

7. 人工智能、区块链、NFT、元宇宙等技术的发展，品牌不需要进行创新升级。（　　）

8. 品牌定位创新就是从消费心理、市场经济和社会文化的角度对这种调整和修正的再认识和再把握。（　　）

9. 品牌传播的直接载体——品牌名称的品牌标志的更新一般都涉及品牌包装更新。（　　）

10. 品牌价值创新的入口是从用户出发。满足用户需求最核心的能力是洞察市场需求，然后迅速规模化。这种方式的核心是比较和竞争思维，通过分析与调研，找到品类、价格空缺和尚待满足的用户需求，以更快的速度，做出小 MVP 产品，然后迅速上市，抢占市场，再逐步进行迭代。（　　）

二、多项选择题

1. 品牌创新升级的契机是（　　）。

A. 市场契机　　B. 技术契机

C. 政策契机　　D. 消费升级

2. 品牌创新定位升级包括（　　）。

A. 以使用价值定位品牌价值　　B. 以情感诉求定位品牌价值

C. 以核心优势定位品牌价值　　D. 以文化价值定位品牌价值

3. 品牌升级的内容分为（　　）。

A. 品质管理与生产规模的升级　　B. 市场销售网络及组织结构的升级

C. 企业形象提升的升级标准　　D. 产品开发与品牌设计的升级

4. 品牌创新升级的步骤包括（　　）。

A. 定义提供的顾客价值　　B. 打造以产品为核心的价值体验场景

C. 传播价值　　D. 建立一致的在线品牌

5.《蓝海战略》是金珍和蕾妮·毛博根在他们的书中提出的同名理论。蓝海包括一套工具和框架，使公司能够捕获“蓝海”，这是市场上尚未开发的领域。蓝海可以用来追求，包括（　　）。

A. 追求差异化　　B. 开辟新的市场空间

C. 创造新的需求　　D. 文化价值定位

三、简答题

1. 品牌升级通常包含哪四个部分？
2. 品牌创新的绩效如何衡量？
3. 品牌创新升级的契机有哪些？
4. 元宇宙技术、AR/XR/VR 等技术在品牌营销创新中的应用案例有哪些？

练习题参考答案

第一章

一、单项选择题

1. B　2. B　3. D　4. B　5. C

二、多项选择题

1. ABCDE　2. ABD　3. ABCDE　4. ABCD　5. ABC

第二章

一、单项选择题

1. A　2. B　3. B　4. C　5. A　6. B　7. B　8. D　9. C　10. C

二、多项选择题

1. ABCDE　2. ABCE　3. ABCE　4. ABCE　5. ABE　6. ABCE　7. ABCE

第三章

一、单项选择题

1. A　2. D　3. C　4. B　5. A　6. C　7. B　8. D　9. A　10. D

二、多项选择题

1. AB　2. ABC　3. ABD　4. ABCD　5. ACD　6. BC　7. ABCE　8. ABCDE　9. ABC　10. ABCDE　11. ABC　12. ACD

第四章

一、单项选择题

1. C 2. A 3. B 4. B 5. A

二、多项选择题

1. BC 2. ABCE 3. ABCDE 4. ACDE 5. ABCD

第五章

一、单项选择题

1. B 2. D 3. A 4. C 5. B 6. D

二、多项选择题

1. AB 2. ABCD 3. ABC 4. ABCDE 5. ACD 6. ABCD

第六章

一、单项选择题

1. D 2. B 3. C 4. B 5. C

二、多项选择题

1. ABCD 2. ABCD 3. ABCDE 4. ABCD 5. BD

第七章

一、单项选择题

1. C 2. D 3. C 4. C

二、多项选择题

1. ABCD 2. ABCD 3. ABCDE 4. ABCD 5. ABCD 6. BCD

第八章

一、判断题

1. × 2. × 3. √ 4. × 5. × 6. × 7. √ 8. × 9. × 10. ×

二、单项选择题

1. B　2. B　3. B　4. A　5. B　6. C

三、多项选择题

1. ABC　2. ABC　3. AB　4. ABD　5. ABCDE　6. BC

第九章

一、单项选择题

1. C　2. D　3. D

二、多项选择题

1. AC　2. ABCD　3. BCD

第十章

一、单项选择题

1. D　2. A　3. C　4. A　5. D　6. C　7. D　8. B

第十一章

一、判断题

1. ×　2. ×　3. √　4. √　5. √　6. ×　7. √　8. ×

二、单项选择题

1. B　2. D　3. A　4. A

三、多项选择题

1. ABC　2. ABCD　3. ABCDE

第十二章

一、单项选择题

1. B　2. D　3. A　4. D　5. C

二、多项选择题

1. ABD　2. ABCD　3. ABD　4. AC　5. BCD

第十三章

一、单项选择题

1. C 2. B 3. C 4. A 5. B

二、多项选择题

1. CD 2. ABCE 3. CD 4. ABD 5. ABCD

第十四章

一、单项选择题

1. B 2. D 3. C 4. A 5. D 6. B 7. A 8. A 9. D 10. C

二、多项选择题

1. ABC 2. BCD 3. CD 4. ACD 5. ABCD 6. BC 7. ACD 8. BD 9. AC 10. ABD

第十五章

一、单项选择题

1. C 2. C 3. C 4. D 5. C 6. D 7. A 8. B 9. A 10. D 11. A 12. D

二、多项选择题

1. ABCD 2. AC 3. ABC 4. ACD 5. AC 6. BDE 7. ABCD 8. ABCD

第十六章

一、单项选择题

1. C 2. D 3. A 4. D 5. B

二、多项选择题

1. ABD 2. ABCD 3. ABCD 4. ABCD

一、判断题

1. √ 2. √ 3. √ 4. √ 5. × 6. √ 7. × 8. √ 9. √ 10. √

二、多项选择题

1. ABCD 2. ABCD 3. ABCD 4. ABCD 5. ABC

参考文献

[1] 凯勒. 战略品牌管理 [M]. 何云，吴水龙，译. 2 版. 北京：中国人民大学出版社，2012.

[2] 莱兹伯斯，等. 品牌管理 [M]. 李家强，译. 北京：机械工业出版社，2006.

[3] 周志民，等. 品牌管理 [M]. 2 版. 天津：南开大学出版社，2015.

[4] 何佳讯. 品牌形象策划：透视品牌经营 [M]. 上海：复旦大学出版社，2000.

[5] 余明阳，杨芳平. 品牌学教程 [M]. 2 版. 上海：复旦大学出版社，2009.

[6] 彻纳东尼. 品牌制胜：从品牌展望到品牌评估 [M]. 蔡晓煦，译. 北京：中信出版社，2002.

[7] 中国质量协会. 全面品牌管理 [M]. 北京：中国青年出版社，2014.

[8] 徐浩然，张锐，王红君. 全面品牌管理：描述、衡量、规划、管理与维护 [M]. 北京：中国经济出版社，2013.

[9] 黄永春，等. 品牌管理：塑造、提升与维护 [M]. 北京：机械工业出版社，2021.

[10] 黎建新. 品牌管理 [M]. 北京：机械工业出版社，2012.

[11] 徐浩然，等. 全面品牌管理 [M]. 北京：中国经济出版社，2013.

[12] 胡军，等. 品牌管理 [M]. 西安：西安电子科技大学出版社，2018.

[13] 阿克. 管理品牌资产 [M]. 吴进操，译. 北京：机械工业出版社，2012.

[14] 陈洁. 品牌资产价值研究 [M]. 北京：经济科学出版社，2012.

[15] 黄升民，赵新利，张驰. 中国品牌四十年：1979—2019 [M]. 北京：社会科学文献出版社，2019.

[16] 切纳托尼，唐纳. 创建强有力的品牌：消费品工业品与服务业品牌的效益 [M]. 管向东，孙莹，孙志恒，译. 北京：中信出版社，2001.

[17] 唐先德. 质量管理学实战教程 [M]. 北京：清华大学出版社，2017.

[18] KAPFERER，JEANNOEL. The new strategic brand management：creating and sustaining brand equity long term [M]. 4th ed. London：Kogan Page Limited，2008.

[19] BUSCHE. Lean branding：Creating dynamic brands to generate conversion [M]. [S. L.]：O'Reilly Media Inc，2014.

后　记

本教材编委会是在四川省品牌建设促进会、西南财经大学天府学院的倡导和组织下成立的，参与教材编写的成员既有多年在高校从事质量、品牌和营销等领域教学科研的教授们，又有多年从事品牌设计、品牌策划等著名品牌公司、管理咨询公司的领导者。编委成员秉着为我国“提质量、树品牌”的历史担当，为我国自主品牌的建设和培育贡献智慧和力量的使命感、责任感和紧迫感而参与本书的编写工作的，为此本人深受感动、启发和鼓励。

本书从策划到出版历时五年有余，其理念是：“树品牌”单靠传统的“品牌设计”“品牌策划”或“宣传广告”是不能成就真正的强势（或知名）品牌的；品牌是用心、用情、用力塑造和呵护出来的，品牌塑造和管理需要有清晰的定位、明确的战略规划和战略目标，需要树立“五全”（即全员、全面、全过程、全系统、全生命周期）理念，需要将这些理念、战略和规划贯彻落实到各类专业人才，并长期坚持执行的战略定力。

本书为什么取名《品牌塑造与管理》是因为诸如“品牌设计”“品牌策划”或“品牌建设”“品牌战略”，或“品牌力量”“品牌管理”等表达的可能仅是品牌全生命周期的“局部”或技术问题；而“塑造”既要系统的规划、设计，也要科学性、艺术性和执行力的统一，“塑造”是从无到有、从有到优的全过程。品牌的前期需要“塑造”，后期需要“管理”，而“塑造”与“管理”又是交叉进行、螺旋上升的，两者也是不可或缺的。

本书是基于基础认知、战略规划、品牌塑造、营销传播、资产保护和创新升级的思路进行编写的。有的章节（如品牌质量塑造、品牌研究、品牌创新升级、品牌新视野等）是其他品牌类书籍所没有的，也是本书的重要创新点之一。虽然，我们的初衷是致力于呈现一本体系分明、结构完整、重点突出，兼具理论与实践，适合教学需要的好教材，但是由于水平与能力有限，加之时间仓促，难免有疏漏和不足之处，敬请广大读者批评指正，以便不断修正完善。

再次对本教材各位编委们的信任和支持、辛苦和奉献表示衷心的感谢。

主编：唐先德

2023 年 10 月于成都